한 권으로 읽는 하나님나라

KIGNDOM OF GOD

한권으로 읽는
하나님나라

홍찬혁

지 금 여 기 의 이 나 라 와 거 기 미 래 의 그 나 라

A HOLISTIC READING

좋은씨앗

차 례

006   추천의 말
009   프롤로그/재판을 내며
016   여는 말

1부. 하나님나라의 창조-타락-회복

030   1장 하나님나라의 창조
050   2장 하나님나라의 대리 통치자
071   3장 하나님나라의 동역자

2부. 하나님나라의 약속-성취-완성

096   4장 하나님나라의 약속
132   5장 하나님나라의 성취
159   6장 하나님나라의 완성

3부. 하나님나라의 현재성-미래성

196   7장 하나님나라의 비밀
227   8장 하나님나라의 기적
245   9장 하나님나라의 윤리

4부. 하나님나라의 사명

280   10장 하나님나라의 복음
310   11장 하나님나라의 선교
325   12장 하나님나라와 교회
344   13장 하나님나라와 국가

366   닫는 말
379   에필로그
385   참고문헌

추천의 말

"하나님나라"는 그리스도인에게 가장 중요한 주제 중 하나이다. 신앙생활의 궁극적인 목적지가 바로 하나님나라요 천국이기 때문이다. 신약학을 전공하고 후학들을 양성하던 홍찬혁 목사가 자신의 간증과 함께 하나님나라에 관한 책을 저술했다는 소식을 듣고 기쁜 마음으로 추천하며 성도들에게 일독을 권한다. 학자로서의 고민과 성도로서의 믿음을 발견할 수 있을 것이다.

김은호 오륜교회 담임목사

신학과 신앙 서적을 소개할 때 저자의 신관(神觀)을 모르고는 말할 수 없고, 인간관(人間觀)을 겪어보지 않고는 더욱 말하기 어려울 것이다. 그런 이유로 홍 목사의 신관과 그리스도 안에서의 대인관계를 경험한 사람으로서 하나님나라에 대한 이 책을 소개하고 추천할 수 있어 감사하다. 사실 홍 목사의 신앙과 삶에 가장 어울리는 내용이 아닐까 싶을 정도로 그의 내면은 하나님께 붙들려 있다. 그 중심이 오직 하나님나라로 채워져 있어 세상의 성공과 명예에 틈을 주지 않는다. 이 책에서 말한 바와 같이 그리스도인으로서 오늘 우리가 누리는 하나님나라는 장차 이루어질 하나님나라와 떼어놓고 생각할 수 없는 것이기에, 그는 더욱 그리스도인의 사명과 사회적 책임을 강조하고 자신도 그렇게 살아가고자 한다. 신학자의 이론과 목회자의 현장 경험이 조화를 이루어 그의 말이 더욱 설득력 있게 다가온다.

김영정 은혜성교회 담임목사/대한예수교장로회(합동보수) 총회장

서양 철학, 특히 그리스-로마 철학을 전공한 내게 예수는 무척 매력적인 인물이었다. 특히 예수가 당대 종교 기득권자들과 싸우며 설파한 하나님나라는 소크라테스가 아테네에서 벌였던 논쟁보다 더 치열하고, 묵자가 강조한 겸애보다 더 아름답게 느껴졌다. 하지만 정작 많은 사람들이 그 하나님나라를 지나치게 초월적으로 혹은 신비에 속한 것으로만 이해하지 않는가 하는 아쉬움이 늘 있었다. 이런 의미에서 예수가 전파한 하나님나라를 오늘 우리가 살고 있는 "이 나라" 안에서 이해하려는 저자의 통찰이 참 반가웠다. 이 책은 다음 세 부류의 기독교인들에게 큰 도움이 되리라고 본다. 첫째, 예수가 전한 하나님나라가 구체적으로 무엇을 의미하는지 궁금해하는 평신도에게 좋은 신앙 지침서가 될 것이다. 둘째, 하나님나라에 대한 논의가 신학적으로 어떻게 진행되었는지 공부하는 신학 입문자들에게 훌륭한 참고도서가 될 것이다. 마지막으로, 하나님나라를 어떻게 실천하며 살 수 있을지 고민하는 현장 목회자들에게 깊이 있는 통찰을 제공해줄 것이다. 이 책을 통해 한국 사회에 예수가 전파한 하나님나라의 정신이 되살아나길 바란다.

박규철 국민대학교 철학과 교수

이 책은 저자의 목회적 경험과 신학적 연구의 결과물이다. 전통적인 한국 교회의 보수적 토양에서 신앙생활을 해온 저자는 하나님나라를 죽음 이후에 가는 피안의 "그 나라"로 생각했다. 하지만 사회를 바라보는 안목이 쌓이고, 진지한 신학적 연구를 거듭한 결과 "그 나라"는 오늘 우리가 발붙이며 살고 있는 "이 나라"와 결코 분리될 수 없다는 결론에 이른다. 이 책은 완결된 책이라고 할 수 없다. 도상 위에 있는 책이다. 저자의 고민과 탐구가 아직 진행 중이기 때문이다. 그러므로 이 책이 독자들에게 시원한 정답을 제시해주지 못할 수도 있다. 하지만 이 나라에 속한 시민으로서 그 나라를 바라보며 순례의 길을 걷고 있는 독자들에게 좋은 길동무와 말벗이 되리라고 확신한다. 특별히 목회자인 저자는 하나님나라에 대한 전문적인 신학 이론을 성도들이 이해할 수 있는 편안한 언어로 녹여 써내려 가고 있다. 예수가 전한 "하나님나라"가 오늘 우리에게 어떤 의미를 줄 수 있을지 고민하는 한국 교회 모든 성도들에게 일독을 권한다.

이강일 대전중앙교회 부목사

프롤로그

대대로 이어오는 크리스천 가정에서 태어난 나는 어릴 적부터 귀에 못이 박히도록 복음을 들었고, 목이 터져라 "주여!"라고 부르짖으며 기도했으며, 온 마음으로 천국을 사모했다. 이성을 깨칠 즈음에는 예수 그리스도가 실제로 역사적 인물이라는 사실에 충격을 받았다. 하나님이신 예수가 세계사 책에 등장하다니. 좀 더 커서 믿음의 눈을 떴을 때는 지금도 살아 계셔서 역사하시는 주님의 주님 되심을 체험하고 감격하여 엎드리지 않을 수 없었다. 입으로만 읊조리고 들은풍월로만 신앙생활하던 구태의연을 벗어버리고 생동감 있는 신앙의 재미를 맛보며 신학 과정에 접어들었다. 평범하게 신학 과정을 마치고 평범하게 선교사나 목회자의 길로 나갈 뻔했지만, 졸업반인 신학 3학년 때의 커리큘럼은 내게 또 다른 충격이었다. 그때까지 알고 믿었던 것과는 달리 천국이 죽어서 가는 내세일 뿐만 아니라, 지금 여기에서 예수 그리스도의 은혜로 맛보며 누리는 현재적 의미의 나라라는 사실을 알게 되었다.

그렇다면 죽은 후 천국에 올라가 큰 상급을 받으려는 지금까지의 내 소망은 무엇인가? 그리스도를 주로 고백하는 나의 삶은 어찌 되어야 하는가? 다른 사람들에게는 평범할지도 모르는 그 충격으로 나는 선뜻 선교지나 목회지로 나갈 수 없었다. 좀 더 공부해야 한다는 자괴감이 밀려들었다. 그리하여 신학 공부 과정을 연장하고 연장하다가 어느덧 신학교 교수가 되었다.

기독교 집안이었기에 어렸을 때부터 주위 어르신들에게 커서 목사가 되라는 권면을 자주 받았다. 그러한 권면이 달갑지 않았던 나는 "하나님이 인간을 만든 것이 아니라 사람이 하나님을 만들어 놓고 '있다' 하면 있는 것이고, '없다' 하면 없는 것 아니냐"며 큰소리쳤다. 그러나 인생이 마음먹은 대로 되지 않는다는 소박한 실패들을 경험한 후, 신학을 하겠다고 결심은 했지만 선뜻 목사가 되겠다고 말하기는 싫었다. 장래 소망란에 신학박사라고 쓰면서 평범한 목회자는 되지 않으리라고 스스로를 위로했다. 그러다가 선교의 꿈을 가지게 되었다. 군사 독재와 분단국가의 현실에서 해외로 사역하러 나간다는 것 자체가 동경의 대상이었는지도 모른다. 북한 선교를 위한 루트로 중국 선교를 하겠다고 부르짖으며 대학 전공을 중국어로 택했다. 그러나 신학을 시작한 후 중국 선교에 대한 열정은 식었고 기회는 점점 더 멀어졌다.

중국에 가볼 기회조차 만들기 힘들고 선교사로 나갈 여건도 되지 않는 상황에서 선교사 헌신을 했다는 부담감만 늘 가지고 있었다. 그러다 1995년 국내의 한 유명 의류업체를 말씀으로 섬기는 기회가 생겼다. 그리고 그해 7월, 그 업체의 중국 생산 기지들을 돌아보게 되었다. 대학 시절 대만으로 어학연수를 다녀온 후로 중국에 들어갈 기회조차 없다가 처음으로 대륙에 들어가는 기회가 온 것이다. 설레는 마음으로 이왕 중국에 들어가게 되었으니 여러 곳을 돌아보는 것이 좋겠다 싶어 여행 계획을 짰다. 그리하여 한 달여 동안 업체 매장과 공장이 있는 곳들을 포함해 선교사로 나가 있는 제자들 중에 연결 가능한 사람들을 수소문하여 홍콩-심천-광주-상해-항주-소주-(상해)-장춘-연길-백두산-북경을 돌아볼 수 있었다. 짧은 기간이었지만 문화 충격을 받기에는 충분한 여행이었다. 돌이켜보니 중국 남부로부터 북부까지 중국을 대략 종(縱)으로 일주하는 코스였다.

그러나 문화 충격과 선교의 열정도 잠깐이고 돌아와서는 국내의 다양한 사역에 바빠서 차츰 중국을 잊어갔다. 그러다 이번에는 온 식구가 함께 중국 여행을 할 기회가 왔다.

1998년 8월, 어린이집을 세우고 IMF 때문에 재정적으로 힘들었던 차에 교회 문제까지 발생했다. 10여 년의 목회생활에 회의가 밀려와 차라리 목회를 포기하고 싶었다. 힘들어하는 아내에게 쉴 기회도 주고 싶었다. 지금까지의 삶을 돌아보기 위해서라도 쉬는 시간이 필요할 것 같았다. 그래서 온 가족이 무조건 중국으로 갔다. 온 가족이라야 아들 하나에 아내,

나까지 셋이지만 도망치는 마음으로 중국으로 날아갔다.

돈도 없고 특별한 여행 계획도 없었다. 다행히 여러 선교사들과 연락이 닿아 그들의 도움으로 다시금 한 달여 중국 여행을 하게 되었다. 더듬거리는 중국어 실력이지만 그럭저럭 유용했다. 지난번과는 달리 이번에는 중국어가 필요한 때가 많았다. 북경에서 란저우-우루무치-투루판-유원-돈황-쨩이-(란저우)-서안-북경으로의 긴 여정이었다. 1995년에는 중국을 남북으로 종단하는 여행이었다면, 1998년에는 중국을 동서로 횡단하는 여행이었다.

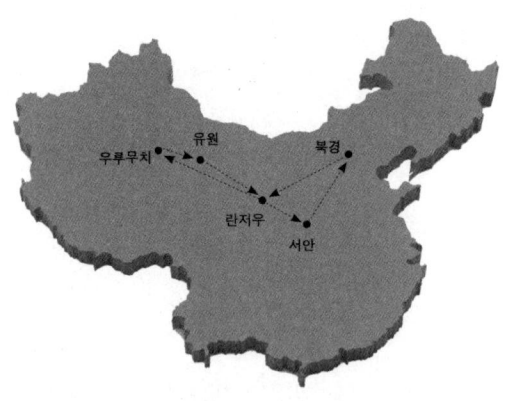

쉬기 위해 떠난 여행이었지만 막상 선교지 중국의 사정을 보며 편히 여행만 할 수는 없었다. 선교지에서 수고하는 선교사의 강청을 뿌리칠 수 없었다. 한 신학교 교수가 선교지에 와서 쉬는 게 어디 있느냐며 자신이 섬기던 지역교회 지도자들에게 강의를 해달라고 부탁을 해왔다. 계획에 전혀 없던 강의였다. 강의를 들으려고 온 선교지 중국의 평신도 교회 지도자들의 열정과 열심 앞에서 나는 부끄러움을 느꼈다. 나는 알량한 지식을 가지고 그들에게 강의했지만, 그들은 불타는 열정과 헌신으로 나를 가르치고 있었다. 꼬박 사흘을 강의했다. 밤낮없이, 아침부터 저녁 늦게까지, 강의하는 나조차 졸며 하품했고 통역사 역시 졸며 하품했다. 사흘 동안 강의한 전체 분량은 국내에서 대략 한 학기 동안 강의할 수 있는 분량이었다. 말씀을 사모하는 중국의 평신도 사역자들의 열정에 놀라 나도 모르게 이어간 강의였다. 그들의 모습을 보며 나는 게으르고 나태했던 국내 사역을 반성하며 회개하지 않을 수 없었다. 강의 내용을 반드시 책으로 만들어 중국에 보내리라고 다짐했다.

이 책은 그때부터 지고 있던 빚을 갚으려는 몸부림의 산물이다. 여러 모로 부족하고 보충할 사항이 많겠지만 지금까지 내가 듣고 배우고 가르쳤던 신학과 개인의 신앙고백을 담고자 했다. 저술 과정에서 어쩔 수 없이 생기는 욕심들 때문에 큰 줄거리에서 벗어나는 경우도 있고, 평신도에게는 부적합한 신학적 논쟁도 포함되었을지 모르겠다. 되도록 불필요하다 싶은 것은 줄이려고 노력했고, 그래도 꼭 언급하고 싶은 것은 각주로 처리했다.

이 책은 총 4부로 이루어져 있다.

제1부 '하나님나라의 창조-타락-회복'에서는 하나님나라의 창조 과정에 나타난 통치 원리를 찾아보고, 타락으로 왜곡된 하나님나라의 모습들이 예수 그리스도의 구속으로 인해 어떻게 회복되고 새롭게 되었는가를 살펴본다.

제2부 '하나님나라의 약속-성취-완성'에서는 타락으로 훼손된 하나님나라가 어떻게 회복되고 완성될 것인지 구약성경의 약속과 신약성경의 성취, 그리고 미래의 완성에 대한 구속사적 인류 역사의 전체 그림을 그

려 보았다. 신구약성경 전체를 하나님나라라는 개념으로 조망한 것이다.

제3부 '하나님나라의 현재성-미래성'에서는 신약성경에서 보여주는 하나님나라의 신비로운 양면성인 현재성과 미래성의 관계를 예수께서 가르치신 비유와 기적, 그리고 윤리들을 통해 살펴본다. 이 모든 가르침들은 하나님나라가 이미 성취되었지만 아직 완성된 것은 아니라는 공식으로 설명된다.

제4부 '하나님나라의 사명'에서는 하나님나라의 백성 된 그리스도인들이 하나님나라와 관계하여 이 나라에서 어떤 사명을 가지고 있는가를 살펴보았다. 그리스도인들은 하나님나라의 백성으로서 하나님나라의 복음을 선포하고, 선교하여, 교회를 이루고, 더 나아가 국가를 변화시킬 책임이 있다. 그리스도인들을 통해 이 모든 일들을 이루실 하나님은 영원히 찬송 받으실 만왕의 왕이요, 만주의 주이시다. 아멘.

이 책이 기독교와 성경을 이해하는 데 작은 도움이 되기를 바라며, 이름 없이 빛도 없이 하나님나라를 위해 봉사하며 자신의 생명을 아낌없이 드리는 모든 선교사들에게 이 책을 바친다.

재판을 내며

꼬박 10년이 넘었다. 이 책의 초판인 『이 나라 그 나라』를 출간한 후 10년 넘는 세월이 순식간에 지났다. 개인적으로 다사다난했지만 지나간 세월은 순간으로 느껴진다. 하나님께만 천 년이 하루 같은 것이 아니라 내게도 지난 시간이 하루같이 느껴진다. 세월이 흐른 만큼 새롭게 깨닫게 된 사항을 개정판인 이 책에서 보충했다. 5장 '하나님나라의 성취'에서 '이원론'이라고 표현했던 용어를 '종말론'으로 교체했다. 그래야 의미 전달이 더 바를 것 같다. '역동적 이원론'이라고 제시했던 부분도 좀 더 진전시켰다. '역동적 종말론'과 함께 '실존적 종말론'이라는 용어로 영지주의나 불교의 개념과 비교해 보았다.

초판 출간 때도 그랬지만 재판을 출간하려는 마음도 부끄럽기 그지없다. 그럼에도 여러 후배들과 제자들의 성원에 못 이기는 척하며 감히 책을 내놓는다. 여전히 부족하지만 성장하는 한 신학도의 만행으로 너그럽게 봐주기를 바란다.

여는 말

 어려서부터 눈이 좋지 않았던 나는 지금도 안경을 쓰고 있다. 안경을 쓰지 않고서는 바로 앞의 사람도 알아보지 못한다. 그래서 안경의 고마움을 누구보다 잘 안다. 안경은 자기 눈에 알맞은 것을 써야 한다. 다른 사람의 안경을 썼다가는 오히려 시력이 더 나빠질 수 있다. 요즈음에는 사람들이 안경에 색깔을 넣는다. 옅게나마 색깔을 넣어서 직사광선으로부터 눈을 보호한다. 색안경 너머로 보이는 모든 사물은 그 색안경 색깔에 지배를 받는다. 빨간 안경을 쓰고 세상을 보면 온통 빨간 세상이고, 파란 안경을 쓰고 세상을 보면 온통 파란 세상이다. 그러므로 색안경을 쓰고 있는 사람이 사물의 정확한 색깔과 모습을 알기 위해서는 내가 지금 어떤 색깔의 안경을 쓰고 있는가를 알고 눈에 보이는 사물을 재평가하려는 노력이 필요하다.
 여름에 운전할 때 나는 자주 선글라스를 쓴다. 잠깐씩이면 상관없는데 하루 종일 선글라스를 쓰고 있다 보면 내가 선글라스를 쓰고 있는지조차 잊어버린다. 그러다 저녁이 되면 다른 때보다 훨씬 일찍 날이 저문 것처럼 컴컴하게 느껴진다. 사물을 올바르게 파악하기 위해서는 자신이 지금 색 안경을 쓰고 있는지, 어떤 색깔의 안경을 쓰고 있는지 알아야 한다.

안경에 대한 이야기는 눈에 대한 이야기이다. 안경이 없던 시대에 기록된 성경은 눈에 대한 이야기를 자주 한다. 눈을 떠야 한다. 눈뜨고 사물들을 보면서 사는 것과 눈먼 봉사로 사물들을 보지 못한 채 소리로만 듣고 사는 것이 얼마나 차이가 나겠는가? 성경을 읽기 위해서도 눈을 떠야 한다. 인간은 타락하여 하나님을 볼 수 있는 시력을 잃어버렸다. 그 결과 하나님의 말씀인 성경을 읽어도 깨닫지 못한다. 성경을 보기 위해서는 성경을 보는 눈을 떠야 하고 시력을 회복시킬 수 있는 안경을 써야 한다.

성경을 보기 위해 가장 중요한 것은 믿음의 눈이다. 믿음으로 성경을 보는 자와 믿음 없이 성경을 보는 자는 전혀 다른 결과를 얻는다. 성경 저자들이 성경을 기록한 목적은 이 믿음을 우리에게 주기 위해서였다. "오직 이것을 기록함은 너희로 예수께서 하나님의 아들 그리스도이심을 믿게 하려 함이요 또 너희로 믿고 그 이름을 힘입어 생명을 얻게 하려 함이니라"(요 20:31). 우리는 믿음의 눈을 가지고 성경을 보아야 한다. 믿음 없이 성경을 보면 비윤리적 이야기와 불합리한 명령만 발견하게 될 것이다.

믿음의 눈으로 성경을 본다는 것은 스스로가 믿음으로 성경을 본다는 의미일 뿐 아니라 성경 저자들 역시 믿음으로 성경을 기록했음을 이해한다는 의미이다. 성경 저자들은 자신들이 갖고 있는 믿음으로 사건들을 평가하고 기록했다. 그러므로 사건의 진실을 바르게 보려면 그들이 어떤 믿음을 갖고 성경을 기록했는지 알고 성경을 읽으려는 자세가 필요하다.

나는 이 책에서 성경을 보는 하나의 안경으로 "하나님나라"를 소개하고자 한다. 무엇보다도 성경은 처음부터 끝까지 믿음으로 기록되어 있으므로 믿음으로 읽어야 한다. 또한 성경은 처음부터 끝까지 "하나님나라"

라는 주제로 기록되어 있기 때문에 하나님나라를 알고 읽어야 한다. 하나님나라를 알지 못하고서는 성경을 바르게 안다고 할 수 없다.

어렸을 때 나는 하나님나라를 저 하늘 너머 우주 밖의 어떤 공간으로 생각하도록 교육받았다. 그래서 낮에 볼 수 있는 하늘(sky)을 넘어, 밤에 볼 수 있는 하늘(space), 그리고 우주 밖의 어떤 나라(heaven)를 생각했다. 주일학교에서 자주 부르던 아이들의 찬송에도 이런 노래가 있었다.

> 저 높은 우주에 천국을 만들고, 주 믿는 자들 오라네!
> 주 언제 오실지 아무도 모르나, 날마다 점점 가까워 오죠.
> 열, 아홉, 여덟, 일곱, 여섯, 다섯, 넷, 구원받기 늦지 않아요.
> 셋, 둘, 구름 타고 다시 오실 날, 날마다 점점 가까워 오죠.

저 높은 우주 밖의 어떤 곳에 천국이 있다면 승천하시는 예수님을 따라 비행기를 타고 올라가 볼 수 있을까? 우주 밖의 그 어떤 곳으로 갈 수 있을까?

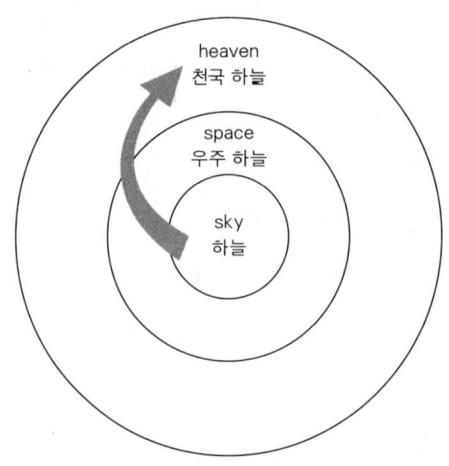

우리는 하나님나라를 우주 밖의 어떤 곳, 즉 장소적인 의미의 영토만을 생각하기 쉽다. 그러나 일반적으로 나라는 영토로만 구성되지 않는다. 영토뿐만 아니라 백성과 주권도 있어야 한다. 국가의 3요소로서 영토, 백성, 주권을 말하지 않던가? 그렇다면 하나님나라의 영토, 백성, 주권은 무엇인가?

먼저, **하나님나라의 영토**는 어디인가? 장소적 개념으로서 하나님나라의 영토는 하나님이 전 우주의 창조주라는 믿음에서 출발해야 한다. 하나님께서 우주 만물을 창조하셨다. 그렇다면 하나님나라의 영토는 하나님께서 만드신 전 우주이다. 하나님께서 전 우주를 창조하셨기 때문에 하나님나라가 아닌 영역은 피조된 이 우주 안에 없다. 원리상으로 우주 만물이 하나님나라의 영토이다(시 139:7-12).[1]

둘째, **하나님나라의 백성**은 누구인가? 이 질문에 우리 그리스도인들은 예수 믿는 그리스도인들만이 하나님나라의 백성이라고 대답하기 쉽다. 그러나 어떤 나라나 정부도 그 나라나 정부를 거역하는 반역자라고 해서 그 나라 국민이 아니라고 말하지 않는다. 추방하기 전까지는 그 나라 백성이다. 그러므로 하나님나라를 거역하는 악한 영들까지도 하나님나라의 백성이다. 심지어 최후의 심판 후 그 나라에서 완전히 축출하여

---

1 흔히들 생각하는 것과 같이 하늘나라가 궁창 위에 위치해 있는 하늘의 세계로서 경건한 사람들이 죽어서 가는 곳이라는 통속적인 개념은 신약에서 찾아볼 수 없다. 그러한 개념은 유대의 묵시문학이나 영지주의 문헌에서 발견된다. 유대교의 세계관은 하늘 위와 땅 위, 그리고 땅 아래의 삼층 세계관이었다. 이러한 유대교의 세계관에 의하면 장소적인 개념이 '하나님나라'의 개념에 내포되어 있을 가능성은 충분히 있다. 신약성경은 하나님나라에 대해 "들어가는 문"(마 7:13f), 또는 "열쇠"(마 16:19), 또는 "들어간다"(마 11:12)는 등의 단어들을 사용하고 있어 장소적인 개념을 완전히 부인하기 어렵게 만든다. 그럼에도 불구하고 하나님나라에 대한 장소나 영역적 의미는 신약성경에서 그리 크게 강조되지 않는다.

영원한 불 못에 넣을지라도 그 불 못 역시 하나님나라이다. 이처럼 하나님의 창조 신앙은 장소적 의미에서 그랬던 것처럼 하나님나라의 백성에 대한 개념에서도 나타난다. 하나님을 거역한다 할지라도 그는 하나님의 피조물이다. 원리상으로는 우주의 모든 피조물이 하나님의 통치 영역 안에 있는 그의 백성이다. 하나님은 살아 있는 생명체인 짐승도 불쌍히 여기시지 않던가?(욘 4:11)

셋째, **하나님나라의 주권**은 누구에게 있는가? 역동적인 의미에서 본 하나님나라는 특정한 장소라기보다는 하나님의 통치 혹은 그의 왕권을 나타낸다. 하나님나라의 주권은 오직 하나님께 있다. 하나님은 왕이시기 때문에 "주권"이라는 표현보다는 "왕권"이라는 표현이 더 어울릴 것이다. "하나님의 절대 주권"은 "하나님의 절대 왕권"을 의미한다. "국민 주권"을 말하며 "국민이 대통령이다"라고 외치는 시대에 왕권을 말하는 것이 시대에 뒤떨어지는 듯하지만, 하나님나라에서 주권(또는 왕권)은 오직 왕이신 하나님 한 분에게만 있다. 그것을 우리는 "하나님의 절대 주권"이라고 말한다.[2]

---

2 "하나님의 절대 주권"이라는 용어는 국가의 3요소로 거론되는 주권과는 다른 개념이다. 오히려 "하나님의 절대 왕권"이라는 말이 더 잘 어울린다. 18-19세기 유럽의 절대 왕정의 "왕권신수설"(王權神授說)은 이러한 하나님나라에 대한 이해를 그 신학적 근거로 삼고 있다. 왕의 권세 역시 하늘로부터 온 것이므로 절대적인 권세이다. 그들은 왕권에 대한 이해를 신론과 연결시켜, 하나님 유일 신앙=절대 군주제; 범주제=민주제=범신론; 무정부주의=무신론이라는 등식으로 기독교 정치론을 전개했다. 1차 세계대전 후 절대 왕정이 끝나게 되었을 때, 교회나 정치학자들 중에 왕정이 끝나는 것을 안타깝게 생각하는 자들이 있었다. 이러한 사고가 오늘날 교회에도 그대로 적용되어 목회자에게 절대적 권한이 있는 것으로 재해석되는 경향이 있다. 교회는 민주적인 방식으로 목회하는 것이 아니라 하나님의 인도하심에 순종하여 목회자의 지도 하에 일사불란하게 진행되어야 한다. "민주주의가 하나님의 뜻인가?"에 대한 대답은 긍정이나 부정이 다 가능하다. 다수결이 다 하나님의 뜻은 아니다(예를 들면, 예수의 재판). 그

하나님께서 온 세상을 통치하신다는 개념으로서 하나님나라는 구약성경 신앙의 기본적인 요소이다(시 47:2-3, 99:1-2). 심지어 마귀까지도 하나님의 허락하심 아래에서 활동한다(욥 1:12, 2:6). 그의 영원한 권세는 대대에 이른다(단 4:34-35).

하나님의 절대 주권인 하나님의 왕권이 실현되는 나라가 하나님나라이다. 원리적으로 온 우주가 하나님나라의 영역이며, 모든 피조물이 하나님나라의 백성이다. 원리적으로 하나님나라가 아닌 곳이 없고(시 139:7-10)[3], 하나님나라 백성이 아닌 피조물은 없다. 그러나 현실 세계를 보면 하나님이 다스리는 나라로 보이지 않는다. 하나님의 왕권이 서 있는 것처럼 보이지 않는다. 죄악이 난무하고, 악인이 흥왕하며, 의인은 고난받는 현실을 어찌 하나님이 다스리시는 나라라고 말할 수 있겠는가? 원리적인 하나님나라는 지금 여기의 실제 나라들과 큰 괴리가 있다. 그렇다면 원리적인 하나님나라와 지금 이 세상에서 자행되는 현실적 죄악과의 괴리를 어떻게 설명할 수 있는가?

역동적인 의미로서 하나님나라를 하나님의 통치라고 이해할 때, 하나님나라는 먼저 하나님나라의 백성임을 인정하는 그리스도인들에게서 시작된다. 하나님나라의 백성임을 인정하는 그리스도인들이 먼저 하나님의 통치권이 자신의 삶 속에서 나타날 수 있도록 자신을 내어놓아야 한다.

리나 몸의 지체로서 하나 된 의식을 가지고 서로 섬기는 교회가 된다면, 민주주의는 이 시대에 있어서 하나님의 뜻이 될 수 있다(엡 5:21, 마 23:10-12 등).

3 "내가 주의 영을 떠나 어디로 가며 주의 앞에서 어디로 피하리이까 내가 하늘에 올라갈지라도 거기 계시며 스올에 내 자리를 펼지라도 거기 계시니이다 내가 새벽 날개를 치며 바다 끝에 가서 거주할지라도 거기서도 주의 손이 나를 인도하시며 주의 오른손이 나를 붙드시리이다"(시 139:7-10).

그리스도인이란 주님의 주님 되심(Lordship)이 생활화된 사람이며, 하나님나라의 백성으로서 하나님의 다스리심을 받는 자들이다. 그리스도인들의 기도는 자신의 주권과 방법을 포기하고 하나님의 주권과 방법을 추구하는 것이요, 그리스도인들의 찬송은 하나님의 주권에 대한 찬양이며, 그리스도인들이 드리는 예배는 하나님의 통치권을 인정하고 그에게 나아가는 것이다. 그러므로 우리의 지금 여기의 삶에서 하나님나라는 성취되고 인정되며 확장된다.

그러나 그러한 개인의 삶이 하나님나라 백성으로서 모든 의무를 다하는 것인가? 하나님의 왕권이 개인의 삶에 나타나는 것으로 그리스도인의 소임을 다하는 것인가? 그리스도인에게는 개인으로서 갖고 있는 의무를 초월하여 사회 성원으로서 담당해야 할 사회적 책임도 있다. 하나님나라의 백성으로서 자신이 살고 있는 나라가 어떤 체제이든 하나님의 절대 주권이 실현되도록 노력할 의무가 있다. 민주주의 사회이든 공산주의 사회이든, 절대 군주제 사회이든 그리스도인은 하나님의 절대 주권을 세우기 위해 일한다.[4] 그 어떤 체제도 하나님나라의 체제는 아니다. 그러므로 우리가 속한 각 체제 속에서 하나님의 절대 주권이 거부되지 않도록 하나님의 절대 주권을 세워야 하는 의무가 우리 그리스도인에게 있다. 원리적인 하나님나라를 실제적인 하나님나라로 변화시킬 책임이 우리 그리스도인에게 있다.

---

4 자본주의 국가 체제에서 사는 우리는 자본주의 사회에서 어떻게 하나님의 절대 주권을 실현할 수 있겠는가를 고민해야 하고, 공산주의 국가 체제에서 사는 형제들 역시 공산주의 사회에서 어떻게 하나님의 절대 주권을 실현해 나갈 것인가를 물어야 한다. 우리가 추구하는 나라는 눈에 보이는 국가 체제가 아니라 눈에 보이지 아니하는 영적 하나님나라요, 하나님의 절대 주권의 실현이기 때문이다.

이처럼 하나님나라는 영토나 국민보다는 하나님의 주권에 가장 관심이 크다. 하나님의 통치하심이 하나님나라이고, 그 통치하심이 나타나는 것이 구체적인 하나님나라의 현현이다.

성경은 처음부터 끝까지 "하나님나라"에 대한 이야기이다. 천지 창조는 하나님나라의 창조에 대한 이야기요, 죄로 말미암은 인간의 타락은 하나님나라의 훼손에 대한 이야기이며, 죄로부터 우리를 구속하는 십자가는 하나님나라의 회복에 대한 이야기이다. 그러므로 창조-타락-회복으로 이루어지는 구속사의 각 단계는 하나님나라의 창조-타락-회복(재건)의 역사이다.

1부
하나님나라의 창조-타락-회복

1. 하나님나라의 창조
2. 하나님나라의 대리 통치자
3. 하나님나라의 동역자

천지 창조를 통해 하나님은 자신의 나라를 창조하셨다. 창조 과정에서 하나님은 하나님나라의 통치 원칙들을 우리에게 알려주신다. 하나님나라는 섞일 수 없는 것들을 분리하는 거룩한 나라이며, 모든 것들을 필요한 곳에 채우시는 충만의 나라이다. 하나님나라는 질서의 나라이며 조화의 나라이다. 질서와 조화로 완전함을 이룬 나라로서 참된 안식의 나라이다. 죄로 말미암아 완전함이 깨어지고 훼손되었을 때, 하나님은 그 나라를 다시 회복하실 뜻을 세우셨다. 그리고 인간들에게 그 완전한 나라를 기억하고 완전을 추구하라는 뜻으로 안식일 명령을 제정하셨다. 유대인들은 안식일법의 의미를 오해하여 진정한 안식을 누리지 못하고 율법에 얽매였지만, 예수 그리스도는 이 땅에 오셔서 완전한 안식의 의미를 가르치시며 선포하셨다. 우리는 예수 그리스도 안에서만 참된 안식을 누릴 수 있다. 첫 인간 아담이 깨뜨림으로 말미암아 인간이 누릴 수 없었던 참된 안식을 예수 그리스도께서 회복하여 우리에게 은혜로 베푸시는 것이다.

하나님은 인간을 창조하실 때 하나님나라의 대리 통치자로 창조하셨다. 인간은 하나님의 피조물이지만 하나님의 형상으로 만들어져 하나님의 통치권을 위임받았다. 모든 만물을 다스릴 권세와 힘을 부여받았다. 그러나 인간은 하나님을 하나님으로 인정하지 못하고 스스로 하나님이 되어 자신의 왕국을 세우려는 교만과 불신앙 때문에 하나님께서 주신 통치권을 잃어버렸다. 왕이 아니라 오히려 평생 매여 종노릇하는 신세가 되어버렸다. 우리 주 예수 그리스도는 아담이 실패한 모든 시험을 극복하고 승리하여 아담이 잃어버렸던 통치권을 새 인류인 우리 그리스도인에게 부여하셨다. 이제 그 통치권은 군림하고 다스리는 힘의 통치권이 아니라 복음을 선포하고 섬김으로 이루어지는 제사장적 통치권이다. 대리 통치자로서의 인간은 하나님 한 분을 거역함으로 모든 만물로부터 저항을 받고 거부되었지만, 예수 그리스도 한 분을 영접하고 섬김으로 모든 만물을 새롭게 다스리는 복음의 일꾼이 된 것이다.

하나님께서 하나님나라의 대리 통치자로서 인간을 창조하실 때, 아담을 홀로 두지 아니하고 그의 동역자를 세우셨다. 먼저 하나님께서 친히 아담의 돕는 배필을 지을 계획을 세우신다. 그러나 위임 통치자인 아담이 스스로 깨닫기까지 기다리신다. 마침내 아담이 스스로 배필의 필요성을 깨닫자 그때 비로소 아름다운 배필을 그에게 허락하신다. 아담의 배필로 창조된 하와는 아담을 도와서 하나님나라의 대리 통치자로서의 통치권을 행사하며, 아담과 협력하여 완전한 하나님나라를 이루고 지켜가야 할 공동 책임을 가진다. 그러나 통치권을 행사해야 할 하와는 뱀의 꼬임에 빠져 뱀의 말을 들음으로 통치권을 상실했다. 그 결과 인간에게 저주의 역사가 시작되었고, 아담의 배필로 창조된 여자가 도리어 아담의 원수가 되어버렸다. 예수 그리스도의 구속은 남편과 아내의 관계를 교회와 그리스도의 관계로 새롭게 회복시키셨다. 사랑하고 순종하는 관계로 다시 세우셨다. 가정은 부부간의 사랑과 순종으로 하나님나라를 이루어 가는 교회와 사회의 가장 기초 단위이다. 부부 관계를 통해 모든 그리스도인은 교회와 그리스도와의 관계를 배운다. 우리 개개인과 성령의 관계를 배운다. 하나님께서는 우리의 심령 가운데 하와와 같은 배필로서 성령을 허락하셨다. 성령은 우리를 도우러 오신 우리의 배필이요, 협력자이시다.

하나님나라는 하나님께서 다스리시는 나라로 완전한 질서와 조화의 나라이다. 인간의 타락은 그러한 완전함과 질서를 깨뜨려 무질서와 부조화를 만들어냈다. 하나님께서는 독생자 예수 그리스도를 이 땅에 보내시어 인간의 타락으로 훼손된 하나님나라를 복구하고 회복하신다. 창세기의 창조 기사에 나타난 하나님나라의 창조 질서는 이제 예수 그리스도 안에서 새롭게 회복되어 하나님나라의 구속 질서로 우리 가운데 와 있다.

1장
하나님나라의 창조

기독교의 경전인 성경은 "태초에 하나님이 천지를 창조하시니라"(창 1:1)는 말씀으로 시작된다. 하나님의 인격성을 전제로 그가 시간을 창조하시고 천지를 창조하셨다고 선언한다. 이 짧은 한 구절 속에 하나님의 인격성(하나님이)과 영원성(태초에), 무한성(천지를)과 전능성(창조하셨다)이 묘사되어 있다. 기독교를 다른 여타의 종교와 구분 짓는 가장 중요한 특징 중 하나가 하나님의 인격성, 즉 살아서 역사하시는 하나님이다.[1] 신약성경 역시 첫 구절이 "아브라함과 다윗의 자손 예수 그리스도의

---

[1] 각 종교가 가지고 있는 경전의 첫 부분을 살펴보면, 각 종교가 가지는 기본적인 강조점과 특성을 대략적으로나마 이해할 수 있다. 불교는 너무 경전이 많아서 어느 것이 대표라고 하기 쉽지 않지만 가장 널리 알려진 『바라밀다심경』을 보자. 이 경전은 대승경전의 핵심 내용인 공(空)사상을 가장 간단명료하게 밝힌 경전으로 사람들에게 가장 많이 알려져 있다. 摩訶般若波羅蜜多心經(마하반야바라밀다심경): 여기에서 마하는 크다(大), 많다(多), 초월하다(勝)의 뜻이고, 반야는 지혜, 깨달음의 뜻이며, 바라밀다는 저 언덕에 이르다(到彼岸)는 뜻이다. 직역하자면 "큰 지혜로 저 언덕에 이르는 가장 핵심 되는 부처님의 말씀"이다. 觀自在菩薩 行深般若波羅蜜多時 照見五蘊皆空 度一切苦厄(관자재보살 행심반야바라밀다시 조견오온개공 도일

계보(족보)라"(마 1:1)는 말씀이다. 예수 그리스도의 역사적인 실재성을 강조하며 시작된다. 조상들의 족보를 통해 이 땅에 태어나신 예수 그리스도의 인격성과 역사성을 강조하며 신약성경을 시작하는 것이다. 기독교는 삶의 철학이나 윤리적 규율이 아니라 살아서 역사하시는 하나님과의

체고액): 관세음보살이 고통 받는 중생을 구제하기 위해 깊은 반야바라밀을 수행할 때에 모든 물질적 현상이 모두 실체가 없어 공(空)함을 여실히 아시고 이 모든 고통과 액난에서 벗어났느니라. 舍利子 色不異空 空不異色 色卽是空 空卽是色 受想行識 亦復如是(사리자 색불이공 공불이색 색즉시공 공즉시색 수상행식 역부여시): 사리자여, 물질적 현상은 본래 그 자체로서 독립되어 상주하는 실체가 없는 고로 그 본질인 공(空)과 다르지 않고, 공(空) 또한 물질적 현상과 다르지 않으니, 물질적 현상이 곧 본질인 공이며, 공이 곧 물질적 현상이니라. 감각 작용, 지각 작용, 의지적 충동, 식별 작용도 모두 공이니라. 이처럼 불교의 강조점은 모든 것이 덧없음을 깨닫는 큰 지혜에 있다.

이와 달리 유교의 『논어』 첫 구절은 배우는 것으로 시작된다. 子曰 學而時習之 不亦說乎 有朋自遠方來 不亦樂乎 人不知而不慍 不亦君子乎(자왈 학이시습지 불역열호, 유붕자원방래 불역낙호, 인부지이불온 불역군자호): 공자께서 말씀하시기를 "배우고 때때로 익히면 또한 기쁘지 아니한가? 벗이 있어 먼 곳으로부터 찾아오면 또한 즐겁지 아니한가? 남이 알아주지 않아도 성내지 않는다면 또한 군자가 아니겠는가?" 배움의 즐거움을 강조하며 출발하는 유교는 한국의 과도한 교육열의 배경이 될 것이다.

한편 도교는 너무 추상적이다. 도덕경의 처음은 해석하기 어려운 말로 시작된다. 道可道, 非常道. 名可名, 非常名(도가도 비상도 명가명 비상명) 無名, 天地之始. 有名, 萬物之母(무명, 천지지시. 유명, 만물지모) 故常無欲以觀其妙. 常有欲以觀其(고상무욕이관기묘. 상유욕이관기) 此兩者, 同出而異名, 同謂之玄, 玄之又玄, 衆妙之門(차량자, 동출이이명, 동위지현, 현지우현, 중묘지문): 도라 말할 수 있는 도는 늘 그러한 도가 아니고, 부를 수 있는 이름은 언제나 늘 그러한 이름이 아니다. 이름 없는 것은 천지의 처음이고, 이름 있는 것은 만물의 어머니다. 그러므로 항상 욕심이 없는 것으로 미묘한 본체를 살피고, 항상 욕심이 있는 것으로 그 순환하는 현상을 살핀다. 이 둘은 같이 나와 이름을 달리하며 둘 다 현묘한 것이라고 한다. 현묘하고 또 현묘하여 모든 미묘한 것이 나오는 문이다. 번역을 보아도 무슨 말인지 이해하기 쉽지 않다. 이러한 경전들과 성경을 비교해 보면 기독교의 특성이 분명 드러난다. 기독교는 살아서 역사하시는 하나님을 믿고 섬기며 교제하는 종교이다. 성경은 논리적이거나 철학적인 진술이 아니라 살아 계신 하나님의 행하신 일들에 대한 이야기를 통해 하나님이 어떠한 분이신지를 계시하는 하나님의 말씀이다.

깊은 인격적 만남과 교제이다. 하나님을 만난 체험이 없다면 그것은 진정한 그리스도인의 삶이 아니다.

"태초에 하나님이 천지를 창조하시니라"로 시작되는 창세기 1장은 흔히 천지 창조 기사로 이해된다. 천지 창조는 하나님께서 다스리시는 세상을 창조하셨다는 의미로 볼 때 하나님나라의 창조이다. 6일 창조라고 불리는 천지 창조 과정은 하나님나라의 창조 과정으로 볼 수 있다. 6일 동안의 천지 창조 과정을 통해 하나님나라가 창조되는 특성과 원리를 찾아볼 수 있다.

하루의 창조 활동을 하나의 원으로 표현할 때 6일 동안의 창조는 6개의 원이 필요할 것이다. 그러나 자세히 살펴보면 6개가 아니라 3개이면 족하다. 처음 3일과 후반부의 3일이 서로 연결되어 있기 때문이다.[2]

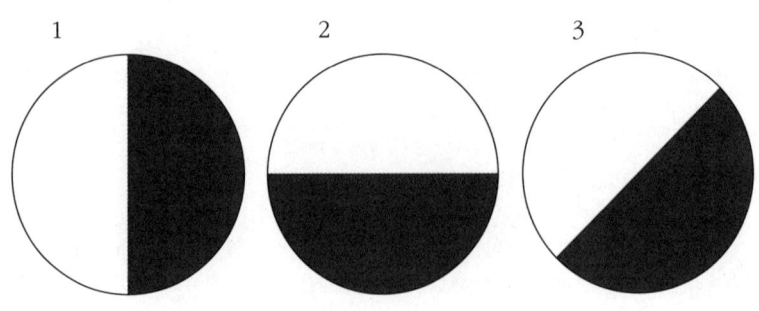

---

[2] 6일 창조의 전반부 3일과 후반부 3일의 연관성은 밀라드 J. 에릭슨, 『복음주의 조직신학(상-서론/신론)』 신경수 역(고양: 크리스천다이제스트, 2000), p. 432에서 언급되며, 여기에서 이에 대한 N. H. Ridderbos, *Is There a Conflict Between Genesis 1 and Natural Science?* (Grand Rapids: Eerdmans, 1957), Ronald Youngblood, How It All Began (Ventura, Cal.: Regal, 1980), pp. 25-28과 같은 책들이 소개된다.

첫째 날 하나님은 빛을 창조하시고 빛과 어두움을 나누어 낮과 밤을 구분하신다. 둘째 날에는 궁창을 만드시고 궁창 위의 물과 궁창 아래의 물을 구분하신다. 셋째 날에는 뭍을 드러나게 하시고 바다와 육지를 구분하신다. 이처럼 창조의 전반부 3일은 하나님께서 만드신 것들로 인해 분리가 일어난다. 빛으로 낮과 밤이 분리되고, 궁창으로 궁창 위의 물과 궁창 아래의 물이 분리되며, 뭍이 드러남으로 바다와 육지가 분리된다. 이와 같이 하나님나라가 창조되는 첫 출발점은 분리되는 것이다. 하나님나라는 죄로부터 분리되고, 사망으로부터 분리되며, 세상으로부터 분리되고, 마귀 사탄으로부터 분리되어 시작된다.

하나님나라의 백성으로서 그리스도인은 세상으로부터 이렇게 분리되어야 한다. 이것을 기독교적 개념으로 "**거룩**"이라고 부른다. 분리된 거룩한 삶의 출발점은 옛 사람의 삶을 끊고 새로운 삶을 시작하는 회개에서 시작된다. 세례 요한은 천국 복음을 선포하는 출발점으로 "회개"를 말하며(마 3:2), 예수 그리스도 역시 도래하는 천국을 위해 "회개"를 요구한다(마 4:17). 회개는 "거룩"한 삶을 이루기 위한 출발점이요, 거룩함은 그리스도인으로 살아가는 출발점이다.

이어지는 6일 창조의 후반부 3일은 앞에서 분리된 각각의 영역에 새로운 것들을 창조해서 채워 넣는 사역이다. 하나님께서는 처음 3일 동안 구분하신 각각의 영역에 필요한 것들을 채우신다. 넷째 날에는 첫째 날 분리되었던 낮과 밤에 각각 해와 달과 별들을 채우신다. 다섯째 날에는 둘째 날 분리되었던 궁창 위의 물과 궁창 아래의 물에 각각 궁창 위의 하늘을 나는 새들과 궁창 아래의 물고기를 채우신다. 그리고 마지막 여섯째 날에는 셋째 날 분리된 육지와 바다에 짐승들과 사람을 채우신다. 이것이 후반부 6일 동안의 사역이다.

하나님나라는 분리만으로는 완성되지 않는다.³ 세상과 분리된 거룩한 공동체 안에 하나님의 새로운 창조물들을 채우는 사역이 이어져야 한다. 텅 빈 곳으로 방치하지 않고 하나님의 거룩한 것들로 채워야 한다. 하나님의 말씀으로 채우고, 하나님의 영으로 채우며, 하나님의 거룩한 사역들로 채워야 한다. 이렇게 채워지는 사역을 기독교적 용어로 "충만"이라고 표현한다.

이와 같이 하나님나라의 창조 과정은 "거룩과 충만"으로 특징지어진다. 먼저 분리할 것들을 분리하고 그 후에 채울 것들로 채우신다. 만일 분

---

3 기독교 선교의 초기, 우리 교회는 세상으로부터 분리되는 거룩한 삶만 강조하여 왔다. 그래서 "주님 뜻대로 살기로 했네"를 외치며 "이 세상 사람 날 몰라 줘도", "세상 등지고 십자가 보네"를 부르짖었다. "뒤돌아 서지 않겠네"라고 다짐했다. 그러나 우리에게 주어진 십자가는 세상 안에 있다. 이 세상 안에서의 삶을 떠나면 우리가 짊어질 십자가는 더 이상 없다. 그러므로 이제 그리스도인은 교회 안에서의 봉사와 헌신만이 아니라 이 세상 안에서의 헌신과 봉사를 강조해야 한다. "예수 천당, 불신 지옥"을 외치는 것 이상으로 우리가 처한 곳에서 이름 없이 빛도 없이 세상을 위해 봉사하는 삶이 필요하다.

리되지 않은 상황에서 다른 것들을 채우면 전혀 다른 것들로 변질되어버릴 것이다. 거룩하지 않은 더러운 상태에서 깨끗한 다른 것들을 채우면 모두 다 거룩하지 않은 더러운 것이 되어버린다. 깨끗한 것을 채우고 싶으면, 먼저 그릇을 깨끗하게 닦은 후 깨끗한 것들을 넣어야 하는 것처럼, 우리 모든 그리스도인은 충만하기에 앞서 거룩한 분리가 있어야 한다.

이처럼 6일 창조의 전 과정은 전반부 3일과 후반부 3일이 밀접하게 연결되어 있어서 하나님나라의 창조가 얼마나 질서정연한지 보여준다. **"질서"**(order)는 하나님나라의 통치 원리이다. 지상의 모든 나라 역시 질서를 존중하고 질서를 지키려고 한다. 그런 점에서 하나님나라는 질서의 왕국이며, 질서를 지키고, 질서를 유지하는 나라이며, 질서의 완성을 바라보는 왕국이다.[4]

하나님나라가 질서의 왕국인 것처럼 교회 역시 질서의 공동체이다. 하나님나라의 그림자로서 이 땅에서 하나님나라의 역할을 하고 있는 교회 역시 질서가 있어야 한다. 교회의 모든 운영은 질서의 원리에 비추어 운영되고 진행된다. 사역자들 사이의 질서, 교인들 사이의 질서, 사역자와

---

[4] 선진국과 후진국의 차이점을 한 가지로 요약하라면 "질서"라고 말할 수 있다. 질서 있는 나라가 선진국이며, 질서 없는 나라가 후진국이다. 일본에 갈 때마다 느끼는 것은 일본은 선진국답게 질서가 정연하다는 것이다. 거리에 불법 주차가 없다. 일방통행이 그렇게 잘 지켜진다. 깨끗한 도로는 저절로 감탄이 나온다. 일본과 비교할 때, 우리나라는 아직도 후진국이라는 생각에 부끄러움을 느끼게 된다. 그러나 동남아시아를 가게 되면 우리나라는 선진국이 된다. 중국에서 나는 그 무질서한 도로에서 사고가 예상 외로 적다는 것에 놀랐고, 경찰 역할을 해야 할 공안들조차 질서에는 별 관심이 없는 듯한 모습에 놀랐다. 선진국이 질서의 나라라면 후진국은 무질서의 나라이다. 선진국에서는 할 수 있는 일과 할 수 없는 일이 정확하게 구분되지만, 후진국에서는 안 되는 일도 없고, 되는 일도 없다. 그리스도인은 최고의 선진국인 하나님나라의 백성으로서 질서를 지키는 기본적인 자세가 있어야 한다. 하나님나라는 질서의 나라이다.

교인들 사이의 질서 등. 그래서 질서 있는 교회가 성장한다. 조직이 살아 있는 교회가 성장하는 것이다.

바울은 에베소 교회에 편지하면서 교회의 여러 사역들을 열거한다(엡 4:11). 사도와 선지자, 복음 전하는 자와 목사, 그리고 교사. 이들은 교회에서 각각의 독특한 역할을 가지고 있었다. 사도란 교회를 개척하고 보호하며 유지하는 역할을 하는 자들이다. 선지자는 교회의 나아갈 길을 밝혀주며 미래를 준비하는 역할을 한다. 복음 전하는 자는 복음을 전하여 사람들을 그리스도께로 이끌고, 목사는 목회하여 양들을 돌보며, 교사는 교회의 진리를 가르치며 양육하는 역할을 한다. 이러한 모든 은사들로 채워질 때 교회는 안정되고 지속적인 성장을 이룰 수 있다.

먼저 복음 전하는 자가 사람들을 전도하여 무리를 만들어간다. 교사는 그들을 주의 말씀으로 훈계하고 가르친다. 그러나 주의 진리로 양육된다 할지라도 인간 사이에 문제들이 발생하게 마련이다. 그럴 때 목사가 목회자로서 그들 사이의 문제를 조정하고 돌보며 양육한다. 이러한 교회는 안정된 가운데 성장해 나갈 수 있다. 그러나 안정은 곧 정체로 이어질 수 있기 때문에 선지자가 교회의 사명과 나아갈 길을 밝혀준다. 교회는 기도하는 중에 사도적인 선교사들을 파송하여 교회를 개척하고 확장해 나간다. 그리하여 마침내 교회는 양적으로나 질적으로 지속적인 성장을 할 수 있게 된다. 이러한 교회 내의 질서는 각자에게 주어진 은사를 따라 이루어져야 할 것이다.

고린도 교회는 은사로 말미암아 많은 문제가 발생했다. 특히 무슨 신령한 은사들을 받았다고 자처하는 사람들은 교회의 질서를 무시하고 자신이 받은 은사들을 자랑하고 과시하려는 데 혈안이 되었다. 바울은 이러한 고린도 교회를 향해 방언 은사에 대한 긴 논의를 펼친다. 마침내 결론으로 "모든 것을 적당하게 하고 질서대로 하라"(고전 14:40, 개역한글)고 권면한다. 적당하게 신앙생활하고, 적당하게 헌금하며, 적당하게 봉사해야 한다.5 질서는 은사의 우월성보다 우선한다. 바울이 제시한 성령론의 결론은 질서이다. 성령 운동도 질서 안에서 이루어져야 하며, 성령의 은사도 교회의 질서 안에서 실행되어야 한다. 질서 없는 은사나 헌신은 교회에 오히려 해롭다.

질서에 대한 강조는 성경 전체에 면면히 흐르고 있다. 구약성경의 율법 정신은 한마디로 "질서"이다. 가정의 질서, 사회의 질서, 국가의 질서, 자연의 질서, 영적인 질서를 확립시키고 유지하려는 것이 율법 조항들 속에 내포된 하나님의 의도이다. 가정의 질서를 위해 성에 대한 여러 법률들이 열거되고(레 18:6ff), 사회와 국가의 질서를 유지하기 위해 여러 법과 제도가 정비되며(신명기), 자연의 질서를 유지하기 위해 농경법이나 파종법 등이 제시되고(신 22:9), 영적 질서를 위해 예배법과 제사법들이 열거된다(레위기).

질서의 원리는 **조화**(harmony)의 원리와 통한다. 하나님나라가 질서의 왕국인 것처럼 동일하게 하나님나라는 조화의 왕국이다. 첫째 날과 넷째 날, 둘째 날과 다섯째 날, 셋째 날과 여섯째 날이 조화를 이루어 한 쌍을

---

5 우리나라의 "적당주의"는 합리적이고 바른 모습으로서의 적당한 삶을 정당하게 평가하지 못하는 결과를 만들어 냈다. 모든 일에 적당하게 하는 중용의 자세가 필요하다. 과하든지 부족하면 문제가 발생한다. 신앙생활도 지나치게 과하면 중독 현상으로까지 나아가게 된다. 교회 중독, 기도원 중독, 은사 중독… 그러다보니 어떤 합리적인 판단력 없이 맹종하고 광신하며 미신으로까지 떨어진다. 교회에서 문제를 일으키는 사람들은 항상 자신의 분수보다 과한 사람들이다. 모든 일을 적당하게 하는 지혜가 필요하다. 개정개역 성경은 고린도전서 14:40을 "모든 것을 품위 있게 하고 질서 있게 하라"고 표현한다. 새번역 역시 "모든 일을 적절하게 하고 질서 있게 해야 합니다"라고 번역하고 있다.

이루고 있는 것처럼 조화는 하나님나라의 기본적 원리이다.

안정된 사회와 국가는 이러한 조화가 잘 이루어진 사회이다. 조화가 잘 이루어져 있으면 안정되지만, 조화가 깨지면 사회는 불안해지고, 기강은 해이해지며, 질서도 깨진다. 그래서 국가는 조화로운 제도와 질서를 가지고 있어야 한다.

조화는 다양성을 전제로 한다. 획일화되거나 개성 없이 통제된 사회는 조화된 사회가 아니라 단일한 사회요, 일사불란한 사회요, 조화가 없는 사회이다. 다양한 사람들이 다양한 개성과 능력을 가지고 서로 조화된 모습을 이루는 것이 하나님나라의 특성이다. 다양한 악기들이 모두 모여 조화롭게 연주하는 오케스트라 음악이나 다양한 목소리들이 모여 이루어지는 합창단의 노래는, 조화가 획일적인 것이 아니라 다양성을 인정하며 이루어진다는 사실을 단적으로 보여준다.

성경은 인간의 몸을 예로 들어 이러한 조화의 원리를 설명한다. 눈은 눈대로, 귀는 귀대로 서로 다른 기능이 있다. 그것들이 모여 한 몸을 이루어야만 온전한 삶을 살 수 있다. 마찬가지로 하나님나라의 구성원들은 모두 서로 다른 기능과 능력을 가지고 있지만 서로 조화되어 한 몸을 이루어간다. 그래서 모든 그리스도인은 "나 아니면 안 된다"는 생각으로 사는 자들이 아니다. 오히려 "나 홀로는 안 된다"는 생각, "나 혼자서는 안 된다"는 생각으로 사는 자들이다. 다른 사람들과 조화를 이루며 하나 되어 살아가는 자들이다.

사회를 보는 그리스도인의 시각 역시 하나님나라의 질서와 조화의 원리에 비추어 보아야 한다. 하나님나라가 질서와 조화의 나라라면, 우리가 살고 있는 이 나라 역시 질서와 조화의 나라가 될 수 있도록 가꾸고 만들어갈 책임이 우리 그리스도인에게 있다.

하나님나라의 입장에서 질서와 조화의 원리로 사회를 살펴볼 때, 사회 문제를 보는 몇 가지 기본 원리가 있다. 하나는 사회 전체를 유기체로 파악하는 관점이고, 다른 하나는 가부장적 원칙을 사회를 이끌어가는 원리로 보는 관점이다.

첫째, 그리스도인은 **사회 전체를 하나의 유기체로 파악**한다. 이것은 달리 말해 사회 구성원들의 불평등을 합리화한다는 의미이기도 하다. 모든 구성원들이 평등하지 않다. 있는 자가 있고, 없는 자가 있으며, 많이 배운 자가 있고, 적게 배운 자가 있다. 권력을 가진 자가 있고, 권력이 없는 자가 있으며, 위를 보는 사람이 있는가 하면, 아래를 내려다보는 사람이 있다. 이러한 불평등한 현실을 인정하고 문제 해결의 실마리를 찾는 것이다. 유기체로서 하나의 사회는 불평등한 여러 존재들을 포함하고 있지만, 서로가 서로에게 반드시 필요한 존재이며 서로가 하나이다. 그러므로 사회 구성원 일부의 아픔은 곧 공동체 전체의 아픔이며, 사회 구성원 일부의 고통은 곧 공동체 전체의 고통으로 함께 아파할 수 있게 된다.

성경은 이러한 원리를 인간의 몸으로 표현한다.

"몸은 하나이지만 많은 지체가 있고, 몸의 지체는 많지만 그들이 모두 한 몸이듯이, 그리스도도 그러하십니다. 우리는 유대 사람이든지 그리스 사람이든지, 종이든지 자유인이든지, 모두 한 성령으로 세례를 받아서 한 몸이 되었고, 또 모두 한 성령을 마시게 되었습니다. 몸은 하나의 지체로 되어 있는 것이 아니라, 여러 지체로 되어 있습니다. 발이 말하기를 '나는 손이 아니니까, 몸에 속한 것이 아니다' 한다고 해서 발이 몸에 속하지 않은 것이 아닙니다. 또 귀가 말하기를 '나는 눈이 아니니까, 몸에 속한 것이 아니다' 한다고 해서 귀가 몸에 속하지 않은 것이 아닙니다. 온몸이 다 눈이라면, 어떻게 듣겠습니까? 또 온몸이 다 귀라면, 어떻게 냄새를 맡겠습니까? 그런데 실은 하나님께서는, 원하시는 대로, 우리 몸에다가 각각 다른 여러 지체를 두셨습니다. 전체가 하나의 지체로 되어 있다고 하면, 몸은 어디에 있습니까? 그런데 실은 지체는 여럿이지만, 몸은 하나입니다. 그러므로 눈이 손에게 말하기를 '너는 내게 쓸 데가 없다' 할 수가 없고, 머리가 발에게 말하기를 '너는 내게 쓸 데가 없다' 할 수 없습니다. 그뿐만 아니라, 몸의 지체 가운데서 비교적 더 약하게 보이는 지체들이 오히려 더 요긴합니다. 그리고 우리가 덜 명예스러운 것으로 여기는 지체들에게 더욱 풍성한 명예를 덧입히고, 볼품 없는 지체들을 더욱더 아름답게 꾸며줍니다. 그러나 아름다운 지체들은 그럴 필요가 없습니다. 하나님께서는 몸을 골고루 짜 맞추서서 모자라는 지체에게 더 풍성한 명예를 주셨습니다. 그래서 몸에 분열이 생기지 않게 하시고, 지체들이 서로 같이 걱정하게 하셨습니다. 한 지체가 고통을 당하면, 모든 지체가 함께 고통을 당합니다. 한 지체가 영광을 받으면, 모든 지체가 함께 기뻐합니다. 여러분은 그리스도의 몸이요, 따로 따로는 지체들입니다"(고전 12:12-27. 새번역).

이러한 유기체 의식이 가장 잘 나타나는 공동체가 사회의 기초 단위인 가정이다. 모든 사회의 기초 단위인 가정에서는 이러한 유기체 의식이 살아 있다. 가정의 어느 누구도 평등을 요구하지 않는다. 구성원들의 불평등은 합리화된다. 아버지는 아버지로서 권위를 인정받고 존경을 받으며, 자녀들은 자녀들로서 순종과 효도의 예를 다한다. 아내는 아내로서 가정을 섬기며, 남편은 남편으로서 자신의 할 일을 해나간다. 가정을 이루는 모든 구성원들은 일체감을 가지고 하나 된 의식을 강하게 가진다. 그래서 가족 구성원 일부의 고통을 자신의 고통으로 여기며 아파한다. 가족 구성원 일부의 기쁨과 영광을 자신의 기쁨과 영광으로 여긴다. 그것은 구성원들이 서로 하나라는 강한 공동체 의식이 있기 때문이다. 이러한 공동체 의식을 점점 더 확대해 나가 사회 전체를 하나의 유기체적인 공동체로 보는 것이 그리스도인이 사회를 보는 시각이다.

유기체적 공동체의 기초 단위가 가정임을 생각해 볼 때, 가정이 파괴된다는 것은 사회가 그만큼 병들었다는 증거이며, 가정이 치유되지 않고서는 사회의 어떤 문제도 정상적으로 치유될 수 없음을 알 수 있다.

사회를 하나의 유기체로 보는 원리는 **가부장적 원칙**으로 사회 문제를 해결하려고 하는 두 번째 원리와 일맥상통한다. 유기체인 가정에서 적용되는 가부장의 원칙은 힘의 가부장이 아니다. 아버지가 자식들을 힘으로 억누르거나 폭력을 사용하여 다스리지 않는다. 가정에서의 가부장은 사랑의 가부장이다. 아버지는 자녀를 사랑하고 자녀들은 아버지를 존경하고 따른다. 마찬가지로 사회에도 이러한 사랑의 가부장이 있어야 한다. 위에 있는 계층이 밑에 있는 지체를 섬김으로 사랑하고, 밑에 있는 계층이 위에 있는 지체를 순종함으로 사랑해야 한다. 자신의 권리를 먼저 주장하는 사회가 아니라 자신이 해야 할 의무를 먼저 강조하는 사회이다. 권리의 철학이 사회를 지배하면 분리와 투쟁이 일어나지만, 의무의 철학이 사회를 지배하면 일치와 통합이 이루어진다.[6]

몇 년 전 어느 시골 교회에서 목회하는 한 목사님에게 들은 이야기이다. 시골에서 목회를 시작한 지 3년이 지날 즈음, 여느 날처럼 자전거를

---

[6] 의무의 철학을 강조할 때, 때때로 오해되고 왜곡되어 가난한 자들의 의무만 강조되는 경우가 많다. 그러나 기독교에서 강조하는 의무의 철학은 먼저 가진 자들의 의무이다. 소위 "노블리스 오블리제"(Noblesse Oblige)가 강조되는 것이다. 한국 사회의 가장 큰 병폐 중 하나는 이러한 노블리스 오블리제 의식이 없다는 점이다. 법을 제정하는 국회의원들이 법을 지키지 않고 편법과 탈법으로 자녀들을 군대에 보내지 않거나, 사회의 부유층들이 탈세에 앞장서는 모습들은 우리 사회의 후진성을 보여주는 요소들이라고 할 수 있다.

타고 동네를 둘러보는데, 멀리서 교회 집사님 둘이 싸우는 소리가 들렸다. 목사님은 '내가 목회를 잘못했구나' 하는 자괴감과 실망 속에서 어쨌든 싸움을 말리려고 다가가 전후 사정을 물었다. 한 집사님이 집 보일러가 터져서 다른 집사님에게 수리 견적을 요청했다. 수리 기간은 약 3일 정도 소요되고 가격은 어느 정도 될 것이라는 견적이 나왔다. 집 주인 집사님은 그에게 일을 맡겼다. 그런데 의외로 일이 쉽게 풀려 하루 만에 공사를 마치게 되었다. 공사를 한 집사님은 하루치 공사비만 청구했다. 하지만 집 주인 집사님은 원래 견적대로 3일치 공사비를 받으라고 했다. 공사한 집사님은 하루밖에 일하지 않았으니 하루치 공사비면 된다고 하고, 집 주인 집사님은 다른 사람에게 맡겼으면 어차피 3일치 공사비가 다 들었을 것이라며 받네, 못 받네 큰소리로 싸우고 있었던 것이다.

우리 사회가 이런 모습이라면 얼마나 아름다운 사회가 되겠는가? 사용자는 어떻게 하면 노동자의 복지를 키울까 고민하고, 노동자는 어떻게 하면 사용자의 이익을 창출하여 회사의 걱정을 덜어줄까 고민한다면 세상은 그야말로 아름다운 사회가 될 것이다. 가족들 사이에서는 이러한 모습을 간간히 볼 수 있다. 그러나 조금만 더 큰 단위의 사회로 나가면 이런 모습을 찾아보기 힘들다. 아마도 소아적(小我的) 인식이 지배하기 때문일 것이다. 대아(大我)를 생각하고, 더 큰 우리를 생각한다면 가정에서나 볼 수 있는 이러한 모습을 더 큰 사회 안에서도 얼마든지 볼 수 있게 될 것이다.

토마스 아퀴나스(Thomas Aquinas)는 사회를 유기체로 보는 시각과 사랑의 가부장적 원리로 사회 문제를 풀어나가는 몇 가지 원리를 제안한다.[7] 첫 번째 원칙은 **인격의 원칙**이다. 사람은 하나님의 형상으로 지음 받았기 때문에 개개인의 인격을 존중해야 한다는 것이다. 모든 인간은 단독적 존재이며 동시에 사회적 존재이다. 인격의 존중은 사회 속에서 보장되어야 한다. 개개인의 인격성이 노동을 통해 전개되기 때문에 저마다 적당한 노동의 기회가 주어져야 한다.

두 번째 원칙은 **연대성의 원칙**이다. 유기체로서의 사회 구성원 개개인이 지체로 서로 연결되어 있다. 그러므로 계급투쟁은 불가능하고 오히려 서로 협조하고 도와주게 된다. 이러한 연대성의 원칙은 각 개인의 재산권의 사용에도 적용되어 개인 재산이라고 할지라도 공공선에 위배되지 않는 범위 내에서 사용해야 한다.

세 번째 원칙은 **보조성의 원칙**이다. 상위 지체와 하위 지체의 관계성에 대한 원칙으로 상위 지체는 하위 지체가 할 수 있는 일을 개입하거나 방해해서는 안 된다는 것이다. 이 원칙에 의해 국가는 개인이 할 수 있는 일을 해서는 안 된다. 오히려 개인이 할 수 없을 때 할 수 있도록 도와주어야 한다. 경제 원리에서 역시 동일하게 보조성의 원칙이 지켜져야 한다. 대기업은 중소기업이 할 수 있는 일을 하지 말아야 한다. 그들이 할 수 없을 때, 대기업이 그들을 도와주고 협력하여 더 큰 이익을 창출하고 나눌 수 있는 모습이 되어야 한다.

이러한 원리는 하나님나라가 질서와 조화의 나라라는 원칙을 사회에 적용한 것이다. 하나님나라는 분리와 충만을 거쳐 질서와 조화를 이루어

---

[7] 아래의 논의는 1987년 개혁신학연구원에서 수강했던 유은상 교수의 '교회와 정치'라는 과목을 토대로 한 것이다.

가는 나라이기 때문에 그리스도인은 먼저 가정에서, 교회에서, 더 나아가 사회 전체에서 그러한 나라를 이루어 가도록 하나님의 절대 주권 아래 순종해야 한다. 그뿐 아니라 국가 전체 구성원들이 이러한 원리대로 살아갈 수 있도록 전도하고 가르칠 사명이 있다. 먼저 교회부터 분리시킬 것을 분리시키고, 채울 것을 채우며, 질서를 세우고, 조화를 이끌어 내는 공동체가 되어야 한다. 건강한 사회를 이루기 위해 사회 역시 분리시킬 것을 분리시키고, 채울 것을 채우며, 질서를 세우고, 조화를 이끌어 내는 공동체가 되어야 한다.

하나님나라는 6일 창조로 끝나지 않았다. 하루가 더 있다. 제7일이다. 우리가 6일 창조를 세 개의 원으로 표현하여 먼저 분리하는 선을 긋고, 다음에 각각의 분리된 영역들 안에 필요한 것들을 채웠다면, 제7일을 위해 또 다른 원이 필요하다. 마지막 날인 일곱 번째 날을 표현하기 위한 동그라미에는 무엇을 그려 넣어야 하겠는가?

학생들에게 이 질문을 하면 몇 가지 대답이 나온다. 그중 하나는 하나님께서 아무 일도 하지 않으신 날이고 공일이니 빈칸으로 두자는 것이

다. 다른 하나는 하나님이 쉬신 날이니 사람들이 쉬는 모습을 그려 넣자고 말하기도 한다. 안식일이니 안식하는 모습을 그려 넣자는 것이다.

안식일인 제7일을 표현하기에 적당한 그림은 6일 동안 이루어졌던 완전한 창조 세계의 그림이다. 안식은 모든 창조가 완성될 때에 이루어진다. 그러므로 첫째 날부터 여섯째 날까지의 모든 창조가 완성되어 완전한 세계의 모습이 일곱 번째 동그라미에 들어갈 안식일의 모습이다.

"안식"이라는 용어의 동의어는 "평화"이다. 우리가 흔히 알고 있는 히브리어 שׁלוֹם(샬롬)이다. 히브리어에서 "평화"라는 단어의 동사형은 שׁלם(샬렘)으로 "완전하다"라는 의미를 가지고 있다. 참된 안식은 완전할 때 이루어진다. 완전하지 않으면 참된 평화가 없다. 하나님이 안식하셨다는 것은 참된 평화의 상태요, 완전한 상태이다. 그러므로 제7일은 완전한 하나님 나라로서 충만하고 온전하며 풍성한 날이다.

하나님나라는 거룩과 충만으로 창조되어 질서와 조화로 다스려지는 나라로서 그 완성된 상태가 **안식의 상태**이다. 하나님께서 복 주신 참된 안식의 상태, 참된 평화의 상태이다. 그런데 그 안식이 깨졌다. 사탄이 들어와 하나님의 완성된 창조를 깨뜨려버렸다. 완전한 상태가 죄의 침입으로 무너져버렸다.

스콜라주의는 교리적인 사소한 문제들에 하나하나 다 대답하려는 호기심에 가까운 학문적 욕심이 있었다. 중세 시대에는 바늘 끝에 앉을 수 있는 천사의 수에 대한 토론까지도 했다. 그러한 스콜라주의적인 질문 중 하나가 "아담의 범죄가 언제 발생했느냐?"이다. 정확한 성경적 근거가 없으므로 대답하는 사람의 상상력에 따르게 되며, 여러 사람들이 여러 가지 견해들을 밝힌다. 첫 안식일을 지낸 다음 날인 제8일이라고 대답하는 사람이 있는가 하면, 하나님의 완전한 창조가 그토록 쉽게 무너질 수 없다며 오랜 시간이 경과한 후에 타락했을 것이라는 의견을 제시하는 사람도 있다.

성경적인 정확한 근거는 없지만 나는 첫 안식일인 제7일 당일에 범죄했을 가능성이 크다고 본다. 성경에서 하나님이 안식일에 대해 얼마나 큰 관심을 보이고 계신지 생각해 볼 때, 첫 안식일에 안식이 깨졌고 완전한 세계에 죄악이 들어왔다고 추론할 수 있다.

십계명은 윤리적 계명이지 절기에 대한 계명이 아니다. 그런데 십계명에 절기법인 안식일에 대한 법이 포함되어 있다. 유대인들은 그 율법을 절기법으로 알고 그날을 지켰다. 오늘날 그리스도인의 대부분도 십계명의 안식일법을 절기법으로 여긴다.[8] 그래서 안식일을 지키듯이 주일을 지켜야 한다고 생각한다. 그러나 그 계명은 첫 안식일조차 깨어졌던 사실을 기억하라는 하나님의 명령으로 이해해야 한다. 하나님께서는 완전한 평화가 깨졌던 첫 안식일을 기억하며, 인간들에게 그 안식일을 거룩히 지킴으로 죄를 미워하고 완전한 평화를 갈망하라고 명령하시는 것이다. 죄로 인하여 천지 창조의 완전함이 깨졌다. 안식이 깨졌다. 그러니 안식일에 대한 십계명의 명령은 깨어진 그 완전한 평화의 세계를 추구하라는 윤리적인 명령이다.

---

[8] 특히 제7안식일교는 십계명은 영원한 법이기 때문에 오늘날도 동일하게 안식일인 토요일을 성일로 지켜야 한다고 강조한다. 이에 대해 그리스도인은 안식일이 주일로 성취되고 완성되었기 때문에, 안식일 대신 성취의 날인 주일을 지켜야 한다고 주장한다. 모든 절기법은 예수 그리스도 안에서 이미 성취되었기 때문에(갈 4:10-11) 안식일법을 절기법으로 이해할 경우 십계명의 제4계명은 삭제되어야 할 것이다. 그러나 십계명을 오늘날 그리스도인이 지켜야 할 윤리적 모범으로 이해할 경우, 십계명의 안식일법은 완전을 추구하고 참된 평화를 추구하라는 윤리적 명령이다.

유대인들은 안식일 명령을 자신들의 정체성에 대한 규정으로 알고 철저하게 지키려고 노력했다. 안식일이 쉬는 날이라고 생각하여 해서는 안 될 노동들을 정의하고 안식의 모습을 규정했다. 안식일이 시작되고 끝나는 시간을 정했다. 그리고 그러한 안식일을 지킬 수 없는 사람들을 경멸하고 무시하며 비난했다. 하나님의 계명으로서 안식일 계명을 철저히 지키려고 노력한 것이다.

그런데 주님은 이 세상에 오셔서 마치 안식일에 일하고 병 고치는 것처럼 사역하신다. 바리새인들이 정죄하기 위해 지켜보는 현장에서 오히려 안식일에 선을 행하는 것이 옳다고 선포하신다. 안식일에 병을 고치는지 안 고치는지 그들이 지켜보며 고소할 핑계를 찾고 있음을 아셨으므로 병자에게 다음날 오라고 하실 수도 있었을 것이다. 그러나 예수 그리스도는 일부러 그러시는 것처럼 극구 안식일에 병을 고치신다.

예수 그리스도께서 안식일에 병을 고치시는 것은 일종의 시위이다. 예수는 그러한 시위를 통해 유대인들이 지키고 있는 안식일이 참된 안식일이 아님을 보여주신다. 참된 안식이란 완전한 평화가 있어야 한다. 그런데 병든 자들이 있다. 병든 자에게 무슨 평화가 있고 안식이 있겠는가? 예수는 병든 자들을 일으켜 세움으로써 여태껏 그에게는 완전함과 참된 안식이 없었음을 역설적으로 보여주며 시위하신다. 그들이 지키고 있는 안식이 참된 안식이 아니라 거짓된 안식이라는 사실을 일깨우신다. 그리고 병자들을 고치신다. 병자에게 완전함을 제공하신다. 참된 안식을 가능하게 하는 자가 바로 자기 자신임을 보여주신다.

창조가 완성된 날인 안식일은 누구나 완전한 평화와 온전함을 누리는 날이다. 그들 중에 병들고 몸이 불구인 자가 있다는 것은 그들이 지키고 있는 안식이 진짜 안식일이 아님을 역설적으로 보여준다. 주님은 그 병자들을 일으켜 세워 그들이 준수하고 있는 안식일의 불완전함을 보여주시고, 오히려 자신을 통해 참된 안식이 회복됨을 보여주신다.

이처럼 예수는 안식일에 병자들을 고치심으로 참된 안식의 의미를 행동으로 보여주셨다. 그리고 유대인들을 향해 안식일의 참된 의미를 선포하신다. "수고하고 무거운 짐 진 자들아 다 내게로 오라 내가 너희를 쉬게 하리라"(마 11:28). 유대인들은 율법의 무거운 짐을 짊어지고 수고하고 애쓰며 안식일을 지키고 있었다. 그 결과 그들에게 안식일은 복과 안식의 날이 아니라 규제와 부자유스러운 날이 되었다. 안식일의 참된 복을 누리지 못하고 있었다. 주님은 안식일을 지키는 자들에게 자기에게로 나아오는 자가 그 안식을 누리며 쉴 수 있다고 선포하신다.

우리는 안식일을 지키는 자들이 아니다. 예수 안에서 참된 안식을 누리는 자이다. 구약시대의 성도들은 예수 안에서 이루어질 안식을 기다리며 소망 가운데 안식일을 지켰지만, 우리는 이미 이루어진 예수 그리스도의 안식 안에서 참된 안식을 누리며 산다. 안식일을 지키는 자는 구약시대의 사람들이다. 예수 안에서 이미 주어진 안식을 누리는 자는 신약 시대의 사람이다. 당신은 안식일을 지키는 사람인가, 아니면 예수 안에서 안식을 누리는 사람인가?

죄로 말미암아 깨어지고 훼손된 하나님의 완전한 창조가 회복되고, 참된 안식을 누릴 수 있는 길은 오직 예수 그리스도뿐이다. 예수 그리스도를 영접함으로 우리는 하나님의 참된 안식을 누리며 하나님의 은혜 안에 거할 수 있게 된다. 그것이 바로 하나님나라의 모습이다. 예수 안에서 누리는 참된 안식의 상태가 하나님나라의 상태인 것이다. 원래 창조되었던 완전한 상태로 회복할 수 있는 길은 오직 예수 그리스도이다. 창조의 회복이 예수 그리스도 안에 있다.

예수 그리스도는 참된 안식을 위해 자신에게 나아오라고 우리를 초청하신다. "다 내게로 오라 내가 너희를 쉬게 하리라"(마 11:28). 이어서 말씀하신다. "나는 마음이 온유하고 겸손하니 나의 멍에를 메고 내게 배우라 그리하면 너희 마음이 쉼을 얻으리니 이는 내 멍에는 쉽고 내 짐은 가벼움이라 하시니라"(마 11:29-30). 참된 안식은 예수 그리스도를 배우는 것이다. 곧 예수 그리스도께서 짊어지신 온유와 겸손의 멍에를 메는 것이다. 주님께서 지신 온유와 겸손의 멍에를 메면 강퍅함과 교만이 지배하는 이 세상에서 참된 안식을 누릴 수 있다. 주님께서 메신 십자가의 길은 온유와 겸손의 길이지 다른 것이 아니다. 그리스도인이 짊어질 십자가 역시 온유와 겸손이지 다른 것이 아니다.

그리스도 안에서 참된 안식을 누리기 원하는가? 그의 멍에인 온유와 겸손을 배우라. 온유와 겸손의 십자가를 지는 사람은 그 안에서 참된 안식을 누릴 수 있다. 하나님께서 원래 창조하신 의도대로 완전한 질서와 조화로 충만한 나라인 그 안식이 그리스도 안에서 누릴 수 있는 나라로 지금 우리 앞에 와 있다. 그리스도 안에서 새로운 피조물로서 하나님나라가 새로이 창조되어 우리 안에 와 있다.

"그런즉 누구든지 그리스도 안에 있으면 새로운 피조물이라 이전 것은 지나갔으니 보라 새것이 되었도다"(고후 5:17).

2장
하나님나라의 대리 통치자

하나님나라를 하나님이 다스리시는 나라라고 할 때 그분이 다스리시는 통치 방식에 의문이 생긴다. 하나님은 세상을 어떻게 다스리시는가?

하나님께서 다스리시는 나라가 하나님나라이지만 하나님께서 직접 통치하시는 것은 아니다. 하나님은 대리 통치자를 세워서 간접적으로 다스리신다. 하나님의 대리 통치자는 인간이다. 하나님께서 인간을 하나님의 형상으로 창조하셨다는 성경의 진술은 바로 그러한 의미이다.

고래로 인간은 항상 "나는 누구인가?"라는 질문을 해왔다. 철학자들은 철학적 사고를 통해 대답했고, 종교인들 역시 나름대로의 종교적 대답을 해왔다. 어떤 사람들은 인간이 육체적 존재임을 강조하여 육체적 쾌락이 인생의 목적인 것처럼 살기도 하며, 어떤 사람들은 보이지 않는 정신이 인간의 본질이라고 말하며 정신적 평화와 안정을 추구한다. 그러나 어느 대답 하나 인간을 후련하게 해주지 못한다.9 이 문제에 대한 답은 인간을 창조하신 하나님으로부터 얻어야 한다. 그러자면 성경으로 되돌아가야 한다. 성경은 인간인 나에 대해 무엇이라고 가르치고 있는가?

성경은 창조 기사를 통해 인간에 대해 다음 세 가지 사실을 강조한다. 1) 인간의 피조성, 2) 하나님 형상성, 3) 하나님의 복 받은 존재.

성경은 먼저 인간이 **피조물**이라는 사실을 강조한다. 온 우주를 하나님께서 만드신 것과 동일하게 인간도 하나님께서 만드신 존재이다. 그것은 인간의 유한성과 제한성을 함의한다. 인간은 무한히 자유로운 존재가 될 수 없는 피조된 존재로서 의존적이다. 인간은 스스로 존재할 수 없고 무엇인가에 의존하여 살 수밖에 없는 존재이다. 피조물인 인간의 한계와 유한성을 바르게 인식하는 것은 인간으로서 행복한 삶을 살기 위한 가장 기본적인 지식이다. 우리는 피조물로서 한계를 인식해야 한다.

성경은 또한 인간이 **하나님의 형상으로 창조된 존재**라는 것을 강조한다. "하나님이 이르시되 우리의 형상을 따라 우리의 모양대로 우리가 사람을 만들고 그들로 바다의 물고기와 하늘의 새와 가축과 온 땅과 땅에

---

9 〈무간도〉라는 영화가 있었다. 무간도(無間道)란 "바르게 번뇌를 끊는 도"를 뜻한다. 한 사람은 폭력 조직원의 신분으로 경찰 조직에 잠입하기 위해 경찰이 되고, 한 사람은 경찰의 신분으로 범죄 조직에 잠입하기 위해 폭력 조직원이 되어 이루어지는 이야기이다. 범죄 조직원인 자신의 정체를 감추고 현재의 경찰로 눌러 살기를 바라는 조직원과 이미 조직원의 주요 멤버가 되었지만 다시금 경찰로서의 자기 신분을 되찾기 위해 몸부림치는 경찰은, 유일하게 자신의 정체를 알고 있는 경찰서장이 죽고, 조직의 보스가 죽은 후 그 누구도 자신의 원래 정체를 밝힐 수 없게 되어버렸다. 중국 고전 『장자』에서 나오는 장자의 꿈 모티프를 영화화한 것일 게다. 나비가 장자 꿈을 꾸고 있는 것인지 장자가 나비 꿈을 꾸고 있는 것인지. 인간은 그 누구도 스스로 자신의 정체가 무엇인지 분명하게 확신할 수 없다. 철학적 상대주의에 빠질 수밖에 없다. 그러기에 우리는 우리를 창조하신 하나님께서 우리에 대해 어떻게 평가하시는지 기억해야 한다. 환자가 의사의 진단을 믿고 의지하듯이 말이다.

기는 모든 것을 다스리게 하자 하시고"(창 1:26).

인간은 하나님의 형상으로 창조된 존재이다. 개는 개의 원형이 있고 고양이는 고양이의 원형이 있다. 그러나 사람은 사람이 원형이 아니다. 그 모델이 있었다. 인간은 하나님의 모양으로 지어졌다. 하나님의 형상인 인간이 인간답게 사는 것은 하나님처럼 사는 것이다.[10]

하나님의 형상이 무엇인가에 대해 여러 학자들이 여러 의견들을 제안한다.[11] 가장 쉬운 접근 방법은 동물과는 다른 인간의 어떤 요소를 하나님의 형상으로 설명하는 것이다. 그래서 인간이 가지고 있는 영을 가리켜 하나님의 형상이라고 주장한다. 그런데 영이 무엇인가?

대답하기가 쉽지 않지만 영의 특성으로 영을 설명하는 경우가 있다. 영의 특성 중 가장 중요한 것이 생명이다. 생명이 영이라는 것이다. 영이 생명이라면, 인간의 생명이 하나님의 형상이라고 할 수 있는가? 그렇다면 다른 동물들에게 있는 생명은 무엇인가? 식물에게 있는 생명은 무엇인가? 그리하여 일원론적인 세계관인 신플라톤주의는 존재 세계를 다층의 복잡한 구조로 파악한다. 무생물로부터 시작하여 식물과 동물, 인간, 천

---

[10] 창세기의 인간이 하나님의 형상으로 만들어졌다는 진술이 에스겔서에서는 하나님이 사람의 모양으로 나타나셨다고 표현된다. "하나님이 이르시되 우리의 형상을 따라 우리의 모양대로 우리가 사람을 만들고 그들로 바다의 물고기와 하늘의 새와 가축과 온 땅과 땅에 기는 모든 것을 다스리게 하자 하시고"(창 1:26), "그 머리 위에 있는 궁창 위에 보좌의 형상이 있는데 그 모양이 남보석 같고 그 보좌의 형상 위에 한 형상이 있어 사람의 모양 같더라"(겔 1:26). 사람은 하나님의 형상으로 만들어졌다. 하나님께서 사람의 모양으로 나타나셨다.

[11] 인간의 하나님 형상성에 대해 밀라드 J. 에릭슨, 『복음주의 조직신학(중) 인간론 기독론』, 현재규 역(고양: 크리스천다이제스트, 2000), pp. 61-86, 루이스 벌코프, 『조직신학(상)』 권수경 이상원 역(고양: 크리스천다이제스트, 1991), pp. 412-421, 안토니 A. 후크마, 『개혁주의 인간론』 류호준 역(서울: 기독교문서선교회, 1990), pp. 23-177, 하인리히 오트, 『신학해제』 김광식 역(서울: 한국신학연구소, 1974), pp. 154-163 등을 참고하라.

사 그리고 하나님에 이르기까지 모든 세계를 계층화, 조직화한 것이다.

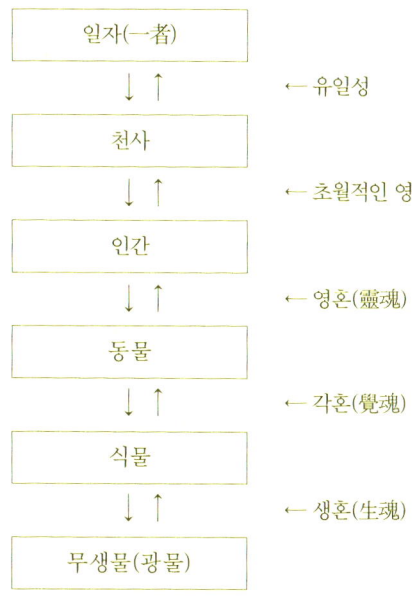

일부 학자들은 인간이 지니고 있는 인격이 하나님의 형상이라고 주장한다. 그러나 인격에 대한 정의 역시 쉽지 않다. 인격이 무엇인가? 혹자는 인격을 지정의라고 정의한다. 그렇다면 인간이 가지고 있는 지식과 감정, 의지가 하나님의 형상인가? 동물에게는 그러한 지정의가 없는가?

윤리학에서는 "인격"을 도덕 행위의 주체로 정의하여 인격이란 자기 결정의 주체이며 책임의 주체로 본다. 그렇다면 인간이 가진 하나님의 형상성은 도덕적 성품들과 연결될 수 있다. 루터나 칼빈과 같은 종교개혁자들은 하나님의 형상을 인간이 가진 도덕적 품성들과 연결시켜 이해한다. 신약성경 역시 이러한 견해를 뒷받침하는 것으로 보인다. "하나님을 따라 의와 진리의 거룩함으로 지으심을 받은 새 사람을 입으라"(엡 4:24). 여기에서 하나님을 따른 성품으로 의와 진리와 거룩함이 열거된다. 골로새서에서는 지식이 첨가된다. "새 사람을 입었으니 이는 자기를 창조하신 이의 형상을 따라 지식에까지 새롭게 하심을 입은 자니라"(골 3:10). 새 사람은 자기를 창조하신 분의 형상을 따라 살게 되는데 그것은 끊임없이 새로워지는 과정을 거쳐 마침내 지식에 이르게 된다는 것이다. 신약성경은 하나님의 형상으로 "의와 진리의 거룩함"(엡 4:24)이나 "지식"(골 3:10) 등과 같은 인간이 가진 인격으로서 윤리적인 성품들을 열거한다.

주경신학자들은 인간 창조 기사에서 하나님의 형상이 언급되는 문맥을 주목한다. 인간이 창조되는 과정을 묘사하는 창세기에서 하나님의 형상은 "다스리라"는 명령과 연결되어 있다. 그러므로 인간이 가지고 있는 하나님의 형상은 왕으로서 다스리는 인간의 기능과 관련된다.[12] 이들에 따르면 하나님의 형상은 인간이 가지고 있는 왕적 통치권이다.

한편, 하나님의 형상을 실재하는 어떤 성품이나 기능적인 것으로 이해하기보다는 관계적 개념으로 이해하려는 입장이 있다. 인간은 어떤 특별한 관계 안에 있을 때 그 형상을 드러내거나 그 형상 안에 있는 것으로 간주되므로 인간이 가지고 있는 존엄 의식이 하나님의 형상이라는 것이다. 인간은 다른 사람들이나 다른 피조물들과의 관계에서 스스로를 존엄한 존재로 여긴다. 존엄성을 상실한 인간을 진정한 인간으로 볼 수 있겠는가?

나는 하나님의 형상이 무엇인가를 고민하면서 하나님께서 자신을 "스

---

[12] 인간이 지닌 하나님 형상성이 그의 왕적 통치권과 관련된다는 주장에 대해서는 게라르드 반 그로닝겐, 『구약의 메시아 사상』 유재원 류호준 역(서울: 기독교문서선교회, 1997), pp. 117-124를 보라. 특히 각주 13에 열거되는 학자들을 보라.

스로 있는 자"라고 소개하신 데서 힌트를 얻었다. 하나님께서는 스스로를 "스스로 있는 자" 또는 "나는 나다"(I am that I am, 출 3:14)라고 소개하신다. 인간 역시 자기 자신을 "나는 나다"(I am that I am)라고 주장할 수 있는 존재들이다. 그렇다면 하나님의 형상이란 인간이 가지고 있는 자기 정체성에 대한 자기이해이다.

인간이 다른 동물들과 다른 점이 무엇인가? 자신이 누구인지에 대한 자기 정체성을 가지고 있다는 점이다. 그래서 인간이 가지고 있는 하나님의 형상은 인간이 가지고 있는 주체성, 자기 정체성이라고 말할 수 있다. 자기 자신을 "나는 나다"라고 표현할 수 있는 주체성(identification)이 곧 하나님의 형상이다.

사람이 사람으로서 가지는 중요한 특성 중 하나는 자신의 정체성을 이해하고 제시할 수 있는 능력이다. 자기 정체성을 상실한 사람은 자신이 누구인지, 무엇을 해야 하는지도 모른 채 인생을 살기 때문에 그의 인간성이 실현되었다고 볼 수 없다. 그러나 분명한 자기 정체성을 가지고 있는 사람은 누가 뭐라고 할지라도 자신의 길을 꿋꿋하게 걸어간다. 그러한 자기 정체성은 독창성을 발휘해 나갈 수 있게 하고, 다른 사람과는 다른 나만의 길을 걸어갈 수 있게 하며, 창의성을 발휘하여 자신의 길을 개척해 나갈 수 있게 한다. 그리하여 주체성(identification)과 독창성(originality, creativity), 그리고 개척 정신(frontier Spirit)이 하나님의 형상을 회복한 인성의 중요한 특성이 된다.

인간이 하나님의 형상으로 창조되었다는 성경적 인간관은 인간은 하나님으로부터 복 받은 존재라는 개념으로 연결된다. 성경은 하나님께서 인간을 창조하신 후에 "하나님이 그들에게 복을 주시며 하나님이 그들에게 이르시되 생육하고 번성하여 땅에 충만하라, 땅을 정복하라, 바다의 물고기와 하늘의 새와 땅에 움직이는 모든 생물을 다스리라 하시니라"(창 1:28)고 축복하셨다고 기록하고 있다. 인간은 하나님의 **복 받은 존재**라는 것이다.

그렇다면 복이란 무엇인가? 흔히 5복이라고 하여 수(壽: 오래 사는 장수의 복), 부(富: 부유함의 복), 강녕(康寧: 건강하고 평안한 복), 유호덕(攸好德: 도덕 지키기를 즐거움으로 삼는 복), 고종명(考終命: 제명대로 살다가 편안하게 죽는 복)을 다섯 가지 복으로 열거한다. 그러나 그리스도인이 추구하는 성경적인 복은 이러한 복이 아니다. 성경은 하나님께서 인간에게 복 주셨다고 말하면서 인간의 사명을 열거하고 있다. 하나님께서 인간에게 주신 복은 인간이 감당해야 할 사명이다.

회사에서 진급하면 복 받았다고 한다. 진급이 무엇을 의미하는가? 진급 자체는 복이 아니다. 진급은 또 다른 사명, 즉 더 많은 일에 대한 책임이 주어졌다는 것을 의미한다.[13] 그러기에 진정한 복은 하나님께 할 일을 부여받는 것이다. 당신이 하나님께 받은 복이 무엇인가? 하나님께서 우리에게 주신 사명이 곧 우리의 복이다.

인간이 하나님께 받은 사명이 무엇인지 생각하기 전에 먼저 인간이 어떻게 창조되었는지 살펴보자. 창세기 2장은 하나님께서 인간을 창조하시는 좀 더 특별한 부분들을 설명하고 있다. "여호와 하나님이 땅의 흙으로 사람을 지으시고 생기를 그 코에 불어넣으시니 사람이 생령이 되니라"(창

---

13 건전한 사회라면 지위가 높아질수록 권리가 많아지는 반면 책임도 커지고 의무도 많아진다. 그러나 불건전한 사회는 지위가 높아질수록 권리만 많아지고 책임과 의무는 회피되는 경향이 있다. 이 나라가 좀 더 건전한 사회로 성장하기 위해서는 고위직의 윤리적 고결성과 부유한 상위 계층들의 경제적인 정직성이 요구된다. 지위가 높아질수록 일할 것도 없고, 책임도 없다면 분명 문제 있는 사회가 분명하다.

2:7). 여기에서 인간의 세 가지 다른 존재 영역이 묘사된다.[14]

흙으로 지은 존재 = 육체적 영역
생기 = 정신적 영역
생령 = 영적 영역

그런데 이러한 각각의 영역에 주어진 하나님의 명령 역시 다음과 같이 다르게 나타난다.

육체적 영역 = 생육하고 번성하여 땅에 충만하라(창 1:28a).
정신적 영역 = 모든 생물을 다스리라. 땅을 정복하라(창 1:28b).
영적 영역 = 선악을 알게 하는 나무의 열매는 먹지 말라(창 2:17).

보통 창세기 1장에서 인간에게 주어진 명령을 문화명령이라고 하는데, 인간의 문화적 영역에 초점을 맞추었기 때문이다. "하나님이 그들에게 복을 주시며 하나님이 그들에게 이르시되 생육하고 번성하여 땅에 충만하라, 땅을 정복하라, 바다의 물고기와 하늘의 새와 땅에 움직이는 모든 생물을 다스리라 하시니라"(창 1:28). 여기에 열거된 명령들은 생육하고 번성하여 땅에 충만하라는 육체적인 명령과, 땅을 정복하고 바다의 고기

---

14 인간성의 본질적 요소가 영혼과 육체로 구성되었다는 이분설과 영, 혼, 육으로 구성되었다는 삼분설이 있다. 그러나 인간은 그들 중 하나라도 없으면 인간이 아니다. 몸과 영이 함께 있어야 진정한 인간이다. 몸과 영혼 전체를 한 인격으로 보는 전인적인 관점이 필요하다. 그럼에도 불구하고 인간적인 이해와 설명의 편의를 위한 이러한 구분은 용납되어야 한다.

와 공중의 새와 땅에 움직이는 모든 생물을 다스리라는 문화적인 명령으로 나눌 수 있다. 이어서 하나님은 온 지면의 씨 맺는 모든 채소와 씨 가진 열매 맺는 모든 나무를 인간에게 주어 인간의 식물이 되게 하셨다(창 1:29). 그런데 2장에서는 인간에게 새로운 명령을 주신다. "선악을 알게 하는 나무의 열매는 먹지 말라 네가 먹는 날에는 반드시 죽으리라 하시니라"(창 2:17). 1장에서는 모든 채소와 열매를 먹으라고 하시던 하나님께서 2장에서는 갑자기 선악과라는 나무의 실과는 먹지 말라고 명령하시는 것이다.

하나님이 다스리시는 하나님나라에서 인간은 하나님의 형상으로 창조되어 모든 생물을 다스리는 하나님의 대리 통치자이다. 그런데 그 통치권에 단 한 가지 제한이 있다. 하나님을 하나님으로 인정하라는 것이다. 하나님의 통치권을 받아들이고 인정하는 것이 인간에게 주어진 통치권의 유일한 제한이었다. 인간은 실로 일인지하 만인지상(一人之下 萬人之上)의 총리처럼 일신지하 만물지상(一神之下 萬物之上)의 존재이다. 모든 만물의 소유권을 주장할 수 있지만, 단 한 분 하나님께 절대 복종해야 하는 존재가 인간이다.

하나님께서 인간에게 "선악을 알게 하는 나무의 실과는 먹지 말라"고 명령하신 것은 바로 이런 의미이다. "선악을 알게 하는 나무"란 그것에 어떤 마력이 있어서 먹으면 선과 악을 알게 되는 것이 아니다. 선과 악은 지식이 아니라 판단이다. 그러므로 선악을 판단하는 결정은 인간이 아니라 하나님께 있음을 인정하는 표시로 선악과를 먹지 않는 것이다. 선악과를 먹지 않음으로써 하나님이 선악을 판단하시도록 선악 간의 판단 주권을 하나님께 맡긴다는 의미이다. 모든 것을 다 먹을 수 있지만, 단 한 가지 선악과를 먹지 않음으로써 모든 것이 하나님의 것이라는 신앙고백과 하나님의 명령대로 살겠다는 의지적 결단을 표현하는 것이다. 그러므로 인간은 선악과를 먹지 않을 때 하나님의 주권을 인정하는 것이 되고, 선악과를 먹을 때 하나님의 통치를 거부하는 것이 된다.

여기에서 선악과의 의미를 조금 더 고민해 보아야 한다. 선과 악을 알게 하는 나무인 선악과는 선과 악에 대한 판단 기준을 하나님께 두느냐 아니면 자기 자신에게 두느냐의 문제이다. 선과 악을 하나님께 두면 살고 죽는 것이 하나님의 뜻에 따라 선이기도 하고 악이기도 하겠지만, 선과 악의 기준을 자기 자신에게 두게 되면 자기가 사는 것이 선이고 자기가 죽는 것이 악이 된다. 자기에게 유리하면 선이고 자기에게 불리하면 악이 되는 것이다. 그리하여 마침내 내가 살기 위해 상대방을 죽이는 것조차 선이 된다.

그러나 하나님이 선과 악의 기준이 되면 내가 죽을지라도 하나님의 뜻이 이루어지면 그것이 선이다. 겟세마네 동산에서 예수의 기도는 바로 선악의 기준을 나에게 둘 것인가 아니면 하나님께 둘 것인가에 대한 고민과 투쟁이었다. 예수는 "그러나 나의 원대로 마옵시고 아버지의 원대로 하옵소서!"라는 기도로 선과 악의 기준을 자신이 아닌 하나님께로 되돌려 놓았다. 그리하여 내가 살기 위해 상대방을 죽이는 게 아니라, 하나님의 뜻대로 상대방을 살리기 위해 내가 죽는 길을 열어 놓은 것이 바로 십자가의 길이다. 선과 악의 기준이 하나님께 있음을 예수께서 선언하신 것이다. 그리하여 십자가로 우리의 원죄 문제가 해결된다.

그러므로 원죄란 단순히 선악과를 따먹은 것이 아니다. 하나님의 통치권을 거부하고 자신의 통치권을 세우는 것이다. 우리 인간에게 전달된 원죄는 하나님을 거부하든지, 하나님을 무시하든지, 하나님에 대해 무관심한 것으로 나타난다. 하나님 중심이 아닌 자기중심의 나라를 세우는 것이 원죄이다.

선악과는 이처럼 성례전적 의미를 지닌다. 선악과에 어떤 능력이나 힘이 있는 것이 아니라 이러한 상징적 의미가 있다. 오늘날 우리 그리스도인의 모든 삶에도 그러한 성례전적 의미를 동일하게 적용할 수 있다. 성찬식을 통해 그리스도의 몸과 잔에 동참하는 것은 그 떡과 포도주가 진짜 그리스도의 몸과 피라는 의미가 아니라 그 상징적인 의미를 인정하여 그 은혜에 동참하는 것이다.

십일조 생활이나 주일성수를 하는 것은 모든 물질과 시간이 하나님의 것이라는 신앙을 고백하는 성례전적 의미를 가진다. 떡과 잔에 어떤 신비한 힘이 내포되어 있지는 않지만 우리는 그것을 예수 그리스도의 살과 피로 알고 성찬식에 믿음으로 동참한다. 십일조에 무슨 특별한 능력이 있는 것은 아니지만 십일조를 드림으로써 우리가 가진 모든 것이 하나님의 것이라고 고백하는 것이다. 주일을 지킴으로써 주일날만 특별한 하나님의 날이 아니라 우리의 모든 날이 하나님의 날이라고 고백하는 것이다. 그러므로 십일조보다 중요한 것은 모든 것이 하나님의 것이라는 신앙고백이며, 주일성수보다 더 중요한 것은 모든 날이 하나님의 날이라는 신앙고백이다. 이것이 우리 그리스도인의 삶에 나타나는 성례전적인 모습이다. 이와 같이 선악과는 우리 자신이 하나님의 지배 아래 있다는 신앙고백이다.

창세기는 인간이 선악과를 따먹게 되는 과정을 묘사하고 있다(창 3:1-7). 뱀의 꼬임에 넘어간 하와는 그 나무를 보고 "먹음직도 하고 보암직도 하고 지혜롭게 할 만큼 탐스럽기도 한 나무"(창 3:6)라고 평가한다. 하나님이 먹지 말라고 규정한 것을 인간이 뒤집어엎고 새로운 평가를 내린다. 그것은 인간의 모든 범죄 과정에 대한 요약이다. 또한 오늘날 하나님의 주권을 거부하는 과정으로서 우리에게도 동일하게 적용되는 시험 과정이다. 요한은 그것을 육신의 정욕과 안목의 정욕, 그리고 이생의 자랑이라고 표현한다(요일 2:16). 모든 그리스도인의 시험 과정이 그러하다는 것이다.

이스라엘의 역사는 아담과 하와의 실패와 같이 실패의 역사를 보여준다. 그들은 육신의 정욕인 먹을 것 때문에 하나님을 원망했다. 그들은 출애굽의 감격과 감사를 쉽게 잊어버리고 배불리 먹던 애굽을 회상하며 사모한다. "우리가 애굽 땅에서 고기 가마 곁에 앉아 있던 때와 떡을 배불리 먹던 때에 여호와의 손에 죽었더라면 좋았을 것을 너희가 이 광야로 우리를 인도해 내어 이 온 회중이 주려 죽게 하는도다"(출 16:3). 불평하고 원망하는 이들에게 하나님은 만나를 먹이심으로 은혜로 그들과 함께하심을 보여주셨다.

예수 그리스도 역시 광야 40일 금식 기간 동안 돌로 떡을 만들어 먹으라는 시험을 받으신다. 그러나 예수는 이스라엘처럼 실패하지 않으시고 "기록되었으되 사람이 떡으로만 살 것이 아니요 하나님의 입으로부터 나오는 모든 말씀으로 살 것이라 하였느니라"(마 4:4)고 대답하여 시험을 이기신다.

그 말씀은 모세가 이스라엘의 실패를 회상하며 말했던 신명기 말씀을 인용한 것이다. "네 하나님 여호와께서 이 사십 년 동안에 네게 광야 길을 걷게 하신 것을 기억하라 이는 너를 낮추시며 너를 시험하사 네 마음이 어떠한지 그 명령을 지키는지 지키지 않는지 알려 하심이라 너를 낮추시며 너를 주리게 하시며 또 너도 알지 못하며 네 조상들도 알지 못하던 만나를 네게 먹이신 것은 사람이 떡으로만 사는 것이 아니요 여호와의 입에서 나오는 모든 말씀으로 사는 줄을 네가 알게 하려 하심이니라 이 사십 년 동안에 네 의복이 해어지지 아니하였고 네 발이 부르트지 아니하였느니라 너는 사람이 그 아들을 징계함 같이 네 하나님 여호와께서 너를 징계하시는 줄 마음에 생각하고 네 하나님 여호와의 명령을 지켜 그의 길을 따라가며 그를 경외할지니라"(신 8:2-6).

그러나 이스라엘 백성들은 만나를 먹으면서도 하나님을 시험하고 또 시험했다. 만나를 먹은(출 16장) 바로 다음에(출 17장) 목마르다고 하나님을 원망하며 시험한다. 모세는 그들에게 "너희가 어찌하여 여호와를 시험하느냐"(출 17:2)라고 꾸짖으며 반석을 쳐서 그들에게 물을 공급한 후, 이스라엘 백성에 대해 평가하기를 "그들이 여호와를 시험하여 이르기를 여호와께서 우리 중에 계신가 안 계신가 하였"(출 17:7)다고 기록한다.

이와 동일하게 광야에서 마귀는 예수를 시험한다. "그가 너를 위하여 그의 천사들을 명령하사 네 모든 길에서 너를 지키게 하심이라 그들이 그들의 손으로 너를 붙들어 발이 돌에 부딪히지 아니하게 하리로다"(시 91:11-12)라는 성경 구절을 인용하며 여호와께서 살아 계시는지 아니 계시는지, 그를 지키시는지 아니 지키시는지 성전에서 뛰어내려 시험해 보라고 유혹한 것이다. 그때 예수는 신명기 6:16("너희가 맛사에서 시험한 것 같이 너희의 하나님 여호와를 시험하지 말고")을 인용하여 시험을 물리치신다. "또 기록되었으되 주 너의 하나님을 시험하지 말라 하였느니라 하시니"(마 4:7).

이스라엘 백성의 실패의 정점에는 금송아지 숭배가 있다. 눈에 보이지 않는 하나님을 신뢰하지 못해 눈에 보이는 하나님을 스스로 만들어 놓고 경배했던 것이다. 하나님께서는 금송아지를 만들어 경배하는 이스라엘 백성을 이렇게 평가하신다. "그들이 내가 그들에게 명령한 길을 속히 떠나 자기를 위하여 송아지를 부어 만들고 그것을 예배하며 그것에게 제물을 드리며 말하기를 이스라엘아 이는 너희를 애굽 땅에서 인도하여 낸 너희 신이라 하였도다"(출 32:8). 그들은 여전히 하나님께서 주시는 만나와 메추라기를 먹고 있었고, 구름기둥과 불기둥으로 하나님의 임재하심을 체험하고 있으면서도 눈에 보이는 형상을 만들어 하나님으로 섬기고자 했던 것이다.

광야에서 마귀 역시 예수께 다가와 순식간에 천하만국을 보이며 자기에게 절하라고 유혹하며 말한다. "이 모든 권위와 그 영광을 내가 네게 주리라 이것은 내게 넘겨 준 것이므로 내가 원하는 자에게 주노라 그러므로 네가 만일 내게 절하면 다 네 것이 되리라"(눅 4:6-7). 눈에 보이는 영광을 위해 눈에 보이지 않는 하나님께 경배하기를 포기하라는 것이었다. 예수는 신명기 6:13("네 하나님 여호와를 경외하며 그를 섬기며 그의 이름으로 맹세할 것이니라")을 인용하여 시험을 이기신다. "사탄아 물러가라 기록되었으되 주 너의 하나님께 경배하고 다만 그를 섬기라 하였느니라"(마 4:10).

이처럼 창세기에서 아담의 실패는 이스라엘의 광야 경험에서 재현되었으며 우리의 삶에서도 반복되지만, 예수 그리스도의 광야 시험에서 극복되었고, 마침내 십자가에서 승리를 거두었다.

요일 2:16	창세기	광야의 이스라엘	광야의 예수 그리스도	시험의 종류
육신의 정욕	먹음직	만나와 마라의 쓴물	돌로 떡 만들어 먹으라 ↔ 사람이 떡으로만 사는 것이 아니다	경제적 시험
안목의 정욕	보암직	맛사에서의 시험	성전에서 뛰어내리라 ↔ 주 너의 하나님을 시험치 말라	종교적 시험
이생의 자랑	탐스러움	금송아지 숭배	내게 절하라 ↔ 오직 주만 섬기라	정치적 시험

예수 그리스도의 십자가는 인간의 모든 타락에 대한 최종적 승리이다. 아담의 타락과 이스라엘의 실패, 그리고 우리가 일상생활 속에서 범하는 모든 죄악에 대한 궁극적인 승리가 십자가에서 이루어진다. 그리하여 우리 그리스도인은 아담의 실패로 잃어버렸던 통치권을 회복하여 하나님의 대리 통치자로 새롭게 왕권을 가지게 되었다. 예수 그리스도로 말미암아 새로운 통치 질서를 가지게 된 것이다.

바울은 예수 그리스도로 말미암아 형성된 새로운 질서를 이렇게 표현한다. "그런즉 누구든지 사람을 자랑하지 말라 만물이 다 너희 것임이라 바울이나 아볼로나 게바나 세계나 생명이나 사망이나 지금 것이나 장래 것이나 다 너희의 것이요 너희는 그리스도의 것이요 그리스도는 하나님의 것이니라"(고전 3:21-23). 바울은 만물이 다 우리 것이라고 선언한다. 만물 속에는 바울이나 아볼로나 게바와 같은 말씀의 사역자들이 포함되고, 세계나 생명이나 사망이나 지금 것이나 장래 것 등이 다 포함된다. 이 모든 것이 우리 것이라고 선언하는 것이다.

이어서 바울은 우리는 그리스도의 것이요 그리스도는 하나님의 것이라고 선언한다. 만물을 다스리라고 명령받았던 인간이, 범죄함으로 말미암아 만물의 지배를 받았던 상태에서 이제 해방되어, 예수 그리스도 안에서 새롭게 만물의 소유권을 주장하게 된 것이다(옆장의 도표를 보라).

바울이 우리의 것으로 열거하는 다른 모든 것은 그리 어렵지 않다. 그런데 여기에 사망이 언급되는 점은 조금 의아하다. 사망도 우리 것이라니? 그리스도인에게 사망도 축복 중 하나란 말인가?

신앙의 가정에서 자란 나는 어릴 적부터 의문이 하나 있었다. 인간의 죽음, 특히 그리스도인의 죽음에 대한 의문이었다. 인간이 죽는 것은 원죄 때문인데, 그리스도를 믿음으로 모든 죄가 용서되었다. 원죄도 자범죄

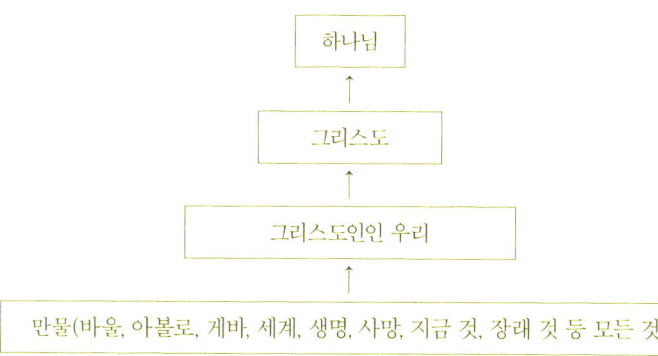

도 더 이상 그리스도인인 우리를 죽음으로 몰고 가지 못한다. 그런데도 왜 그리스도인은 죽는가? 예수께서 나사로를 살리시며 마르다에게 말씀하신다. "예수께서 이르시되 나는 부활이요 생명이니 나를 믿는 자는 죽어도 살겠고 무릇 살아서 나를 믿는 자는 영원히 죽지 아니하리니 이것을 네가 믿느냐"(요 11:25-26). 주님은 살아서 믿는 자는 영원히 죽지 않는다고 했는데 왜 그리스도인도 죽는가? 어려서부터 이에 대한 의문은 사라지지 않았다.

    오랜 후에 나는 하이델베르그 교리 문답에서 이에 대한 문답이 있음을 알게 되었다. 하이델베르그 요리문답 제42번이다.[15]

---

[15] 안토니 후크마, 『개혁주의 종말론』 유호준 역(서울: 기독교문서선교회, 1986), p. 118. 그리스도인의 죽음의 의미를 위해서는 이어지는 pp. 119-200을 보라. 여기에서 후크마는 그리스도인에게 있어서 죽음은 ① 죄짓는 날을 끝내게 하는 것이며, ② 영생에 들어가는 것이며, ③ 하늘의 복락에 들어가는 문을 열어주는 하인과 같으며, ④ 영광스러운 새로운 시작을 의미한다고 말하고 있다.

문: 그리스도가 우리를 위해 죽으셨다면, 우리가 또 죽어야 하는 이유는 무엇인가?
답: 우리의 죽음은 우리의 죄를 위한 보상이 아니라 다만 죄에 대해 죽고 영생에 들어간다는 것이다.

처음 이 문답을 읽었을 때에도 무슨 의미인지 선뜻 깨닫지 못했다. 그러나 세월이 흘러 나이가 먹어가면서 인생을 산다는 것은 죄 짓는 삶의 연속이며, 세월이 흐를수록 의에 대한 경험이 늘어가면 동시에 죄에 대한 경험도 늘어간다는 평범한 진리를 경험하게 되었다. 살면 살수록 죄도 더 많이 짓게 되고 죄에 대한 경험도 많아진다. 그렇다면 인생에게 죽음도 복이다. 그리스도인이 지금 여기에서 죽는 것은 더 이상 죗값으로 죽는 것이 아니다. 죄에 대해 죽는 것이다. 더 이상 죄 짓지 않도록 죽는 것이다. 그러니 죽음도 우리에게 그 얼마나 큰 축복인가?

만물＜그리스도인＜그리스도＜하나님의 영적 질서와 구조에 바울은 남녀 관계를 하나 더 포함시킨다. "그러나 나는 너희가 알기를 원하노니 각 남자의 머리는 그리스도요 여자의 머리는 남자요 그리스도의 머리는 하나님이시라"(고전 11:3).

그래서 앞의 도표는 다음과 같이 좀 더 보강된다.[16]

---

[16] 여자의 머리가 남자라는 바울의 주장을 근거로 남성의 우월성이나 여성의 열등성을 주장하는 성차별을 정당화할 수 없다. 그것은 그리스도의 머리가 하나님이라는 선언이 그리스도가 하나님에 대해 열등한 것을 나타내는 것은 아니라는 사실과 연결된다. 바울은 오히려 그리스도 안에서 모든 인종 차별과 신분 차별, 성 차별이 무너지고 하나 됨을 강조한다. "너희는 유대인이나 헬라인이나 종이나 자유인이나 남자나 여자나 다 그리스도 예수 안에서 하나이니라"(갈 3:28). 참조. 김세윤, 『하나님이 만드신 여성』(서울: 두란노, 2004). 초기 교회에서

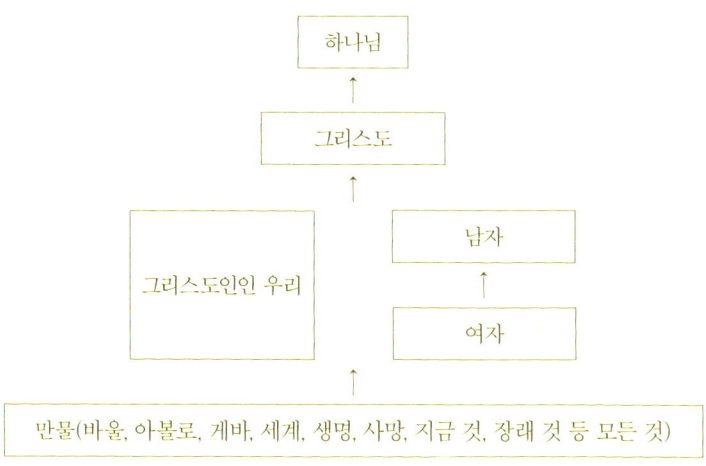

창조 시에 하나님께서는 하나님＞남자＞여자＞만물의 순서로 창조하셨다. 그런데 뱀이 여자에게 다가와 뱀(만물)＞여자＞남자＞하나님의 역순으로 바꿔놓았다. 하나님과 교제하며 하나님을 섬겨야 할 인간이, 뱀과 교제하며 하나님을 반역하여 스스로 하나님이 되려고 한 것이다. 이것이 원죄이다. 이제 그러한 원죄를 그리스도께서 오셔서 해결하시고, 하나님과 인간 사이의 중재자 역할을 해주심으로 다시금 순서를 회복시키셨다. 하나님＞그리스도＞인간의 순서로 회복된 것이다.

만물에 대한 최초의 **문화명령**이 그리스도에 의해 새롭게 회복된 후, 이제 그리스도는 그리스도인을 향해 **지상명령**을 내리신다. 원죄 이전에

여성들의 활약이 시대를 걸쳐 어떻게 왜곡되고 추락하게 되었는지에 대한 논의는 한스 퀑, 『그리스도교 여성사』 이종한 오선자 역(왜관: 분도출판사, 2011)을 참조하라.

아담에게 주신 하나님의 축복으로서의 "문화명령"은, 원죄를 해결받고 다시 하나님의 교제에 들어간 그리스도인에게 축복으로서의 "지상명령"이 된 것이다. 이러한 지상명령은 각 복음서마다 기록하고 있으며, 사도행전 서두에 역시 기록되어 있다.

마태복음에서 지상명령은 예수께 위임된 하늘과 땅의 모든 권세를 강조하며 모든 족속에게 나아갈 것을 명한다. 하나님의 대리 통치자였던 인간이 이제 예수 그리스도의 대리 통치자로서 그리스도인이 되어 모든 족속에게 나아가는 것이다. "하늘과 땅의 모든 권세를 내게 주셨으니 그러므로 너희는 가서 모든 민족을 제자로 삼아 아버지와 아들과 성령의 이름으로 세례를 베풀고 내가 너희에게 분부한 모든 것을 가르쳐 지키게 하라 볼지어다 내가 세상 끝 날까지 너희와 항상 함께 있으리라"(마 28:18-20).

마가복음에서는 지상명령과 그에 따르는 표적들이 강조된다. 예수 그리스도의 대리 통치자인 그리스도인은 복음을 선포하면서 예수께서 행하셨던 모든 표적과 기사들을 동일하게 행할 수 있다. "또 이르시되 너희는 온 천하에 다니며 만민에게 복음을 전파하라 믿고 세례를 받는 사람은 구원을 얻을 것이요 믿지 않는 사람은 정죄를 받으리라 믿는 자들에게는 이런 표적이 따르리니 곧 그들이 내 이름으로 귀신을 쫓아내며 새 방언을 말하며 뱀을 집어올리며 무슨 독을 마실지라도 해를 받지 아니하며 병든 사람에게 손을 얹은즉 나으리라 하시더라"(막 16:15-18).

누가복음은 구약성경에 예언된 예수 그리스도의 사역을 언급하며 예수의 부활과 함께 죄 사함을 얻게 하는 회개의 세례가 모든 족속에게 전파될 것을 강조한다. 또한 사도행전과 마찬가지로 성령에 대한 약속을 준다. "또 이르시되 내가 너희와 함께 있을 때에 너희에게 말한 바 곧 모세의 율법과 선지자의 글과 시편에 나를 가리켜 기록된 모든 것이 이루어

저야 하리라 한 말이 이것이라 하시고 이에 그들의 마음을 열어 성경을 깨닫게 하시고 또 이르시되 이같이 그리스도가 고난을 받고 제삼일에 죽은 자 가운데서 살아날 것과 또 그의 이름으로 죄 사함을 받게 하는 회개가 예루살렘에서 시작하여 모든 족속에게 전파될 것이 기록되었으니 너희는 이 모든 일의 증인이라 볼지어다 내가 내 아버지께서 약속하신 것을 너희에게 보내리니 너희는 위로부터 능력으로 입혀질 때까지 이 성에 머물라 하시니라"(눅 24:44-49).

가장 유명한 사도행전의 지상명령에서는 성령에 대한 약속과 함께 땅 끝까지 퍼지게 될 복음의 지리적 확장이 언급된다. "오직 성령이 너희에게 임하시면 너희가 권능을 받고 예루살렘과 온 유대와 사마리아와 땅 끝까지 이르러 내 증인이 되리라"(행 1:8).

요한복음의 지상명령은 앞의 것들과 상당한 차이가 있지만 그 내용은 동일하다. 제자들에게 죄 사함의 권세를 부여하시며 성령을 주시는 것이다. "예수께서 또 이르시되 너희에게 평강이 있을지어다 아버지께서 나를 보내신 것 같이 나도 너희를 보내노라 이 말씀을 하시고 그들을 향하사 숨을 내쉬며 이르시되 성령을 받으라 너희가 누구의 죄든지 사하면 사하여질 것이요 누구의 죄든지 그대로 두면 그대로 있으리라 하시니라"(요 20:21-23).

이와 같이 지상명령은 예수 그리스도의 십자가와 부활로 이루어진 구원과 죄 사함에서 출발한다. 아담이 실패한 것들을 그리스도께서 회복하셨다고 선포하고 전하게 하신 것이다. 그것은 아담이 실패한 대리 통치자로서의 사명을 회복하는 것이다.

천지 창조를 통해 창조된 하나님나라에서 대리 통치자로서 인간은 문화명령을 통해 만물을 지배하며 다스릴 통치권을 부여받았다. 아담의 타락으로 인간은 통치권을 상실하고 오히려 만물의 종으로 전락했다. 그러나 이제 그리스도 예수의 십자가 구속으로 인간은 하나님나라의 대리 통치자로서의 권세를 회복했다. 회복된 하나님나라의 대리 통치자로서 그리스도인은 주님의 지상명령으로 온 세상의 모든 민족을 향한 선교 명령을 부여받았다. 그 명령에 순종함으로 그리스도의 나라를 선포하여 땅끝까지 나아갈 책임이 우리 모든 그리스도인에게 있다. 문화명령이 온 인류에게 주어진 명령이라면, 선교 명령은 그리스도를 영접한 모든 그리스도인에게 주어진 명령이다. 실패한 아담의 대리 통치권을 회복하여 예수 그리스도로 말미암아 하나님나라의 대리 통치자로서 다스리는 권세를 행사하게 된 것이다. 예수께서 십자가로 우리를 섬겼듯이 우리는 복음으로 모든 족속을 섬기며 하나님나라의 대리 통치자로서 통치권을 행사하게 된다.

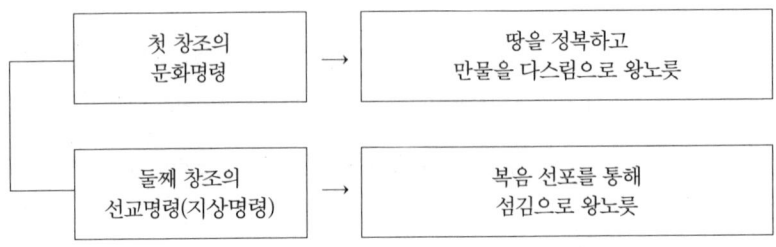

3장
하나님나라의 동역자

하나님께서는 인간에게 만물을 다스리라고 명령하셨다. 하나님나라는 하나님께서 다스리시는 나라이지만, 인간이 하나님 대신 만물을 통치하도록 그 통치권을 위임하신 것이다. 그래서 인간은 만물의 영장이요, 하나님나라의 대리 통치자이다. 그런데 그 통치는 한 사람이 홀로 하는 독재가 아니다. 사람들이 함께하는 동역 통치이다. 하나님나라는 하나님 홀로 다스리시는 나라이지만, 인간 홀로 대리 통치하는 게 아니라 인간 동역자들이 함께 통치하는 나라이다.

하나님께서는 세상을 지으시고 매일 당신의 작품에 감탄을 연발하신다. "보시기에 좋았더라! 보시기에 좋았더라!"(창 1:4, 10, 12, 18, 21, 25). 그리고 창조를 완성하신 마지막 날 "보시기에 심히 좋았더라!"고 최고조로 감탄하신다(창 1:31). 그러다가 창세기 2장으로 가면, 보시기에 심히 좋은 그 나라에서 보기 좋지 못한 것이 하나 나타난다. "사람이 혼자 사는 것이 좋지 아니하니"(창 2:18).

사람이 독처하는 것은 하나님이 보시기에도 좋지 않지만 사람이 보기에도 좋지 않다. 아리스토텔레스는 인간을 사회적 동물이라고 말하며 인간의 사회성을 지적하고 있다. 잠언의 저자도 "무리에게서 스스로 갈라지는 자는 자기 소욕을 따르는 자라 온갖 참 지혜를 배척하느니라"(잠 18:1)고 말한다. 하나님은 독불장군을 싫어하시며 "독야청청하리라"는 독단도 싫어하신다. 홀로 남았다는 생각에 사로잡혀 죽기를 두려워하던 엘리야에게 하나님은 7천 명이라는 숫자를 제시하시며 홀로 독야청청하다는 생각에 사로잡힌 그의 교만을 지적하신다. 고독은 교만한 자의 것이다. 고독을 느낄 때 홀로 있으려 하지 말고 속히 동역자들을 구해 함께 있어야 한다.[17]

하나님께서는 사람이 독처하는 것을 좋지 않게 보셨다. 거기에서 그치신 것이 아니라 그를 위해 돕는 배필을 계획하셨다(창 2:18). 사람을 위해 돕는 배필을 지으시겠다는 것이다. 그런데 이어지는 구절에서 하나님께서 창조하시는 피조물은 아담의 돕는 배필이 아니다. 아담의 돕는 배필을 짓겠다고 하시던 하나님은 짐승들을 창조하신다. 분명히 짐승들은 아담의 배필이 아니었다. 하나님은 만드신 그 짐승들을 아담에게 데려와 짐승들의 이름을 지으라고 하신다. 돕는 배필을 짓겠다고 하시고서는 돕는 배필 대신에 새로운 일을 맡기신 것이다.

이름 짓는 일이 쉽지 않다. 사람 이름 짓는 일도 그리 쉽지 않다. 오죽하면 작명소가 있겠는가? 목사인 내게 자녀들의 이름을 지어달라고 부탁하는 경우가 많다. 하나뿐인 아들의 이름을 지으면서도 고생했던 나로

---

[17] 이 글을 쓴 지 10년이 지난 지금 다시 이 글을 읽으려니 부끄럽다. 동역자가 있으면 고독하지 않은 것일까? 성경의 수많은 사람들이 주님의 길을 가면서 고독을 느끼지 않았을까? 아브라함이나 노아, 엘리야나 바울은 고독하지 않았을까?

서는 선뜻 내키지 않는 일이다. 그러나 부탁받고 거절할 수 없어서 고심 끝에 이름을 지어준다. 성경을 펼치기도 하고, 옥편을 꺼내 보기도 하며, 중국어로도, 영어로도 발음해 보며 이름을 어렵게, 어렵게 지어서 제안하면 그 이름대로 쓰는 사람이 드물다. 하도 유별나게 이름을 지어서인가 보다.

바로 이 어려운 일이 아담에게 주어졌다. 하나님께서는 이 모든 짐승들의 이름을 지으라고 아담에게 짐승들을 끌어 오신 것이다. 사람의 이름은 이름 지은 사람의 인격을 드러내며 이름 짓는 자의 신앙고백과 소망을 표현한다. 아담이 여러 짐승들의 이름을 짓는다는 것은 그가 짐승들의 속성을 다 헤아릴 수 있고, 그 특성을 이름으로 표현한다는 것을 의미한다. 아담의 창의력과 순발력을 상상할 수 있는 장면이다. 인간은 이러한 이름 짓는 사역을 통해 짐승들을 다스리고, 짐승들의 특성들을 헤아리며, 대리 통치자 역할을 하게 된다.

짐승들의 이름을 짓는 일이 아담에게 역시 그리 쉽지 않았던 것으로 보인다. 그러기에 아담은 그 사역을 감당하는 중에 결론을 내린다. 짐승의 이름을 지어주다가 문득 "내게 배필이 없다"는 것을 깨달은 것이다. "아담이 돕는 배필이 없으므로"(창 2:20). 일을 홀로 감당할 수 없을 때 사람들은 비로소 나를 도와줄 사람이 어디 없는가 하고 찾기 시작한다. 아담은 하나님이 주신 사역을 감당하다가 자신에게 돕는 배필이 없음을 깨닫게 되었다. 어느 학자는 아담이 짐승들의 이름을 지으며, 짐승들에게 각각 짝이 있는 것을 발견하고, 자기에게도 짝이 있어야 할 필요성을 느꼈을 것이라고 추측하기도 한다. 하지만 여기의 문맥에 의하면 하나님께서 아담에게 일을 주셔서 돕는 배필의 필요성을 느끼게 하셨다고 이해하는 편이 나을 듯 싶다.

여기에서 우리는 하나님께서 일하시는 방법과 과정을 살펴볼 수 있다. 하나님은 먼저 아담에게 배필이 없다는 사실을 알고 배필을 지어주겠다고 작정하셨다. 하나님의 계획과 작정이 먼저이다. 하나님의 작정과 계획에 대한 우리의 일상적 생각에 따르면, 하나님은 이제 강권적으로 역사하사 아담의 배필을 지어주시면 된다. 그러나 하나님은 아담의 동의 없이 막무가내로 배필을 짓지 않으신다. 아담이 자신에게 돕는 배필이 필요하다는 것을 스스로 느낄 때까지 당신의 계획을 미루신다. 새로운 일들을 주고서는 기다리신다. 그리하여 마침내 아담이 자신에게 배필이 없다는 것을 스스로 느끼는 순간, 그를 위해 돕는 배필을 지으신다. 아담을 깊은 잠에 빠지게 하신 것이다.

```
┌─────────────────────────────┐
│       하나님의 계획            │
│        (창 2:18)              │
│ "내가 그를 위하여 돕는 배필을 지으리라" │
└─────────────────────────────┘
              ↓
┌─────────────────────────────┐
│   인간의 동의 또는 자원(自願)    │
│        (창 2:20)              │
│   "아담이 돕는 배필이 없으므로"   │
└─────────────────────────────┘
              ↓
┌─────────────────────────────┐
│      하나님의 사역, 일         │
│        (창 2:22)              │
│  "여호와 하나님이…여자를 만드시고" │
└─────────────────────────────┘
```

하나님은 인간을 위해 풍성한 계획을 세우신다. 그러나 그 어느 일도 인간의 동의 없이 홀로 독자적으로 행하시지 않는다. 인간이 동의하고 자원(自願)해야 일하신다. 그렇게 하시기 위해 인간이 자원할 수 있는 환경과 일들을 만들기도 하고 허락하기도 하신다. 그 환경과 일들 속에서 아담은 자신에게 배필이 필요함을 느꼈다.

아담이 잠에서 깨어보니 처음 보는 낯선 '짐승' 하나가 자기에게 다가오고 있었다. 아담은 그를 보고 외친다. "내 뼈 중의 뼈요 살 중의 살이라"(창 2:23). 이제까지 자기 앞에 왔던 짐승들을 위해 그들의 특성을 파악하고 이름을 지어주었던 아담이, 자신의 갈빗대로 창조된 여자를 한눈에 알아보고 자신의 배필로 인정하고 받아들이는 것이다. 아담이 하나님께서 맡기신 짐승 이름 짓는 일에 충성하고 열중했더니, 하나님께서 그에게 필요한 배필을 그 앞으로 인도해주신 것이다.

나는 미혼의 청년들이 내게 와서 미래의 배우자를 위해 기도해달라고 부탁할 때 이 부분을 자주 말한다. 하나님께서 우리에게 주신 일에 최선을 다하다 보면, 하나님께서 우리 앞에 우리에게 가장 적절하고 훌륭하며 어울리는 배우자를 돕는 배필로 보내주신다고.[18]

하와의 창조 기사에 창세기의 저자 모세는 위대한 주석을 달고 있다. "이러므로 남자가 부모를 떠나 그의 아내와 합하여 둘이 한 몸을 이룰지로다"(창 2:24). 이 구절이 갑자기 여기에 나오는 것을 학자들은 어리둥절

---

18 워치만 니, 『모든 일을 하나님의 영광을 위하여 하라』(서울: 생명의 말씀사, 1978). 워치만 니는 이 책을 통해 그리스도인의 결혼과 배우자 선택, 부부와 부모 구실에 관한 자세한 안내를 제공하고 있다. 이밖에도 오락과 친구 관계, 언어생활과 의복, 음식, 금욕주의와 경제생활 등에 대해서도 조언한다.

해 한다. 아담에게 부모가 어디 있는가? 모세 당시의 상황을 반영하는 구절인가? 여러 의문들이 제시된다.[19]

이 구절은 결혼의 원리를 제시하는 성경의 표준 구절이다. 그리스도인의 결혼은 이 구절에서 말하듯이 몇 가지 원리로 이루어진다.[20]

첫째, 부모를 떠나(**독립성: 분리의 원리**): 결혼의 가장 큰 전제 조건은 홀로서기이다. 부모로부터 독립하여 홀로 서지 않고서는 진정한 결혼을 이루었다고 할 수 없다. 부모로부터의 독립이 결혼의 출발점이다.

전통적인 유교적 결혼관을 가지고 있는 우리나라에서의 결혼은 사랑하는 두 당사자들 간의 결혼이 아니라 집안끼리의 결혼이요, 두 공동체 간의 결혼일 경우가 많다. 그래서 한쪽의 일방적인 희생을 강요하기 쉽다. 그러나 결혼은 독립된 두 개체의 연합이다. 그 사이에 어떤 조건이나 방해물이 끼어들어서는 안 된다. 남자가 부모로부터 독립을 선언하는 독립선언식이 결혼식이다. 요즈음 결혼 후에도 부모에게 의존하는 경향이 자주 나타나지만 진정한 결혼은 부모로부터의 독립이다. 독자적인 가정을 꾸릴 능력과 마음이 준비되어야 한다.

둘째, 아내와 연합하여(**연합성: 영속성의 원리**): 부모로부터의 독립이 출발점이라면 아내와의 연합은 그 지향점을 보여준다. 부모로부터 독립하여

---

[19] 이 구절에 대한 자세한 주석들을 참조하라. 카일. 델리취, 『구약주석 창세기 ①』 고영민 역 (서울: 기독교문화출판사, 1984), 게르하르트 폰 라트, 『국제 성서주석 창세기』(서울: 한국신학연구소, 1981), G. Ch. Aalders, Bible Student's Commentary, GENESIS, Vol. I. Trans. William Heynen (Grand Rapids: Zondervan Publishing House, 1981) 등.

[20] 송길원, 『왜 하필 가정인가?』(서울: 극동방송, 1993), pp. 21ff. 아름다운 부부와 행복한 결혼 생활을 위한 성경공부 교재로 '성서 부부학'이라는 이 시리즈는 총 10권으로 이루어져 있고, 인용한 책은 그 시리즈의 제2권이다.

아내와 연합하는 것이 결혼이다. 결혼의 목표는 아내와 연합하는 것이다.

셋째, 둘이 한 몸을(**일체성: 하나됨의 원리**): 부모로부터 독립하고 아내와 연합하여 이루어낸 결혼이 보여주어야 할 모습은 일체성과 친밀성이다. 아내와 하나 되어 사는 것이 결혼생활이다. 자녀를 결혼시키는 부모는 자녀가 한 가정을 이루고 하나 되어 살 수 있도록 적극적으로 도와야 한다. 그 누구도 둘 사이에 끼어 방해해서는 안 된다. 부부의 일체성이 방해되면 진정한 결혼을 이루어낼 수 없다.

넷째, 두 사람이 벌거벗었으나(**친밀성: 친밀성의 원리**): 두 사람이 서로를 공개하고 사는 삶이 결혼생활이다. 부부는 서로에게 서로를 공개할 의무와 책임이 있다. 장점뿐 아니라 단점도 공개해야 한다. 결혼하기 전에는 장점만 보이다가 결혼 후에 보이기 시작하는 단점들 때문에 성격 차이라는 이유로 헤어지는 부부가 얼마나 많은가? 그러나 부부는 결혼을 통해, 상대방의 장점으로 자신의 단점을 보완하고, 상대방의 단점을 자신의 장점으로 보완해 줌으로 완전을 향해 나아가게 된다.

부부가 서로 공개하는 삶을 살기 위해서는 용서와 용납의 원리가 전제되어야 한다. 용서하지 않으려면 상대방에게 공개를 요구하지 말아야 하고, 용납하지 않으려거든 상대방을 알려고 하지 말아야 한다. 용서와 용납을 전제로 공개하면 공개한 후에 더욱 깊은 일체감과 친밀감을 느낄 수 있다.

구약성경 창세기의 이 구절은 신약성경에서 자주 인용되는 구절들 중의 하나이다. 무엇보다도 먼저 예수께서 이혼에 대한 질문을 받으셨을 때에 이 구절을 인용하여 대답하셨다(마 19:1-12). 한 바리새인이 예수를 시험하여 물었다. "무엇이든지 이유만 있으면, 남편이 아내를 버려도 됩니까?"(마 19:3, 새번역) 바리새인의 질문은 당대의 상황에서 어떻게 대답하든 어려움에 봉착할 곤란한 문제였다. 유대 랍비들은 모세가 이혼을 허락하는 신명기 24:1에 대해 해석이 구구했기 때문이다.[21]

어떻게든 이혼의 가능성을 전제로 하는 질문에 예수 그리스도는 하나님께서 원래 제정하신 결혼의 의미를 언급하신다. "사람을 창조하신 분이 처음부터 그들을 남자와 여자로 지으셨다는 것과, 그리고 그가 말씀하시기를 '그러므로 남자는 아버지와 어머니를 떠나서, 자기 아내와 합하여서 둘이 한 몸이 될 것이다' 하신 것을, 너희는 아직 읽어보지 못하였느냐? 그러므로 그들은 이제 둘이 아니라 한 몸이다. 하나님이 짝지어주신 것을 사람이 갈라놓아서는 안 된다"(마 19:4-6, 새번역). 예수는 어떻게든 이혼의 가능성을 전제하고 질문하는 자들에게 결혼이란 둘이 한 몸이 되는 것이며, 하나님이 짝지어주신 것이기에 사람이 나누어서는 안 된다고 말씀하신다.

그들은 끈질기게 예수께 다시 질문한다. "어찌하여 모세는 이혼 증서를 써 주고 아내를 버리라고 명령하였습니까?" 모세의 율법에서 엄연히 허락하고 있는 것을 왜 금지하느냐는 것이다. 예수께서 대답하셨다. "모

---

[21] 신명기 24:1에서 모세는 "사람이 아내를 맞이하여 데려온 후에 그에게 수치되는 일이 있음을 발견하고 그를 기뻐하지 아니하면 이혼 증서를 써서 그의 손에 주고 그를 자기 집에서 내보낼 것이요"(신 24:1, 새번역은 "남녀가 결혼을 하고 난 다음에, 남편이 아내에게서 수치스러운 일을 발견하여 아내와 같이 살 마음이 없을 때에는, 아내에게 이혼증서를 써주고, 그 여자를 자기 집에서 내보낼 수 있습니다")라고 말하고 있다. 여기에서 "수치 되는 일"의 의미가 무언인가에 대한 논란이 있다. 그 단어의 의미로는 ① 비난들을 만한 일, ② 어떤 외설적인 것, ③ 음란한 어떤 것, ④ 온당치 못한 행동, ⑤ 어떤 불쾌한 것, ⑥ 부끄러운 일 등이 추측된다. 샴마이 학파는 부정 또는 간통하는 것으로 좁게 해석하는 반면, 힐렐 학파는 훨씬 더 넓게 해석하여 뒤에 나오는 "그를 기뻐하지 아니하거든"이라는 말을 강조한다. 그래서 아내가 약간 탄 음식을 제공하거나 가정에서 이웃에게 들릴 만큼 큰소리로 말하는 등 사소한 잘못을 하더라도 남편이 마음만 먹으면 이혼할 수 있다고 해석했다. 윌리엄 헨드릭슨, 『마태복음 (하)』 김경래 역(서울: 아가페 출판사, 1984), pp. 56-57.

세는 너희의 마음이 완악하기 때문에 아내를 버리는 것을 허락하여 준 것이지, 본래부터 그랬던 것은 아니다. 내가 너희에게 말한다. 음행한 까닭이 아닌데도 아내를 버리고 다른 여자에게 장가 드는 사람은, 누구나 간음하는 것이다"(마 19:8-9, 새번역). 본래 의도는 이혼 불가이지만 완악한 현실 때문에 이혼을 허락했을 뿐이다.22

이번에는 제자들까지 나선다. "남편과 아내 사이가 그러하다면, 차라리 장가 들지 않는 것이 좋겠습니다"(마 19:10, 새번역). 남녀의 결혼이 그토록 구속력이 있는 것이라면 차라리 자유롭게 홀로 사는 것이 더 좋겠다는 말이다. 오늘날에도 이러한 생각이 얼마나 전 사회에 팽배해 있는가? 사회가 병들어 갈수록 상대방에게 얽매어 사는 것보다는 자유롭게 홀로 살겠다는 독신주의자들이 많아진다.

예수는 그들에게 대답하신다. "누구나 다 이 말을 받아들이지는 못한다. 다만, 타고난 사람들만이 받아들인다. 모태로부터 그렇게 태어난 고자도 있고, 사람이 고자로 만들어서 된 고자도 있고, 또 하늘 나라 때문에 스스로 고자가 된 사람도 있다. 이 말을 받아들일 수 있는 사람은 받아들여라"(마 19:11-12, 새번역). 예수는 결혼하지 않고 홀로 사는 사람들을 세 종류로 나누어 열거하고, 홀로 사는 것이 하나님의 보편적인 뜻은 아니라는 사실을 강조하신다. 선천적이든지 후천적이든지 스스로 원해서이든

---

22 마가복음 10:1-12과 마태복음 19:1-12의 본문을 비교해 보라. 마태는 이혼이 가능한 경우의 예로 음행을 거론하지만(cf. 마 5:32), 마가는 이혼 후의 재혼을 언급한다. 마가는 더 나아가 마태가 거론하지 않는 바, 아내가 남편을 버리고 다른 데로 시집가는 경우를 언급하여 마가의 상황이 유대 사회가 아닌 것을 암시해 준다.

독신을 받아들일 수 있는 사람들이 따로 있다.²³

창세기의 이 구절을 이해하기 위해 가장 중요한 신약성경 본문은 에베소서이다. 바울은 창세기의 이 구절을 성령 충만의 구절과 연결하여 인용하고 있는데, 가훈집(Household Codes)²⁴으로 여겨지는 본문인 에베소서 5:22-6:9의 기본적인 전제로 성령 충만을 권면하며 5:15에서부터 다음과 같은 몇 번의 대구를 사용한다.

	긍정적인 표현	부정적인 표현
15절	지혜 있는 자 같이 하라 (= 어떻게 행할 것을 자세히 주의하라)	지혜 없는 자 같이 말라
16절	세월을 아끼라 (= 기회를 사라)	때가 악하니라 (= 기회가 없다)
17절	주의 뜻이 무엇인가 이해하라	어리석은 자가 되지 말라
18절	성령의 충만을 받으라	술 취하지 말라

서로 대구되는 말을 비교해 보면 각 구절들의 의미를 더욱 깊이 이해할 수 있다. 각 절에서 긍정적인 표현은 서로 같은 의미를 나타내는 것으

---

23 결혼에 대한 이러한 개념은 바울에 의하여 좀 더 확장되고 구체화된다. 고린도전서 7장에서 바울은 결혼을 마지못해 허락하는 듯하다. "남자는 여자를 가까이하지 않는 것이 좋습니다. 그러나 음행에 빠질 유혹 때문에, 남자는 저마다 자기 아내를 두고, 여자도 저마다 자기 남편을 두도록 하십시오."(고전 7:1-2, 새번역).

24 가훈집(Household Codes)으로 여겨지는 본문들로는 골 3:18-4:1, 엡 5:22-6:9, 딤전 2:1, 8-15, 6:1-1, 딛 2:1-10, 벧전 2:13-3:7 등이 있다.

로 이해할 수 있고, 동일하게 부정적인 표현들 역시 서로 같은 의미를 나타내는 것으로 볼 수 있다. 그렇다면 우리가 흔히 이해하는 성령 충만이란 각 절에서 반복되는 긍정적인 의미들의 총합이다. 즉 성령 충만은(18절), 주의 뜻이 무엇인가를 이해하는 것이요(17절), 세월을 아끼는 것, 즉 기회를 사는 것이다(16절). 그것은 어떻게 행할 것을 자세히 주의하여 지혜 있는 자 같이 하는 것이다(15절). 반대로 성령 충만하지 않은 삶은 술에 취한 삶이요, 어리석은 자가 되어 때를 악하게 허비하고 지혜 없는 삶을 사는 것이다.

흔히 성령 충만을 감정적인 것으로 오해하여 기쁨이나 영적 희열 등과 같은 것으로 이해한다. 그러나 본문의 성령 충만은 그러한 감정적인 측면과 거리가 있다. 오히려 의지적이고 지성적인 결단의 모습을 더욱 강하게 나타낸다.[25] 또한 우리는 성령 충만을 물량적인 것으로 오해하여 컵에 물이 가득한 것처럼 우리 몸에 성령이 가득 찬 어떤 모습을 상상한다.[26] 그

---

[25] 요한복음은 하나님의 성령을 한량 없이 부어주시는 한 분을 소개한다. "하나님이 보내신 이는 하나님의 말씀을 하나니 이는 하나님이 성령을 한량 없이 주심이니라"(요 3:34). 하나님의 보내신 이인 예수 그리스도에게만 하나님이 그의 성령을 한량 없이 부어주신 결과 그는 하나님의 말씀을 한다. 여기에서도 성령 충만은 감정적이기보다는 오히려 지적이고 의지적이다.

[26] 이러한 이해를 가능하게 하는 측면이 성경에 전혀 없는 것은 아니다. 에스겔서 47장의 환상은 흔히 성령 충만과 연결되어 해석된다. "그가 줄자를 가지고 동쪽으로 재면서 가다가, 천 자(약 450미터)가 되는 곳에 이르러, 나더러 물을 건너보라고 하기에, 건너보니, 물이 발목에까지 올라왔다. 그가 또 재면서 가다가, 천 자가 되는 곳에 이르러, 나더러 물을 건너보라고 하기에, 건너보니, 물이 무릎까지 올라왔다. 그가 또 재면서 가다가, 천 자가 되는 곳에 이르러, 나더러 물을 건너보라고 하기에, 건너보니, 물이 허리까지 올라왔다. 그가 또 재면서 가다가 천 자가 되는 곳에 이르렀는데, 거기에서는 물이 내가 건널 수 없는 강이 되었다. 물이 불어서, 헤엄을 쳐서나 건널까, 걸어서 건널 수 있는 물은 아니었다"(겔 47:3-5, 새번역). 발목까지의 수준과 무릎까지의 수준, 허리까지의 수준과 푹 잠기는 수준이 있다. 그러나 이 구절

러나 성령 충만은 물질적인 어떤 존재의 충만함이 아니라 인격체이신 성령 하나님의 충만으로 그의 뜻에 굴복하는 것이다. 본문에 의하면 성령 충만은 감정적인 자기도취나 물질적인 차고 넘침이 아니라 의지적이고 지적인 결단의 삶을 의미한다.

이어지는 19절 이하는 이러한 성령 충만의 삶이 어떠한 모습으로 나타나는가를 보여준다. 이 구절 역시 다음과 같이 대구를 이루어 수직적인 측면과 수평적인 측면으로 나타난다. 성령 충만한 삶은 수직적인 하나님과의 관계뿐만 아니라 수평적인 인간과의 관계에서도 나타난다.

	수직적인 면	수평적인 면
19절	너희의 마음으로 주께 노래하며 찬송하며	시와 찬미와 신령한 노래들로 서로 화답하며
20절	범사에 우리 주 예수 그리스도의 이름으로 항상 아버지 하나님께 감사하며	
21절	그리스도를 경외함으로	피차 복종하라

바울은 성령 충만한 삶의 모습을 수직적인 모습과 수평적인 모습으로 구분하여 표현한다. 성령 충만한 삶은 먼저 주께 노래하고 찬송하는 수직적인 삶의 모습으로 나타난다. 그 노래와 찬송은 보이지 않는 마음으로

역시 물량적인 의미보다는 자기 의지가 물에 의해 얼마나 제어되는가를 강조한다. 성령 충만은 자신의 의지가 아닌 성령의 의지에 순종하는 것이다.

한다. 하나님을 향한 수직적인 관계는 언제든지 보이지 않는 속마음이 중요하다. 겉으로 나타나는 것들은 이미 사람에게 보여주는 것이지 하나님을 향한 것이 아니기 때문이다. 그리고 마음으로 하는 하나님을 향한 노래와 찬송의 수직적인 측면은, 보이는 수평적인 측면으로 나타나게 되어 있어 시와 찬미와 신령한 노래들로 서로 화답하게 된다. 시와 찬미, 신령한 노래들이 각각 의미하는 것이 무엇인지에 대한 논의를 떠나서, 성도들은 서로 수평적인 관계에서 화답하고 하나 되는 모습으로 나타나게 되어 있다. 성령 충만의 일차적인 모습은 수직적으로는 마음으로 주께 찬양하며, 수평적으로는 성도들이 서로 화답함으로 교제하는 모습이다.

 수직적인 측면의 다른 한 가지는 범사에 우리 주 예수 그리스도의 이름으로 항상 아버지 하나님께 감사하는 모습이다. 감사는 그리스도인이 맺어야 하는 가장 중요한 열매 중 하나이다. 살아 계신 하나님을 믿는 우리는 어떤 상황에서도 하나님께 감사할 수 있다. 그것이 그리스도인의 믿음이요 능력이다. 그러한 감사는 그리스도를 경외하게 만든다. 주님의 뜻에 굴복하여 감사하며 주님을 경외하는 것이 성령 충만한 삶의 모습이다. 그리스도를 경외하는 수직적인 측면이 이번에는 수평적인 측면, 즉 피차 복종하는 삶으로 나타난다. 성령 충만한 삶은 수직적으로는 하나님께 감사하며 그리스도를 경외하는 모습으로 나타나고, 수평적으로는 피차 복종하는 모습으로 나타난다.

 다시 한 번 요약하면, 성령 충만한 삶은 먼저 수직적인 측면에서 마음으로 주께 노래하며 찬송하고 하나님께 감사하고 그리스도를 경외하는 모습으로 나타나며, 수평적인 측면에서 시와 찬미와 신령한 노래들로 서로 화답하며 피차 복종하는 모습으로 나타난다. 여기에서 눈에 보이지 않는 수직적 하나님과의 관계가 눈에 보이는 수평적 인간과의 관계에서 나타난다는 사실에 주목해야 한다. 하나님과의 관계를 표현하는 신앙은 이웃과의 관계를 표현하는 신용과 무관하지 않고, 자신과의 관계에서 나타나는 신념과 다르지 않다. 신앙이 있다는 사람들이 다른 사람들과의 관계에서 신용이 없다면 그 신앙이 신실하다고 할 수 있겠는가? 동일하게 신앙이 개인의 신념 속에서 역사하지 않는다면 그 신앙이 자신에게 무슨 유익이 되겠는가? 그러므로 성령 충만은 수직적인 하나님과의 관계뿐만 아니라 수평적인 인간과의 관계에서 나타나게 되어 있다.

신앙 : 하나님과의 관계에서의 믿음
신용 : 인간과의 관계에서의 믿음
신념 : 자기 자신과의 관계에서의 믿음

이어지는 22절부터 바울은 성령 충만한 삶의 수평적인 측면인 피차 복종하는 삶의 각 방면들을 설명하고 있다. 성령 충만은 부부 관계 속에서(22-33절), 부자 관계 속에서(1-4절), 그리고 노사 관계 속에서(5-9절) 피차 복종하는 모습으로 나타난다. 여기에 굳이 하나를 첨가한다면 영육 간의 관계이다(29-30절).

		그리스도		교회
5:22-33	남편	아내를 사랑하라	아내	남편에게 복종하라
(5:29-30)	영	몸을 양육하고 보양하라	육	영을 좇아 살라(엡 5:18)
6:1-4	부모	주의 교양과 훈계로 양육하라	자녀	부모에게 순종하라
6:5-9	상전	공갈을 그치라	종	상전에게 순종하라

먼저 성령 충만한 삶은 남편과 아내의 관계에서 피차 복종하는 모습으로 나타난다. 남편은 아내를 사랑함으로 피차 복종하고, 아내는 남편에게 복종함으로 피차 복종한다. 또한 성령 충만한 삶은 부모와 자녀 간에 피차 복종함으로 나타난다. 부모는 자녀를 교양과 훈계로 양육함으로 피차 복종하고, 자녀는 부모에게 순종함으로 피차 복종한다. 노사 관계에서 역시 성령 충만한 삶은 나타난다. 사용자는 노동자에게 공갈을 하지 않음으로 피차 복종하고, 노동자는 사용자에게 순종함으로 피차 복종한다.

그런데 이러한 모든 수평적 관계는 그리스도와 교회의 관계에 대한 그림으로 표현된다. 그리스도께서 교회를 사랑하시고 교회가 그리스도께 복종하는 것처럼, 아내는 남편에게 복종해야 하고 남편은 아내를 사랑해야 한다. 그리스도께서 교회를 사랑하시고 교회가 그리스도께 복종하는 것처럼, 자녀는 부모에게 복종해야 하고 부모는 자녀를 사랑으로 양육해야 한다. 그리스도께서 교회를 사랑하시고 교회가 그리스도께 복종하는 것처럼 주인은 종들을 사랑해야 하고 종들은 주인에게 순종해야 한다. 그리하여 교회와 그리스도와의 관계가 직접 눈에 보이지는 않지만 부부 관계를 통해, 부자 관계를 통해, 더 나아가 노사 관계를 통해 간접적으로 나타난다고 볼 수 있다.

여기에서 바울은 영과 육의 관계를 교회와 그리스도의 관계를 보여주는 또 다른 하나의 예로 삽입한다. "누구든지 언제든지 제 육체를 미워하지 않고 오직 양육하여 보호하기를 그리스도께서 교회를 보양함과 같이 하나니"(엡 5:29). 영은 육을 미워하지 않고 그리스도께서 교회를 보양하는 것처럼 육을 양육하고 보호한다. 육이 영에 대해 가져야 할 태도에 대해 직접 언급하고 있지는 않지만, 전후 문맥의 통일성에 비추어 볼 때 육은 영에 순종해야 한다는 말씀을 첨가할 수 있을 것이다.

그리스도와 교회의 관계를 이해하기 위해 우리의 몸과 지체 사이의 관계를 이해해야 한다. 고린도전서에서 바울은 "몸은 하나이지만 많은 지체가 있고, 몸의 지체가 많지만 한 몸인 것과 같이 그리스도도 한 몸이지만 많은 지체를 가지고 있다"고 설명한다(고전 12:12). 더 나아가 바울은 에베소서에서 교회를 "그리스도의 몸"이라고 말하고(엡 1:23), 그리스도는 "교회의 머리"라고 표현한다(엡 4:15). 그러므로 교회를 위해 고난받는 것은 그리스도의 남은 고난을 받는 것이다. "내가 이제 너희를 위하여 받는 괴로움을 기뻐하고 그리스도의 남은 고난을 그의 몸된 교회를 위하여 내 육체에 채우노라"(골 1:24). 교회 구성원들인 우리 각 지체는 그리스도의 몸으로서 교회의 머리 되신 그리스도께 복종한다. 머리이신 그리스도는 교회를 위해 자기 몸을 버리셨다. 둘 사이의 관계는 생명의 관계요, 그 자체가 생명이다.

창세기의 본문은 에베소서의 이 문맥에서 부부 관계를 설명하면서 인용된다. "이러므로 사람이 부모를 떠나 그 아내와 합하여 그 둘이 한 육체가 될지니, 이 비밀이 크도다. 내가 그리스도와 교회에 대하여 말하노라. 그러나 너희도 각각 자기의 아내 사랑하기를 자기같이 하고 아내도 그 남편을 경외하라"(엡 5:31-33). 사람이 부모를 떠나 그 아내와 합하여 그 둘이 한 육체가 되는 비밀이 그리스도와 교회에 대해 말하는 큰 비밀이다. 교회와 그리스도의 관계는 남편과 아내의 관계와 같다. 남편과 아내가 서로 하나가 되었듯이 교회와 그리스도는 서로 하나 되었으며, 머리와 몸이 하나이듯 그리스도의 몸인 교회와 교회의 머리이신 그리스도는 하나이다.

여기에서 그리스도의 몸 된 교회를 하나로 묶고 통일성을 이루며 조화롭게 하시는 분이 성령이다. 성령은 아담에게 배필로 주셨던 하와처럼 그리스도의 몸 된 교회의 배필로 우리에게 오셨다. 예수는 장차 보내실 성령의 이름을 보혜사라고 이름하셨다. 이것은 창세기의 돕는 배필이란 이름에 상응한다. 보혜사(保惠師)란 "은혜를 보호하는 스승" 또는 "보호하고 은혜 베풀고 가르치시는 분"이란 뜻이지만, 헬라어로 παράκλητος(파라클레토스)이다. 이 단어의 의미에 정확히 상응하는 단어가 없기 때문에 영어 성경에서는 몇 가지 단어들로 번역되고 있다.

1) Helper(NKJV): 돕는 사람이나 협력자를 의미하는 이 단어는 정확하게 창세기의 "배필"이라는 의미에 상응한다. 그래서 아담에게 하와가 배필이었던 것처럼 성령은 우리의 배필로서 우리를 도우신다.
2) Counsellor(NIV): 연구, 취직, 신상 문제에 대해 개인적으로 지도하는 교사 등 상담자를 의미하는 단어로 성령께서 그리스도인의 상담자로서 우리를 인도하고 조력하시는 역할을 강조한다.
3) Comforter(KJV): 위안자나 위로자를 의미하는 단어로 성령께서 그리스도인을 위로하고 위안하심으로 은혜 안에서 강하게 하시는 사역을 보여준다.
4) Advocate(NRSV): 변호사나 대변자를 의미하는 단어로 성령께서 그리스도인을 대변하여 변호해주시는 역할을 강조한다.

이러한 영어 단어들을 생각할 때, "보혜사"라는 한자어 번역은 동양의 라틴어답게 한자어로 παράκλητος(파라클레토스)의 깊은 의미를 잘 표현하고 있다. 보혜사 성령은 우리 그리스도인의 배필로서[27] 그리스도인의

---

27 헬라어 παράκλητος(파라클레토스)는 παρά(파라), "옆에"라는 전치사와 κλητος(클레토

일거수일투족을 참견하기 원하신다. 우리를 도우시고 위로하시고 상담하시며 변호해주기를 원하신다. 우리가 하나님나라를 이루어 갈 수 있도록 협조하고 도와주기를 원하신다.

하나님나라는 하나님의 대리 통치자인 인간이 다스리는 나라이지만 인간 홀로 다스리는 것이 아니라 성령의 도우심으로 이루어진다. 신약성경의 가르침을 종합해 볼 때, 결국 이 땅에서의 하나님나라는 예수 그리스도의 구속과 성령 충만한 삶을 통해 구현된다. 그리스도인 개개인이 성령의 인도를 받는 삶으로 나타난다. 그리스도인은 하루하루를 성령의 인도하심에 순종하여 살면서 하나님나라를 이 땅에서 구체적으로 이루어 가는 자들인 것이다.

성령과 각 그리스도인의 관계를 보여주는 그림이 부부 관계이다. 그리스도와 교회의 관계처럼 우리 안에 거하시는 그리스도의 영인 성령과 우리 각 영의 관계는 부부처럼 서로 하나 된 관계이다.

갓 결혼한 부부가 자주 부부싸움을 하는 것은 어쩌면 당연한 일인지 모른다. 전혀 다른 부모와 환경에서 몇십 년을 다르게 살던 두 사람이 같은 집에서 살게 되었을 때 서로 다른 상대방을 이해하기란 그리 쉽지 않다. 오죽하면 화성에서 온 남자, 금성에서 온 여자라고 하겠는가? 그래서 우리 부부도 제법 싸웠던 것으로 기억난다. 그런데 세월이 지나면서 싸우지 않고 사는 법을 배우게 되었다. 서로가 서로에게 져주어야 할 때를 알고, 참아야 할 때를 배웠기 때문이다. 부부가 서로 싸우면서 상대방을 이

스), "말하는 사람"이라는 단어의 합성어이다. 직역하면 "옆에서 말하는 사람, 옆에서 말해주는 사람"이라는 의미이다. 우리말로 "옆에 있는 사람" 정확하게 "여편네"에 해당한다. 성령은 우리의 여편네이시다.

해하게 되고 상대방의 뜻을 알아가게 된 것이다.

부부가 사랑하지만 서로 싸우면서 서로를 알아가며 하나가 되어가듯이, 성령과 그리스도인 역시 서로 싸우면서 하나가 되어가고 서로를 알아간다. 성령께서 우리 속에서 우리의 자아와 싸우신다. 성령은 우리의 죄된 습성에서 벗어나 하나님의 사람으로 살아가도록 우리를 격려하시며, 죄로 빠져드는 우리 자아와 싸우신다. "너희는 유혹의 욕심을 따라 썩어져 가는 구습을 따르는 옛 사람을 벗어버리고 오직 너희의 심령이 새롭게 되어 하나님을 따라 의와 진리의 거룩함으로 지으심을 받은 새 사람을 입으라"(엡 4:22-24).

옛 사람인 자아와 성령으로 지음 받은 새 사람이 서로 싸우는 삶이 그리스도인의 실존이다. 때때로 옛사람이 이기기도 하지만, 성령은 결코 포기하지 않으시고 끝까지 싸워 마침내 우리를 변화시키고야 만다. 그것이 우리 그리스도인의 성장 과정이다. 그리스도인이 새 사람으로 거듭나서 살아가는 과정이다. 아담에게 돕는 배필로 하와가 있었던 것처럼 우리에게는 보혜사 성령께서 돕는 배필로 와 계신다.

예수는 당신의 사역을 마무리하면서 우리에게 돕는 배필로서 보혜사 성령을 약속하셨다. "내가 아버지께 구하겠으니 그가 또 다른 보혜사를 너희에게 주사 영원토록 너희와 함께 있게 하리니"(요 14:16), "보혜사 곧 아버지께서 내 이름으로 보내실 성령 그가 너희에게 모든 것을 가르치고 내가 너희에게 말한 모든 것을 생각나게 하리라"(요 14:26), "그러나 진리의 성령이 오시면 그가 너희를 모든 진리 가운데로 인도하시리니 그가 스스로 말하지 않고 오직 들은 것을 말하며 장래 일을 너희에게 알리시리라"(요 16:13), "이와 같이 성령도 우리의 연약함을 도우시나니 우리는 마땅히 기도할 바를 알지 못하나 오직 성령이 말할 수 없는 탄식으로 우리를 위하여 친히 간구하시느니라"(롬 8:26).

하나님나라는 우리를 돕는 배필이신 성령으로 말미암아 이루어 가는 성령 충만한 나라이다.

2부
하나님나라의 약속-성취-완성

4. 하나님나라의 약속
5. 하나님나라의 성취
6. 하나님나라의 완성

신구약 성경 전체는 우리에게 "하나님나라"를 가르쳐준다. 하나님께서는 하나님나라를 창조하고 그 완전한 평화를 즐기셨다. 그러나 인간의 타락으로 말미암아 그 평화는 깨지고 온 세상은 무질서와 부조화로 요란해졌다. 그때 하나님은 그 나라의 회복을 약속하신다. 구약성경 전체는 하나님나라의 회복에 대한 약속이다.

하나님은 아담과 하와에게 여인의 후손을 통한 구원을 약속하셨고, 새 인류의 조상이 된 노아에게 무지개를 통해 이 세상을 멸망시키지 않고 자연을 보호하겠다고 약속하셨다. 하나님은 아브라함에게 아브라함의 자손을 통해 모든 족속이 복 받게 될 것을 약속하셨고, 큰 민족을 이룬 아브라함 자손을 보호하기 위해 모세를 통해 율법을 주기도 하셨다. 하나님은 다윗에게 영원한 왕권을 약속하며 다윗의 자손을 통해 그 약속을 이루겠다고 말씀하셨다. 엘리야를 통해서는 그 어떤 환난과 핍박 속에서도 남은 자들을 통해 구원을 이루겠다고 약속하셨다. 그러나 하나님의 계속된 약속에도 불구하고 이스라엘의 역사는 계속된 실패의 역사였다. 마침내 하나님은 선지자들을 통해 실패한 이스라엘을 회복시키고 영원한 나라를 이룰 새 언약을 제정하신다. 이처럼 구약성경 전체는 하나님나라에 대한 언약의 역사이다. 그 궁극적인 소망은 새 언약을 통해 이루어질 영원한 나라였다.

예수 그리스도는 이 땅에 오셔서 구약성경에 약속된 그 황금시대가 자신의 인격과 사역을 통해 이루어지고 있음을 선언하신다. 귀신을 쫓아내고, 병을 고치며, 기적을 행하심으로 하나님의 통치와 다스리심이 자신을 통해 지금 여기에서 역사하고 계심을 나타내신다. 그럼에도 불구하고 그는 장차 올 나라를 계속 언급하며 제자들에게도 "나라이 임하옵시며"라고 기도하도록 촉구하신다. 그리하여 예수께서 가르치신 하나님나라는 "이미 도래한 현재적인 하나님나라"라는 개념과 "아직 완성되지 않은 소망으로서의 하나님나라"라는 개념이 양면으로 공존하는 모순이 나타난다. 수많은 학자들이 이러한 모순을 설명하기 위해 나섰다. 그러나 우리는 예수 그리스도의 인격과 사역을 통해 종말이 지금 여기로 침입했음을 인정한다. 그러한 믿음은 우리로 하여금 종말론적인 삶을 살도록 이끈다. 그 결과 그리스도인은 이미 이루어진 구원을 아직 완성되지 않은 상태에서 미리 맛보는 종말론적인 삶을 살아가는 사람들이다. 발은 이 땅을 밟고 있지만, 믿음으로는 이미 종말의 세계에서 살고 있는 자들인 것이다.

우리는 이러한 "이미와 아직"의 긴장 관계에서 종말의 상태를 기대해야 한다. 현재성과 미래성의 긴장 관계에서 종말의 상태가 어떠할지 추론해 나가야 한다. 성경이 종말의 상태에 대해 자세히 언급하고 있지 않기 때문이다. 종말은 우리가 이미 맛보고 있는 현재적 하나님나라에서의 삶과 연속성을 지니면서 동시에 불연속성을 지닌다. 미래를 전망하는 선지자들의 시각은 항상 이러한 양면성을 선지자적인 시각으로 묘사하고 설명했다. 미래의 완성될 하나님나라 역시 이러한 성경적 선지자의 시각으로 이해하고 살펴보아야 한다.

하나님나라의 완성에 대한 문제는 천년왕국에 대한 복잡한 논의로 이어진다. 우리는 하나님나라의 현재성과 미래성의 관계에 입각하여 천 년에 대한 상징적인 의미를 취한다. 천년왕국이란 그리스도께서 부활하신 후부터 다시 오실 재림 때까지 교회 시대를 상징하는 그림이다. 그러므로 우리는 지금 여기 교회에서 천년왕국의 모든 복락을 이미 체험하고 누린다. 그러나 다른 한편으로 하나님나라의 완성을 위한 종말은 곧 올 것이다. 아직까지 하나님나라가 도래하지 않는 것은 우리의 구원과 회개의 기회를 위해 그 시기가 지연되고 있는 것이다. 임박성과 지연됨의 긴장 가운데 우리는 그날과 시를 정확히 알 수 없다. 무지 가운데 소망으로 종말의 때가 존재하는 것이다.

이처럼 신구약 성경 전체는 하나님나라의 역사이다. 하나님나라에 대한 약속으로 출발하여 예수 그리스도의 인격과 사역을 통한 성취, 그리고 종말에 완성될 하나님나라로 나아간다. 그 나라는 지금 여기에서 이미 성도들이 누리고 있지만, 장차 어느 날 주님의 재림으로 완성될 것이다.

4장
하나님나라의 약속

하나님나라는 분리와 충만의 과정을 거쳐 질서와 조화의 원리로 창조된 완전한 안식의 나라이다. 하나님나라는 하나님의 대리 통치자인 인간이 다스리도록 창조되었다. 하나님은 대리 통치자 인간에게 동역자로서 돕는 배필을 허락하셨다. 그런데 그 완전한 나라에 무질서와 부조화, 혼란과 공허함의 불완전함이 시작되었다. 하나님의 말씀에 순종해야 할 인간이 뱀의 꼬임에 빠져버린 것이다. 그리하여 인류의 역사는 하나님의 대리 통치자로서의 역사가 아니라 하나님을 대항하는 타락의 역사가 되어버렸다.

그러나 하나님은 타락한 역사를 그대로 방치해 두지 않으신다. 당신이 창조하신 하나님나라를 하나님께 거역하는 타락의 모습 그대로 방치해 두실 리 없다. 하나님은 그 나라의 회복에 대한 약속들을 계속해서 주신다. 이러한 약속을 "언약"이라고 부른다. 회복을 약속하는 언약은 인간이 타락한 후 즉시 주어졌고, 마침내 예수 그리스도의 새 언약에 의해 성취되어 하나님나라가 회복되었다. 그러므로 우리는 구약성경을 하나님의

"언약사"(Covenant History)라고 부를 수 있다. 구약의 역사는 단순히 한 민족 이스라엘의 역사가 아니라 하나님의 구속사(Heilsgeschichte)이다. 타락사를 언약사로 만드시고 마침내 구속사로 만드신 분이 하나님이다. 구약성경은 이러한 하나님의 언약의 역사로 개괄할 수 있다.

조직신학에서는 "언약"을 행위 언약과 은혜 언약으로 나눈다. 행위 언약이란 하나님께서 인간의 일시적 순종을 조건으로 미래의 안전과 행복을 약속하시는 언약이다. 순종을 조건으로 은혜를 베푸시겠다는 약속인 것이다. 이와 달리 은혜 언약은 인간이 범죄한 후 죄인에게 구속의 축복을 전하는 언약이다. 무조건적으로 은혜를 베풀겠다고 일방적으로 선언하시는 언약이다. 행위 언약과 은혜 언약의 관점에서 율법은 언뜻 보기에 행위 언약에 속한다. 율법이 순종을 요구하는 법이기 때문이다. 그래서 우리는 쉽게 율법은 행위 언약이고 복음은 은혜 언약인 것으로 오해하지만, 율법 역시 은혜 언약이다. 하나님께서 일방적으로 먼저 이스라엘을 출애굽 시키고 구원하신 후 율법을 주셨기 때문이다. 순종을 전제로 은혜를 베푸신 것이 아니라, 은혜를 베푸시고 순종을 요구하신 것이므로 율법도 하나님의 은혜의 방편이요 은혜 언약이다.

그러나 비록 율법이 은혜 언약에 속한다고 할지라도 예수 그리스도께서 제정하신 새 언약과 비교하면 옛 언약이 된다. 구약성경의 수많은 언약이 모두 옛 언약이지만 그중 율법이 가장 대표적인 언약이기 때문에 구약성경 전체의 옛 언약을 율법이라는 말로 대표하여 부르는 것이다. 요약하면 은혜 언약은 옛 언약과 새 언약으로 나뉘는데, 각각을 율법과 은혜라는 말로 대표하여 표현한다.

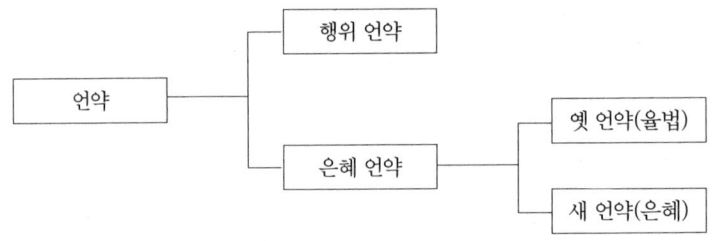

행위 언약과 은혜 언약을 간단하게 도표로 비교해 보면 다음과 같다.[1]

언약의 요소	행위 언약	은혜 언약
언약의 당사자	주권자 하나님과 인류의 대표자인 아담	제1당사자로서의 하나님과 언약 백성의 대표자이신 중보자 예수 그리스도
언약의 약속	생명의 약속	나는 저들의 하나님이 될 것이며 저들은 내 백성이 되리라
언약의 조건	완전하고 무조건적인 순종	언약과 언약의 축복을 믿음으로 받아들여 언약의 생명에 들어갈 것과 새 생명의 원리에 따라 새로운 순종으로 하나님께 헌신할 것
언약의 형벌	육체적이며 영적이며 영원적인 사망	파기되지 아니하고 영원히 지속됨
언약의 상징	생명의 상징이요 보증이요 인호(印號)로서의 생명나무	새 언약의 상징인 성만찬

---

[1] 루이스 뻘콥, 『기독교신학개론』 신복윤 역(서울: 성광문화사, 1974), pp. 112ff의 인간론을 참조하라. 특히 행위 언약에 대해서는 pp. 120-123, 은혜 언약에 대해서는 pp. 145-151를 보라.

행위 언약은 하나님께서 에덴동산에서 아담과 맺으신 언약이다. 아담의 실패는 이러한 행위 언약의 파기를 초래했고 약속된 은혜를 누릴 수 없게 만들었다. 하나님은 첫째 아담이 실패한 행위 언약 대신, 둘째 아담인 예수 그리스도와 파기되지 아니하고 영원히 지속되는 새로운 언약을 맺으신다.

이러한 언약은 예수 그리스도가 오시기까지 구약의 여러 경륜 시대를 거치면서 다음과 같은 다양한 형태로 계속되고 반복된다.

1) 원시 언약 = 원 복음(the protevangel, 창 3:15): 인간이 하나님의 명령에 불순종하여 선악과를 따먹고 타락한 후, 하나님은 그들의 타락을 책망하며 차례대로 저주하신다. 가장 먼저 뱀을 저주하시는데, 그것이 우리 인류에게는 구원의 약속으로 은혜 언약의 시작이요, 복음의 시작이 된다. 이것을 "원 복음"이라고 부른다.

"내가 너로 여자와 원수가 되게 하고 네 후손도 여자의 후손과 원수가 되게 하리니 여자의 후손은 네 머리를 상하게 할 것이요 너는 그의 발꿈치를 상하게 할 것이니라 하시고"(창 3:15). 인류의 역사는 여자의 후손과 뱀의 후손 사이의 전쟁의 역사가 될 것이다. 그 전쟁은 여자의 후손에게 발꿈치를 상할 정도의 피해를 주겠지만, 뱀의 후손에게는 머리가 상할 정도의 피해를 주어 결국 여자의 후손이 승리하는 전쟁이 될 것이다. 이와 같이 하나님이 뱀에게 하신 저주 속에 인류를 향한 구속의 약속이 들어 있다. 여자의 후손을 통해 인류의 원수인 뱀이 머리를 상하고 말 것이다. 여인의 후손은 메시아로, 죄의 원인이 되었던 뱀의 머리를 상하게 함으로써 우리 인류를 죄로부터 구속할 것이다. 뱀을 향한 하나님의 저주 속에 메시아를 통한 인류의 구속에 대한 약속이 들어 있다.

하나님께서 각각의 대상을 향해 저주하신 내용과 그 성취를 요약해 보면 다음과 같다.

저주 대상	저주 내용	성취
뱀 (창 3:14-15)	1. 배로 다니고 종신토록 흙을 먹을 것 2. 여자의 후손과 원수가 되어 그로부터 머리를 상하게 될 것	1. 자연적인 성취 2. 여자의 후손인 예수 그리스도에 의해 사망 권세를 잃음으로 머리를 상함
여자 (창 3:16)	1. 잉태하는 고통을 크게 더함 - 수고하고 자식을 낳을 것 2. 남편을 사모하고 남편의 다스림을 받을 것	1. 그 해산으로 구원을 얻음 (딤전 2:15) 2. 그리스도께 복종함같이 남편에게 복종해야 함(엡 5:22ff)
남자 (창 3:17-19)	1. 땅이 저주를 받을 것 2. 종신토록 수고해야 그 소산을 먹을 수 있을 것 3. 흙이니 흙으로 돌아갈 것	1. 자연이 저주 아래에서 피폐됨 2. 노동으로 자아 성취 3. 사망으로 흙이 됨

예수 그리스도로 말미암아 우리가 받게 될 축복은 하나님께서 뱀을 저주하는 말 속에 숨어 있었다. 이러한 원리에 따라 예수 그리스도로 말미암아 하나님의 축복을 받은 우리 그리스도인은 다른 불신자들이 저주로 생각하는 것들을 축복으로 받을 수 있는 믿음을 가지게 된다. 예수 그리스도 안에서 저주가 복이 될 것이기 때문이다. 더 나아가 다른 사람들이 저주하고 욕하면 오히려 그들을 위해 빌고 기도할 수 있는 자가 된다. 그 핍박과 저주까지도 축복으로 받고 그들을 위해 기도해줄 수 있는 자가 되는 것이다. "나로 말미암아 너희를 욕하고 박해하고 거짓으로 너희를 거슬러 모든 악한 말을 할 때에는 너희에게 복이 있나니 기뻐하고 즐

거워하라 하늘에서 너희의 상이 큼이라 너희 전에 있던 선지자들도 이같이 박해하였느니라"(마 5:11-12). "너희를 박해하는 자를 축복하라 축복하고 저주하지 말라"(롬 12:14).

2) 노아 언약 = 자연 언약(창 9:1ff): 아담의 타락 이후 인류의 역사는 타락으로 치닫는다. 형 가인이 동생 아벨을 죽이는가 하면(창 4:1-15), 라멕은 자신의 아내들에게 "아다와 씰라는 내 말을 들어라. 라멕의 아내들은, 내가 말할 때에 귀를 기울여라. 나에게 상처를 입힌 남자를 내가 죽였다. 나를 상하게 한 젊은 남자를 내가 죽였다. 가인을 해친 벌이 일곱 갑절이면, 라멕을 해치는 벌은 일흔일곱 갑절이다"(창 4:23-24, 새번역)라고 자기가 저지른 살인을 자랑스럽게 말할 정도로 죄의식을 상실했다. 하나님은 "사람의 죄악이 세상에 가득 차고, 마음에 생각하는 모든 계획이 언제나 악한 것뿐임을 보시"(창 6:5, 새번역)고 마침내 인류를 심판하기로 결정하셨다.

그러나 하나님은 모든 인류를 다 없애지 않고 노아를 택하여 은혜 언약의 불씨를 이어간다. 노아를 새로운 인류의 씨앗으로 삼아 아담에게 하셨던 첫 약속을 다시 하신다. 그리고 그 약속을 보강하여 인류의 타락에도 불구하고 그들을 다시 심판하지 않고 보전하겠다고 약속하신다. 아담에게 하셨던 인류 구원의 첫 언약을 이어가는 것이다. 이를 우리는 "자연 언약", "무지개 언약"이라고 한다.

"내가 내 무지개를 구름 속에 두었나니 이것이 나와 세상 사이의 언약의 증거니라 내가 구름으로 땅을 덮을 때에 무지개가 구름 속에 나타나면 내가 나와 너희와 및 육체를 가진 모든 생물 사이의 내 언약을 기억하리니 다시는 물이 모든 육체를 멸하는 홍수가 되지 아니할지라 무지개가 구름 사이에 있으리니 내가 보고 나 하나님과 모든 육체를 가진 땅의 모든 생물 사이의 영원한 언약을 기억하리라"(창 9:13-16).

비 갠 하늘 위로 떠오른 무지개를 본 적이 있는가? 무지개는 하나님께서 인류를 다시는 물로 멸망시키지 않으시겠다는 언약의 징표이다. 이 언약의 주된 내용은 파종의 때와 수확의 때, 추위와 더위, 여름과 겨울, 낮과 밤 등의 정규 과정이 계속될 것이라는 약속이다. 자연 현상이 계속될 것이라는 약속을 통해 하나님은 그리스도께서 오시는 길을 예비하여 예수 그리스도를 통한 특별 은총을 준비하신다. 특별 은총을 위해 일반 은총이 있는 것이다. 그러나 일반 은총 자체만으로도 하나의 훌륭한 은혜요 구속의 표이다.

3) 아브라함 언약(창 12:1ff, 22:1ff): 첫 언약이 "여인의 후손"에 대한 약속이라면 아브라함 언약은 그 "여인의 후손"이 바로 "아브라함의 후손"이 되리라는 약속이다. 아브라함의 후손이 하나의 민족이 되어 "이스라엘 민족"이 되리라는 약속이다. 이 언약은 아들에 대한 약속이어서 가장 구체적으로 나타난 은혜 언약이다. 우선적으로 아브라함의 후손을 위한 약속이지만 하나님께서는 그들을 통해 다른 사람들까지 복을 주신다. 아브라함의 자손들은 모든 족속의 복의 근원으로 봉사해야 하는 자들로 택함 받은 것이다.

아브라함을 향한 첫 부르심은 이러한 복의 근원으로 삼는 부르심이었다. 하나님께서는 아브라함에게 "너는 너의 고향과 친척과 아버지의 집을 떠나 내가 네게 보여 줄 땅으로 가라 내가 너로 큰 민족을 이루고 네게 복을 주어 네 이름을 창대하게 하리니 너는 복이 될지라 너를 축복하는 자에게는 내가 복을 내리고 너를 저주하는 자에게는 내가 저주하리니 땅의 모든 족속이 너로 말미암아 복을 얻을 것이라"(12:1-3)고 말씀하셨다. 이것은 민족에 대한 약속이요 복의 근원으로의 부르심이다.

"복의 근원"이란 무엇을 의미하는가? 샘물의 근원에서 물이 흘러나가지 않고 고인 채 머물러 있으면 썩어 결국 물의 역할을 하지 못하게 된다. 샘물이 살아 있는 물이 되고 물의 근원이 되기 위해서는 계속해서 물을 퍼올리고 흘려보내야 한다. 근원이 계속 살아 있는 근원이기 위해서는 계속 퍼주어야 한다. 아브라함이 "복의 근원"이란 의미는 복을 계속 퍼주며 근원의 역할을 바르게 하라는 의미이다. 사실 복의 근원은 하나님뿐이다. 그런데 아브라함을 복의 근원이라고 명하신 것은 복의 근원이신 하나님의 복을 전달하는 통로요, 도구요, 매개체로서 복의 근원이라는 의미이다. 수도꼭지에서 물이 나오므로 수도꼭지가 물의 근원처럼 보이지만, 실제로 그 근원은 저 멀리 수원지에 있다. 아브라함은 수도꼭지처럼 복의 근원이신 하나님으로부터 복을 전달해줄 뿐이다.

아브라함이 하나님에게 복의 근원으로 부르심을 받은 것처럼, 그리스도인은 복음을 통해 바로 이러한 복의 근원으로 부르심을 받았다. 하나님께 받은 복을 내 안에 갖고만 있어 나를 종착지로 만드는 게 아니라 나를 경유하여 다른 사람들에게로 그 복이 흘러가도록 하는 복의 전달자가 되어야 한다. 하나님께 받은 복을 홀로 누리려고 하면 그 복은 고여서 썩고 마침내 무용지물이 되어 버려지고 만다.

그러므로 우리 그리스도인은 자신들이 받은 복을 다른 사람들에게 베풀어 그 복을 진정으로 누리는 자가 되어야 한다. 3절이 그러한 모습을 정확하게 보여주고 있다. "너를 축복하는 자에게는 내가 복을 내리고, 너를 저주하는 자에게는 내가 저주하리니." 이 구절에서 복과 저주가 함께 등장하지만, 이어지는 말씀에서는 "땅의 모든 족속이 너를 인하여 복을 얻을 것이니라"며 복만 언급한다. 앞 구절과 어울리려면 땅의 모든 족속이 너를 인하여 복도 받고 저주도 받으리라고 해야 하지만 주님은 오로지 복만 언급함으로써 우리가 복의 근원이지 저주의 근원은 아니라는 사실을 보여준다.

본토 친척을 떠난 아브라함은 하나님이 민족에 대해 약속하신 바와는 다르게 후사가 없었다. 두려워하는 중에 아브라함은 다시 하나님의 음성을 듣는다. "네 몸에서 날 자가 네 상속자가 되리라"(창 15:4). 아브라함은 당장 눈에 보이는 후사가 없었지만 눈에 보이지 않는 하나님의 약속을 믿었다. 그래서 "아브람이 여호와를 믿으니, 여호와께서 이를 그의 의로 여기시고"(창 15:6)라는 유명한 칭의(稱義, justification) 구절이 등장한다.

바울은 칭의 교리를 설명하면서 이 구절을 중요하게 인용한다(롬 4:3). 이 말씀을 인용한 후에 바울은 "일하는 자에게는 그 삯이 은혜로 여겨지지 아니하고 보수로 여겨지거니와 일을 아니할지라도 경건하지 아니한 자를 의롭다 하시는 이를 믿는 자에게는 그의 믿음을 의로 여기시나니"(롬 4:4-5)라고 말한다. 복음은 믿음에 대한 것이지 일에 대한 것이 아니다. 또한 우리가 하나님의 일을 하는 것은 삯을 받기 위함이 아니다. 우리는 삯꾼이 아니다. 보상주의와 상급주의가 오늘날 한국교회를 타락시켜 하나님의 은혜를 은혜로 알 수 없게 만들었다. 우리는 하나님의 은혜가 무엇인지 깊이 묵상하고, 우리가 하나님의 일을 하는 동기가 무엇인지 돌이켜보아야 한다.

우리가 일하는 것은 상급 때문이 아니다. 보상받기 위한 것이 아니다. 만일 그렇다면 하나님은 우리에게 빚진 자가 되어야 할 것이다. 바울은 도리어 우리가 빚진 자라고 천명한다. "헬라인이나 야만인이나 지혜 있는 자나 어리석은 자에게 다 내가 빚진 자라"(롬 1:14). 내가 스스로에게 자주 고백하는 말이지만 우리가 하나님의 일을 하는 것은 돌아온 탕자가 아버지 품에 안기어 외쳤던 그 마음으로 하는 것이다. "아버지 내가 하늘과 아버지께 죄를 지었사오니 지금부터는 아버지의 아들이라 일컬음을 감당하지 못하겠나이다 나를 품꾼의 하나로 보소서"(눅 15:18-19). 보상받기 위해 일하는 것이 아니라 나를 다시 맞아주신 아버지의 사랑과 용서에 감격하여 품꾼 중 하나인 것처럼 일하는 것이다. 그러나 막상 탕자가 아버지 앞에서 이 말을 할 때, 아버지는 뒷말을 들으려 하지 않는다. 아니 미처 다 말할 기회를 주지 않고 즉시 잔치를 베푼다(21절). 아버지 하나님은 우리를 아들로 볼지라도 우리는 지난 죄를 부끄러워하며 품꾼처럼 일하는 자들이다.

아브라함이 하나님을 믿으므로 하나님은 아브라함과 언약 의식을 행하신다. 아브라함에게 "나를 위하여 삼 년 된 암소와 삼 년 된 암염소와 삼 년 된 숫양과 산비둘기와 집비둘기 새끼를 가져올지니라"(창 15:9)고 명령하셨다. 아브라함이 그 모든 것을 취하여 그 중간을 쪼개고, 쪼갠 것을 마주 대해 놓았을 때, 하나님은 쪼갠 것 사이를 지나시면서(창 15:17) 아브라함에게 약속하신다. "너는 반드시 알라 네 자손이 이방에서 객이 되어 그들을 섬기겠고 그들은 사백 년 동안 네 자손을 괴롭히리니 그들이 섬기는 나라를 내가 징벌할지며 그 후에 네 자손이 큰 재물을 이끌고 나오리라 너는 장수하다가 평안히 조상에게로 돌아가 장사될 것이요 네 자손은 사대 만에 이 땅으로 돌아오리니 이는 아모리 족속의 죄악이 아직 가득 차지 아니함이니라"(창 15:13-16). 여기에서 하나님은 당대 민족들 간의 언약 예식에서 사용되는 방식으로 아브라함과 언약식을 하며 아브라함의 자손이 큰 민족을 이루리라는 것과 그 땅에 대해 약속하신다.

아브라함과 맺은 언약은 이삭을 번제로 드리는 모리아 산에서 절정을 맞는다. 아브라함이 독생자 이삭을 하나님의 명령에 순종하여 번제로 드렸다. 하나님은 그에게 "네가 네 아들 네 독자까지도 내게 아끼지 아니하였으니 내가 이제야 네가 하나님을 경외하는 줄을 아노라"(창 22:12)고 말씀하시며, "네가 이같이 행하여 네 아들 네 독자도 아끼지 아니하였은즉 내가 네게 큰 복을 주고 네 씨가 크게 번성하여 하늘의 별과 같고 바닷가의 모래와 같게 하리니 네 씨가 그 대적의 성문을 차지하리라 또 네 씨로 말미암아 천하 만민이 복을 받으리니 이는 네가 나의 말을 준행하였음이니라"(창 22:16-18)고 약속하신다. 아브라함은 인류의 대표로서 믿음의 조상이 되어 자신의 독생자를 희생 제물로 하나님께 드렸다. 하나님께서는 인류를 구원하기 위해 하나님의 독생자를 희생 제물로 삼으실 것이다. 아브라함이 독생자를 하나님께 드리는 것은, 전 인류를 대표로 하여 그 아들 독생자를 하나님께 드리는 것으로서 전 인류의 구원의 길을 예비한 것이었다. 아브라함이 자신의 독생자를 하나님께 드렸고, 하나님은 하나님 자신의 독생자를 인류를 위해 보내셨다. 여기에 씨에 대한 약속과 모든 민족을 향하신 하나님의 계획이 포함되어 있다.

4) 모세 언약 = 시내산 언약 = 율법(출 19:1ff): 원시 언약의 보호를 위해 노아 언약이 있었다면, 아브라함 언약의 보호를 위해 모세 언약인 율법이 필요하다. 율법 외에 많은 언약이 있지만 율법을 유독 옛 언약이라고 부르는 것은, 이 언약이 이스라엘의 모든 언약을 대표하기 때문이다. 아브라함 언약이 아브라함 자손에 대한 언약임에도 불구하고 전 인류가 여기에 포함되는 것처럼, 율법 역시 우선적으로는 이스라엘 백성들에게 주어진 것일지라도 전 인류를 대상으로 한다. "세계가 다 내게 속하였나니 너희가 내 말을 잘 듣고 내 언약을 지키면 너희는 모든 민족 중에서 내 소유가 되겠고 너희가 내게 대하여 제사장 나라가 되며 거룩한 백성이 되리

라"(출 19:5-6). 율법을 제정하면서 하나님은 이스라엘 백성을 부르시는 목적이 이스라엘 백성 자체에게 있는 것이 아니라 열국을 향해 있음을 분명히 하신다. 세계가 다 하나님께 속했다. 이스라엘은 그 세계 모든 민족을 위한 제사장 나라가 될 것이다. 제사장들은 자기 자신을 위해서도 제사 드리지만 일차적으로 다른 사람들을 대신하여 제사 드리기 위해 선택된 사람들이다. 이제 이스라엘이 제사장 나라가 된다는 것은 제사장 나라로서 자기 나라보다 이방 나라들을 위한 제사를 드리는 백성이 되어야 한다는 것을 의미한다. 여기에서 하나님의 목적은 이스라엘 백성에게만 있지 않다. 이스라엘이 위하여 기도해야 할 열국에게까지 확장된다.

　신약성경도 이러한 제사장적 사명을 그리스도인에게 부여하여 구약성경의 정신을 계승한다. 베드로는 신약의 그리스도인을 향해 "그러나 너희는 택하신 족속이요 왕 같은 제사장들이요 거룩한 나라요 그의 소유가 된 백성이니 이는 너희를 어두운 데서 불러 내어 그의 기이한 빛에 들어가게 하신 이의 아름다운 덕을 선포하게 하려 하심이라"(벧전 2:9)고 말한다. 구약의 이스라엘 백성들이 제사장 나라로서 다른 나라를 섬겨야 했다면, 신약의 그리스도인은 왕 같은 제사장들로서 자기 자신을 위한 제사보다 다른 사람들을 위한 제사를 드림으로 이웃들을 섬겨야 한다. 그 섬김이 왕 같은 제사장으로 살아가는 삶의 모습이다. 그리스도인이 이 세상에서 그리스도와 더불어 천 년 동안 왕 노릇한다고 할 때(계 20:4), 제사장으로서 섬김으로 왕 노릇하는 것이지 "이방인의 집권자들이 그들을 임의로 주관하고 그 고관들이 그들에게 권세를 부리는"(마 20:25) 것처럼 사람들을 압제하고 세도 부리며 왕 노릇하는 것이 아니다.

　이어지는 십계명은 왕 같은 제사장으로서 이스라엘 백성이 하나님과 이웃을 어떻게 사랑으로 섬길 것인가를 보여주는 법이다. 십계명 중 앞의 네 계명은 하나님에 대한 계명이요, 뒤의 여섯 계명은 이웃을 향한 계명이다. 하나님을 어떻게 사랑으로 섬기며, 이웃을 어떻게 사랑으로 섬길 것인가가 십계명의 기본 정신이요 내용이다. 나머지 모든 율법은 이러한 십계명에 대한 주석이요 적용이다. 모든 율법은 십계명으로 요약되고, 십계명은 하나님 사랑과 이웃 사랑으로 요약된다. 율법 역시 결국 한마디로 사랑의 계명이 된다.

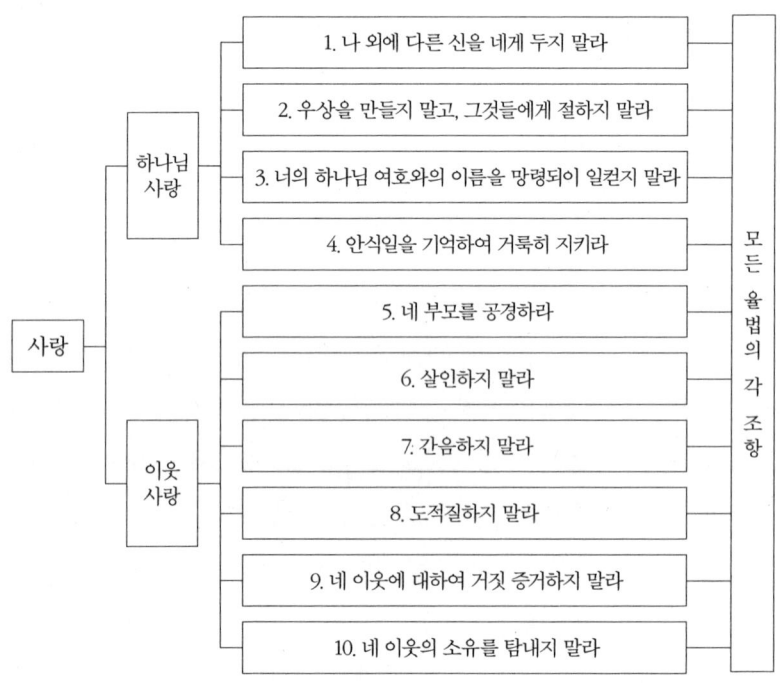

율법의 각 조항들은 행위를 명령하고 있다. 그래서 행위 언약처럼 보인다. 그러나 율법은 행위 언약이 아니다. 하나님께서 율법 준수를 조건으로 이스라엘을 구원하신 것이 아니기 때문이다. 하나님은 출애굽을 통해 이미 이스라엘 백성을 구원하셨다. 그리고 이제 율법을 통해 이스라엘 백성들로 하여금 그 구원을 지속하도록 하신다. 그러므로 율법 역시 은혜요 하나님의 선물이다.

이스라엘 백성들에게 율법이 은혜요 하나님의 선물이지만, 신약의 구원받은 그리스도인에게 율법은 무엇인가? 옛 언약인 율법의 각 계명들이 구원을 위해 설립된 것이 아니라면 신약의 그리스도인에게 율법은 무엇인가?

신약성경의 시각에 따르면, 율법은 새로운 백성인 신약 백성을 준비하기 위한 구속사의 한 과정이다. 바울은 이러한 율법의 역할을 "몽학선생"이라고 표현한다(갈 3:23ff). 몽학선생은 어린아이를 돌보라고 임명한 종으로서 오늘날의 유모와 같다. 몽학선생은 자신이 돌보는 어린아이보다 더 힘이 있어 아이를 가르치고 훈련시키지만 그럼에도 여전히 그 아이의 종이다. 아이가 장성한 후에는 아이의 종이었던 몽학선생은 더 이상 그 아이를 어거하지 못한다. 오히려 장성하여 주인이 된 아이의 말에 순종해야 한다. 다른 종들과 같이 주인의 말에 순종해야 하는 종의 신분으로 돌아가는 것이다. 이와 같이 그리스도가 오기 전까지 율법은 이스라엘 백성들에게 힘이 있었고 그들을 통제했지만, 이제 그리스도가 오셨기 때문에 더 이상 이스라엘 백성을 억압하지 못한다. 그리스도는 율법의 마침이 되셨다(롬 10:4).

율법이 그리스도로 말미암아 끝나고 완성되었다면, 이제 그리스도인에게 율법의 역할은 무엇인가? 바울은 단호하게 더 이상 율법이 우리 그리스도인을 구속하거나 억압하지 못한다고 말하면서, 다른 한편으로는 율법을 인용하여 권면하는 등 율법을 인정하기도 한다. 율법에 대한 바울의 이러한 이중적 태도는 학자들의 논란을 불러일으킨다.[2]

칼빈은 율법의 기능을 다음 세 가지로 나누어 설명한다. 첫째, 모세의 율법은 출애굽한 이스라엘 백성의 헌법으로서 모든 법률들의 총체였다. 이스라엘 백성들을 다스리기 위해 필요한 민법이나 상법, 형법 등이 여기에 포함된다. 둘째, 율법은 그리스도의 구원을 이루는 구속사에서 몽학선생 역할을 했다. 어린아이 시절에는 필요했지만 더 이상 불필요한 법처럼, 율법은 구원의 길이신 그리스도께서 오시기 전까지 성도들을 보호하고 양육하는 법이다. 절기법이나 제사법과 같이 그리스도에 의해 이미 성취된 법들이 여기에 속한다. 셋째, 율법은 그리스도인의 윤리적 모범이다. 율법에 포함되어 있는 윤리적 명령들은 오늘날 성도들의 생활에 여전히 효력을 발휘하는 윤리적 모범으로서 기능한다. 칼빈은 이러한 율법의 기능을 율법의 제3용도라고 일컫는다.

율법의 제1용도: 이스라엘 백성의 헌법(민법, 상법, 형법)
율법의 제2용도: 구속사적 몽학선생(제사법, 절기법)
율법의 제3용도: 그리스도인의 윤리적 모범(윤리 규범들)

---

2 수많은 책들을 열거할 수 있겠지만 얼른 눈에 띄는 책들만 살펴보면, 홍인규, 『바울의 율법과 복음』(서울: 생명의 말씀사, 1996), 토마스 R. 슈라이너, 『바울과 율법』 배용덕 역(서울: 기독교문서선교회, 1997), E. P. 샌더스, 『바울, 율법, 유대인』 김진영 역(서울: 크리스천다이제스트, 1995) 등이 있다. 율법에 대한 각 저자의 입장이 전혀 다르다.

5) 다윗 언약 = 왕권 언약(삼하 7:12ff): 여인의 씨에서 아브라함의 씨로 이어지는 언약은 이제 다윗의 씨로 이어진다. 여인의 씨가 인간을 의미한 다면, 아브라함의 자손은 유대인을 의미한다. 이제 다윗의 자손이란 왕을 말한다. 왕권을 물려받은 후계자라는 의미인 것이다.

여인의 후손 = 인간

아브라함의 후손 = 유대인

다윗의 후손 = 왕

다윗이 모든 대적들을 물리치고 왕이 되어 궁전에 평안히 거할 때, 백향목 왕궁 밖에 펄럭이며 서 있는 성막을 보았다. 신심이 깊은 다윗은 하나님의 성전을 짓고자 하는 마음이 생겨 선지자 나단에게 자신의 희망을 이야기했다. 어느 종교 지도자가 성전 짓는 것을 반대하겠는가? 나단 역시 흔쾌히 찬성한다. 그러나 다음 날 나단은 갑자기 마음을 바꾸어 하나님의 뜻을 다윗에게 전한다. 소위 "나단의 신탁"이라고 불리는 이 본문은 다윗 언약의 핵심이다.

"너의 생애가 다하여서, 네가 너의 조상들과 함께 묻히면, 내가 네 몸에서 나올 자식을 후계자로 세워서, 그의 나라를 튼튼하게 하겠다. 바로 그가 나의 이름을 드러내려고 집을 지을 것이며, 나는 그의 나라의 왕위를 영원토록 튼튼하게 하여 주겠다. 나는 그의 아버지가 되고, 그는 나의 아들이 될 것이다"(삼하 7:12-14, 새번역).

여기에서 전개되는 내용은 하나님께서 다윗이 아니라 다윗의 자손을 택하여 성전을 짓게 할 것이며, 성전을 지은 그 아들은 하나님의 아들이 되리라는 것이다. "나단의 신탁"은 이렇게 요약된다.

다윗의 아들

= 성전 건축자

= 영원한 왕위

= 하나님의 아들

나단의 신탁은 마가에 기록된 예수의 재판 기사를 이해하는 데 중요한 배경이 된다. 피고석의 예수는 자신이 성전을 부수고 손으로 짓지 아니한 성전을 짓는다고 말씀하신 것 때문에 고소당하고 있다. 예수께서 묵묵부답하자 제사장이 다시 묻는다. "네가 찬송 받을 이의 아들 그리스도냐"(막 14:61). 여기에서 성전 짓는 자가 찬송받을 자의 아들, 하나님의 아들과 연결되고 다시금 그리스도로 연결된다. 이러한 질문에 주님은 인자라는 칭호로 대답하고 있다. "내가 그니라 인자가 권능자의 우편에 앉은 것과 하늘 구름을 타고 오는 것을 너희가 보리라"(막 14:62). 마가복음의 재판 장면에서 등장하는 기독론적 칭호들을 열거하면 다음과 같다.

성전 건축자

= 찬송 받으실 자의 아들(= 하나님의 아들)

= 그리스도

= 인자(= 그 사람의 아들)

예수께서 성전을 짓겠다고 말씀하신 것은 어떻게 하나님의 아들이나 메시아 칭호와 연결되는가? 그 배경이 바로 나단의 신탁이다. 예수는 다윗의 자손으로서 성전을 짓고, 영원한 하나님나라를 세우시고, 왕이 되신, 그 사람의 아들 인자이다.

다윗이 성막 대신 성전을 짓고 싶다는 소망을 피력한 결과 나단의 신탁이 주어졌기 때문에 나단의 신탁은 성전 역사에서 중요한 전환점이 된다. 성막 대신 성전이 세워지는 계기가 되며, 메시아이신 예수 그리스도의 사역과 연결되고, 하나님나라와 연결되기 때문이다. 여기에서 성전의 의미와 그 역사를 살펴볼 필요가 있다.

성전은 우선적으로 하나님이 임재하시는 곳이다. 하나님은 아니 계신 곳이 없는 무소부재의 편재하시는 분이다. 그 하나님께서 특별히 우리를 만나주겠다고 약속하신 곳이 성전이다. 하나님은 속성상 편재하시지만, 우리에게 은혜를 베풀기 위해 우리를 직접 만나주시는데, 그렇게 임재하는 장소가 성전인 것이다. 편재가 하나님의 보편적 속성을 말한다면, 임재는 하나님의 특별한 은혜와 사랑과 관심을 나타낸다.

편재 = 하나님의 무소부재(無所不在)의 속성

임재 = 하나님이 우리를 만나주시는 은혜를 베푸심

이러한 성전의 역사는 성막에서부터 시작된다. 성막은 이동성을 특징으로 하며,[3] 그 설계도는 하나님께서 작성하셨다. 이것은 하나님을 만남에 있어서 인간의 뜻이 아니라 하나님의 뜻이 중요하다는 것을 보여준다. 성막에서 하나님은 어두운 지성소에 거하시며, 그곳은 대제사장조차 일 년에 한 번만 들어갈 수 있었다.[4]

---

[3] 사실 하나님의 임재 장소로서의 성막이 그 이동성을 포기하고 정지하면서 여호와 종교는 타락했다고 해도 과언이 아니다. 하나님은 결코 어느 한 곳에 머무실 수 없는 분이기 때문이다.

[4] 솔로몬은 이러한 하나님을 "캄캄한 데 계시겠다 말씀하셨사오나 내가 참으로 주를 위하여 계

성막은 다음과 같은 구조로 되어 있다.[5]

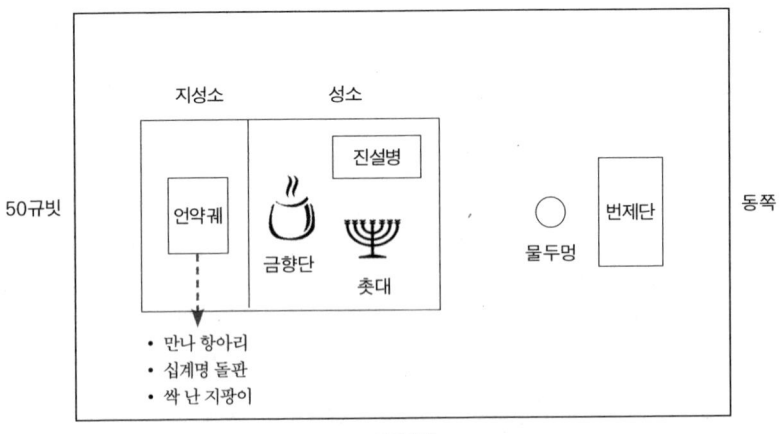

우선 성막 뜰의 바깥**벽**은 이스라엘을 하나님의 거룩한 소유로 구별하며, 또한 이방인들로부터 그들을 구분 짓기 위해 만들었다. 이 입구에 **번제단**이 있어서 하나님을 만나기 위한 가장 첫 단계가 번제를 드리는 것임을 보여준다. 번제단을 지나 성소로 들어오는 길목에 놋으로 만든 큰 세수 대야인 **물두멍**이 있었다. 여기에서 제사장들은 성막에 들어가기 전

실 성전을 건축하였사오니 주께서 영원히 계실 처소로소이다"(왕상 8:12-13). 이사야 역시 하나님을 "숨어 계시는 하나님"이라고 부른다. "구원자 이스라엘의 하나님이여 진실로 주는 스스로 숨어 계시는 하나님이시니이다"(사 45:15). 이러한 표현은 하나님 계시의 의지적 결단을 강조한다. 하나님께서는 하나님께서 원하는 시간에, 원하는 장소에서, 원하는 사람에게, 원하는 방법으로 자신을 계시하신다. 인간이 추구하여 얻을 수 있는 성격이 아닌 것이다.

5 최종진, 『구약성서개론』(서울: 도서출판 소망사, 1986), p. 204.

에 먼저 손을 씻어야 했다. 이것은 아마도 세례로써 신자들에게 설명되고 보증된 그리스도의 보혈의 정결케 하는 능력을 상징할 것이다.

성막은 두 개의 방으로 이루어져 있는데, 앞의 방을 **성소**라고 한다. 거기에는 세 가지 거룩한 물건이 들어 있었다. 떡 상 혹은 **진설병**에는 안식일마다 좋은 밀가루로 만든 새 떡 12개가 놓였다. 그것은 분명히 생명의 떡이신 예수 그리스도를 상징하는 것이었으며, 살아 있는 희생으로서의 하나님의 백성 이스라엘 12지파를 상징하기도 했다. 일곱 개의 등잔으로 이루어진 **등대** 혹은 금 촛대는 세상의 빛이신 예수 그리스도를 상징했으며, 세상에서 성도들의 빛 된 삶을 상징하기도 할 것이다. 지성소와 성소를 구분 짓는 휘장 바로 앞에는 **금 향단**이 있었다. 이것은 중보자 예수 그리스도의 유효한 기도를 상징하는 것이며 성도들의 기도를 상징하기도 한다. 성소와 지성소를 구분하는 **휘장**은 찢어져야만 하는 그리스도의 육체를 상징하는 것이다.

지성소 안에 놓여 있는 **언약궤**는 금으로 그룹 둘을 만들어 날개를 높이 펴서 서로 얼굴을 보며 덮개를 향하게 했다. 이 덮개를 **속죄소** 또는 **시은소**(施恩所)라고 불린다. 대제사장이 속죄일에 여기에서 피를 뿌리는데, 이것은 하나님 앞에서의 그리스도의 속죄를 상징했다. 그러므로 이 궤는 백성 가운데 거하시는 하나님의 임재를 상징한다. 그 안에는 만나를 담은 금 항아리와 율법을 상징하는 십계명의 두 돌판, 그리고 부활을 상징하는 아론의 싹 난 지팡이가 들어 있었다.[6]

이러한 성막 형태는 다윗이 왕이 된 후에도 계속 유지되고 있었다. 다

---

[6] 자세한 설명을 위해서는 글리슨 아처, 『구약총론』(서울: 기독교문서선교회, 1985), pp. 269-270을 보라.

윗이 자신의 왕궁을 건축하고 이 성막을 보니 한심하기 그지없었다. 그래서 직접 성전을 짓고자 했지만 하나님께서 그의 아들을 통해 성전을 짓겠다고 약속하신다. 다윗의 아들이 성전을 건축하면, 영원한 나라를 세우고 하나님의 아들이 된다고 나단의 신탁을 통해 언약하신 것이다.

나단의 신탁에 대한 일차적인 성취가 다윗의 아들 솔로몬에 의해 이루어졌다. 다윗의 아들인 솔로몬이 성전을 건축한 것이다. 그러나 솔로몬의 이스라엘 왕국은 영원하지 못하고 주전 586년 바벨론에게 멸망했다. 바벨론 포로에서 돌아온 선지자들은 나단의 신탁을 의지하여 다윗의 자손인 스룹바벨에게 성전을 건축하라고 촉구했다. 다윗의 자손을 통해 성전이 건축됨으로써 영원한 왕국 이스라엘이 다시 세워질 것이라고 기대했기 때문이다. 선지자 학개가 "너희는 산에 올라가서 나무를 가져다가 성전을 건축하라 그리하면 내가 그것으로 말미암아 기뻐하고 또 영광을 얻으리라 여호와가 말하였느니라"(학 1:8)고 촉구하여 건축된 제2의 성전, 스룹바벨 성전은 솔로몬 성전의 영광을 기억하고 있던 사람들의 눈에 초라하기 그지없었다. 포로 귀환 후 초라하게 지어진 제2의 성전, 스룹바벨 성전이 영원하리라고 믿기에는 너무 궁색했다.

이스라엘 백성들은 다윗의 자손이 성전을 건축하여 영원한 나라를 건설하리라는 소망을 미래의 메시아 소망으로 변화시켰다. 다윗의 아들이 성전을 건축하여 하나님의 아들이 되리라는 소망과 메시아 소망이 접목되어 다윗의 아들이 성전을 건축하여 메시아로서 하나님의 아들이 되리라는 기대를 하게 된 것이다. 이러한 백성의 기대를 알고 있던 헤롯은 자신이 유대인이 아닌 이두매인(에돔인)으로서 도무지 메시아가 되지 못할 것임에도 불구하고 성전 건축을 정치적으로 이용한다. 제3의 성전, 헤롯 성전을 건축하는 것이다.7 그 헤롯 성전에 주님이 방문하여 외치신다. "너희가 이 성전을 헐라 내가 사흘 동안에 일으키리라"(요 2:19). 이미 46년 동안 성전을 건축하고 있던 유대인들에게 이러한 선언은 충격적이지 않을 수 없었다. 요한복음의 저자는 이 사건을 기록하며 예수 그리스도의 이 말씀에 주석을 단다. "그러나 예수는 성전된 자기 육체를 가리켜 말씀하신 것이라"(요 2:21). 예수 그리스도의 육체가 곧 성전이라고 해석하는 것이다.

하나님의 임재 장소인 성전은 이제까지 하나의 건물이었다. 그러나 이제 예수 그리스도의 육체가 성전이다. 예수 그리스도의 육체 안에 하나님의 성령이 충만하게 거하시므로 사람들은 살아 계신 하나님을 예수 그리스도의 육체를 통해 만날 수 있다.

아버지를 보여주시면 족하겠다는 빌립에게 주님은 "빌립아 내가 이렇게 오래 너희와 함께 있으되 네가 나를 알지 못하느냐 나를 본 자는 아버지를 보았거늘 어찌하여 아버지를 보이라 하느냐 내가 아버지 안에 거하고 아버지는 내 안에 계신 것을 네가 믿지 아니하느냐 내가 너희에게 이르는 말은 스스로 하는 것이 아니라 아버지께서 내 안에 계셔서 그의 일을 하시는 것이라 내가 아버지 안에 거하고 아버지께서 내 안에 계심을 믿으라 그렇지 못하겠거든 행하는 그 일로 말미암아 나를 믿으라 내가 진실로 진실로 너희에게 이르노니 나를 믿는 자는 내가 하는 일을 그도 할 것이요 또한 그보다 큰 일도 하리니 이는 내가 아버지께로 감이라"(요

---

7 "헤롯 성전을 보지 못했다면 지상의 아름다운 건물을 보았다고 말할 수 없다"는 격언처럼 헤롯은 당시 발달했던 로마의 모든 건축술을 총동원하여 화려하게 성전을 건축한 것으로 보인다. 하지만 정치인의 종교적 행위는 고금을 막론하고 순수하게 보이지 않는다.

14:9-12)고 말씀하신다. 하나님을 만나볼 수 있는 임재의 장소 성전이 예수 그리스도 자신이라고 강조하시는 것이다.

그러나 예수 그리스도는 십자가에서 죽으시고 부활하사 승천하시어 더 이상 우리와 함께 계시지 않는다. 하나님을 만나 뵈올 수 있는 하나님의 임재 장소로서의 성전 된 예수 그리스도의 육체가 승천하셨다면, 우리는 하나님을 만나기 위해 다시금 옛 건물인 성전으로 되돌아가야 하는가? 바울은 이에 대해 분명하게 말한다. "너희가 하나님의 성전인 것과 하나님의 성령이 너희 안에 계시는 것을 알지 못하느냐"(고전 3:16). 이제 예수 그리스도를 영접함으로써 하나님의 성령을 모신 그리스도인이 하나님의 성전이라는 것이다. 우리 그리스도인이 저마다 하나님의 성전으로서 하나님을 만나는 장소이다. 예수 그리스도를 통해 하나님을 볼 수 있었던 것처럼, 이제 하나님을 만나지 못했던 사람들이 그리스도인을 만남으로 하나님을 만나볼 수 있다. 또한 우리 자신들도 우리 안에 거하시는 하나님의 성령을 통해 하나님을 만난다. 그리스도인의 육체 안에 성령이 거하시므로 하나님의 성전이 되었기 때문이다.

바울은 그리스도인 개개인이 하나님의 성전이라는 데서 더 나아가 그리스도인의 모임이 하나님이 거하실 성전이 되어 간다고 말한다. "너희는 사도들과 선지자들의 터 위에 세우심을 입은 자라 그리스도 예수께서 친히 모퉁잇돌이 되셨느니라 그의 안에서 건물마다 서로 연결하여 주 안에서 성전이 되어 가고 너희도 성령 안에서 하나님이 거하실 처소가 되기 위하여 그리스도 예수 안에서 함께 지어져 가느니라"(엡 2:20-22). 바울이 묘사하는 성전 그림을 다시 살펴보자면, 성전 건물의 모퉁이 돌이 그리스도이시며, 사도들과 선지자들이 그 성전 건물의 기초 터가 되었다. 그리고 그 위에 건물마다 서로 연결하여 주 안에서 성전이 되어가며, 성령 안에서 하나님의 거하실 처소로 지어져 간다. 성전 된 우리 자신이 모이고 모여 다시금 하나님께서 거하실 처소로 지어져 가는 것이다.

바울의 설명에 의하면, 우리 그리스도인 개개인이 이미 하나님의 성전이지만, 그 성전들이 모여 하나님이 거하실 영원한 처소로 완성되어 가고 있으므로 아직 성전이 완성된 것은 아니다. 이처럼 성전 역사에서도 "이미와 아직"의 긴장 관계가 나타난다. 현재성과 미래성 간의 긴장이다. 하나님나라의 현재적 모습은 성전 된 그리스도인이 모여 하나님이 거하시는 처소로 지어져 가는 과정으로서의 성전을 의미할 수 있다. 지금 여기에서의 하나님나라는 성전 된 성도들의 공동체로 나타난다.

마침내 종말에 이르러 새 예루살렘 성에는 성전이 없다. "성 안에서 내가 성전을 보지 못하였으니 이는 주 하나님 곧 전능하신 이와 및 어린 양이 그 성전이심이라 그 성은 해나 달의 비침이 쓸 데 없으니 이는 하나님의 영광이 비치고 어린 양이 그 등불이 되심이라"(계 21:22-23). 완성된 하나님나라에 이르면 하나님 자신이 친히 우리와 함께 거하시기 때문에 하나님의 특별한 임재의 장소로서의 성전이 더 이상 필요 없다. 하나님이 언제나 항상 우리와 함께 계시니 그를 만날 장소가 따로 필요 없이 언제나 항상 함께 거할 수 있는 나라가 완성된 하나님나라인 것이다.

(1) 성막 – 이동성
(2) 건물로서의 성전 – 정착성, 고정성
    ① 솔로몬 성전
    ② 스룹바벨 성전
    ③ 헤롯 성전
(3) 성전된 예수 그리스도의 육체(요 2:21)

(4) 성전된 그리스도인 개개인(고전 3:16)

(5) 성도들의 연합체로서의 교회(엡 2:20-22)

(6) 새 예루살렘에서 친히 성전이 되신 하나님과 그 어린 양(계 21:22-23)

성전 역사의 모든 과정을 요약하면, 이동성 있는 성막에서 잠시 정착된 건물인 성전의 모습을 취하다가, 예수 그리스도의 육체나 그리스도인의 육체, 더 나아가 성도들의 공동체에 이르기까지 이동성의 양상이 지속된다. 하나님을 만나 뵐 수 있는 하나님의 임재 장소로서의 성전은 어느 한곳에 머무르지 않는다. 하나님의 섭리 가운데 계속해서 움직이고 또 움직인다. 그러므로 눈에 보이는 성전 건물이 화려하면 화려할수록 하나님은 더욱 더 멀리 있다고 해도 과언이 아닐 것이다.

신약 시대의 성도들에게 성전 건축이라는 단어는 비성경적이다. 그리스도인 자신이 성전이기 때문이다. 성전 건축을 위한 기도는 "성전 되게 하소서"라는 기도가 되어야 한다. 그것은 예수 그리스도를 영접하여 하나님의 성령을 모심으로 "하나님의 성전이 되게 해주십시오"라는 의미이다. 이미 그리스도인으로 거듭나 하나님의 성령을 모심으로써 하나님의 성전이 된 사람에게는 "더욱 충만하게 하나님의 성령이 임재함으로 하나님을 만나는 사람이 되게 하소서"라는 기도가 될 것이다.

성전 역사의 개괄적 이해를 통해 우리는 하나님나라가 성전이라는 사실을 알 수 있다. 구약시대의 성전은 장차 그리스도로 말미암아 도래하게 될 성전으로서의 하나님나라를 상징적으로 묘사하고 있는 그림이다. 더 나아가 예수 그리스도께서 선포하신 하나님나라 역시 구약성경의 성전에 대한 이해를 통해 더욱 깊이 이해할 수 있다.

하나님은 다윗 언약을 통해 영원한 나라의 왕권을 약속하신다. 아담으로 말미암아 잃었던 하나님나라의 통치권의 회복을 약속하신다. 다윗의 자손으로서 성전 짓는 자인 하나님의 아들을 통해 영원한 나라를 세우실 것을 약속하신다.

6) 엘리야 언약 = 남은 자 언약(왕상 19:15ff): 다윗 언약이 왕권 언약으로 왕에 대한 약속이라면, 엘리야 언약은 다윗의 자손이 실패한 왕권을 이제 남은 자들을 통해 회복하시겠다는 약속이다.

구약성경에서 가장 흥미진진한 장면 중 하나가 갈멜산에서의 엘리야 이야기이다. 그는 우상 숭배자들을 모두 모아놓고 백성들 앞에서 능력 대결을 펼친다. 누가 하늘에서 불을 내려오게 하는가 보자는 것이다. 바알의 선지자들이 하루 종일 부르짖고 몸을 상하게 해도 전혀 응답이 없다. 이때 엘리야가 나선다. 큰소리로 부르짖은 것도 아니고 요란하게 반복하여 기도한 것도 아니다. 다만 "아브라함과 이삭과 이스라엘을 돌보신 주 하나님, 주님께서 이스라엘의 하나님이시고, 나는 주님의 종이며, 내가 오직 주님의 말씀대로만 이 모든 일을 하고 있다는 것을, 오늘 저들이 알게 하여 주십시오. 주님, 응답하여 주십시오. 응답하여 주십시오. 이 백성으로 하여금, 주님이 주 하나님이시며, 그들의 마음을 돌이키게 하시는 주님이심을 알게 하여 주십시오"(왕상 18:36-37, 새번역)라고 기도했을 뿐이다.

이 간단한 기도에 하늘에서 여호와의 불이 내려와 번제물과 나무와 돌과 흙을 송두리째 다 태워버린다. 이에 엘리야는 겁이 나 도망하는 바알 선지자들을 붙잡아 한 사람도 남기지 않고 다 죽여버린다. 밀려오는 승리감, 도취되는 만족감, 죽이지 않으면 죽을 수밖에 없는 상황에서 자신이 죽지 않고 상대방을 죽이게 되었을 때의 희열… 그러나 그러한 승리감과 도취도 잠깐, 갑자기 죽음에 대한 두려움이 밀려온다. 바알 선지자들을 이기고 승리감에 도취된 엘리야에게 왕후 이세벨이 죽이겠다고 위협하며 덤벼든 것이다. 엘리야는 엄습하는 죽음에 대한 공포와 두려움으로 하루 종일 사막 길을 걸어 도망하고 또 도망하여 마침내 오아시스를 만나 한 로뎀 나무 아래에 주저앉았다. 갑자기 자기 신세가 처량해진다. 지난 몇 년 동안의 고생이 가슴 쓰리게 밀려온다. 내가 무엇을 위하여 이렇게 험한 길을 달려 왔던가? 또 지금은 무엇을 위해 도망하는가? 하나님께 울컥 화도 난다. "주님, 이제는 더 바랄 것이 없습니다. 나의 목숨을 거두어 주십시오. 나는 내 조상보다 조금도 나을 것이 없습니다"(왕상 19:4, 새번역). 그는 이 생각 저 생각을 하다가 지친 몸이 푹 고꾸라져 잠든다.

얼마나 잤을까, 한 천사가 그를 깨운다. 일어나 먹으라는 것이다. 머리맡에는 뜨겁게 달군 돌에다 구워 낸 과자와 물 한 병이 놓여 있다. 엘리야는 아무 생각 없이 받아먹는다. 그리고 또 쓰러져 다시 잠이 든다. 얼마 후, 또 다시 천사가 그를 깨운다. 갈 길이 아직 많이 남아 있으니 일어나 먹으라는 것이다. 이번에도 그는 일어나서 먹고 또 마셨다. 그리고 다시금 힘을 얻어서 밤낮 사십 일 동안을 걸어 하나님의 산 호렙에 도착했다. 지쳐 있을 때 먹을 것을 주시는 하나님, 우리 하나님은 지친 우리에게 막일을 시키시는 폭군이 아니다.

호렙 산에 도착한 엘리야에게 하나님이 물으신다. "엘리야야, 너는 여기에서 무엇을 하고 있느냐?"(왕상 19:9, 새번역). 엘리야가 대답했다. "나는 이제까지 주 만군의 하나님만 열정적으로 섬겼습니다. 그러나 이스라엘 자손은 주님과 맺은 언약을 버리고, 주님의 제단을 헐었으며, 주님의 예언자들을 칼로 쳐서 죽였습니다. 이제 나만 홀로 남아 있는데, 그들은 내 목숨마저도 없애려고 찾고 있습니다"(왕상 19:10, 새번역). 다 죽고 자기만 홀

로 남았다는 것이다. 다들 배신하고 자기만 홀로 남았다는 것이다.[8]

하나님은 그런 엘리야에게 크고 강한 바람이나 지진, 불로 나타나지 않으시고[9] 세미한 음성, 부드럽고 조용한 소리로 말씀하신다.[10] "너는 돌이켜, 광야길로 해서 다마스쿠스로 가거라. 거기에 이르거든, 하사엘에게 기름을 부어서, 시리아의 왕으로 세우고, 또 님시의 아들 예후에게 기름을 부어서, 이스라엘의 왕으로 세워라. 그리고 아벨므홀라 출신인 사밧의 아들 엘리사에게 기름을 부어서, 네 뒤를 이을 예언자로 세워라. 하사엘의 칼을 피해서 도망하는 사람은 예후가 죽일 것이고, 예후의 칼을 피해서 도망하는 사람은 엘리사가 죽일 것이다. 그러나 나는 이스라엘에 칠천 명을 남겨 놓을 터인데, 그들은 모두 바알에게 무릎을 꿇지도 아니하고, 입을 맞추지도 아니한 사람이다"(왕상 19:15-18, 새번역).

하나님은 자기만 홀로 남았다고 탄식하는 엘리야에게 그를 대신하여 원수들을 진멸할 후계자들을 세울 것을 명령하시며, 아직 남은 자가 7천 명이나 더 있다고 말씀하신다. 엘리야가 아니라 남은 자들을 통해 하나님께서 역사하실 것이라고 말씀하신다.

예수께서 변화산에서 변화되셨을 때 나타난 구약성경의 두 인물은 모

---

8 겟세마네 동산에서 큰소리치던 베드로가 떠오른다. "다 버릴지라도 나는 그리하지 않겠나이다"(막 14:29), "내가 주와 함께 죽을지언정 주를 부인하지 않겠나이다"(막 14:31).

9 하나님은 엘리야에게 불과 칼의 방법은 하나님의 참된 사업을 위해 사용하지 않는다는 것을 암시하신다(왕상 19:12). 그럼에도 불구하고 불과 칼의 방법은 사용된다. 바알 우상에 대해서는 다른 방법을 쓸 수 없었다. 엘리야는 예후를 왕으로 기름 부어 바알 우상을 근절하게 했다(왕상 19:16-17, 왕하 9:1-10). S. G. De 그라아프, 『약속 그리고 구원(II) 이스라엘의 실패와 신정국가』 박권섭 역(서울: 크리스챤 서적, 1985), p. 298의 역자 주.

10 "세미한 소리"라고 번역되어 있는 부분을 NRSV는 "a sound of sheer silence"라고 번역한다. "완전한 침묵의 소리." 하나님께서 우리에게 말씀하시는 침묵의 소리를 듣는 훈련을 해야겠다.

세와 엘리야였다. 모세가 유대인을 보전하는 율법을 대표하는 자라면, 엘리야는 왕통을 보전하는 선지자의 대표이다. 예수 그리스도는 율법과 선지자의 대표 격인 두 사람과 율법과 예언의 완성으로서의 십자가 죽으심에 대해 대화하신 것이다(눅 9:31).[11]

이러한 옛 언약의 전체 역사를 살펴보면, 다음과 같이 한 사람 예수 그리스도에게로 집중되어 가는 과정을 살펴볼 수 있다.

언약의 종류	언약의 내용	언약의 대상
원시 언약	여인의 후손	인류 전체
노아 언약	인류를 보전하기 위한 언약	
아브라함 언약	아브라함의 후손	유대인
모세 언약	유대인을 보전하기 위한 언약	
다윗 언약	다윗의 후손	왕
엘리야 언약	왕통을 보전하기 위한 언약	
새 언약	옛 언약을 완성하는 언약	예수 그리스도

---

11 "영광중에 나타나서 장차 예수께서 예루살렘에서 별세하실 것을 말씀할새"(눅 9:31, 개역한글), "그들은 영광에 싸여 나타나서, 예수께서 예루살렘에서 이루실 일 곧 그의 떠나가심에 대하여 말하고 있었다"(눅 9:31, 새번역). 개역성경에서 "별세"라고 번역된 단어의 헬라어는 ἔξοδον(엑소돈)으로 출애굽을 나타내는 exodus에 해당되는 말이다.

하나님께서 인류 전체에게 하신 언약이 유대인을 향한 언약이 되어 그 범위가 좁혀지더니, 이제 다시 유대인의 왕에게로 더욱 더 좁혀진다. 그래서 마침내 예수 그리스도 한 분에게로 집중된다. 예수 그리스도는 다시금 우리에게 "온 천하에 다니며 만민에게 복음을 전파하라"는 지상명령을 주심으로 그 언약의 범위를 넓히신다. 예수 그리스도에게서 다시금 언약의 대상이 확장되는 것이다. 온 천하 만민에게로.

이러한 구약성경의 모든 언약은 옛 언약이다. 그것은 실패의 역사였다. 이스라엘을 향한 모든 옛 언약은 이스라엘의 실패로 인하여 새로운 언약이 필요하게 되었다. 결국 옛 언약은 새 언약을 준비하게 한다. 구약성경의 선지자들은 계속해서 옛 언약을 완성할 새 언약을 예언한다.

7) 새 언약: 신약성경에서 구약성경을 인용하는 구절들 중에서 가장 긴 인용은 새 언약에 대한 예레미야의 본문을 인용하는 히브리서이다. 히브리서 8:8-12은 무려 다섯 절에 걸쳐 구약성경 예레미야 31:31-34을 인용하고 있다. "보라 날이 이르리니 내가 이스라엘 집과 유다 집에 새 언약을 맺으리라 이 언약은 내가 그들의 조상들의 손을 잡고 애굽 땅에서 인도하여 내던 날에 맺은 것과 같지 아니할 것은 내가 그들의 남편이 되었어도 그들이 내 언약을 깨뜨렸음이라 여호와의 말씀이니라 그러나 그 날 후에 내가 이스라엘 집과 맺을 언약은 이러하니 곧 내가 나의 법을 그들의 속에 두며 그들의 마음에 기록하여 나는 그들의 하나님이 되고 그들은 내 백성이 될 것이라"(렘 31:31-33).

예레미야가 예언하는 새 언약은 출애굽할 때 제정된 옛 언약을 대체하는 것이다. 그 옛 언약은 결혼 예식과 같이 하나님께서 남편 역할을 하기로 약속하신 것이다. 그런데 이스라엘이 그러한 남편을 버리고 언약을 깨버렸다. 그래서 이제 새로운 언약이 필요하게 되었다. 새 언약의 내용은 이제까지 밖에 있었던 법을 그들 속에 두고 그 마음에 기록해 두겠다는 것이다. 그 결과 하나님이 그들의 하나님이 되고, 그들은 하나님의 백성이 될 것이다.

바울은 이러한 옛 언약과 새 언약의 관계를 돌판과 마음판으로 표현한다. 옛 언약을 돌판에 새겨진 법이라고 표현하고, 새 언약을 마음판에 새겨진 법이라고 표현하는 것이다.[12]

---

12 "너희는 우리로 말미암아 나타난 그리스도의 편지니 이는 먹으로 쓴 것이 아니요 오직 살아 계신 하나님의 영으로 쓴 것이며 또 돌판에 쓴 것이 아니요 오직 육의 마음판에 쓴 것이라"(고후 3:3).

에스겔 역시 새 언약에 대해 이와 비슷한 예언을 한다. "맑은 물을 너희에게 뿌려서 너희로 정결하게 하되 곧 너희 모든 더러운 것에서와 모든 우상 숭배에서 너희를 정결하게 할 것이며 또 새 영을 너희 속에 두고 새 마음을 너희에게 주되 너희 육신에서 굳은 마음을 제거하고 부드러운 마음을 줄 것이며 또 내 영을 너희 속에 두어 너희로 내 율례를 행하게 하리니 너희가 내 규례를 지켜 행할지라 내가 너희 조상들에게 준 땅에서 너희가 거주하면서 내 백성이 되고 나는 너희 하나님이 되리라"(겔 36:25-28). 에스겔은 새 언약의 체결 과정에서 먼저 맑은 물로 뿌리는 정결 예식을 거론한다. 모든 더러운 것과 우상 섬김에서 정결케 할 정결 예식이 있을 것이다. 그 후에 육신에서 굳은 마음을 제하고 부드러운 마음을 줄 새로운 영이 너희 속에 거하게 될 것이다. 그 영은 그들로 하여금 하나님의 율례를 행할 수 있는 힘을 공급하므로, 그 결과 그들은 하나님의 규례를 지켜 행할 수 있게 된다. 세례 요한이 물 세례와 성령 세례를 언급할 때, 자신의 정체성을 이 구절에서 얻었을 가능성이 있다. 자신은 앞에서 언급되는 물 세례의 사역을 감당하고, 뒤에 오실 자는 뒷 구절의 성령 세례를 감당하실 분으로 이해한 것이다.

이 모든 과정을 거쳐 마침내 이루어지는 하나님과 그들의 관계는, 앞의 예레미야서에서 언급하는 것과 동일하게 "너희는 내 백성이 되고 나는 너희 하나님이 되리라"는 것이다. "너희는 내 백성이 되고 나는 너희 하나님이 되리라"는 약속은 옛 언약에도 이미 포함되어 있다. 십계명을 주시기 전에 하나님은 모세에게 "이제 너희가 정말로 나의 말을 듣고, 내가 세워 준 언약을 지키면, 너희는 모든 민족 가운데서 나의 보물이 될 것이다. 온 세상이 다 나의 것이다. 그러므로 너희는 내가 선택한 백성이 되고, 너희의 나라는 나를 섬기는 제사장 나라가 되고, 너희는 거룩한 민족이 될 것이다. 너는 이 말을 이스라엘 자손에게 일러주어라"(출 19:5-6, 새번역)고 말씀하신다. 옛 언약에 이미 이스라엘 백성을 하나님의 백성으로 삼겠다는 약속이 포함되어 있는 것이다.

새 언약에 대해 언급하고 있는 예레미야와 에스겔의 두 구절을 종합하여 새 언약을 옛 언약과 비교해 보면 다음과 같다.

비교점	옛 언약	새 언약
언약 체결 시기	출애굽	(십자가)
언약의 주요 내용	나는 너희 하나님이 되고 너희는 내 백성이 되리라	
언약의 특징	파기 가능	파기 불가능
언약 체결자	이스라엘과 유다 집	새 이스라엘
언약 기록 장소	돌판	마음판

옛 언약은 출애굽할 때 체결되었지만 새 언약은 장차 체결될 것이다. 옛 언약이나 새 언약이나 동일하게 "나는 저희 하나님이 되고 저희는 내 백성이 되리라"는 내용을 담고 있지만, 옛 언약은 깨어질 가능성이 내포되어 있고, 새 언약은 깨어질 수 없는 확실성이 보장된다. 옛 언약은 이스라엘과 유다 집과 세운 것이지만, 새 언약은 새 이스라엘과 체결된다.

그렇다면 새 언약은 언제 체결되었는가? 예수 그리스도는 십자가에 달리시기 전날 밤에 제자들과 최후의 만찬을 들며 말씀하신다. "이 잔은 내 피로 세우는 새 언약이니 곧 너희를 위하여 붓는 것이라"(눅 22:20). 예수는 자신이 십자가에 달려 피 흘리는 일을 새 언약의 체결로 해석하신다.

바울 역시 이러한 전승을 전달하며 "식후에 또한 그와 같이 잔을 가지시고 이르시되 이 잔은 내 피로 세운 새 언약이니 이것을 행하여 마실 때마다 나를 기념하라 하셨으니 너희가 이 떡을 먹으며 이 잔을 마실 때마다 주의 죽으심을 그가 오실 때까지 전하는 것이니라"(고전 11:25-26)고 말한다. 예수 그리스도께서 흘리신 피가 새 언약의 피다.

이처럼 옛 언약은 새 언약의 보증되신 예수 그리스도에 의해 성취되고 완성되었다. 그래서 예수 그리스도를 통해 계시된 하나님의 은혜 언약을 새 언약이라고 한다면, 모세를 통해 계시된 하나님의 은혜 언약을 옛 언약이라고 한다. "율법은 모세로 말미암아 주어진 것이요 은혜와 진리는 예수 그리스도로 말미암아 온 것이라"(요 1:17). 마찬가지로 새 언약에 기초한 하나님의 계시를 신약성경이라고 한다면, 옛 언약에 기초한 하나님의 계시는 구약성경이라고 하며 다음과 같이 동일한 구조로 나뉜다(뒷장의 도표를 보라).[13]

하나님나라에 대한 언약이 역사 속에서 어떻게 진행되고 발전되었는가를 살펴보면서 몇 가지 기억해야 할 사항들을 발견할 수 있다.

첫째, 언약은 그 전체적인 윤곽을 단번에 보여주지 아니하고 역사의 진행 과정 속에서 점진적으로 구체화되었다. 이것을 "계시의 점진성"이라고 말한다. 처음에는 씨의 행태로 주어진 언약이 역사가 진행되며 점점 더 구체화되더니, 마침내 예수 그리스도 한 분에게 집약되고 완성된 것이다. 그래서 히브리서 기자는 "옛적에 선지자들을 통하여 여러 부분과 여

---

[13] 최근 "구약성경"이라는 명칭은 유대교와 대화한다는 맥락에서 유대교의 경전을 옛것으로 명명하는 것에 대한 거부감을 해소하기 위해 "히브리성경"이라고 바꾸어 부르기도 한다.

구분	구약성경(히브리성경)		신약성경		
사실	모세오경	창, 출, 레, 민, 신	복음서	공관복음서	마, 막, 눅
				제4복음서	요
	역사서	수, 삿, 룻, 삼상, 삼하, 왕상, 왕하, 대상, 대하, 스, 느, 에	역사서		행
체험	시가서	욥, 시, 잠, 전, 아	서신서	바울서신	주요서신	롬, 고전, 고후, 갈, 살전, 살후
					옥중서신	엡, 빌, 골, 몬
					목회서신	딤전, 딤후, 딛
				공동서신 (일반서신)	히, 약, 벧전, 벧후, 요일, 요이, 요삼, 유
예언	선지서	대선지서	사, 렘, 애, 겔, 단	예언서		계
		소선지서	호, 욜, 암, 옵, 욘, 미, 나, 합, 습, 학, 슥, 말			

러 모양으로 우리 조상들에게 말씀하신 하나님이 이 모든 날 마지막에는 아들을 통하여 우리에게 말씀하셨으니"(히 1:1-2)라고 말하며 자신의 서신을 시작한다. 하나님의 아들 예수 그리스도 안에서 구약의 모든 예언들이 성취되고 이루어졌다고 천명하는 것이다.

둘째, 언약은 원시 언약에서부터 마지막 새 언약에 이르기까지 언약 당사자가 종착역이 아니다. 언제든지 언약의 당사자에게서 시작해 또 다른 다음 세대로 확장되거나 전이가 이루어진다. 언약으로 말미암는 축복은 항상 하나님으로부터 나를 거쳐 다른 사람에게로 향해 나아간다. 언약이 내게 와서 머무르지 않는다. 언약의 수혜자로서 나는 종착지가 아니라 경유역이다.

마지막으로, 언약은 반드시 성취된다. 만약 언약에 성취가 없다면, 그 모든 언약은 무용지물이며 가치 없는 것이 될 것이다. 이 모든 언약의 성취를 우리는 신약성경에서 발견할 수 있다. 신약성경은 예수 그리스도를 통해 자신의 언약을 성취하시는 신실한 하나님에 대한 증언이다.

5장
하나님나라의 성취

우리가 흔히 알고 있는 것처럼 마태와 마가는 예수의 첫 선포가 하늘나라에 대한 것이었다고 기록한다. "회개하라 천국이 가까이 왔느니라"(마 4:17), "때가 찼고 하나님의 나라가 가까이 왔으니 회개하고 복음을 믿으라"(막 1:15).

마태나 마가와 달리 누가는 예수의 첫 선포를 나사렛 회당에서의 설교로 기록하고 있다. 예수께서 이사야서의 본문을 읽으시고 그 말씀이 오늘 성취되었다고 선언하셨다.

"예수께서는, 자기가 자라나신 나사렛에 오셔서, 늘 하시던 대로 안식일에 회당에 들어가셨다. 그는 성경을 읽으려고 일어서서 예언자 이사야의 두루마리를 건네 받아서, 그것을 펴시어, 이런 말씀이 있는 데를 찾으셨다. '주님의 영이 내게 내리셨다. 주님께서 내게 기름을 부으셔서, 가난한 사람에게 기쁜 소식을 전하게 하셨다. 주님께서 나를 보내셔서, 포로 된 사람들에게 해방을 선포하고, 눈먼 사람들에게 눈 뜸을 선포하고, 억눌린 사람들을 풀어 주고, 주님의 은혜의 해를 선포하게 하셨다.' 예수께서 두루마리를 말아서, 시중드는 사람에게 되돌려주시고, 앉으셨다. 회당에 있는 모든 사람의 눈은 예수께로 쏠렸다. 예수께서 그들에게 말씀하셨다. '이 성경 말씀이 너희가 듣는 가운데서 오늘 이루어졌다'"(눅 4:16-21, 새번역).

누가가 기록하고 있는 예수의 첫 번째 설교는 자신의 책에 기록하고자 하는 예수의 전체 사역을 요약하며 그 개요를 보여주는 진술(Programmatic Statement)이라고 할 수 있다. 그러므로 누가가 예수의 사역을 어떻게 이해하고 있는가를 보려면 이사야 61:1-2을 이해하는 것이 중요하다. 예수께서 봉독하신 것으로 인용되고 있는 구절이다.

"주님께서 나에게 기름을 부으시니, 주 하나님의 영이 나에게 임하셨다. 주님께서 나를 보내셔서, 가난한 사람들에게 기쁜 소식을 전하고, 상한 마음을 싸매어 주고, 포로에게 자유를 선포하고, 갇힌 사람에게 석방을 선언하고, 주님의 은혜의 해와 우리 하나님의 보복의 날을 선언하고, 모든 슬퍼하는 사람들을 위로하게 하셨다"(사 61:1-2, 새번역).

누가가 인용한 본문과 이사야의 원래 본문을 비교해 보면 두 본문이 서로 달라서, 누가가 이사야의 본문을 그대로 인용하지 않고 뒷장의 도표와 같이 편집해서 인용했음을 알 수 있다. 그렇다면 누가의 편집 의도는 무엇인가? 또한 누가는 예수께서 이사야의 본문을 읽으시고 "이 성경 말씀이 너희가 듣는 가운데서 오늘 이루어졌다"(눅 4:21, 새번역)라고 말씀하셨다고 기록하는데, 누가가 이해하는 바 예수께서 말씀하신 예언의 성취는 무엇인가?

예수께서 인용하는 이사야 61장의 첫 부분은 "주의 성령이 내게 임했다"라는 선언이다. 누가의 독자들은 예수께서 "주의 성령이 내게 임했다"라는 성경을 읽고 "이 성경 말씀이 너희가 듣는 가운데서 오늘 이루어졌다"(눅 4:21, 새번역)라고 말씀하실 때, 예수께서 세례 받으시던 장면을 떠올

이사야 61:1-2	누가복음 4:18-19	비고
주 여호와의 영이 내게 내리셨으니	주의 성령이 내게 임하셨으니	주 여호와의 신 = 주의 성령
이는 여호와께서 내게 기름을 부으사 가난한 자에게 아름다운 소식을 전하게 하려 하심이라	이는 가난한 자에게 복음을 전하게 하시려고 내게 기름을 부으시고	아름다운 소식 = 복음
나를 보내사	나를 보내사	
마음이 상한 자를 고치며	생략	
포로된 자에게 자유를	포로된 자에게 자유를	
갇힌 자에게 놓임을 선포하며	생략	
?	눈먼 자에게 다시 보게 함을 전파하며	출처 불분명
(사 58:6) 압제 당하는 자를 자유하게 하며	눌린 자를 자유롭게 하고	압제 당하는 자 = 눌린 자
여호와의 은혜의 해와	주의 은혜의 해를 전파하게 하려 하심이라	여호와 = 주
우리 하나님의 보복의 날을 선포하여 모든 슬픈 자를 위로하되	생략	

릴 것이다. "백성이 다 세례를 받을새 예수도 세례를 받으시고 기도하실 때에 하늘이 열리며 성령이 비둘기 같은 형체로 그의 위에 강림하시더니 하늘로부터 소리가 나기를 너는 내 사랑하는 아들이라 내가 너를 기뻐하노라 하시니라"(눅 3:21-22). 예수께서 세례를 받으실 때 성령이 임하셨는데, 예수는 바로 그 사건을 이사야 예언의 성취로 선언하시는 것이다.

구약성경에서 성령은 메시아 시대의 선물로 이해되었다. 메시아 시대의 도래를 알리는 표시가 성령강림이었다. 예수는 그러한 성령강림이 오늘 자신에 의해 성취되었다고 선언하신다. "여호와께서 내게 기름을 부으셨다." 메시아의 본래 의미가 "기름부음을 받은 자"라는 것을 기억하면, 여호와께서 자신에게 기름을 부으셨다고 주장하는 것은 여호와께서 자신을 메시아로 세우셨다고 주장하는 것이며, "주께서 나를 보내셨다"고 자신의 사명의식을 표현함으로써 보냄을 받은 자로서의 자기이해를 보여준다.

이사야의 예언 속에 등장하는 메시아 역할과, 예수께서 읽으신 것으로 누가가 인용하는 메시아의 역할을 서로 비교해 보면, 몇 가지는 생략되었고 몇 가지는 추가되었다. 마음이 상한 자를 고치시는 것과 갇힌 자에게 놓임을 전파한다는 것, 그리고 하나님의 신원의 날이라는 구절들이 생략되었다. 눈먼 자에게 다시 보게 하신다는 것과 눌린 자를 자유케 한다는 것은 추가되었다. 옥중에 있던 세례 요한의 "오실 그 이가 당신입니까?"라는 질문에 대해 예수께서 대답하실 때 누가는 "마침 그때에 예수께서 질병과 고통과 및 악귀 들린 자를 많이 고치시며 또 많은 맹인을 보게 하신지라"(눅 7:21)고 부연 설명하며, 이어서 예수께서 "대답하여 이르시되 너희가 가서 보고 들은 것을 요한에게 알리되 맹인이 보며 못 걷는 사람이 걸으며 나병환자가 깨끗함을 받으며 귀먹은 사람이 들으며 죽은 자가 살아나며 가난한 자에게 복음이 전파된다 하라"(눅 7:22)고 말씀하셨다고 기록하여, 요한에게 제시하시는 메시아 된 표적이 오늘 본문의 이사야 구절의 성취에 있었음을 보여준다.

누가가 편집 인용한 내용 중 가장 주목할 만한 부분은 이사야 예언의 마지막 구절인 "여호와의 은혜의 해와 우리 하나님의 보복의 날을 선포하여"라는 표현이다. 유대인들이 기대하는 바 주의 날, 곧 메시아의 시대에는 두 방면의 극단적인 상황이 발생할 것이다. 유대인들에게는 구원의 날이지만, 유대인들을 압제하던 이방인들에게는 심판의 날이요 보복의 날이 될 것이다. 구약성경의 선지자들은 "여호와의 날"을 오히려 두려움과 심판의 날로 더욱 더 자주 묘사한다.[14] 그런데 예수는 이사야의 본문에서 "우리 하나님의 보복의 날"이라는 구절은 생략하고 대신 "주의 은혜의 해"만을 강조하여 인용하고 있다.

"주의 은혜의 해"라는 표현은 구약성경의 "희년"을 의미한다. "희년"(禧年, year of Jubilee)은 원래 "수양의 뿔" 또는 "나팔"이라는 의미를 지닌 말로 구약성경의 레위기 25장에 그 자세한 시행령이 나와 있다. 제7일이 안식일인 것처럼 제7년이 안식년이고, 일곱 번의 안식년이 지난 50번째 해가 희년이다. "안식년을 일곱 번 세어라. 칠 년이 일곱 번이면, 안식년이 일곱 번 지나, 사십구 년이 끝난다.

일곱째 달 열흘날은 속죄일이니, 너희는 뿔나팔을 크게 불어라. 나팔을 불어, 너희가 사는 온 땅에 울려 퍼지게 하여라. 너희는 오십 년이 시

---

[14] "너희는 애곡할지어다 여호와의 날이 가까웠으니 전능자에게서 멸망이 임할 것임이로다"(사 13:6), "보라 여호와의 날 곧 잔혹히 분냄과 맹렬히 노하는 날이 이르러 땅을 황폐하게 하며 그 중에서 죄인들을 멸하리니"(사 13:9), "그날이 가깝도다 여호와의 날이 가깝도다 구름의 날일 것이요 여러 나라들의 때이리로다"(겔 30:3), "슬프다 그날이여 여호와의 날이 가까웠나니 곧 멸망 같이 전능자에게로부터 이르리로다"(욜 1:15), "여호와께서 그의 군대 앞에서 소리를 지르시고 그의 진영은 심히 크고 그의 명령을 행하는 자는 강하니 여호와의 날이 크고 심히 두렵도다 당할 자가 누구이랴"(욜 2:11), "화 있을진저 여호와의 날을 사모하는 자여 너희가 어찌하여 여호와의 날을 사모하느냐 그날은 어둠이요 빛이 아니라"(암 5:18), "주 여호와 앞에서 잠잠할지어다 이는 여호와의 날이 가까웠으므로 여호와께서 희생을 준비하고 그가 청할 자들을 구별하셨음이니라"(습 1:7), "여호와의 큰 날이 가깝도다 가깝고도 빠르도다 여호와의 날의 소리로다 용사가 거기서 심히 슬피 우는도다"(습 1:14), "여호와의 날이 이르리라 그 날에 네 재물이 약탈되어 네 가운데에서 나누이리라"(슥 14:1).

작되는 이 해를 거룩한 해로 정하고, 전국의 모든 거민에게 자유를 선포하여라. 이 해는 너희가 희년으로 누릴 해이다. 이 해는 너희가 유산 곧 분배받은 땅으로 돌아가는 해이며, 저마다 가족에게로 돌아가는 해이다"(레 25:8-10, 새번역). 그해의 시작에 나팔을 크게 불게 되어 있기 때문에 "나팔"이라는 의미의 "요벨"(jubilee, 희년)이라고 부르게 된 것이다.[15]

구약성경의 역사에서 안식년을 지킨 예를 찾아보기 쉽지 않다.[16] 한 해 농사하여 다음 해에 먹고 살아야 하는 농경문화에서, 농사를 한 해 쉬어야 하는 안식년을 문자적으로 실시하기가 쉽지 않았을 것이다. 안식년 한 해를 쉬고 다음해에 농사를 시작한다는 것은 한 해 농사 지은 것으로 2년 동안 먹고살아야 한다는 것을 의미한다. 6년 동안은 한 해 농사 지은 것으로 다음 한 해를 먹고살다가, 6년째 농사에서 갑자기 두 해를 먹을 수확이 있으리라고 누가 쉽게 장담할 수 있겠는가? 이렇게 안식년을 지키기도 쉽지 않았다면 희년을 지키기는 더욱더 어려웠을 것이다. 희년에는 48년째 농사 지은 것으로 49년째 안식년과 50년째 희년을 먹고 51년째부터 농사를 지어야 했다. 한 해 농사로 세 해를 먹고 살아야 했던 것이다. 그러니 희년을 지켰다는 구절을 구약성경에서 찾아볼 수 없다.[17]

---

15 한자어 희년(禧年)에는 이러한 의미가 전혀 들어 있지 않다. 희(禧)는 "복 희"로서 단순히 "복된 해"라는 의미이다. 누가복음에서 "주의 은혜의 해"라는 표현에 어울리는 의미이다.

16 "이에 토지가 황폐하여 땅이 안식년을 누림 같이 안식하여 칠십 년을 지냈으니 여호와께서 예레미야의 입으로 하신 말씀이 이루어졌더라"(대하 36:21)와 비교하라.

17 구약성경에서 희년의 시행이 기본적으로 전제되고 있었다는 견해에 대해서는 대천덕, 『토지와 경제 정의』 전강수 홍종락 역 (서울: 홍성사, 2003)을 보라. "여러 증거를 검토해 볼 때, 희년의 선포와 준수에 대한 규정을 포함한 레위기 25장의 토지법은 북이스라엘에서는 700년 동안, 즉 오므리와 아합 왕 시대까지, 유다에서는 그보다 100년 더 유지되었던 것 같다. 나 또한 이를 지엽적인 문제로 여기는 교회의 관행에 너무 오랫동안 젖어 있었기 때문에 해

이처럼 문자적으로 실행할 수 없었던 안식년, 특히 희년에 대한 율법은 후대에 와서 메시아 시대에 이루어질 소망으로 해석되었다. 메시아가 와서 희년을 선포하고 모든 억압과 압제를 해방시킬 것이다. 이사야 61장의 예언은 메시아적 희년 사상의 원천이 되었고, 11QMelch라는 쿰란 문서의 종말론적 용법으로도 나타나게 되었다.[18] 예수의 나사렛에서의 선포는 그러한 메시아적 희년 사상이 반영된 것이다.[19]

편집 인용을 통해 누가는 예수의 사역이 유대인들이 기대하는 것과 같이 심판과 보복이 포함된 유대인들의 해방과 은혜의 사역이 아니라는 것을 보여준다. 오직 하나님의 은혜의 해만을 선포하는 사역이었음을 강조한다. 구약성경이 기대하던 메시아의 시대가 예수의 사역 가운데에서

당 연구의 첫 부분을 끝내고 나서도 문제의 심각성을 깨닫지 못하고 있었다." pp. 8-9. 그의 주장에 의하면 구약성경에서 희년은 700년 이상 시행되어 왔으며, 아합 왕에 의해 그러한 제도가 파괴되자 엘리야는 그것을 지키기 위해 싸웠다고 주장한다.

18 쿰란 문서 11QMelch의 내용과 그 의미는 홍찬혁, 『멜기세덱 기독론』(서울: 아세아연합신학대학교, 1991), 석사학위논문, pp. 50ff를 보라. 더욱 자세한 논의는 Paul J. Kobelski, *Melchizedek and Melchiresa* (Washington D. C.: The Chatholic Biblical Association of America, 1981), pp. 5-10이나, 또는 Fred L. Holton, *The Melchizedek Tradition* (London: Cambridge University Press, 1979), pp. 64ff를 보라. 그 단편 저자에 의하면 멜기세덱은 포로로 잡혀간 자들을 자유케 하기 위해(4-6행) 열 번째 희년에 나타날 것이며(7-8행), 그때 그들의 죄악을 속량해주고(6, 8행), 벨리알의 주인들에 대한 하나님의 심판을 시행할 것이다(9, 11-15, 20행). 이 모든 일은 멜기세덱을 위한 은혜의 해의 일로 묘사되고 있다(9행). 그때는 시온의 구원이 선포되고(15-16, 23-24행), 엘로힘의 통치가 이루어진다(사 52:7 참고). 여기에서 레위기 25:10ff, 신명기 15:2-3, 시편 82:1-2, 7:8-9에 대한 주석이 이사야 61:1-2의 조직 틀 안에서 조망되고 있다.

19 스트로벨(A. Strobel)은 이 나사렛에서의 이야기가 메시아적 희년 사상을 반영한다고 제안한다. 레위기 25:8-13에 나오는 희년이 후기에 메시아적으로 이해하게 되어 누가복음 4:18-21과도 연관된다는 것이다. 어떤 학자는 예수께서 나사렛에서 선포하시던 바로 그해가 문자적으로 희년이었다고 주장하며 연도 계산을 하기도 한다.

이미 성취되었지만, 유대인들이 기대하던 것과 같은 성취가 아니라 다른 의미의 성취임을 보여주고 있는 것이다.

예수 그리스도는 자신의 사역이 구약시대에 약속되었던 메시아 시대, 즉 하나님나라에 대한 기대를 성취하는 것임을 강조하신다. 또한 자신의 사역 가운데 하나님의 통치가 현존함을 자주 언급하신다. 하나님나라가 자신의 사역을 통해 성취되었고, 이미 현존한다고 역설하시는 것이다.[20]

첫째, 예수는 먼저 자신의 사역이 구약성경에서 약속되었던 황금시대를 성취하는 것이라고 선언한다. 유대인들이 그토록 오랫동안 기다려왔던 약속의 때가 자신을 통해 이루어졌으며, 자신의 사역이 메시아의 시대가 시작된 것을 알리는 강력한 표시라고 주장한다. "너희가 보는 것을 보는 눈은 복이 있도다…많은 선지자와 임금이 너희가 보는 바를 보고자 하였으되 보지 못하였으며"(눅 10:23f)고, 자신이 하고 있는 일들이 구약시대 사람들이 그토록 보기를 원했던 일들이라고 주장하며, "솔로몬보다 더 큰 이가 여기 있으며…요나보다 더 큰 이가 여기 있느니라"(눅 11:31ff)고, 자신이 구약성경의 위대한 왕인 솔로몬보다 더 크며, 선지자 중 하나인 요나보다도 더 큰 분인 것을 주장한다. 솔로몬보다 더 큰 왕이요 요나보다 더 중요한 선지자라는 자기주장을 하고 계신 것이다. 그러한 선언을 통해 예수는 자신의 사역이 구약의 백성들이 그토록 보고 싶어 하고 기다렸던 일이었음을 역설한다.

둘째, 예수는 자기 자신에 대해, 그리고 자신의 사역에 대해 종말론적

---

20 이 책의 전체 내용이 그렇겠지만 특히 아래의 논의는 1987년도 개혁신학연구원에서 들었던 양용의 교수의 강의에 의존한 바가 크다. cf. 양용의, 『하나님나라 어떻게 이해할 것인가』 (서울: 성서유니온선교회, 2005).

인 표현을 자주 사용한다. 예수께서 자주 언급하시는 혼인 잔치가 대표적인 예이다. 예수는 친히 잔치를 배설하시기도 하지만, 잔치의 모습으로 하나님나라의 상황을 설명하는 여러 비유들을 말씀하신다. 요한의 제자들이나 바리새인들은 금식하는데 예수의 제자들은 금식하지 않는다고 힐난하는 자들에게 "혼인 잔치에 온 손님들이, 신랑과 함께 있는 동안에 금식할 수 있느냐? 신랑을 자기들 곁에 두고 있는 동안에는 금식할 수 없다"(막 2:19, 새번역)라고 선언하신다. 자신이 신랑과 같은 존재여서 유대인들이 그토록 중요시하는 금식조차 자신과 함께 있는 동안에는 필요 없는 종교 의식이 될 정도로 자신이 가치 있는 존재임을 천명하신다. 모든 판단의 기준이 자신에게 있는 것 같은 언사를 하시는 것이다. 무리들을 보시고 목자 없는 양과 같이 여기는 것이나(마 9:37), 추수할 일꾼을 요청하라고 권면하는 것은(마 9:38) 자신의 정체가 그들에게 목자와 같다고 주장하는 것이다. 이 모든 예수의 자기이해를 한마디로 요약하는 진술이 "이 글이 오늘 너희 귀에 응하였느니라"이다(눅 4:16-21 cf. 사 61:1ff, 마 11:2-6, 눅 7:18-23, cf. 사 35:5-6). 메시아 시대의 기쁨을 언급하는 것으로 간주되어 왔던 구약 예언들을 자기 자신과 사역에 적용시키고, 그것들의 성취를 자신의 사역 속에서 찾는 것이다.

셋째, 구약성경의 예언에 대한 성취로서 자기 사역을 이해하는 예수의 자기이해는 하나님나라의 현재성을 보여주는 다른 여러 구절들과 어울린다. 우선 하나님의 통치에 대한 많은 비유들이 하나님나라의 현재성을 가정하고 있다. 밭에 감추어진 보화나 극히 값진 진주에 대한 비유(마 13:44-46)는 이미 현존하는 보화를 전제하고, 그것들을 이미 발견하여 샀다고 표현한다. 하나님나라가 이미 여기에 있으니 그것을 확보해야 할 것을 가르치는 것이다. 망대를 건축하는 건축자의 비유나 전쟁에 나가는 임금에 대한 비유(눅 14:28-33)는 비용을 계산하고 준비해야 할 것을 가르친다. 지금 여기 우리 앞에 현존하고 있는 위기 상황을 전제하고, 그 위험과 대가마저 무릅써야 한다는 현재적 위기의 모습을 보여주고 있는 것이다. 큰 잔치에 대한 비유는(눅 14:15-24) 한 바리새인이 "무릇 하나님의 나라에서 떡을 먹는 자는 복되도다"(15절)라고 말하는 것에 대한 반응으로 이야기하셨다. 바리새인은 떡을 먹게 될 미래의 사건을 기대하고 있지만, 예수는 잔치가 이미 배설되어 있다는 것을 강조한다. 이미 배설되어 있는 잔치를 너희가 거절하여 다른 사람들이 들어가고 있다고 말씀하신다. 그들의 자리가 다른 사람들에 의해 지금 채워지고 있었다.

하나님나라의 현재성을 가장 극명하게 보여주는 구절로 가장 널리 알려진 것은 "또 여기 있다 저기 있다고도 못하리니 하나님의 나라는 너희 안에 있느니라"(눅 17:21)는 말씀이다. 여기에서 표현된 "너희 안에"(ἐντὸς ὑμῶν, 엔토스 휘몬)라는 표현은 흔히 '심령 천국'이나 '가정 천국'과 같은 의미로 해석되었다. 그러나 여기에서는 마음속이 아니라 "너희 무리 중에" 또는 "너희 모임 중에"라는 의미로 해석해야 한다. 그 의미는 천국이 여기나 저기 있는 것이 아니라 그 청중들 가운데 서 계신 자기 자신이 곧 천국임을 주장하는 것이다.

이처럼 예수의 사역 속에서 구체적으로 구현된 하나님나라는 사탄과의 영적인 전투를 통해 극적으로 표현된다. "사탄이 하늘로부터 번개 같이 떨어지는 것을 내가 보았노라"(눅 10:18)는 말씀이나, "그러나 내가 하나님의 성령을 힘입어 귀신을 쫓아내는 것이면 하나님의 나라가 이미 너희에게 임하였느니라"(마 12:28)는 말씀은 사탄의 통치를 종식시킨 하나님나라가 지금 여기에 있음을 시사한다. 하나님나라가 그에 대항하는 적대자들을 패배시키고 승리함으로 실제적이고 구체적으로 우리 앞에 와 있다는 것이다. 사탄의 세력들이 패배하는 그 모습이 곧 하나님나라의 현재성을 보여주는 중요한 증거이다. 예수와 그의 제자들이 귀신을 쫓아내는 기적들은 하나님나라의 현재성을 보여주는 증거들이다(마 12:28, 눅 10:18). 사탄은 이미 결박되어 있다(막 3:27). 하나님나라가 능력 있게 도래함으로써 그에 대적하는 사탄의 무리는 결박되고 패배하게 된 것이다.

예수는 요한의 사역과 자신의 사역을 비교하면서 새 시대와 옛 시대 사이를 구분하신다. "율법과 선지자는 요한의 때까지요 그 후부터는 하나님나라의 복음이 전파되어 사람마다 그리로 침입하느니라"(눅 16:16). "세례 요한의 때부터 지금까지 천국은 침노를 당하나니 침노하는 자는 빼앗느니라"(마 11:12). 세례 요한이 옛 시대의 종착점이라면, 예수는 새 시대의 출발점이라는 말씀이다. 하나님나라가 자신의 도래와 사역을 통해 이미 여기에 있다.

이 모든 구절들은 예수의 가르침에 나타난 하나님나라의 현재적 측면에 대한 가르침들이다. 하나님의 현재적 통치는 예수께서 베푸신 기적이나 그가 청중들에게 한 요구, 그가 베푼 구원의 약속이나 그의 인격, 그리고 그에 대한 제자도에서 나타난다. 그런데 이러한 구절들과 모순되는 구절들이 등장한다. 예수 그리스도의 가르침에는 하나님나라의 현재적 측면뿐만 아니라 미래적 측면에 대한 가르침도 나타나기 때문이다.

예수 그리스도는 "나라"라는 용어뿐만 아니라 신약성경의 다른 용어들을 사용하여 종말론적인 미래를 말씀하셨다. 예수는 구약에서 자주 사용되는 "주의 날"(암 5:18ff)이라는 용어를 사용하시며(눅 10:12, 마 10:15), 이 용어를 인자의 오심과 연결하기도 하고(눅 17:22-37), 하나님나라와 결합하기도 한다(마 14:25). 하나님나라가 지금 여기에서의 나라일 뿐만 아니라 거기 미래의 어떤 나라라는 것이다. 예수께서 말씀하신 비유들은 하나님나라의 미래성을 현재성과 더불어 공히 강조한다. 현재 시작된 하나님나라의 미래적 완성을 내다보는 비유들이 있는가 하면(겨자씨, 누룩, 가라지, 씨 뿌리는 비유), 현재 상황이 위기의 때라는 점에 입각하여 임박한 재난을 내다보는 기대를 묘사하는 비유들이 있다(마 11:16ff, 눅 12:54-56, 눅 17:26-29). 또한 무화과나무의 비유(마 13:28)는 예수께서 하나님의 종말론적 출현이 시간적으로 근접해 있음을 선포한 것이다.

또한 예수는 현재 삶의 모습이 완전히 뒤바뀌게 될 미래의 상태를 기대한다. 팔복에 나타난 복은 현실의 복과는 정반대된다(눅 6:20-26, 마 5:3-12). 그 나라에서는 먼저 된 자가 나중 되고 나중 된 자가 먼저 될 자가 많다(마 19:30). 감추어진 것이 드러나지 않을 것이 없고, 숨은 것이 알려지지 않을 것이 없다(마 10:26). 천국에서는 어린아이와 같은 자가 가장 큰 자이다(마 18:4).

예수의 이러한 가르침에는 마지막 때가 갑자기 임하리라는 사실을 염두에 두고 언제나 깨어 있어야 할 필요성이 언급된다. 허리에 띠를 띠고 등불을 준비해야 하는데, 생각지 않은 때에 인자가 오실 것이기 때문이다(눅 12:35-40). "그런즉 깨어 있으라 너희는 그날과 그때를 알지 못하느니라"(마 25:13).

예수는 또한 하나님나라에 들어가기 위한 준비를 강조한다. 돌이켜 어린아이와 같이 되지 아니하면 결단코 천국에 들어갈 수 없기 때문에 어린아이와 같이 되어 천국에 들어갈 준비를 하라(마 18:3). 눈을 빼어버리고, 한 팔을 자를지라도(막 9:47) 준비하라. 다른 사람들이 다 피하는 좁은 문의 길일지라도 들어가라(눅 13:24).

이러한 가르침은 예수께서 제자들에게 요구하시는 제자도의 말씀들과 연결되어 더욱 강력한 의미로 우리에게 다가온다. 예수는 제자들이 마지막 때에 겪게 될 고난을 말씀하신다. 자신의 사역이 불을 땅에 던지는 것이며 분쟁케 하려는 것이라고 천명하신다(눅 12:49-53). 인자의 임함이 번개가 하늘 아래 이편에서 번뜻하여 하늘 아래 저편까지 비침 같을 것이다(눅 17:22-30).

하나님나라에 대한 이러한 많은 언급들은 예수 그리스도께서 그 미래성과 함께 현재성을 동일하게 가르치셨다는 것을 보여준다. 그렇다면 어떻게 미래적 하나님나라가 현재적 하나님나라가 될 수 있는가? 어떻게 그 미래성과 현재성이 공존할 수 있는가? 이에 대해 학자들은 여러 가지 설명들을 제시하고 있다.[21]

예레미아스(Joachim Jeremias)는 하나님나라의 현재성과 미래성의 관계를 "실현되는 과정 중에 있는 종말론"(Eschatology that is in process of realization)이라는 용어로 설명한다. 그는 특히 예수의 비유로 종말론을 설명한다. 예수는 비유들을 통해 성취의 때가 지금 여기 현존해 있다고 가르친다. 그것은 구원을 도래케 하시는 그분이 여기에 지금 현존하고 있기 때문이다. 예수는 비유들을 통해 자신의 사역 가운데에서 시작된 하나님나라가 미래 언젠가 완성될 것을 가르친다. 예레미아스는 특히 예수 그리스도가 비천함과 영광의 두 단계에 걸쳐 하나님의 통치를 실현시키는 왕이라고 표현한다. 비천함의 단계는 신앙인들만이 지금 여기에서 깨닫지만, 영광의 단계는 주께서 재림하실 때 모든 만민이 깨닫게 될 것이다.[22]

---

21 개혁주의 종말론, 특히 무천년론적인 입장의 종말론적 이해를 위해 꼭 권하고 싶은 책은 안토니 후크마, 『개혁주의 종말론』 유호준 역(서울: 기독교문서선교회, 1986)이다.

22 요아킴 예레미아스, 『신약신학』 정충하 역(서울: 새순출판사, 1990), 『예수의 비유』 허혁 역(왜관: 분도출판사, 1974) 등을 참조하라.

퀌멜(W. G. Kümmel)은 미래 종말론적 완성이 예수 자신의 인물 안에서 그 효력을 발생한다고 본다. 하나님나라의 현재적 표현은 예수의 인격 안에 엄격히 제한된다. 예수께서 임박한 도래를 선포하셨지만, 그 미래적인 왕국이 이미 예수를 통해 활동하고 있다. 예수 그리스도 자신만이 하나님나라의 유일한 표징이며, 예수 그리스도로 말미암는 현재의 성취는 미래 약속에 대한 확실성을 보장한다. 하나님나라의 현재성은 예수 그리스도의 인격 안에서 하나님나라의 미래성을 확실하게 보장한다.[23]

오스카 쿨만(Oscar Cullmann)은 하나님나라의 현재성과 미래성의 관계를 승리의 전환점이 된 디데이(D-day)와 승리를 선언하는 전쟁 승리일(V-day) 사이의 긴장관계로 설명한다. 현재 이미 승리가 시작되었다. 그러나 아직 항복을 받지는 않았다. 그래서 현재 이루어지고 있는 전쟁은(눅 10:18, 마 12:28), 이미 승리가 확정된 상태에서 최종 마무리 작업으로서 패잔병 소탕 정도의 전쟁이다.[24]

리델보스(H. Ridderbos)는 하나님나라는 하나님의 통치를 의미하며, 하나님의 통치는 역사 속에서 이미 활동했고, 지금도 활동하고 있다고 말한다. 그는 성경이 하나님나라의 현재성과 미래성에 대해 확실한 체계나 조직적 교훈으로 우리에게 제시하고 있지 않기 때문에 하나님나라의 현재성과 미래성의 관계를 너무 체계화하지 말아야 한다고 주장한다. 그럼에도 불구하고 하나님나라의 현재성과 미래성의 관계는 "성취와 완성"

---

23 W. G. 퀌멜, 『신약성서신학』 박창건 역(서울: 성광문화사, 1985)을 참조하라.
24 오스카 쿨만, 『신약의 기독론』 김근수 역(서울: 도서출판 나단, 1988), 『그리스도와 시간』 김근수 역(서울: 도서출판 나단, 1988) 등을 참조하라.

이라는 어휘로 어느 정도 그 성격을 규정할 수 있을 것이다.[25]

고펠트(Leonhard Goppelt)는 하나님나라에서 하나님의 통치의 핵심은 하나님과 그의 백성 사이의 관계가 완전케 되는 것에 있다고 정리한다. 한 사람이 예수 그리스도를 통해 하나님과의 관계가 새로워지는 것이 하나님나라에 들어가는 것이다.[26]

예수께서 가르치신 하나님나라의 현재적인 모습과 미래적인 소망 사이의 양면성을 어떻게 이해할 것인가에 대한 학자들의 논란이 계속되어 왔다. 학자들은 하나님나라의 현재성과 미래성의 관계에 대해 여러 그림들을 제시한다. 하나님나라의 현재성과 미래성의 관계를 완전한 조직과 체계로 설명하고 싶은 유혹을 경계한다면, 학자들이 제시한 여러 그림들을 통해 하나님나라의 현재성과 미래성의 관계에 대한 이해의 폭을 넓힐 수 있을 것이다.

1) 구약과 유대교(수평적 종말론): 학자들의 견해를 이해하기 위해서는 우선 구약과 유대교에서 기대하는 종말의 도표를 살펴보아야 한다. 그들은 일직선상에 놓인 종말론적 시간표를 가정한다. 사탄이 통치하는 이 시대는 주의 날이 도래함으로 하나님나라로 변화될 것이다. 후기 유대교의 여러 분파들은 주의 날이 도래하기 이전에 엘리야의 도래를 기대하기도 한다.

---

25 H. 리델보스, 『하나님나라』 오광만 역(서울: 엠마오, 1988)을 참조하라.
26 레온하르트 고펠트, 『신약신학 I』 박문재 역(서울: 크리스천다이제스트, 1992), 『신약신학 II』 박문재 역(서울: 크리스천다이제스트, 1992) 등을 참조하라.

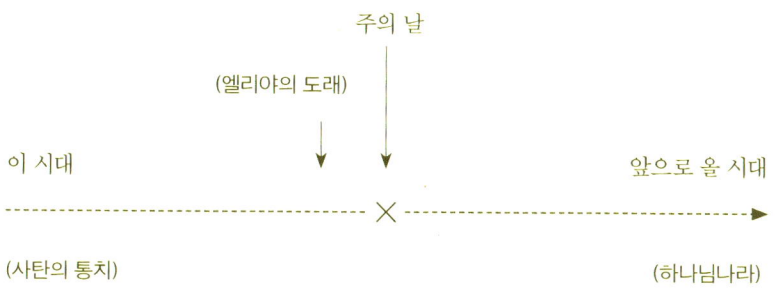

2) 오스카 쿨만(이중적인 수평적 종말론): 신약성경은 구약성경과 유대교가 기대하는 종말론을 그대로 받아들이지 않는다. 오스카 쿨만은 이러한 유대적 기대와 다르게 신약성경의 종말론에 특이한 첨가 사항이 있다고 주장한다. 수직선상에 두 지점이 표시되어야 한다는 것이다. 신약성경은 승리가 시작된 시점과 완성되는 시점 사이의 중간 상태 기간을 예상한다. 오스카 쿨만은 현재적 하나님나라의 상태를 2차 세계대전에서 연합군이 노르망디 상륙 작전으로 승기를 잡기 시작한 디데이(D-day)와 같은 날로 생각한다. 현재적 하나님나라는 디데이처럼 승기를 잡기 시작한 날로, 완전한 승리를 가져올 미래의 승리 선언의 날(V-day)을 기대한다. 디데이는 아직 승리가 확정된 날이 아니므로 하나님나라의 현재적 확실성에 대한 오해의 여지가 있다. 그래서 하나님나라의 현재성과 미래성의 관계를 유럽에서 거둔 승리의 날(VE day = Victory in Europe)과 일본에서 거둔 승리의 날(VJ day = Voctory in Japan) 사이의 긴장 관계로 묘사하며, 일본에서도 이미 승리했지만 패잔병들은 여전히 전쟁을 수행하고 있는 것 같은 상태로 묘사하기도 한다. 아무튼 그에 의하면 하나님나라의 현재적 승리는 이미 확정되어 있지만 아직 전쟁이 종료된 것은 아니다.

```
이 시대                           앞으로 올 시대
---------------×---------------+------------------▶
        D-day                  V-Day
        VE day                 VJ day
        VJ day                 패잔병 소탕 완료
```

3) 게하더스 보스(수직적 종말론): 유대교나 오스카 쿨만은 하나님나라의 현재성과 미래성의 관계를 하나의 수평적인 선으로 이해하려고 했다. 그러나 게하더스 보스는 이러한 수평적인 이원론적 그림에 수직적인 차원을 추가한다. 이 시대와 장차 올 시대가 수평적인 모습으로만 존재하는 것이 아니라 수직적인 위와 아래의 두 세상으로 공존한다는 것이다. 장차올 세상은 지금 여기에서 원칙상 이미 실현되었다. 영적이고 천상적인 형태로 현존하고 있다.[27]

```
                장차 올 세상              장차 올 시대
        ┌─────────────────────┬──────┐
   부   │   (원칙상 실현됨)    │  재  │
   활   │                     │  림  │
        └─────────────────────┴──────┘
        이 시대
```

---

[27] 게하더스 보스, 『성경신학』 이승구 역(서울: 기독교문서선교회, 1985)을 참조하라.

4) 래드(이중의 수직적 종말론): 수직적 이원론의 그림에 래드는 구약시대까지 포함시키고, 미래에 완성될 하나님나라를 지금 여기의 하나님나라와 연속선상에 놓기를 경계한다. 그는 구약성경에 암시된 하나님나라를 점선으로 표현하고, 미래에 완성될 하나님나라를 지금 여기 하나님나라의 수준과 다르게 표현하여 지금까지의 그림을 완성한다. 구약시대에 이미 하나님나라는 출애굽과 포로 귀환이라는 구속사적 사건 속에서 그분의 통치로 은연중에 나타났다. 지금은 예수 그리스도의 구속 사역으로 성취되어 현존한다. 보스의 그림은 지금 여기에서 누리는 하나님나라와 장차 완성될 하나님나라 사이를 일직선으로 표현하여 둘 사이의 연속성을 강조했지만, 하나님나라의 현존은 종말에 완성될 하나님나라와 불연속성을 띤다. 그러므로 하나님나라는 구약시대의 은연중에 나타난 하나님나라와 지금 여기에서 성취된 하나님나라, 장차 완성될 하나님나라로 단계화 되어야 한다.[28]

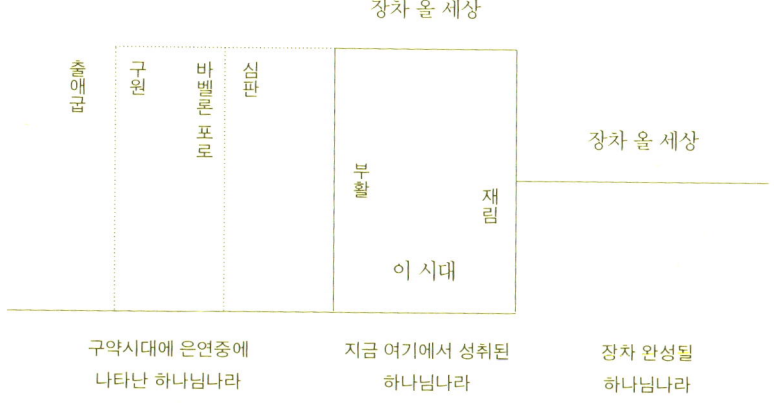

---

28 조지 래드, 『하나님나라』 원광연 역(서울: 크리스천다이제스트, 1997)을 참조하라. 이 책은 조지 래드 전집 제1권으로 『하나님나라의 복음』, 『하나님나라에 관한 중대한 질문들』, 『미래의 현존』을 하나로 묶었다.

5) 새로운 시도 1(역동적 종말론): 신학 과정에서 배운 가장 중요한 것 하나를 꼽으라고 한다면 나는 주저 없이 앞의 그림을 꼽는다. 그 그림에서 나는 하나님나라의 미래성만 강조하여 현실 세계에서의 그리스도인의 책임과 역할에 눈멀게 했던 기존의 신앙 체계를 새롭게 하는 계기를 찾았다. 또 하나님나라의 백성으로서 내가 지금 여기에서 어떻게 살아야 할 것인가 진지하게 묻게 되었다. 나아가 신앙생활을 하며 고민했던 여러 문제들에 대한 해답을 발견했다.

나는 앞의 그림을 다음과 같은 곡선으로 만들 것을 제안한다. 그리스도인의 종말론적 삶을 이해하기 위해 조금 더 역동적인 모습으로 표현해야 한다고 생각하기 때문이다. 나는 다음의 그림을 통해 옛 사람과 새 사람의 갈등을 이해하고, 의로운 자아와 죄짓는 자아 사이의 이중적 삶의 갈등을 이해한다.

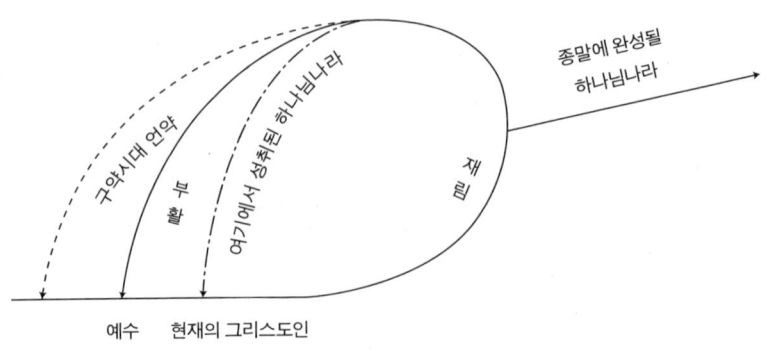

그리스도인은 예수 그리스도의 십자가와 부활을 통해 종말에 있을 복들을 지금 여기에서 누리는 삶을 살고 있다. 종말이 예수 그리스도의 사

역과 죽음, 그리고 부활을 믿음으로 말미암아 지금 여기에서 우리에게 현실로 구체화된다. 그리스도인의 "종말론적 삶"은 지금 여기에서의 삶이 이미 성취된 하나님나라에서의 삶이며, 더 나아가 종말에 있을 완성된 하나님나라의 삶을 미리 가져다가 사용하는 "선취"(先取, proleptic)적 삶이다. 종말에 이루어질 상황을 미리 맛보는 삶이 현실에서 누리는 그리스도인의 삶이다.

이 역동적인 그림을 통해 그리스도인의 종말론적 삶을 이해하면, 기독교 교리상의 여러 혼란된 부분들을 정리할 수 있다. 그리스도인이 지금 여기서 누리는 삶은 여러 다른 용어로 표현할 수 있는데, 이는 우리가 받은 은혜에 대한 서로 다른 양상의 반영으로서 그 의미는 동일하다. 우리가 체험하는 하나님나라의 여러 측면에 대한 서로 다른 표현인 것이다.

6) 새로운 시도 2(실존적 종말론): 역동적 종말론을 생각하다보니 종말의 영원과 태초의 영원의 관계에 대한 의문이 생긴다. 종말의 영원과 태초의 영원이 동일한 영원이라면, 종말이 다시금 태초와 만나야 하는 것 아닌가? 그렇다면 위의 역동적 종말론의 그림은 원으로 표현되어야 할 것이다. 신학대학원 시절 조직신학 시간에 무슨 말인지도 모르고 들었던 "종말에는 영원이 시간과 통합된다"는 말도 이런 그림을 표현하는 것이 아니겠는가? 영원으로부터 태초가 시작되어 시간이 시작되고, 시간이 흐름에 따라 역사가 진행되어 예수 그리스도의 사역으로 말미암아 종말의 영원한 하나님나라에서 누리게 될 구원을 지금 여기에서 누리게 된다. 그러면 그림은 역동적 종말론의 그림보다 좀 더 간단해진다(뒷장의 도표를 보라).

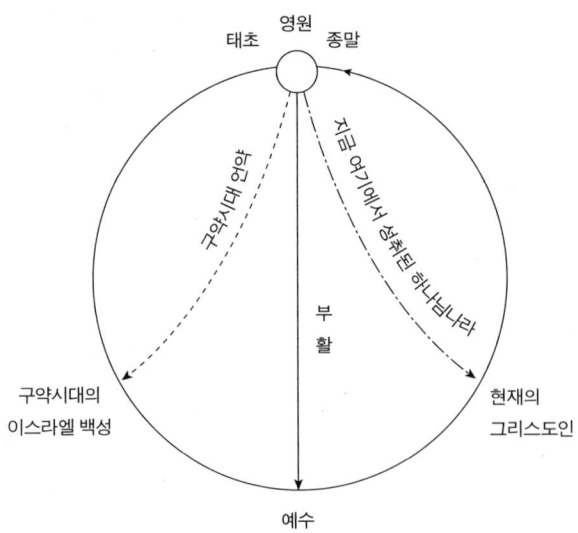

　이 그림을 그려놓고 생각해 보니 불트만의 실존적 종말론의 그림과 일맥상통하는 것 같고, 조심스럽지만 불교의 깨달음이나 해탈의 개념과도 연결되는 것 같다. 영원의 세계에서의 구원이 지금 여기에서 믿음으로 말미암아 우리의 것으로 누릴 수 있는 현실이 되는 것이다. 예수 그리스도의 십자가와 부활의 역사성이나 시간성을 제외하고 이 깨달음만 강조하면 영지주의가 되고[29] 불교가 되어버린다.[30] 불트만의 실존적 종말론은 역

---

29 영지주의에서는 육체를 영혼의 감옥으로 이해한다. 영혼으로 하여금 이 감옥을 벗어나게 하는 깨달음(지식)이 인간에게 구원을 가져다준다. 시간과 육체의 제한성에서 벗어나 영원의 세계를 바라보게 하는 깨달음이 구원인 것이다. 이러한 가르침은 불교의 해탈이나 득도와 일맥상통하는 개념이다. 학자들 중에는 영지주의의 배경으로 인도의 불교를 말하기도 한다.

30 불교에서는 일체유심조(一切唯心造)를 강조한다. 인간의 마음이 모든 만물을 선하게도 만들고 악하게도 만든다는 것이다. 원효대사가 해골 물을 마시고 시원하게 느꼈다가 그것이 해

사성을 약화시키는 것 때문에 비판을 받는다. 그럼에도 불구하고 종말의 완성과 영원에 대한 고민은 원으로 표현된 앞의 도표에 의하여 일정 부분 그 의미를 분명하게 해주는 요소가 있다.[31]

하나님나라는 지금 여기에서 믿음으로 말미암아 현존한다. 영원의 질서가 현실화하여 우리가 누리는 실체로서 지금 여기에 와 있는 것이다. 믿음으로 말미암아 영원의 것을 지금 여기의 것으로 인정하고 받아들이면 그것이 구원이 되고, 의로움이 되고, 거룩함이 되며, 생명이 된다. 구원의 확신, 그 깨달음의 순간이 필요한 것이다.

10여 년 전, 청년부의 설교 대회에서 설교자로 나선 한 청년이 청중들에게 물었다. "구원의 확신이 있습니까? 구원의 확신이 있는 분은 손들어 보세요." 사람들이 손을 든다. 다시 묻는다. "거듭나신 분은 손들어 보세요." 다시금 사람들이 손을 든다. "여러분 중에 의롭게 되신 분은 손들어 보세요." 아까보다는 훨씬 적은 숫자가 손을 든다. 그 청년이 다시 묻는다. "여러분 중에 성화되어 거룩하게 되신 분 손들어 보세요." 손드는 사

골물인 것을 알고서는 토했던 일은, 일체의 마음이 그 깨끗함과 더러움을 결정짓는다는 것을 보여주는 예화로 자주 거론된다. 로마서에서의 믿음은 이와 같은 마음의 여김을 의미하는 것으로 해석될 수 있다. "이와 같이 너희도 너희 자신을 죄에 대하여는 죽은 자요, 그리스도 예수 안에서 하나님을 대하여는 산 자로 여길지어다"(롬 6:11).

31 성경에서 영원의 개념은 시간적인 지속성을 의미하는가? 아니면 시간을 초월한 세계에서의 영원을 의미하는가? 전자는 마치 드라큘라가 죽지 않고 영원히 산다고 말할 때의 영원의 의미일 것이고, 후자는 시간의 개념이 없는 이데아적인 영원, 초월적인 영원을 의미할 것이다. 묵시문학에서는 전자처럼 시간의 영속성을 전제하는 것처럼 보이고, 헬라철학, 특히 플라톤 철학은 이데아의 영원을 말하는 것 같다. 초기 교부들이 플라톤을 비롯한 헬라 철학자들을 그리스도교 이전의 그리스도인이라고 격찬했던 이유가 이러한 영원의 의미를 미리 깨달았다는 것을 의미하는 것은 아닐까? 오스카 쿨만은 신약성경의 시간 개념이 직선적이지 이데아적인 영원을 상정하지 않는다는 것을 강조한다. 『그리스도와 시간』 김근수 역(서울: 나단, 1987).

람들이 갑자기 더 줄어든다. 아니 거의 없다.

이러한 모습은 오늘날 그리스도인들이 오해하는 여러 가지 개념들을 단적으로 보여준다. 그 청년의 질문은 모두 다 동일한 상태에 대한 서로 다른 표현들이다. 그러니 손 든 사람들의 숫자가 동일해야 한다. 구원받음이 거듭남이고, 의롭게 됨이며, 성화되어 거룩하게 되는 것이다. 구원받은 사람은 이미 거듭났으며 의롭게 되었고 거룩하게 되었다. 그런데 손을 드는 사람들의 숫자가 동일하지 않았다는 것은 각각의 표현들이 동일한 상태를 표현한다는 사실을 잘 알지 못하기 때문이다.

그리스도인이 누리는 구원받은 삶과, 그에 대한 여러 교리적인 용어들에 대한 혼동을 잘 이해할 수 있게 해주는 그림이 앞의 그림이다. 종말에서 완성될 것들을 지금 여기에서 맛보고 누리고 사는 자들이 그리스도인이다. 믿음은 바로 종말을 지금 여기 우리에게로 가지고 올 수 있게 한다. "믿음은 바라는 것들의 실상이요 보이지 않는 것들의 증거니"(히 11:1). 종말의 완성을 바라보게 하는 것이 믿음이요, 종말에 완성될 것이기에 아직 보지 못했지만 그것을 지금 여기에서 실상으로 누리며 살게 하는 것이 믿음이다.

우리는 이미 구원받았다. 그러나 지금 여기에서 우리의 삶을 살펴보면 우리가 과연 구원받은 사람인지 의심스러울 때가 많다. 아직 그 구원이 완성된 것이 아니기 때문에 불완전하다. 장차 완성될 구원을 믿음으로 바라보고 지금 여기에서 성취된 구원을 누리며, 구원을 완성시켜 간다. 성경은 "너희는 그 은혜에 의하여 믿음으로 말미암아 구원을 받았으니"(엡 2:8)라고 말하여 지금 이미 구원을 받았다고 말하면서, 다른 한편으로는 "항상 복종하여 두렵고 떨림으로 너희 구원을 이루라"(빌 2:12)고 말하여 구원을 완성시켜 나갈 책임을 강조한다. 장차 완성될 구원을 바라보고 지금 여기에서의 구원을 누리며 구원을 이루어 가는 것이 그리스도인의 현재적 삶의 모습이다.

거듭남에 대한 교훈도 이와 동일하다. 우리는 이미 거듭나 새 사람이 되었다. "그런즉 누구든지 그리스도 안에 있으면 새로운 피조물이라 이전 것은 지나갔으니 보라 새 것이 되었도다"(고후 5:17).

바울은 그리스도인들이 그리스도 안에서 새로운 피조물이 되어 거듭났다고 선언한다. 그러나 아직 완전히 새롭게 되지는 않았다. 여전히 옛 사람이 힘있게 살아서 우리를 지배하고 있기 때문이다. "그러므로 내가 한 법을 깨달았노니 곧 선을 행하기 원하는 나에게 악이 함께 있는 것이로다 내 속사람으로는 하나님의 법을 즐거워하되 내 지체 속에서 한 다른 법이 내 마음의 법과 싸워 내 지체 속에 있는 죄의 법으로 나를 사로잡는 것을 보는도다 오호라 나는 곤고한 사람이로다 이 사망의 몸에서 누가 나를 건져내랴 우리 주 예수 그리스도로 말미암아 하나님께 감사하리로다 그런즉 내 자신이 마음으로는 하나님의 법을 육신으로는 죄의 법을 섬기노라"(롬 7:21-25).

선을 행하기 원하는 내 안에 악이 함께 있어서 그 둘 사이의 긴장이 존재한다. 마음으로는 하나님의 법을 섬기지만 육신으로는 죄의 법을 섬길 때가 생기게 된다.

바울은 이러한 두 자아 사이의 갈등을 옛 사람과 새 사람 사이의 갈등이라고 표현한다. "너희는 유혹의 욕심을 따라 썩어져 가는 구습을 따르는 옛 사람을 벗어버리고 오직 너희의 심령이 새롭게 되어 하나님을 따라 의와 진리의 거룩함으로 지으심을 받은 새 사람을 입으라"(엡 4:22-24). 우리 안에 구습을 좇는 옛 사람과 하나님을 따라 새롭게 지음 받은 새 사람이 공존한다.

그리스도인의 의롭게 됨에 대한 선언 역시 이러한 "이미"와 "아직"의 양면성을 지닌다. 흔히 **"칭의"**(justification)라고 표현하는 종말에 있을 의롭다는 선언은 지금 여기에서 우리가 누리는 은혜이다. 우리는 이미 그리스도 안에서 의롭게 되었지만, 실제 삶을 살펴보면 아직도 여전히 죄를 지으며 살고 있다. 우리는 용서받아 의롭게 된 죄인이다. 여전히 죄악과 허물로 얼룩진 삶을 살고 있지만, 종말에 선포될 의를 미리 누리며 산다.

이처럼 "이미"와 "아직"의 긴장 관계는 신약성경에서 우리에게 주는 모든 은혜의 각 측면에 적용될 수 있다. 우리는 이미 거룩한 자가 되어 **"성화"**(sanctification)되었지만, 여전히 죄악 중에서 살고 있다. 그리스도인은 예수 안에서 거룩해진 자이다(행 20:32, 26:18, 고전 1:2).

또한 하나님의 성전이 거룩한 것처럼 모든 그리스도인이 거룩하다(고전 3:17). 모든 그리스도인은 주 예수 그리스도의 이름과 우리 하나님의 성령 안에서 씻음과 거룩함과 의롭다하심을 얻었다(고전 6:11, "너희 중에 이와 같은 자들이 있더니 주 예수 그리스도의 이름과 우리 하나님의 성령 안에서 씻음과 거룩함과 의롭다 하심을 받았느니라").

그리스도인이 이미 의롭다 하심을 얻은 것처럼 이미 거룩함을 얻었다. 하나님이 우리를 거룩하게 하시는 자라면 우리는 거룩하게 하심을 입은 자들이다(히 2:11). "그러므로 함께 하늘의 부르심을 받은 거룩한 형제들아 우리가 믿는 도리의 사도이시며 대제사장이신 예수를 깊이 생각하라"(히 3:1).

그러나 이러한 거룩함은 완성된 것이 아니다. 그래서 성경은 우리가 거룩함을 이루어 가고 지켜야 할 것을 명령한다. "그런즉 사랑하는 자들아 이 약속을 가진 우리는 하나님을 두려워하는 가운데서 거룩함을 온전히 이루어 육과 영의 온갖 더러운 것에서 자신을 깨끗하게 하자"(고후 7:1),

"평강의 하나님이 친히 너희를 온전히 거룩하게 하시고 또 너희의 온 영과 혼과 몸이 우리 주 예수 그리스도께서 강림하실 때에 흠 없게 보전되기를 원하노라"(살전 5:23), "오직 너희를 부르신 거룩한 이처럼 너희도 모든 행실에 거룩한 자가 되라"(벧전 1:15). 성화의 개념에도 이미 성화되었지만 아직 완성되지 않은 성화라는 개념이 있다.

이처럼 "이미"와 "아직"의 긴장 관계를 이해하는 것은 신약성경에서 말하는 그리스도인의 실존을 이해하는 데 아주 중요하다. 우리는 이미 성령 세례를 받고 성령으로 충만하지만, 아직 완전히 성령의 지배 아래에서 살지 못한다. 우리는 이미 하나님나라에 들어왔지만, 아직 완전히 하나님나라에서 살지는 못한다. 우리는 이미 하나님의 자녀가 되었지만, 아직도 하나님의 자녀답지 못한 삶을 살 때가 많다. 이처럼 우리의 구원을 표현하는 많은 동의어들을 종말론적 그림을 통해 "이미"와 "아직"의 도표로 이해할 수 있다.

"이미와 아직"의 긴장 관계를 통해 이해할 수 있는, 우리의 구원을 나타내는 신약성경의 다양한 표현들을 열거해 보면 다음과 같다.

구원받음

= 믿음

= 예수 그리스도를 영접함

= 죄 사함을 받음

= 의롭게 됨(칭의)

= 거룩하게 됨(성화)

= 거듭남(중생)

= 첫째 부활

= 성령 세례

= 성령 충만

= 하나님나라에 들어감

= 생명의 부활에 동참함

= 하나님의 자녀가 됨

= 영생을 얻음

  이러한 모든 개념들이 때때로 혼란스러운 것은 각 개념들이 가지고 있는 종말론적 성격 때문이다. 앞에서 곡선으로 그린 역동적인 하나님나라의 현재성과 미래성의 관계를 잘 이해하면 이 모든 개념의 의미를 어느 정도 이해할 수 있게 될 것이다.

  하나님나라는 예수 그리스도의 인격과 사역으로 지금 여기에서 이미 이루어지고 성취된 나라이다. 그러나 그 완성은 아직도 여전히 미래에 있다. 그리스도인은 지금 여기에서 하나님나라의 축복을 누릴 뿐만 아니라 미래의 하나님나라에 대한 소망 가운데에서 기뻐할 수 있다.

6장
하나님나라의 완성

5년 후의 내 모습은 어떻게 변해 있을 것인가? 10년 후에는? 또 인류의 미래는 어떻게 될 것인가? 종말은 과연 오는 것인가? 이처럼 미래에 대한 질문들을 하기 시작하면 끝이 없다. 인간은 미래에 관심이 많다. 작게는 개인의 미래에서 크게는 한 국가의 미래, 더 나아가 인류의 미래에 대해 호기심이 발동하고 관심을 갖는다.[32]

---

[32] 도널드 고완, 『구약성경의 종말론』 홍찬혁 역(서울: 기독교문서선교회, 1999), p. 6에서 저자는 "미래는 서구인들의 마음을 매혹시키는 주제이다. 이 주제에 관심을 집중할 때, 우리가 가까이 할 수 없는 영역들을 직접 보았다고 주장하는 신비주의자들의 보고서로부터 로마클럽(the Club of Rome)이 만든 2,000년에 관련된 예측에 이르기까지, 또 연옥으로 가는 길을 편하게 하려고 사람들이 구입했던 중세의 면죄부로부터 러시아의 경제성장 5개년 계획에 이르기까지 많은 형태들을 발견할 수 있다. 미래에 대한 예언은 그것이 기록된 증거들이 우리를 먼 옛날로 이끌 정도로 오래 전부터 인간들의 오락이 되어 왔다. 또한 이성적 계획으로 미래를 통제하려는 미래에 대한 설계들은 이제 매우 복잡해져 '미래학자'라는 직업을 가능하게 만들었다"라고 말한다. 동양의 미래학은 음행오행설을 기초로 미래를 예측하는 다양한 방법을 제안하고 신봉했다. 특히 사서삼경 중 〈주역〉은 미래 예측을 위한 주요 도서이다. 대표적 순환사관을 가진 〈주역〉은 음양의 순환, 오행의 순환을 통해 역사를 설명하고 미래를 예측한다.

고등학교에 다닐 때, 당시 군사 교육을 담당하시던 교련 선생님이 독실한 그리스도인으로서 장로였다. 교련 시간에 주로 군사 훈련을 받았기 때문에 교실에서 수업할 기회가 드물었지만, 간혹 교실 수업을 할 때면 군사적 이야기와 성경을 연결지어 말씀해주셨다. 어린 마음에 성경이 지금 여기 우리의 삶에 대해 말씀해주고 있다는 증거들을 접하고 충격을 받았다. 요한계시록의 몇몇 구절들을 오늘날 현대 전쟁이나 군사 상황과 연결지어 설명하셨던 것이다.

지금도 요한계시록 9:15-16의 말씀 해석이 기억에 생생하다. "네 천사가 놓였으니 그들은 그 년 월 일 시에 이르러 사람 삼분의 일을 죽이기로 준비된 자들이더라 마병대의 수는 이만 만이니 내가 그들의 수를 들었노라"(계 9:15-16). 그해, 그달, 그날, 그때 인류 3분의 1을 죽일 수 있는 무기가 무엇인가? 단시간에 대량 학살이 가능한 것은 핵무기밖에 없다. 더구나 마병대가 2만만, 즉 2억이라면 그 숫자를 가질 수 있는 나라는 중국밖에 없지 않은가.

당시 유럽연합(EEC, 후에 EC, 현재는 유럽 연합 EU)에는 9개국이 가입해 있었다. 그 선생님은 유럽연합이 10개국이 되어 계시록의 열 뿔을 이룰 것이라고 해석해주었다. 그러한 해석들은 어린 내게 종말론과 요한계시록에 대한 호기심과 흥미를 불러일으켰고, 그 결과 나는 종말론에 대한 책들을 읽기 시작했다. 곧 주님이 오실 것이라는 생각에 공부가 무슨 소용이냐며 바로 신학교에 가서 선교할 것이라며 큰소리치곤 했다.

그 당시 한국 교계에 널리 퍼져 있던 종말론은 소위 전천년론적 입장이었다. 현 시대의 사건과 성경에 기록된 구절들을 연결지어 성경을 해석하고, 한 손에 신문을 들고, 한 손에 성경을 들어 예언의 성취를 보면서 성경을 읽으라고 권면했다. 요즈음에도 나의 어린 시절을 기억하는 친구들은 내 책상 앞에 "아멘, 주 예수여! 오시옵소서!"(계 22:20)라는 말씀이 적혀 있던 것을 기억한다.

미래에 대한 소망은 기독교 신앙의 본질적인 부분 중 하나이다. 그러나 미래에 대한 그릇된 기대와 성경의 예언 구절들에 대한 잘못된 해석들은 우리로 하여금 성경의 진정한 의도에서 벗어나게 한다. 성경이 의미하는 내용들이 인간의 정욕 때문에 왜곡되고 변질되어버린다. 그 결과 기독교 종말론은 자주 허무주의나 비관주의, 탈속주의나 열광주의로 빠진다. 잘못된 기독교 종말론에 빠지지 않기 위해서는 성경에서 말하는 마지막 때의 일들에 대해 정리할 필요가 있다.

"하나님나라의 완성"이라는 이번 장은 일반적으로 책 맨 뒤에 위치해야 어울린다. 그러나 신약성경에서 하나님나라의 성취와 완성의 관계를 적절하게 이해하지 않고서는 이어지는 모든 주제들을 적절하게 설명하고 이해할 수 없다. 그러므로 먼저 하나님나라의 완성에 대해 신약성경은 무엇을 가르치고 있는가를 살핀 후 이어지는 주제들을 이 관점에서 살펴볼 것이다. 오늘날과 마찬가지로 1세기 유대 지역에서도 미래에 관심이 많았다. 그러나 우리가 완성된 미래를 지칭하기 위해 흔히 사용하는 "하나님나라"라는 어구는 구약성경에서 찾아볼 수 없다. 또한 신구약 중간 시기의 문헌에도 자주 나타나지 않는다. 그 대신 "하나님나라"라는 개념에 상응하는 표현들은 찾아볼 수 있다. 하나는 구약성경에 나타나는 "하나님의 왕 되심"에 대한 개념이고, 다른 하나는 묵시문학에서 자주 발견되는 "오는 세상"이라는 개념이다.

구약성경에서는 "하나님나라"가 "하나님의 왕 되심"이라는 개념으로 나타난다. 하나님은 우주를 다스리는 분이시며 온 세상의 왕이시다. 하나님은 특히 언약 백성인 이스라엘의 왕이시며, 이스라엘은 그의 백성이다.

그래서 מלכות יהוה(말쿳 야웨, 하나님의 통치)는 하나님나라를 지칭하는 대용어가 될 수 있다.

유대인들은 하나님이 온 세상을 지속적으로 통치하심을 당연하게 여겼다. 하나님은 온 세상의 창조주로서 모든 민족들을 다스리는 분이시다. 그러나 모든 민족들이 그를 배반하고 떠났다. 하나님은 시내 산에서 그의 왕국을 세우시고, 모든 민족과 나라를 초청하셨다. 그때 모든 민족들 중에 오직 유대인만이 그 나라에 들어왔다. 하나님은 그들에게 율법을 주시고 자신의 뜻을 나타내셨다. 하나님의 다스리심은 율법에 나타난 하나님의 뜻이 선포될 때에 나타난다. 그 율법에 복종할 때마다 하나님의 통치가 이루어지는 것이다. 이러한 하나님의 통치의 현현은 유대인의 공중기도인 쉐마에 의해 더욱 확연히 표현된다.[33] 그들이 쉐마를 외치는 것은 "우리는 오직 한 하나님의 통치를 받는다"고 외치는 것이다. 그래서 쉐마는 기도라기보다는 하나의 신앙고백이다.

그러나 하나님이 다스리신다는 이스라엘의 신앙고백에도 불구하고 이스라엘은 여전히 이방의 압제와 핍박에 시달리고 있었다. 도무지 하나

---

[33] "쉐마"는 신명기 6:4의 말씀이다. "이스라엘아 들으라 우리 하나님 여호와는 오직 유일한 여호와이시니"(신 6:4, "이스라엘은 들으십시오. 주님은 우리의 하나님이시요, 주님은 오직 한 분뿐이십니다"—새번역/ "들으라 이스라엘아. 야웨는 우리 하나님이시요. 야웨는 한 분뿐이다—사역). "들으라!"로 시작되는 이 구절은 히브리어 "쉐마"로 시작되기 때문에 통상 "쉐마"라고 일컫는다. 이것은 기도문이라기보다는 유대교의 유일한 신앙고백이다. 이스라엘은 이 고백을 통해 하나님의 통치를 자기 위에 짊어진다고 이해했다. "쉐마"의 내용은 하나님이 한 분이심을 고백하는 유일신 신앙고백이다. 당시 가나안 종교는 생식을 위해 신들이 남녀 쌍을 이루고 있었다. 그러나 여호와 종교는 그러한 풍요와 부요의 쌍쌍신에 대항하여 하나님의 하나 됨을 고백한다. 쉐마는 이스라엘 주변 국가의 다신론에 반대하는 유일신론적인 신앙고백이다.

님이 다스린다고 말할 수 없는 상황들이 이어지고 있었다. 그들은 이러한 부조화의 현 세대 가운데 신음하며 새로운 세상이 올 것을 기대했다. 묵시문학은 "오는 세상"(올람 하바)이란 표현으로 "하나님나라"를 의미한다. 하나님이 통치하신다는 신앙고백과 이방 나라의 압박이라는 현실 사이의 괴리를 해결하는 방법은 그러한 소망을 미래에 귀착시키는 것이었다. 그래서 유대인들은 묵시문학을 통해 앞으로 다가올 완전하고 우주적으로 인정될 하나님의 통치를 기대했다(사 24:21-23, 52:7-10, 슥 14:9-20, 단 2:44).34

"하나님이 온 세상을 다스리시는 왕"이라는 구약성경의 개념이나, 그 왕권이 장차 실현될 "오는 세상"이라는 묵시문학의 개념은 모두 하나님나라에 대한 몇 가지의 기본적인 전제를 가진다.

첫째, 원리적으로 하나님나라에는 모든 세계, 모든 민족, 온 우주가 포함된다. 하나님께서 창조주로서 모든 피조물들을 지금 다스리고 통치하신다. 둘째, 온 우주 전 세계가 하나님나라임에도 불구하고 현재의 모습에서는 오히려 사탄의 왕권이 드러난다. 하나님의 원리적인 현재적 통치에도 불구하고, 여전이 이 세상에 악이 존재하고 하나님을 거역하는 무

---

34 레온하르트 고펠트, 『신약신학 I』 p. 86에 보면 이러한 기대에 대한 유대 문헌들의 예가 나온다. "그때 그의 나라가 그의 모든 피조물들을 뚫고 나타날 것인데 그때가 되면 사탄은 더 이상 존재하지 않으리라… 지극히 높으신 분이 일어날 것이라… 그는 이방인들을 벌하러 나타나실 것이라… 그때가 되면 너 이스라엘은 행복해지리라"(모세승천기 10:1). "그리고 주권은 이스라엘 하나님께 있을 것이며, 그는 그의 백성 가운데 성도들을 통해 권능있는 행위들을 이루시리라"(1QM 6:6). "그의 뜻을 따라 창조하셨던 세상에서 그의 크신 이름이 높임을 받으시고 찬양을 받으소서. 당신의 생애 안에 그의 나라가 통치하시기를… 이스라엘의 모든 집이 살아 있는 동안에 신속하고도 빠르게 영원부터 영원까지 그의 크신 이름이 찬양받으소서. 이 모든 것이 그대로 이루어지이다"(카디쉬).

리가 있다. 원리적으로는 하나님나라이지만 현실적으로는 사탄의 통치가 이루어진다. 불의가 득세하고 죄악이 관영한 것이다. 셋째, 원리적인 하나님의 왕권과 현실적인 사탄의 왕권 사이의 괴리를 극복하기 위해 "새 시대" 또는 "오는 세대"라는 묵시문학적 역사관이 생기게 된다. 장차 이러한 원리적인 왕권이 실재적이고 현실적인 왕권으로 회복되리라는 묵시문학적인 기대가 발생한 것이다.

원리적 하나님나라
↓
현실적 사탄의 왕국
↓
오는 세대라는 묵시문학적 역사관

그렇다면 원리적인 하나님의 왕권이 실재적이고 현실적인 왕권으로 회복되는 방법은 무엇인가? 우선 묵시문학에서는 하나님의 초자연적인 개입이 강조된다. 하나님의 종말론적 심판으로 타락한 세상과 질서는 완전히 종결될 것이다. 하나님은 새로운 질서를 가지고 오셔서 이 세상을 완전히 쇄신시키며, 이스라엘은 하나님의 백성으로 들어가 하나님과 더불어 온 세상을 통치하게 되며, 모든 이방 민족들은 이스라엘에게 완전히 굴복하게 될 것이다. 하나님의 의가 승리하여 이 세상은 더 이상 악과 고난의 세상이 아니라 의로운 세상이 될 것이다. 묵시문학은 이러한 하나님나라의 도래를 "주의 날(여호와의 날, The Day of the Lord)의 도래"라는 용어로 표현한다(욜 2:31, 사 2:12-17, 겔 7:1-27).

구약성경과 묵시문학에서 "주의 날"은 양면성을 지닌다. 하나님은 "주

의 날"에 한편으로는 악인을 심판하고, 다른 한편으로는 의인을 구출한다. 주의 날은 이 세상과 연속성을 가지는가 하면(cf. 암 9:13-15) 전혀 다른 불연속성(cf. 사 65:17)을 가지기도 한다. "주의 날"로 말미암아 "장차 올 시대"가 시작된다. 주의 날은 묵시적인 사건으로 오는 세상을 도입하는 날이다.

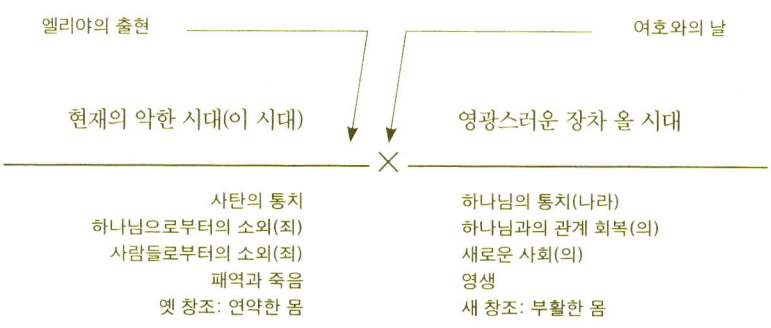

묵시문학이 실재적인 하나님나라의 실현이 하나님의 초자연적인 개입이 있는 "주의 날"로 이루어진다고 강조한다면, 랍비들은 "오는 세상"을 좀 더 현세적이고 물질적으로 생각하여 이 세상과 오는 세상의 연속성을 강조한다. "오는 세상"은 이 세상보다 양적으로나 질적으로 풍부하고 좋은 세상이며, 모든 이스라엘이 회개하고 율법을 준수함으로써 도래한다는 것이다. 그들은 "주의 날"을 율법과 밀접하게 연결시킨다.

묵시문학이 하나님의 초자연적인 개입을 강조하고, 랍비 문헌이 인간의 율법 준수를 강조한다면, 열심당원들은 거룩한 전쟁을 강조한다. 그들은 거룩한 전쟁을 통해 그들 스스로 하나님나라를 도래케 해야 한다는 사명을 강하게 느꼈다. 그들 역시 랍비들처럼 이 세상과 비슷한 하나님나라를 상상했지만, 도래하게 하는 방법으로는 율법 준수가 아닌 거룩한 전쟁(성전)을 주장했다.35

그들은 가장 먼저 이스라엘이 이방의 식민주의적 압제에서 해방되는 것을 기대했다. 하나님의 통치는 이스라엘이 전 세계를 통치하는 것으로 이루어진다. 이스라엘이 이방을 통치하는 것이 곧 하나님이 이방을 통치하는 것이다. 이스라엘 백성들끼리는 자유와 평등, 정의가 이루어진다. 열심당은 이와 같이 민족주의적 개념을 강하게 가지고 있었다. 그들은 "오는 세상"을 정치적, 군사적 투쟁을 통해 획득하는 것으로 이해했다. 이러한 성전 모델은 이스라엘 초기의 출애굽과 가나안 정복, 그리고 그들이 최근에 경험했던 마카비 혁명 당시의 전쟁이었다.36

---

35 성전(聖戰, Holy War)이란 개념은 몇 가지 전제에 근거한다. ① 민족들 간의 전쟁을 민족의 신들 간의 전쟁으로 본다. 그래서 가나안과 이스라엘의 전쟁은 바알과 야웨의 전쟁이 된다. 그러니 여기에서 윤리적 문제는 발생하지 않는다. 오히려 전쟁이 하나의 예배 의식이다. ② 야웨께서 지키고 보호하시겠다는 언약을 수행하신다. 하나님 쪽에서 의무를 행하시는 것이다. ③ 실제로 전쟁을 이끌고 전쟁의 승패를 주시는 분은 하나님이시다. ④ 전쟁은 하나님이 우상을 숭배하는 민족들을 심판하시는 도구이다. 우상들을 섬기는 민족들을 이기는 것을 그들을 심판하는 도구로 이해하여 윤리적 문제가 발생하지 않는다. 이러한 개념 하에서 성전(聖戰, Holy War)은 실제로 ① 성전 예배에 참석하듯이 제의적으로 준비하는 주의 깊은 준비가 필요했다. ② 하나님에 대한 완전한 신뢰가 요구된다. 그러므로 우상 숭배하는 어떠한 강대국과도 연합해서는 안 되며 전적으로 하나님의 인도하심을 따라 하나님의 뜻을 구해야 했다. ③ 원수들은 완전히 파괴하고 죽여 말살시켜야 한다. 그것 모두는 하나님께 바쳐진 harem(하렘)이기 때문이다.

36 열심당원들의 기원은 민수기 25:1-18에 등장하는 비느하스의 열심이다. 비느하스가 하나님과 이스라엘 민족의 순결에 대한 열성을 가지고 이방 여인과 동침하는 자들을 죽였을 때, 이 피 흘림이 하나님께 속죄의 제사로 열납되어 이스라엘의 죄가 속죄되었다. 이것은 하나님의 명예와 율법과 이스라엘의 순결을 위해 그것을 범한 자들을 죽이는 열심을 강조한다. 이러한 열성은 시편 106:31, 제1마카비서 2:6, 54, 제4마카비서 18:12 등에서 다시 거론되며 칭송된

묵시문학 – 하나님의 초자연적 개입

랍비 문헌 – 율법 준수(회개)

열심당 – 성전(聖戰, Holy War)

그럼에도 이 모든 유대교의 분파들은 하나님나라에 대해 공통된 견해를 가지고 있다. 첫째, 모든 유대인들은 계파를 초월하여 하나님나라의 도래를 묵시적 사건(apocalyptical event)으로 보았다.37 유대인들에게 하나님나라는 이 세상이 끝나고 하나님이 직접 통치하는 새로운 시대의 새 세상, 새 세대의 시작을 의미한다. 이 세상 끝 날에 대한 기대와 그날이 임박했다는 기대가 하나님나라에 대한 개념에 내포되어 있다. 둘째, 모든 유대인들은 하나님나라가 이 지상에서 성취된다고 믿었다(earthly fulfilment). 하나님의 초자연적인 개입으로 하나님나라가 이루어진다고 믿었

다. 그리고 이 열성은 예루살렘 성전을 제우스 신전으로 둔갑시키고 자신을 제우스의 현현으로 보고 절하게 한 시리아의 왕 안티오쿠스 4세에 대항하여 모딘 마을의 제사장 마타디아스의 주도 아래 일어났던 마카비 반란에 의해 계승된다. 그때 그는 시리아의 장교를 죽이고 나서 "하나님과 성전과 율법에 대해서 열심을 가진 자들은 다 나를 따르라!"고 외쳤다. 이처럼 비느하스와 마카비 형제들의 열성을 계승하는 자들이라고 여겼던 자들이 곧 신약의 열성당원들이다. 그들은 하나님의 성전과 명예를 침해하는 자들을 죽여서 그 피로 하나님께 속죄의 제사를 드린다고 생각했다. 그들은 제1계명에 기초하여 가이사를 왕으로 인정하지 않고 세금을 거부했으며 가이사의 초상을 가지고 다니지 않았다. 그들의 투쟁 대상은 로마인이나 그들과 교류함으로써 이스라엘의 순결을 짓밟는 자들인 율법을 어기는 자들이었다.

37 "묵시적"이라는 말의 의미에 대해 제임스 던, 『신약성서의 통일성과 다양성』 김득중 이광훈 공역(서울: 무림출판사, 1991), pp. 485ff의 제13장 묵시적 기독교를 참조하라. 그는 묵시문학을 내세, 특별히 종말의 비밀을 폭로하는 계시문학 작품이라 정의하고, 그 특징으로 ① 익명성 ② 환상과 상징주의 ③ 과거의 관점에서 역사를 전망함 ④ 비밀성 ⑤ 지하문학 ⑥ 윤리적 권고 등을 말하며, 신학적 특징으로는 ① 두 시대 ② 비관론과 희망 ③ 종말론적 클라이맥스 ④ 종말의 임박성 ⑤ 초자연적이고 우주적인 차원 ⑥ 하나님의 주권과 지배 등을 열거한다.

던 묵시문학조차 하나님나라는 이 세상에서 이루어진다고 했다. 그리하여 하나님나라의 세상적이며 물질적인 개념이 강조된다. 셋째, 유대인들의 하나님나라는 민족주의적이다(nationalism). 유대인들에게 하나님나라는 이스라엘의 통치와 매우 밀접하게 연결된다. 하나님나라는 유대 민족의 나라이지 다른 이방인의 나라가 아니다. 그들은 민족주의적인 하나님나라를 기대했다. 그들에게 이스라엘 민족을 초월하는 하나님나라란 있을 수 없다. 마지막으로, 이러한 하나님나라의 성취는 신인협동사역으로 말미암는다(synergism). 유대인들의 하나님나라에 대한 견해에서 가장 중요한 특징은, 하나님나라의 도래가 인간과 하나님의 협동 사역으로 이루어진다는 견해이다. 랍비들에 의하면 이스라엘의 회개로, 열심당원들에 의하면 자기들의 성전(聖戰, Holy War)으로 하나님나라가 이루어진다.

            묵시적 사건(apocalyptical event)
            지상적 성취(earthly fulfilment)
            민족주의(nationalism)
            신인협동사역(synergism)

이러한 일반 유대인들의 하나님나라에 대한 기대와 개념은 예수의 제자들에게도 그대로 이어진다. 그들은 부활하신 예수께 나아와서 "주께서 이스라엘 나라를 회복하심이 이때니이까"라고 묻는다(행 1:6). 오늘날 우리도 제자들이 했던 것과 동일한 오해를 하는 것 같다.

    제자들이 묵시문학적인 기대로 하나님나라를 오해했던 것처럼 오늘날 우리는 마태복음 24장의 감람산 강화를 통해 종말론을 오해한다. 이 말씀은 예수께서 예루살렘 성전에 나가 성전 건물들을 보시고 그 성전이 파괴될 것을 예언하신 후 감람산에 앉았을 때 하셨다. "예수께서 성전에서 나와서 걸어가시는데, 제자들이 다가와서, 성전 건물을 그에게 가리켜 보였다. 예수께서 그들에게 말씀하셨다. '너희는 이 모든 것을 보고 있지 않느냐? 내가 진정으로 너희에게 말한다. 여기에 돌 하나도 돌 위에 남아 있지 않고, 다 무너질 것이다'"(마 24:1-2, 새번역). 이 말씀을 듣고 제자들이 조용히 나아와 예수께 묻는다. "이런 일들이 언제 일어나겠습니까? 선생님께서 다시 오시는 때와 세상 끝 날에는 어떤 징조가 있겠습니까? 우리에게 말씀해주십시오"(마 24:3, 새번역).

여기에서 제자들은 두 가지를 질문한다. 하나는 "이런 일들이 언제 일어나겠습니까?", 또 다른 하나는 "선생님께서 오시는 때와 세상 끝 날에는 어떤 징조가 있을 것입니까?"이다. 이런 일이란 바로 앞에서 예수께서 말씀하신 바 성전이 파괴되는 일이다. 마태복음에서 제자들은 성전 파괴의 때와 세상 끝 날의 징조에 대해 묻고 있는 것이다. 이 두 질문은 제자들에게 사실상 한 가지 질문과 같았다. 그들에게 성전이 파괴되는 날은 곧 세상 끝 날과 동일했기 때문이다.

마가는 동일한 질문을 하나의 질문으로 표현한다. "우리에게 말씀해주십시오. 이런 일이 언제 일어나겠습니까? 또 이런 일들이 이루어지려고 할 때에는, 무슨 징조가 있겠습니까?"(막 13:4, 새번역). 마태와는 달리 마가는 묻는 자들을 베드로와 야고보와 요한과 안드레라고 네 명의 제자들로 한정하며, 질문하는 내용도 성전이 파괴되는 모든 일이 있기 전에 무슨 징조가 있겠느냐는 한 가지 질문으로 표현한다. 마태가 두 가지로 질문했던 것을 마가는 한 가지로 질문하는 것이다. 누가도 마가처럼 한 가지로 질문한다. "선생님, 그러면 이런 일들이 언제 있겠습니까? 또 이런 일이 일어나려고 할 때에는, 무슨 징조가 있겠습니까?"(눅 21:7, 새번역).

내용	마태복음	마가복음
질문자	제자들	베드로와 야고보와 요한과 안드레
질문의 요지 1	우리에게 이르소서 어느 때에 이런 일이 있겠사오며	
질문의 요지 2	또 주의 임하심과 세상 끝에는 무슨 징조가 있사오리까?	이 모든 일이 이루려 할 때에 무슨 징조가 있사오리까?

이에 대한 예수의 대답은 공관복음 모두 거의 동일하게 기록하고 있다. 미혹(막 13:5-6, 마 24:4-5, 눅 21:8)과 난리와 난리 소문(막 13:7-8a, 마 24:6-7a, 눅 21:9-10a), 지진과 기근(막 13:8b, 마 24:7b, 눅 21:10b), 환난과 핍박(막 13:9-13, 마 24:9-14, 눅 21:12-19)이 있을 것이다. 이러한 모든 예언들은 대개 말세의 징조로 여겨진다.

그러나 이어지는 구절은 구약성경에서 사용되었던 묵시문학적 용어로 표현된다. "멸망의 가증한 것이 서지 못할 곳에 선 것을 보거든"(막 13:14, 마 24:15). 누가는 이 부분을 "너희가 예루살렘이 군대들에게 에워싸이는 것을 보거든"(눅 21:20)으로 바꾼다. 성전 파괴의 역사적인 사건을 직접적으로 언급하는 것이다. 그리고 다시 이어지는 징조들은 적그리스도와 거짓 선지자들의 출현(막 13:21-23, 마 24:23-28)과 자연적 일월성신의 징조들이다(막 13:24-27, 마 24:29-31, 눅 21:25-28).

주제	마가복음	마태복음	누가복음
미혹	막 13:5-6	마 24:4-5	눅 21:8
난리와 난리 소문	막 13:7-8a	마 24:6-7a	눅 21:9-10a
지진과 기근	막 13:8b	마 24:7b	눅 21:10b(온역)
환난과 핍박	막 13:9-13(매질)	마 24:9-14(환난)	눅 21:12-19(핍박)
먼저 복음이 전파됨	막 13:10	마 24:14	
멸망의 가증한 것	막 13:14	마 24:15	(눅 21:20)
적그리스도와 거짓 선지자	막 13:21-23	마 24:23-28	
일월성신의 징조	막 13:24-17	마 24:29-31	눅 21:25-28

    이처럼 감람산 강화에서 열거하는 징조들은 말세의 징조들과 예루살렘 파괴의 징조들이 뒤섞여 있어 어디까지가 역사적 사건을 반영하고, 어디까지가 종말에 대한 묵시적 표현인지 구분하기가 쉽지 않다. 우리는 이러한 문제를 "선지자적 시각"(prophetic foreshortening)이라는 표현으로 이해할 수 있다. 선지자들의 눈에는 미래의 여러 사건들이 중첩되어 보인다. 구약성경의 선지자들의 시각에 의하면 성육신과 십자가의 죽음, 부활과 승천, 그리고 재림이 다 하나의 산봉우리로 중첩되어 보이는 것이다.[38] 신약 시대의 선지자들은 구약성경에서 예언된 사건들의 한 중앙에 위치

---

38 조지 래드, 『하나님나라』 p. 594.

하고 있었다. 그래서 구약의 선지자들의 눈에 단일한 사건으로 보이던 것들을 여러 개의 다른 사건으로 볼 수 있었다. 그러나 다시금 미래의 일들은 중첩되었다. 그 결과 예루살렘 성전의 파괴와 같은 종말론적인 사건들의 징조들은 예수의 파루시아(재림)와 같은 종말론적 사건들의 징조들과 서로 얽혀 중첩되기도 하고 다르게 묘사되기도 한다.

"선지자적 시각"을 이해하고 성경에 나타난 종말론적 징조들을 살펴보면 종말론에 대한 오해들을 다소 해소할 수 있을 것이다. 우선 성경에 기록된 시대의 징조들이 전적으로 세상 끝 날만 가리키는 것은 아니다. 감람산 강화에서처럼 몇 가지 종말론적 사건들이 서로 중첩되어 묘사되기 때문에, 성경에 기록된 시대의 징조들은 우리의 입장에서 단순히 미래의 징조라기보다는 우선적으로 과거의 일에 대한 것일 수 있다. 더구나 그러한 시대적 징조들을 재림의 정확한 시기를 계산한다든지, 미래 사건의 정확한 시간표를 작성하는 데 사용하려는 시도는 위험하고 어리석기 짝이 없는 일이다.[39]

---

[39] 안토니 A. 후크마, 『개혁주의 종말론』, pp. 180-190. 여기에서 후크마는 시대의 징조들에 대한 몇 가지 오해들을 소개한다. ① 시대의 징조들을 전적으로 세상 끝 날만 가리키는 것으로 생각하는 것. ② 그 징조들을 비정상적으로 극적인 혹은 큰 재앙 사건들로만 생각하는 것. ③ 그것들을 그리스도의 재림의 정확한 때를 계수하는 방법으로 사용하려고 시도하는 것. ④ 미래 사건들의 정확한 시간표를 작성하려고 시도하는 것. 그러면서 후크마는 시대의 징조들이 가지는 적절한 기능들을 열거한다. ① 비록 우리가 일반적으로 시대의 징조들이 미래를 가리키는 것으로 생각하지만 이런 징조들은 무엇보다 먼저 하나님이 과거에 행하셨던 것을 가리킨다. ② 시대의 징조들이란 앞으로 역사의 종말, 특히 그리스도의 재림을 가리킨다. 하나님이 이미 과거에 행하셨던 것을 밑바탕으로 하여 앞일을 지시하는 것이다. ③ 시대의 징조들은 역사 가운데서 하나님의 왕국과 악의 세력들 사이의 끝없는 대립을 나타낸다. ④ 시대의 징조들은 결단을 촉구한다. ⑤ 시대의 징조들은 우리에게 계속해서 깨어 경성할 것을 요구한다.

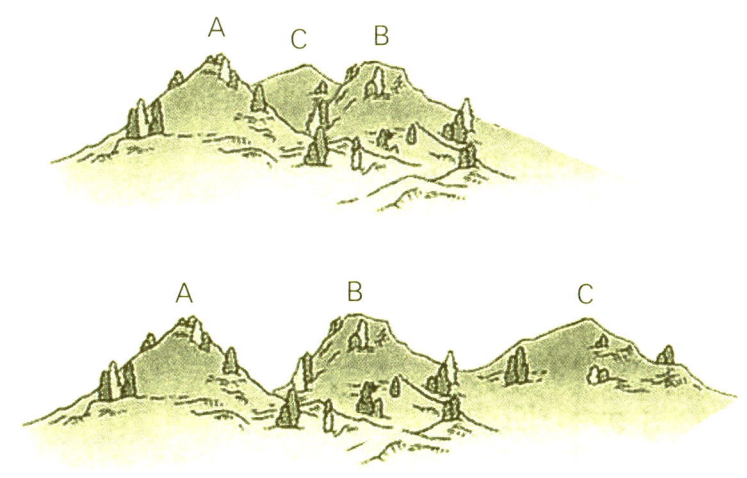

성경에 기록된 시대의 징조들을 어떻게 조직적으로 체계화할 수 있는가에 대해서는 여러 학자들의 다양한 의견들을 소개할 수 있다. 후크마는 대개 다음과 같은 항목들로 시대의 징조들을 구분한다.[40]

   (1) 하나님의 은총을 증거하는 징조들
      ① 모든 나라에 복음이 선포됨
      ② 이스라엘의 충만한 숫자의 구원
   (2) 하나님께 반역하는 징조들
      ① 환난
      ② 배도

---

40 같은 책, pp. 191ff의 제12장. "특별한 징조들"을 참조하라.

③ 적그리스도
(3) 하나님의 심판을 가리키는 징조들
① 전쟁들
② 지진들
③ 기근들

　이러한 각각의 증거들은 우선적으로 과거에 이미 있었던 일들이고, 현재도 진행되고 있는 일이며, 최종적으로 미래에 이루어질 일들이다. 그러므로 이러한 시대의 징조들을 보고 우리는 언제든지 재림의 때가 되었다고 말할 수 있다. 시대의 징조들에 의하면 초대교회의 시기로부터 오늘날에 이르기까지 언제든지 주님이 재림하실 수 있는 말세에 해당된다.

　이러한 입장은 천년왕국에 대한 입장들을 재검토하게 만든다. 한국교회에서는 일반적으로 전천년설의 입장에서 천년왕국을 이해한다. 전천년설의 성경해석학적 특징 중에서 가장 주목할 점은 성경의 예언들을 오늘 이 시대를 위한 예언들로 직접 적용한다는 것이다. 그러나 2천여 년 전에 기록된 성경 말씀들을 시대적, 언어적, 문화적 차이에 대한 아무런 이해 없이 우리에게 직접 적용하는 것은 위험한 해석이다.

　일반적으로 천년왕국에 대한 견해는 세 가지가 있다. 전천년왕국론(전천년설), 후천년왕국론(후천년설), 무천년왕국론(무천년설)이다. 한국교회의 대부분은 전천년왕국론적인 입장으로 성경을 이해하고 있어서 무천년왕국론이나 후천년왕국론을 이단시하는 경향이 있다. 근래에 무천년왕국론에 대한 학문적 연구가 활발해지고 그에 대한 입장들이 소개되어, 전천년왕국론적 입장에 있던 우리는 전천년왕국론과 무천년왕국론 사이에서 혼동할 수 있다.

천년왕국론을 앞의 하나님나라의 현재성과 미래성에 대한 래드의 그림과 비교해 보면 쉽게 이해할 수 있다. 천년왕국 후에 예수의 재림이 있을 것으로 기대하는 것이 후천년설이고, 천년왕국 전에 예수의 재림이 있을 것이라고 생각하는 것이 전천년설, 그리고 부활과 재림 사이의 전 기간을 천년왕국으로 보는 견해가 무천년설이다. 그러므로 무천년설은 천년왕국이 없다는 의미가 아니라 천년왕국을 상징적으로 이해하는 것이다. 세 가지 견해를 도표에 표시해 보면 다음과 같다.

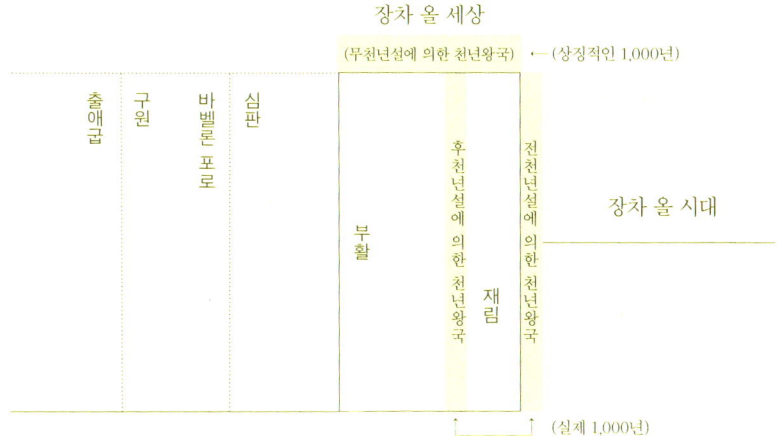

위의 도표에서 보듯이 전천년설이나 후천년설은 천 년이라는 기간을 실제적인 천 년으로 해석한다. 그러나 무천년설은 천 년을 실제 천 년이 아니라 하나의 상징적인 기간으로 해석한다. 래드는 위의 도표를 통해 하나님나라의 현재성과 미래성의 관계를 가장 간단하고 확실하게 이해할 수 있는 그림을 제공해주었다. 그럼에도 불구하고 그는 천년왕국을 위의 그림에 더 끼워 넣기 위해 고심한다. 결국 간단하게 요약되었던 기독교적 종말론의 그림은 그의 역사적 전천년설적 입장에 의해 다시금 이해하기 어려운 복잡한 그림으로 변질되어버렸다. 그러나 무천년설의 입장에서 위의 그림을 이해하면 부활에서 재림까지가 천년왕국의 기간이 된다.

신구약성경 전체에서 천년왕국은 오직 요한계시록 20장에서만 언급된다. 요한계시록의 다른 모든 숫자들은 상징적인 것으로 해석하면서 오직 천 년에 대한 것만은 실제 천 년으로 해석하려는 것을 나는 이해할 수 없다. 또한 성경에서 유일하게 언급하고 있는 요한계시록 20장만으로는 천년왕국에 대한 정돈되고 정확한 이론을 세우기에 너무 빈약하다.[41]

그럼에도 1,000년이라는 기간을 숫자적이고 문자적인 천 년으로 고집하는 이유는 요한계시록 20장이 해석하기 어렵기 때문이다. "또 내가 보매 천사가 무저갱의 열쇠와 큰 쇠사슬을 그의 손에 가지고 하늘로부터 내려와서 용을 잡으니 곧 옛 뱀이요 마귀요 사탄이라 잡아서 천 년 동안 결박하여 무저갱에 던져 넣어 잠그고 그 위에 인봉하여 천 년이 차도록 다시는 만국을 미혹하지 못하게 하였는데 그 후에는 반드시 잠깐 놓이리라 또 내가 보좌들을 보니 거기에 앉은 자들이 있어 심판하는 권세를 받았더라 또 내가 보니 예수를 증언함과 하나님의 말씀 때문에 목 베임을 당한 자들의 영혼들과 또 짐승과 그의 우상에게 경배하지 아니하고 그들의 이마와 손에 그의 표를 받지 아니한 자들이 살아서 그리스도와 더불어 천 년 동안 왕 노릇 하니(그 나머지 죽은 자들은 그 천 년이 차기까지 살지 못하더라) 이는 첫째 부활이라 이 첫째 부활에 참여하는 자들은 복이 있

---

41 존 브라이트, 『하나님의 나라』 김인환 역(서울: 크리스천다이제스트, 1986), p. 300. n. 32.

고 거룩하도다 둘째 사망이 그들을 다스리는 권세가 없고 도리어 그들이 하나님과 그리스도의 제사장이 되어 천 년 동안 그리스도와 더불어 왕 노릇 하리라"(계 20:1-6). 본문에서 의미를 파악하기 어려운 부분은 "일천 년 동안 사단이 결박되어 있다"와 "살아서 그리스도와 더불어 천 년 동안 왕 노릇한다"이다.

본문에서 천사들은 무저갱의 열쇠를 받아 가지고 와서 용, 곧 사탄을 붙잡아 결박한다. 그 결과 사탄은 천 년이 차도록 다시는 만국을 미혹하지 못하게 된다. 성경 중 여기에서만 언급하고 있는 이 사건을 어떻게 해석할 것인가? 묵시문학적인 용어로 기록되어 있는 이 부분의 말씀을 이해하기 위해서는 성경의 다른 부분에서 이와 같은 비슷한 내용이 있는지 먼저 찾아보아야 한다.

공관복음에 의하면 사탄의 권세는 그리스도의 사역에 의해 하늘에서 땅으로 떨어졌다. 칠십 인의 제자들이 전도 사역을 마치고 돌아와서 "주여 주의 이름이면 귀신들도 우리에게 항복하더이다"(눅 10:17)라고 보고하며 기뻐하자 주님은 말씀하신다. "사탄이 하늘로부터 번개 같이 떨어지는 것을 내가 보았노라"(눅 10:18). 주님은 여기에서 사탄이 하늘로부터 이미 떨어졌다고 말씀하신다.

주님은 다른 곳에서 사탄이 이미 결박되어 있음을 시사한다. 사람들이 귀신이 들려서 눈이 멀고 말을 못 하는 사람을 예수께 데리고 왔을 때 예수께서 그를 고쳐주셨다. 이때 바리새인들은 예수의 귀신 쫓는 사역을 귀신의 왕 바알세불을 힘입어 하는 일이라고 비난한다. "이 사람이 귀신의 두목인 바알세불의 힘을 빌지 않고서는, 귀신을 내쫓지 못할 것이다." 예수는 그들에게 물으신다. "어느 나라든지 서로 갈라지면 망하고, 어느 도시나 가정도 서로 갈라지면 버티지 못한다. 사탄이 사탄을 쫓아내면, 스스로 갈라진 것이다. 그러면 그 나라가 어떻게 서 있겠느냐?"(마 12:25-26, 새번역). 그러면서 "그러나 내가 하나님의 영을 힘입어서 귀신을 쫓아내는 것이면, 하나님의 나라는 너희에게 왔다"(마 12:28, 새번역)라고 선언하신다.

주님은 귀신을 쫓아내는 사역이 하나님나라가 지금 여기에 와 있는 것을 보여주는 증거라고 말씀하시고 "사람이 먼저 힘 센 사람을 묶어 놓지 않고서, 어떻게 그 사람의 집에 들어가서 세간을 털어 갈 수 있느냐? 묶어 놓은 뒤에야, 그 집을 털어 갈 수 있다"(마 12:29-30, 새번역)라고 말씀하시며, 힘센 자인 사탄이 이미 결박되어 있기 때문에 귀신들을 쫓아내는 사역이 가능하다고 선언하신다. 주님에 의하면 제자들이 귀신을 쫓아낼 수 있었던 것은 사탄이 이미 결박되어 있는 것을 보여주는 증거 중 하나이다. 그렇다면 이 구절들을 근거로 요한계시록의 "결박된 사단"에 대한 구절은 예수의 사역과 제자들의 사역으로 시작된 복음의 확장 사역을 가리키는 것으로 이해할 수 있다.

문제는 사탄이 천 년 동안 만국을 미혹하지 못한다고 되어 있다는 점이다. 우리는 지금도 사탄이 힘있게 복음 사역을 방해하고, 그리스도인들과 교회를 핍박하고 유혹하는 것을 쉽게 찾아볼 수 있다. 이 말씀은 이러한 현실과 모순되지 않는가? 그러나 사탄이 아무리 복음 전파를 방해하고 핍박한다고 할지라도 이미 그 권세가 묶여 있기 때문에 복음을 무너뜨리지는 못한다. 교회 역사에서 얼마나 큰 핍박과 환난이 있었던가? 그러나 교회는 꿋꿋하게 그 생명력을 잃지 아니하고 살아 있고, 앞으로도 끝까지 살아서 복음을 전파할 것이다. 사탄이 이미 결박되어 있기 때문이다.

"살아서 그리스도와 더불어 천 년 동안 왕 노릇한다"는 의미 역시 어렵다. 여기에서 가장 큰 문제는 "살아서"의 의미이다. 이 단어를 문자적으로 육체적인 "살아서"로 이해할 것인가, 아니면 영적으로 "살아서"라고 이해할 것인가가 해석의 관건이다. 전천년적인 입장에서는 먼저 본문의 "살아서"를 종말에 있을 부활로 이해하여 첫째 부활이 천년왕국 이전, 주님이 오실 때에 이루어질 것으로 기대한다. 그래서 래드는 이미 앞에서 하나님 나라의 현재성과 미래성의 이해를 돕기 위해 그렸던 그림을 다시금 수정하여 제시한다. 첫째 부활이 재림 시에 있고, 천년왕국 후에 다시금 둘째 부활이 있게 된다고 보는 것이다.[42]

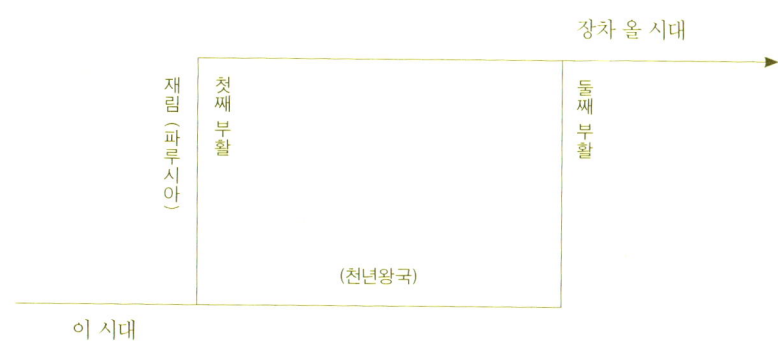

그러나 요한은 "살아서"의 의미를 육체적인 의미로 이해하지 않는다. 요한복음에서 이 "살아서"라는 의미는 육체적인 의미와는 조금 다르게 사용된다. 부활에 대한 마르다의 고백에 대해 예수께서 "나는 부활이요 생명이니 나를 믿는 자는 죽어도 살겠고 무릇 살아서 나를 믿는 자는 영원히 죽지 아니하리니 이것을 네가 믿느냐"(요 11:25-26)고 물으신다. 주님

---

42 조지 래드, 『하나님나라』 p. 39.

은 살아서 믿는 자는 영원히 죽지 않을 것이라고 말씀하셨다. 여기에서 쓰인 "살아서"는 육체적인 죽음에도 불구하고 살아 있는 사람들이 있다는 것을 말한다. 바울 역시 에베소서에서 "너희의 허물과 죄로 죽었던 너희를 살리셨도다"(엡 2:1)라며 죄와 허물로 죽었던 우리를 하나님께서 다시 살리셨다고 말한다. 바울이나 요한이나 모두 우리의 거듭남을 죽음에서 다시 살아난 것, 즉 부활로 묘사한다.

요한계시록의 이 구절을 이해하는 데 가장 중요한 본문은 요한복음 5:24 이하의 말씀이다. "내가 진실로 진실로 너희에게 이르노니 내 말을 듣고 또 나 보내신 이를 믿는 자는 영생을 얻었고 심판에 이르지 아니하나니 사망에서 생명으로 옮겼느니라 진실로 진실로 너희에게 이르노니 죽은 자들이 하나님의 아들의 음성을 들을 때가 오나니 곧 이 때라 듣는 자는 살아나리라 아버지께서 자기 속에 생명이 있음 같이 아들에게도 생명을 주어 그 속에 있게 하셨고 또 인자됨으로 말미암아 심판하는 권한을 주셨느니라 이를 놀랍게 여기지 말라 무덤 속에 있는 자가 다 그의 음성을 들을 때가 오나니 선한 일을 행한 자는 생명의 부활로, 악한 일을 행한 자는 심판의 부활로 나오리라"(요 5:24-29).

요한은 여기에서 죽은 자들이 하나님의 아들의 음성을 듣게 되는 "이때"를 말하는 동시에 무덤 속에 있는 자들이 하나님의 아들의 음성을 듣게 될 "부활의 때"를 말한다. 아들의 음성을 듣고 "이때" 살아나는 사람들이 있고, 아들의 음성을 듣고 생명의 부활과 심판의 부활로 나오게 되는 모든 사람들이 있다. 요한의 이해에 의하면 "이때" 살아나는 것을 첫째 부활이라고 할 수 있고, 모두 다 부활하여 생명인지 심판인지 판가름 나는 부활을 둘째 부활이라고 할 수 있다. 그렇다면 요한의 저작성에 대한 복잡한 문제들은 뒤로하고, 전통적으로 요한의 저작물로 인정되는 요한문서들,

또는 요한 학파 문서들이 공통된 신학을 가지고 있을 것이라고 예상할 때, 요한의 종말론을 다음과 같이 간단하게 나타낼 수 있다.

첫째 부활 = 중생(또는 예수 그리스도의 부활)

첫째 사망 = 육체적 죽음

둘째 부활 = 재림 때 온 인류의 부활

둘째 사망 = 지옥

	그리스도인	비그리스도인
첫째 부활	○	×
첫째 사망	○	○
둘째 부활	○	○
둘째 사망	×	○

(○ 해당됨, × 해당되지 않음)

그러므로 그리스도인들은 첫째 부활과 첫째 사망에는 참여하지만, 둘째 사망에는 참여하지 않는다. 비 그리스도인들은 둘째 부활에는 참여하지만 첫째 부활에 참여하지 않으므로 둘째 사망에 이르게 된다.[43] 그래서 요한은 우리에게 "이 첫째 부활에 참여하는 자들은 복이 있고 거룩하

---

[43] 첫째 부활은 영적 부활이지만, 둘째 부활은 육체적 부활이다. 그런가 하면 첫째 사망은 육체적 사망이지만, 둘째 사망은 영적 사망이다. 도날드 거스리, 『신약신학』 정원태 김근수 역 (서울: 기독교문서선교회, 1988), p. 954.

도다 둘째 사망이 그들을 다스리는 권세가 없고 도리어 그들이 하나님과 그리스도의 제사장이 되어 천 년 동안 그리스도와 더불어 왕 노릇 하리라"(계 20:6)라고 말할 수 있었다.

나는 유년 주일학교 학생들에게 이러한 첫째 부활에 대한 교훈을 간단하게 요약하여 가르친다. "생일이 두 번인 사람은 한 번 죽고, 생일이 한 번인 사람은 두 번 죽는다." 그리스도인은 이 세상에서 생일이 두 번인 사람들이다. 첫 생일은 우리 육체가 부모로부터 태어난 생일이요, 둘째 생일은 그리스도를 영접하여 위로부터 거듭난 생일이다. 죄와 허물로 죽었던 우리가 예수 그리스도를 믿음으로 중생하는 것을(바울의 표현) 요한의 저작들은 그리스도인이 그리스도의 부활에 동참하는 것으로 보고 첫째 부활에 동참하는 것이라고 설명한다(요한의 표현).

한때 소위 구원파 계통의 사람들이 우리에게 묻곤 했다. "영적인 생일인 거듭난 날을 알지 못하면 진정으로 구원받은 것이 아니다. 그러니 당신의 영적 생일은 언제인가?" 어려서부터 교회를 다녔던 나는 이 질문을 받을 때마다 곤혹스러웠다. "내가 언제 거듭났지?" 그러나 이제는 그들에게 자신 있게 되묻는다. "당신의 육체적인 생일이 언제인지 알고 있는가?" 알고 있다고 대답하면 다시 묻는다. "그걸 어떻게 알았는가?" 우리의 육체적 생일도 부모가 알려줘야 알 수 있다. 우리 스스로는 알지 못한다. 자신이 언제 태어났는지 기억하는 사람이 있는가? 호적이 잘못되어 생일이 다르게 등재되어 있는 사람이 얼마나 많은가?

중요한 것은 생일이 언제인가가 아니라 지금 내가 여기 살아서 움직이고 있다는 사실이다. 마찬가지로 영적 생일 역시 언제인지가 그렇게 중요한 것은 아니다. 지금 내가 여기 살아서 살아 계신 하나님과 생생한 영적 교제를 나누고 있는 그것이 더욱 더 중요하다.

요한계시록 20장의 본문을 위와 같이 해석하면 "왕 노릇한다"는 개념에 대해 묻는 경우가 많다. "천년왕국이 지금 여기에서의 교회 시대를 가리킨다면, 그리스도인이 지금 여기에서 왕 노릇하고 있다는 말씀은 무슨 뜻인가? 지금 교회가, 그리고 그리스도인이 왕 노릇하고 있다고 말할 수 있는가?"

우리는 왕 노릇에 대한 개념을 세속적이 아닌 성경적인 개념으로 이해해야 한다. 예수는 전혀 다른 왕 노릇의 개념을 제자들에게 가르치셨다. "너희가 아는 대로, 이방 사람들을 다스린다고 자처하는 사람들은, 백성들을 마구 내리누르고, 고관들은 백성들에게 세도를 부린다. 그러나 너희끼리는 그렇게 해서는 안 된다. 너희 가운데서 누구든지 위대하게 되고자 하는 사람은 너희를 섬기는 사람이 되어야 하고, 너희 가운데서 누구든지 으뜸이 되고자 하는 사람은 모든 사람의 종이 되어야 한다. 인자는 섬김을 받으러 온 것이 아니라 섬기러 왔으며, 많은 사람을 구원하기 위하여 치를 몸값으로 자기 목숨을 내주러 왔다"(막 10:42-45, 새번역). "또 너희는 지도자라는 호칭을 듣지 말아라. 너희의 지도자는 그리스도 한 분뿐이시다. 너희 가운데서 으뜸가는 사람은 너희를 섬기는 사람이 되어야 한다. 자기를 높이는 사람은 낮아지고, 자기를 낮추는 사람은 높아질 것이다"(마 23:10-12, 새번역). 예수께서 가르치신 왕 노릇은 권력을 행사하며 권세를 부리는 모습이 아니라 오히려 섬기는 모습이다.

베드로 역시 "그러나 너희는 택하신 족속이요 왕 같은 제사장들이요 거룩한 나라요 그의 소유가 된 백성이니 이는 너희를 어두운 데서 불러내어 그의 기이한 빛에 들어가게 하신 이의 아름다운 덕을 선포하게 하려 하심이라"(벧전 2:9)고 말하고 있다. 왕 같은 제사장으로서 섬김을 강조하는 것이다. 요한계시록의 본문도 이와 동일하게 "그들이 하나님과 그리스도의 제사장이 되어 천 년 동안 그리스도와 더불어 왕 노릇 하리라"(계 20:6)고 말하고 있다. 그리스도인이 지금 여기에서 왕 노릇하는 것은 제사장으로서 세상 죄를 짊어지며 세상을 위해 기도하며 섬긴다는 뜻이지 세상에서 누리는 정치적 왕권을 결코 의미하지 않는다.

이처럼 무천년설 입장에서의 천년왕국은 교회 시대에 대한 묵시문학적 표현이다. 요한계시록에서 묘사된 천년왕국의 여러 상황들은 교회 안에서 그 신령한 의미들을 이미 성취했고 앞으로 성취할 것이다.

그렇다면 완성된 하나님나라의 상태는 무엇인가? 미래에 대한 호기심이 발동하는 이 질문에 신약성경은 침묵한다. 하나님나라의 완성된 상태에 대한 묘사가 신약성경에 많지 않다.

먼저 우리 주님은 결혼에 대해 묻는 사두개인들을 향해 "부활 때에는 장가도 아니 가고 시집도 아니 가고 하늘에 있는 천사들과 같으니라"(마 22:30)고 말씀하신다. 결혼이 필요 없고 남녀 구별도 없어진다는 것은, 이 세상에서의 번식이 더 이상 필요하지 않은 상태를 말한다. 그러나 그것이 인간관계가 사라지는 것을 의미한다고 할 수는 없다. 이 말씀 외에 종말에 완성된 상태의 하나님나라에 대한 말씀은 없다.

요한계시록도 종말의 상태에 대해 그리 자세하게 언급하지 않는다. 굳이 찾자면 21장에서 언급하는 정도이다. "그때에 나는 보좌에서 큰 음성이 울려 나오는 것을 들었습니다. '보아라, 하나님의 집이 사람들 가운데 있다. 하나님이 그들과 함께 계실 것이요, 그들은 하나님의 백성이 될 것이다. 하나님이 친히 그들과 함께 계시고, 그들의 눈에서 모든 눈물을 닦아 주실 것이니, 다시는 죽음이 없고, 슬픔도 울부짖음도 고통도 없을 것이다. 이전 것들이 다 사라져 버렸기 때문이다'"(계 21:3-4, 새번역). 이 본문 역시 하나님의 거처가 사람들 가운데 함께 있다는 사실을 강조한다. 하나님이 인간들과 함께하시는 종말의 상태에 대해 이야기할 뿐 여타 다른 상태에 대해서는 자세히 언급하지 않는다. 이로 보건대 성경의 관심은 종말의 상태보다는 종말을 전제로한 지금 여기의 삶에 있다.

많은 사람들이 호기심과 흥미를 갖는 주제인 하나님나라의 완성은 어떻게 이루어지는가? 우리는 성경의 예언들을 조각조각 모아서 말세에 이루어질 일들의 구체적인 시간표를 만들고 싶은 유혹을 뿌리쳐야 한다. 성경은 미래의 시간표를 구성할수 있도록 마련된 암호나 코드표가 아니다. 성경을 비밀스러운 암호로 풀이하려는 미신적인 생각을 버려야 한다.[44]

또한 성경을 문자 그대로 풀이하려는 고집에서 조금 자유로워질 필요가 있다. 묵시문학적인 표현들을 문자 그대로 이해할 때 심각한 오해가 일어날 수 있다. 우리나라에서 한때 인기 있었던 『휴거』라는 소설을 보

---

[44] 마이클 드로스닌, 『바이블 코드』 형선호 역(서울: 황금가지, 1997). 한때 인기 있었던 이 책에서 저자는 구약성경의 히브리어 원문을 나열하는 방식으로 미래의 모든 일들이 예언되어 있다고 주장한다. 이츠하크 라빈 수상이 1995년 11월 4일 암살될 것이 정확하고 분명하게 예언되어 있으며, 다이애나 영국 황태자비의 죽음이나 히틀러와 2차 세계대전 등이 예언되어 있다고 주장한다. 이러한 해석은 이성적이고 합리적인 성경 해석 대신 신비로운 주술 책처럼 성경을 대하게 하는 오류를 일으킨다. 사실 1-16까지의 숫자들을 정사각형 안에 배열하면 좌우상하 대각선의 합이 모두 동일하게 나타난다. 수학적으로 이러한 도표가 무한대로 확장가능하다. 마방진(魔方陣, magic square)이라고 일컫는 정방행렬의 이 도표는 서구에서 일종의 부적처럼 여겨졌지만 동양의 『주역』에서 유래한 것으로 보인다. 정사각형 한 변에 나열된 수에 따라 3방진, 4방진, 5방진…이라 하는데, 『바이블 코드』는 모세5경의 히브리어 본문을 이러한 마방진의 원리로 이해하고 그 속에서 미래에 대한 비밀을 찾으려고 한다.

4	9	2
3	5	7
8	1	6

〈3방진〉

8	11	14	1
13	2	7	12
3	16	9	6
10	5	4	15

〈4방진〉

면,⁴⁵ 순식간에 사람들이 공중에 들려올라가 사라져버릴 미래의 어느 때를 상상하며 이야기를 전개해 나간다. 믿지 않는 자들만 이 땅에 남아서 대환난을 겪고, 믿는 자들은 공중으로 들려 올라가 어린 양의 혼인 잔치에 참여한다. 이러한 상상은 복음서에 나오는 예수의 말씀을 배경으로 한다. "그때에 두 사람이 밭에 있을 터이나, 하나는 데려가고, 하나는 버려둘 것이다. 두 여자가 맷돌을 갈고 있을 터이나, 하나는 데려가고, 하나는 버려둘 것이다"(마 24:40-41, 새번역). 지구 한편에서는 아침 식사를 준비하기 위해 맷돌을 갈고 있을 때, 다른 한편에서는 밭에 나가 일을 하고 있고, 또 다른 한편에서는 잠을 자고 있다. 그때 한 사람은 들려 올라가고 다른 한 사람은 그대로 남는다. 지구가 아수라장이 되어버릴 그때, 주님의 제자들은 공중으로 들려 올라가 어린 양의 혼인 잔칫집에서 먹고 마신다.⁴⁶ 그러나 본문의 문맥은 심판의 때가 순식간에 닥쳐올 것에 대비하라는 권면이다. 깨어 있으라고 권면하기 위해 급작스러운 심판을 묘사하고 있는 것이다.

예수께서 말씀하시는 바 하나님나라가 완성되는 때에 대한 사항에는 다음 세 가지의 모순된 언급들이 공존한다.⁴⁷

첫째, 그날의 임박성. 그날은 곧 온다. "이스라엘의 모든 동네를 다 다니지 못하여서 인자가 오리라"(마 10:23), "여기 서 있는 사람 중에는 죽기

---

45 이 책은 최근 완역되어 재출간되었다. 어네스트 W. 앵글리, 휴거(서울: 지성문화사, 2015)
46 어느 학자가 표현한 대로 1층은 불이 나서 난리인데, 2층에서는 혼인 잔치로 즐거워하는 것과 같이 지상에서 심판으로 고통당할 때 천상에서는 혼인 잔치로 즐거워한다는 것이 하나님의 자비로운 속성에 어울리는가에 대한 의문이 있다.
47 조지 래드, 『신약신학』 신성종 이한수 역(서울: 대한기독교서회, 2001), pp. 247ff.

전에 하나님의 나라가 권능으로 임하는 것을 볼 자들도 있느니라"(막 9:1). 그리고 "내가 진실로 너희에게 말하노니 이 세대가 지나가기 전에 이 일이 다 일어나리라"(막 13:30). 문자적인 의미로 보면 예수의 제자들이 살아 있을 동안에 종말이 온다는 것이다.

둘째, 그날의 지연. 곧 오리라는 종말에 대해 전혀 다른 언급들이 있다. 그날이 아직 멀었다는 인상을 주는 구절들을 찾아볼 수 있는 것이다. 예수는 감람산 강화에서 "아직 끝은 아니니라"(막 13:7)고 말씀하시며, 만국으로의 복음 전파를 강조하신다. 또한 사람들이 하나님나라가 당장에 나타날 줄로 오해하기 때문에(눅 19:11) 먼 나라에 가서 왕위를 받아 가지고 돌아오는 귀인에 대한 비유를 가르치신다. 혼인집에서 신랑은 더디 오며(마 25:5), 부자는 오랜 후에야 종들과 회계하러 온다(마 25:19).

셋째, 그날을 알지 못함. 그날은 "아무도 모르나니 하늘의 천사들도, 아들도 모르고 오직 아버지만 아시느니라"(마 24:36, 막 13:32). "주의하라 깨어 있으라 그 때가 언제인지 알지 못함이라"(막 13:33). "그가 홀연히 와서 너희가 자는 것을 보지 않도록 하라 깨어 있으라 내가 너희에게 하는 이 말은 모든 사람에게 하는 말이니라"(막 13:36-37). "그러므로 깨어 있으라 어느 날에 너희 주가 임할는지 너희가 알지 못함이니라"(마 24:42). "생각하지 않은 날 알지 못하는 시각에 그 종의 주인이 이르러"(마 24:50, 눅 12:46). "그런즉 깨어 있으라 너희는 그 날과 그 때를 알지 못하느니라"(마 25:13).

우주적 종말에 대한 신약성경의 세 가지 주요한 요점인 임박성과 지연됨, 그리고 불확실성은 곧바로 우리 각 개인의 종말론으로 연결된다. 우리는 곧 죽는다. "우리의 연수가 칠십이요 강건하면 팔십이라도, 그 연수의 자랑은 수고와 슬픔뿐이요, 빠르게 지나가니, 마치 날아가는 것 같습니다. 주님의 분노의 위력을 누가 알 수 있겠으며, 주님의 진노의 위세를 누가 알 수 있겠습니까? 우리에게 우리의 날을 세는 법을 가르쳐주셔서 지혜의 마음을 얻게 해주십시오."(시 90:10-12, 새번역).

그러나 하나님의 은혜로 우리의 죽음이 아직 이루어지지 않았다. "사랑하는 여러분, 이 한 가지만은 잊지 마십시오. 주님께서는 하루가 천 년 같고, 천 년이 하루 같습니다. 어떤 이들이 생각하는 것과 같이, 주님께서는 약속을 더디 지키시는 것이 아닙니다…하나님께서는 아무도 멸망하지 않고, 모두 회개하는 데에 이르기를 바라십니다"(벧후 3:8-9, 새번역).[48]

그러나 언제 죽을지는 아무도 모른다. 우주적인 종말론과 마찬가지로 우리 각 개인의 종말에도 역시 임박성과 지연됨, 그리고 불확실성이 있다. 우리는 우주적인 종말에 관심을 갖는 것만큼이나 우리 각 개인의 종말인 죽음을 앞두고 살고 있다는 것을 명심해야 한다. 죽음이 언제나 내 앞에 있다. 종말이 항상 내 앞에 도사리고 있다. 우주적 종말론보다 더 중요한 것은 개인의 종말을 준비하는 자세이다. 신약성경은 바로 이러한 점을 더욱 더 강조한다. 종말을 지금 여기에서 일어나는 현재 상황으로 알고 살라는 것이다.

그렇다면 우주적인 종말이 언제 임하는지 아무런 단서도 없는가? 마태는 예수께서 "이 하늘 나라의 복음이 온 세상에 전파되어서, 모든 민족에게 증언될 것이다. 그때에야 끝이 올 것이다"(마 24:14, 새번역)라고 말씀하셨다고 기록하고 있다. 래드는 이 본문에 그리스도인이 전파해야 하는

---

48 문득 내 나이를 생각하니 지나간 50여 년의 세월이 순간처럼 느껴졌다. "아, 하나님께만 하루가 천 년 같고 천 년이 하루 같은 것이 아니라 내 인생도 지난 50여 년이 하루 같고 장차 살아갈 세월이 천 년 같구나!" 하는 생각이 스치고 지나간다.

메시지가 있고, 감당해야 하는 사명이 있으며, 사역하는 동기가 있다고 분석한다.[49] 본문은 우리가 전달해야 할 메시지가 하늘나라의 복음임을 강조한다. 본문에는 또한 그 메시지를 온 세상의 모든 민족에게 전파하고 증언해야 하는 우리의 사명이 언급된다. 마지막으로 본문에는 우리가 하늘나라의 복음을 온 세상의 모든 민족에게 전파해야 하는 동기로서 "그 때에야 끝이 올 것이다"는 사실이 제시된다. 우리는 그날이 임하기를 기다릴 뿐 아니라 속히 임하도록 앞당겨야 하기에 땅 끝까지 복음을 전해야 하는 것이다.

신약성경 종말론의 특징 중 하나가, 앞의 역동적 그림에서 보듯이, 현재가 미래에 의해 결정된다는 시각이다. 그 결과 종말보다는 현재를 강조하며 종말의 상태에 대해 자세히 언급하지 않는다. 성경의 입장에서 보면 그러한 관심은 단지 호기심에서 나온 것이지 참된 신앙의 동기라고 볼 수 없다. 오히려 신약성경에서 종말론은 윤리적인 목적을 가지며 목회적인 관심에 더 큰 비중을 둔다.

> 마치 그리스도께서 어제 죽으셨고,
> 오늘 아침에 일어나셨으며,
> 내일 다시 오실 것처럼 살자.[50]

---

49 조지 래드, 『하나님나라』 pp. 122ff.
50 안토니 A. 후크마, 『개혁주의 종말론』 p. 190.

3부
하나님나라의 현재성-미래성

7. 하나님나라의 비밀
8. 하나님나라의 기적
9. 하나님나라의 윤리

하나님나라는 창조-타락-회복의 과정을 거쳐 지금 여기 예수 그리스도 안에서 우리 가운데 현존한다. 그러나 하나님나라는 약속-성취-완성의 과정으로 장차 완성될 미래를 기대한다. 그러므로 지금 여기에서 우리가 누리는 하나님나라는 하나님나라의 현재적인 측면인 "이미"와 미래적인 측면인 "아직"이 공존하는 양면성을 지닌다. 예수께서 주신 모든 가르침은 하나님나라의 현재성과 미래성의 양면성, "이미와 아직"의 긴장관계에서 이해하고 해석해야 한다. 하나님나라의 현재성과 미래성의 공존 관계를 이해하고 살펴보아야 할 대표적인 주제들은 하나님나라의 비유와 기적, 그리고 하나님나라의 윤리이다.

성경의 구절들을 이해하는 데 있어 문학적인 기교나 표현법의 차이를 이해하는 것은 필수적이다. 문학적인 표현을 무시하고 문자 그대로 이해함으로 발생하는 여러 낭패들을 우리는 교회의 역사 속에서 쉽게 찾아볼 수 있다. 비유를 해석하는 데 있어서도 비유가 지닌 문학적 특성과 기교를 이해하여 그 비유를 통해 예수께서 가르치시고자 한 핵심적 교훈을 발견하는 것이 중요하다.

예수께서 가르치신 비유는 일차적으로 하나님나라의 현재성을 전제로 한 비유들이다. 하나님나라는 지금 여기에 와 있다. 씨를 뿌리든지, 누룩을 가루에 풀어 넣든지, 고기를 잡든지 하나님나라는 지금 여기에 감추어져 있는 보화처럼 우리 가운데 와 있다. 이와 동시에 비유에 나타난 하나님나라는 장차 다가오는 종말의 때, 완성의 때를 바라본다. 추수 때를 기대하며, 그물 속의 고기를 분리할 때를 기대한다. 그리하여 하나님나라의 비유는 모두 하나님나라의 현재성을 전제로 미래성을 기대한다.

마태복음의 비유와 누가복음의 비유는 각 복음서의 특징을 잘 나타낸다. 마태복음의 비유가 주로 천국에 대한 비유를 기록하고 있다면, 누가복음은 다양한 주제들을 비유로 가르친다. 그럼에도 그 모든 비유는 기본적으로 하나님나라에 대한 비유라는 사실을 잊지 않고 해석해야 할 것이다.

하나님나라의 기적 역시 하나님나라의 현재성과 미래성의 긴장 관계를 이해해야 바로 해석할 수 있다. 예수께서 행하신 기적은 예수 그리스도 자신을 통해 역사하시는 하나님나라의 현재성에 대한 증거였다. 예수께서 하나님의 아들이나 메시아 된 자신의 신분을 증명하기 위해 기적들을 베푸신 것이 아니다. 또한 모든 병자들이 고침을 받은 것도 아니다. 예수는 예수를 믿고 의지하는 자들에게 제한적으로 베푸신 기적을 통해 하나님나라가 지금 여기에 이미 와 있지만 아직 완성된 상태는 아니라는 것을 보여준다. 오늘날에도 하나님나라의 현재성과 미래성에 대한 이해를 통해 우리 가운데 나타나는 기적들을 해석할 수 있다. 하나님나라가 이미 우리 가운데 현존하므로 당연히 병 고치는 등의 기적과 이적들이 가능하다. 그러나 하나님나라는 아직 완성된 상태가 아니기에 항상 기적이 나타나는 것은 아니다. 여전히 완성의 때를 기다려야 한다. 우리가 기적이 필요하다고 생각하고 기도하는 곳에서 기적이 일어나지 않고 하나님께서 침묵하실 때가 있다. 아직 완성의 때가 이르지 않았기 때문이다.

하나님나라의 현재성과 미래성을 이해할 때 우리의 윤리적 실존을 분명하게 이해할 수 있다. 산상수훈처럼 예수 그리스도께서 우리에게 요구하시는 윤리적 명령들은 하나님나라에서 사는 백성들의 삶이 어떠해야 하는지 제시한다. 우리가 실제로 그렇게 살기를 바라며 "서기관과 바리새인들보다 더 나은 의"를 요구한다. 그러나 우리의 윤리적 실존은 그러한 윤리적 기대들을 충족시킬 수 없다. "서기관과 바리새인보다 더 나은 의"는 하나님께서 예수 그리스도를 통해 우리에게 베푸시는 은혜로만 가능한 의이다. 우리는 그 은혜로 이미 서기관과 바리새인보다 더 나은 의, 하나님나라의 의를 소유한 자들이다. 그러나 아직 완성되지 않았기에 여전히 죄와 싸우며 하나님나라의 의를 이루어 가는 윤리적 삶을 실천하며 살아간다. 이미 성취되었지만 아직 완성되지 않았으므로 이미 성취된 영역을 누리며 완성을 향해 나아가야 하는 그리스도인들의 윤리적 실존은 개인의 성화 영역뿐 아니라 사회적, 국가적 영역에까지 확장된다.

이처럼 하나님나라의 현재성과 미래성의 긴장 관계는 신약성경의 교훈을 이해하는 데 가장 중요한 전제가 된다. 우리의 구원과 칭의, 성화와 성령 충만 등의 모든 개념들이 하나님나라의 현재성과 미래성, "이미와 아직"의 긴장 관계에 있는 모순된 모습으로 우리에게 와 있다.

7장
하나님나라의 비밀

언젠가 본 영화 중에 벙어리 여인과 음악 선생의 사랑 이야기가 있었다. 벙어리 여인이 음악에 심취해 있는 남자 선생에게 수화로 요청한다. "제게 음악을 보여주세요." 음악 선생은 사랑하는 여인에게 어떻게 음악을 수화로 표현할 수 있을까 고민하다가 자신의 마음을 담은 춤을 보여준다. 그러나 음악의 감동과 아름다움을 소리로 들려줄 수 없어 난감해한다. 그렇다! 아무리 사랑한다 해도 음악을 보여줄 수는 없다. 음악은 들어야지 보는 것이 아니다.

인간의 오감은 감각할 수 있는 영역이 각기 다르다. 듣고, 보고, 맛보고, 냄새 맡고, 접촉하며 느끼는 기관이 따로 있어 다른 감각 기관으로는 도무지 분간할 수 없다. 마찬가지로 육체적인 물질세계의 언어로 영적인 신령한 세계의 신비를 모두 설명할 수는 없다. 언어란 우리의 마음과 생각을 표현하는 데 얼마나 불완전하고 부족한 것인가? 그러므로 우리의 언어와 제한된 지식으로는 영적 세계의 신비한 진리들을 전부 설명하거나 분명하게 전달할 수 없다. "유한자는 무한자를 파악할 수 없다"(finitum non capax infiniti). 그러므로 예수께서 가르치신 비유는 인간이 쓰는 언어의 한계성과 천국의 신비로움으로 인해 부득불 사용할 수밖에 없는 가르침의 한 방식이다.

예수께서 가르치신 신약성경의 비유 수에 대해 학자들마다 의견이 분분하다. 하나의 비유로 여길 것인가, 아니면 두세 개의 비유로 나눌 것인가? 비유에 포함시킬 것인가 말 것인가? 이러한 의견 차이로 인해 신약성경에 쓰인 비유의 수를 정확히 파악하기가 쉽지 않다.

한편 비유의 제목을 무엇으로 할 것인가에 대한 의견 역시 분분하다. 주인공을 따라서 일반적으로 알려진 제목을 붙이는가 하면, 비유의 주된 교훈을 근거로 새롭게 제목을 붙이기도 한다. 또한 비유들을 어떻게 분류할 것인가에 대한 의견 역시 다양하다.

이에 대한 구체적인 논의는 다른 참고도서들을 참조하기로 하고,[1] 거론되는 비유들을 열거해 보면 다음과 같다 마지막 칸은 예레미아스의 비유 목록에 포함된 비유들이다(뒷장의 도표를 보라).

---

[1] 책꽂이에서 발견되는 비유에 대한 책들만 열거해도 꽤 된다. 우선 J. 예레미아스, 『예수의 비유』 허혁 역(왜관: 분도출판사, 1974)과, 이에 대한 요약본인, J. 예레미아스, 『비유의 재발견』 황종렬 역(왜관: 분도출판사, 1991), 보수진영에 소개된 샤이먼 키스트메이커, 『예수님의 비유』 김근수 최갑종 역(서울: 기독교문서선교회, 1986)과 최갑종, 『예수님의 비유 연구』(서울: 기독교문서선교회, 1993), 그리고 J. D. 킹스베리, 『예수의 비유』 김근수 역(서울: 도서출판 나단, 1991)과 비교적 최근에 출판된 홍창표, 『하나님나라와 비유』(수원, 합동신학대학원출판부, 2004) 등이 있다.

No.	비유	이야기체	마태	마가	누가	요한	도마복음서	예레미아스
1	등불 비유		5:15-16					
2	소경이 소경을 인도하는 비유		15:14		6:39			
3	집 짓는 비유		7:24-27		6:46-49			*
4	두 빚진 자의 비유	*			7:41-50			*
5	힘센 자를 결박하는 비유		21:25-29	3:23-27	12:17-22			
6	씨 뿌리는 자의 비유	*	13:3-23	4:3-20	8:4-15		9	*
7	씨가 은밀하게 자라나는 비유	*		4:26-29				
8	곡식과 가라지의 비유		13:24-30				57	*
9	겨자씨 비유	*	13:31-32	4:30-32	13:18-19		20	*
10	누룩 비유	*	13:33		13:20-21		96	*
11	감추어진 보화 비유	*	13:44				109	*
12	진주 비유	*	13:45-46				76	*
13	그물 비유	*	13:47-50					*
14	집 주인의 곳간 비유		13:52					
15	새 옷감으로 헌 옷을 깁는 비유		9:16	2:21	5:36			
16	새 술을 헌 부대에 넣는 비유		9:17	2:22	5:37-38			
17	잃은 양 비유	*	18:12-14		15:3-7		107	
18	빚진 종의 비유	*	18:23-35					*
19	선한 목자 비유					10:1-18		
20	선한 사마리아 사람의 비유	*			10:30-37			*
21	밤에 찾아온 친구 비유	*			11:5-8			*
22	어리석은 부자 비유	*			12:16-21		63	*
23	주인을 기다리는 종의 비유	*			12:35-40			
24	지혜 있는 청지기 비유	*			12:42-44			
25	악한 종의 비유				12.45-48			
26	열매 없는 무화과나무의 비유				13:6-9			*
27	혼인 집 낮은 자리의 비유	*			14:7-11			
28	탑을 쌓는 비유				14:28-30			
29	싸우는 왕의 비유				14:31-33			*
30	잃어버린 돈의 비유	*			15:8-10			
31	탕자 비유	*			15:11-32			*
32	불의한 청지기 비유	*			16:1-13			*
33	부자와 나사로 비유	*			16:19-31			
34	무익한 종의 비유				17:7-10			*
35	관원에게 구하는 과부의 비유	*			18:2-8			*
36	바리새인과 세리의 기도 비유	*			18:10-14			
37	포도원 일꾼의 비유		20:1-16					
38	므나 비유	*			19:12-27			
39	두 아들의 비유		21:28-32					*
40	악한 농부의 비유	*	21:33-41		20:9-16		65	
41	왕의 아들의 잔치 비유		22:1-10		14:16-24		64	*
42	예복이 없는 손님의 비유	*	23:11-14					
43	무화과나무 비유		24:32-34		21:29-33			*
44	집 주인과 문지기의 비유							
45	열 처녀 비유		25:1-13					*
46	달란트 비유	*	25:14-30					*
47	양과 염소의 비유	*	25:31-46					*
48	포도나무와 가지의 비유					15:1-6		

예레미아스는 여기에 다음의 비유들을 더 첨가한다. 그는 앞의 도표에서 도마 복음서에 나타난 비유들도 언급하고 있다.[2]

No.	비유	이야기체	마태	마가	누가	요한	도마복음서	예레미아스
49	재판관에게 가는 길		5:25-26		12:58-59			*
50	돌아오는 더러운 영		12:43-45		11:24-26			*
51	놀고 있는 아이들		11:16-19		7:31-35			*
52	도둑		24:43-44		12:39-40		21b	*
53	감독에 임명된 종		24:45-51		12:42-46			*
54	닫힌 문				13:24-30			*

비유의 목록을 보면 세 공관복음 전체에 기록되어 있는 비유는 몇 개 되지 않는다. 그것은 공관복음의 저자가 각각 강조하는 바에 따라 비유들이 채택되었다는 것을 보여준다. 마태는 주로 하나님나라의 비유들에 초점을 맞추었다면, 누가는 다양한 주제에 대한 비유들을 기록하고 있다. 마가는 그만의 독특한 비유가 거의 없다.

비유 해석학에 앞서 성경 해석학의 기초적인 주의사항이 있다. 무엇보다 먼저 성경을 이해할 때 문학적 기교를 과도하게 문자적으로 이해하려는 시도를 조심해야 한다. 우리는 하나님께서 성경 저자들의 모든 재능과 문화적 환경들을 사용하여 성경을 기록하셨다고 믿는다.[3] 그러므로 성경

---

2 J. 예레미아스, 『예수의 비유』 pp. 250-251.

3 성경의 영감의 범위와 방법에 대한 여러 견해들이 있다. 우선 성경의 영감의 범위에 대해서는 ① 그 사상만 영감 되었다고 믿는 **사상영감설**, ② 종교 생활의 원리적인 것만 영감되었다는 **부분영감설**, ③ 전체 모든 성경이 영감 되었다는 **완전영감설**, ④ 문자 하나까지 영감되어 (마 5:18, 갈 3:16) 저자들이 기록할 때 죄와 오류가 개입하지 않도록 하나님께서 감동하고 보호하셨다고 믿는 **축자영감설**이 있다. 영감의 방법에 대해서는 ① 하나님께서 말씀하시는 것

에 사용된 문학적 기교들의 용법을 알고 각 구절이 의미하는 바들을 이해해야지, 문자적 의미만 지나치게 강조하는 우를 범해서는 안 된다.

가령 성경에 사용된 여러 문학적 기교들 중에 과장법(hyperbole)이 있다. 강조하기 위해 실제보다 크게 나타내는 문장 작법이다. 그러한 문학적 표현을 문자 그대로 이해하면 황당한 상황이 될 것이다. "우리가 어디로 가랴 우리의 형제들이 우리를 낙심하게 하여 말하기를 그 백성은 우리보다 장대하며 그 성읍들은 크고 성곽은 하늘에 닿았으며 우리가 또 거기서 아낙 자손을 보았노라 하는도다"(신 1:28)라는 말씀을 보며 실제로 성곽이 하늘에 닿았다고 이해하는 사람은 없을 것이다. "사울과 요나단이 생전에 사랑스럽고 아름다운 자이러니 죽을 때에도 서로 떠나지 아니하였도다 그들은 독수리보다 빠르고 사자보다 강하였도다"(삼하 1:23)라는 말씀에서 독수리보다 빠르거나 사자보다 강한 사람을 상상하면 안 되듯, "예수께서 행하신 일이 이 외에도 많으니 만일 낱낱이 기록된다면 이 세상이라도 이 기록된 책을 두기에 부족할 줄 아노라"(요 21:25)와 같은 말씀들을 문자 그대로 이해해서는 안 된다.

비유를 해석할 때는 문학적 기교들의 특성을 이해해야 한다. 비유는 풍유나 은유, 직유 등과 비교되지만, 성경에 기록된 비유들의 다양한 양상은 각 영역의 다양한 요소들과 중복되기도 하고 차이를 드러내기도 한다.

을 즉각 받아 적어서 완전동일 재생산이라는 **기계적 영감설**, ② 성경을 기록한 저자들을 영감했으므로 저자들이 역사적 오류를 범했을 가능성이 있다고 인정하는 **동력적 영감설**, ③ 저자의 모든 것을 동원하여 그 사람의 시대 상황에 합당하게 사용하여 기록하게 하셨다는 **유기적 영감설**이 있다. 유기적 영감설에 의하면 그 말씀을 받은 자의 의식에서 이해되어 전달되고 기록되는 과정을 거치기 때문에 저자의 특성이 표현된다. 근본주의는 성경의 완전축자영감과 유기적 영감을 믿는다.

서로 다른 두 개의 사물을 비교하는 문학적 표현 기교로는 직유(simile)와 은유(metaphor)가 있다. 직유는 두 개의 사물을 "A는 B와 같다"는 식으로 비교하지만, 은유는 보통 "A는 B이다"라는 형식으로 표현한다. 은유는 두 개의 사물을 분명하게 뜻을 밝히지 않고 암시적으로 비교하지만, 직유는 은유와 같은 뜻을 전달하면서도 훨씬 뜻이 명료하고 오해의 여지도 적은 편이다. 가령 "나는 벌레다"(시 22:6), "하나님은 우리 반석이시다"(시 18:2)와 같은 표현이나, 예수께서 최후의 만찬에서 떡을 떼어주시며 제자들에게 "받아먹으라. 이것이 내 몸이니라"(마 26:26)고 말씀하셨을 때 은유를 사용하신 것이지만, 성령강림의 모습을 비둘기같이 내려와 앉았다고 표현하는 것이나(마 3:16, 막 1:10, 눅 3:22, 요 1:32), "보라 내가 너희를 보냄이 양을 이리 가운데로 보냄과 같도다 그러므로 너희는 뱀같이 지혜롭고 비둘기같이 순결하라"(마 10:16)고 말씀하실 때에는 직유를 사용하신 것이다.

은유와 직유를 좀 더 쉽게 비교하며 이해하기 위해 성경에서 "비둘기"를 사용한 은유와 직유들을 살펴보자. "바위 틈 낭떠러지 은밀한 곳에 있는 나의 비둘기야 내가 네 얼굴을 보게 하라 네 소리를 듣게 하라 네 소리는 부드럽고 네 얼굴은 아름답구나"(아 2:14), "내가 잘지라도 마음은 깨었는데 나의 사랑하는 자의 소리가 들리는구나 문을 두드려 이르기를 나의 누이, 나의 사랑, 나의 비둘기, 나의 완전한 자야 문을 열어 다오 내 머리에는 이슬이, 내 머리털에는 밤이슬이 가득하였다 하는구나"(아 5:2), "내 비둘기, 내 완전한 자는 하나뿐이로구나 그는 그의 어머니의 외딸이요 그 낳은 자가 귀중하게 여기는 자로구나 여자들이 그를 보고 복된 자라 하고 왕비와 후궁들도 그를 칭찬하는구나"(아 6:9). 여기에서 은유적으로 표현된 비둘기는 모두 다 화자가 사랑하는 사람을 의미한다. 그러나 진짜 비둘기에게 이런 고백을 할 수도 있지 않은가?

직유는 그렇게 오해할 여지가 없다. 위에서 인용한 아가서에서 "내 사랑아 너는 어여쁘고 어여쁘다 네 눈이 비둘기 같구나"(아 1:15), "내 사랑 너는 어여쁘고도 어여쁘다 너울 속에 있는 네 눈이 비둘기 같고 네 머리털은 길르앗 산 기슭에 누운 염소 떼 같구나"(아 4:1), "눈은 시냇가의 비둘기 같은데 우유로 씻은 듯하고 아름답게도 박혔구나"(아 5:12)라는 말은 사랑하는 사람의 눈이 비둘기 같이 예쁘다고 표현하는 것이다. 여기에서 비둘기를 애인으로 오해할 여지가 없다.

직유와 은유를 비교해 볼 때, 비유에 가까운 것은 직유이다. 비유는 직유와 같이 "천국은 마치 ~과 같다"고 표현하고 있기 때문이다. 그래서 어떤 학자는 비유를 '확장된 직유' 또는 "이야기로 표현된 직유"라고 말하기도 한다.

비유 해석에서 가장 흔한 실수는 비유를 풍유처럼 해석하는 것이다. 풍유(allegory)는 흔히 '은유의 연장'이라고 부른다. 은유가 간단히 "A는 B이다"라고 표현된다면, 풍유는 하나의 이야기로 표현하되 모든 세세한 부분까지 저마다 나타내는 의미가 있다. 그래서 A나 C나 E에 대해 말하면서 "A는 B이고, C는 D이며, E는 F이다"라고 말한다. 비유를 풍유로 해석하면 해석하는 사람들마다 각 항목들이 의미하는 바에 대한 이해가 달라진다. 그 대표적인 예가 "선한 사마리아 사람의 비유"를 풍유적으로 해석하는 경우이다. 풍유적으로 해석된 선한 사마리아 사람의 비유는 아담의 타락으로부터 시작하여 예수께서 재림하시는 세상 끝 날까지의 이야기가 되어버린다. 각 항목의 해석도 해석자 임의대로 끼워 맞추는 식이 된다. 사마리아 사람의 비유에 나오는 각 항목에 대해 고대 교부들이 해석한 것들을 열거해 보면 풍유적 해석의 위험을 쉽게 알아볼 수 있다.

	알렉산드리아의 클레멘트	오리겐	어거스틴
여행자		아담	아담
예루살렘		천상	평화로운 천상
여리고		이 세상	죽음의 지역
제사장과 레위인		율법	율법과 선지자
선한 사마리아 사람	그리스도	그리스도	그리스도
강도들	어두움의 통치자들	인간의 원수들	마귀의 세력들
옷 벗김을 당한 것			불멸의 훼손
매 맞은 것			죄에게로의 유혹
기름	성부의 사랑		
짐승		그리스도의 몸	그리스도의 몸
여관		교회	교회
데나리온 둘		성부와 성자에 관한 지식	사랑의 두 계명
여관 주인		교회를 보호하는 천사	사도 바울
귀환 약속		그리스도의 재림	그리스도의 재림

비유를 풍유로 해석하지 않도록 조심해야 한다. 그러나 다른 한편으로 보면 비유에 풍유적 요소가 전혀 없는 것은 아니다. "씨 뿌리는 자의 비유"나 "가라지 비유" 등에서는 세세한 항목들에까지 의미가 제시되기 때문이다. 그러나 성경에서 언급되지 않은 다른 세세한 부분까지 의미를 찾아 풍유로 확장하면 잘못된 해석을 낳을 수 있다.

비유와 풍유에 대해, 그리고 비유와 직유에 대해 다음과 같은 다이어그램을 그릴 수 있다.

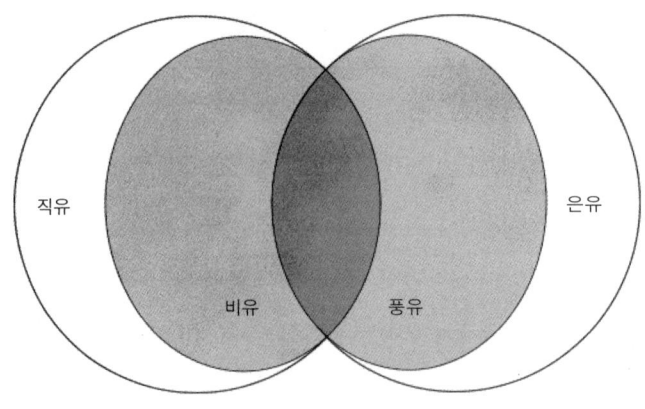

그렇다면 예수께서 비유로 가르치신 이유는 무엇인가? 제자들이 비유를 이해하지 못하고 예수께 나아와 "어찌하여 그들에게는 비유로 말씀하십니까?"(마 13:10, 새번역)라고 물을 때, 예수께서 그들에게 말씀하신다. "너희에게는 하늘 나라의 비밀을 아는 것을 허락해주셨지만, 다른 사람들에게는 그렇게 해주지 않으셨다. 가진 사람은 더 받아서 차고 남을 것이며, 가지지 못한 사람은 가진 것마저 빼앗길 것이다. 내가 그들에게 비유로 말하는 이유는, 그들이 보아도 보지 못하고, 들어도 듣지도 못하고 깨닫지도 못하기 때문이다. 이사야의 예언이 그들에게서 이루어지는 것이다. '너희가 듣기는 들어도 깨닫지 못하고, 보기는 보아도 알아보지 못할 것이다. 이 백성의 마음이 무디어지고 귀가 먹고 눈이 감기어 있다. 이는 그들로 하여금 눈으로 보지 못하게 하고 귀로 듣지 못하게 하고 마음으로 깨닫지 못하게 하고 돌아서지 못하게 하여, 내가 그들을 고쳐 주지 않으려는 것이다.' 그러나 너희의 눈은 지금 보고 있으니 복이 있으며, 너희의 귀는 지금 듣고 있으니 복이 있다. 그러므로 내가 진정으로 너희에게 말한다. 많은 예언자와 의인이 너희가 지금 보고 있는 것을 보고 싶어 하였으나 보지 못하였고, 너희가 지금 듣고 있는 것을 듣고 싶어하였으나 듣지 못하였다"(마 13:11-17, 새번역). 주님은 알아들을 사람만 알아듣도록 비유로 말씀하신다고 하면서 주님의 음성을 알아들을 수 있는 제자들에게 복이 있다고 선언하신다.

성경은 "신비에 싸여 있는 어떤 것"(something mysterious)이 아닌 "영원 전부터 감추어져 있다가 이제는 겉으로 드러난 그 어떤 것"을 "비밀"이라고 표현한다. 영원 전부터 감추어졌던 하나님의 구속의 목적을 하나님의 경륜 가운데 구속 역사의 새로운 계시로 드러낸 것을 "비밀"이라고 표현하는 것이다. 복음은 우리에게 공개적으로 선포되고 있지만, 알아듣는 사람들이 있는가 하면 알아듣지 못하는 사람들이 있으며, 깨닫는 사람이 있는가 하면 깨닫지 못하는 사람이 있다. 그러므로 복음이 비밀이며, 하나님나라의 진리가 비밀이다. 공개적으로 선포되고 드러나 있음에도 불구하고 알아듣지 못하고 보지 못하는 자들이 있기 때문에 여전히 비밀이며 여전히 신비롭다. 하나님나라의 비유는 이 "공개된 비밀"의 신비로움을 보여준다. 알아들을 수 없는 자들과는 달리 알아들을 수 있는 자들에게 깨달음의 기쁨을 맛볼 수 있게 하는 것이다.

그래서 예수는 비유를 통해 천국의 비밀을 가르치셨다. 긴 설교로 가르치시던 요한복음과는 달리 공관복음에서는 주로 비유로 가르치신다.[4]

---

4 위의 도표에 나타난 요한복음의 비유를 비유로 인정해야 할 것인지에 대한 논란이 있다. 구약성경에도 비유들이 나타난다. 구약성경의 선지자들 역시 하나님의 말씀을 거역하는 완악한 자들에게 비유를 통해 그들의 죄악을 깨닫게 하고 회개할 수 있는 기회를 주곤 했다. 대표적인 비유가 다윗이 우리아의 아내 밧세바를 범했을 때, 나단 선지자가 다윗에게 와서 한 이야기이다. 다윗은 나단 선지자의 이야기를 듣고서도 그 이야기의 의미를 깨닫지 못하다가 선

예수께서 가르치신 비유의 가장 중요한 특징은, 그 모두가 하나님나라에 대해 가르치고 있다는 점이다. 자연에 관한 것이든, 생활에 관한 것이든, 기도에 관한 것이든 예수께서 가르치신 모든 비유는 하나님나라에 대한 비유이다. 예수께서 비유를 통해 가르치신 하나님나라는 현재적인 측면과 미래적인 측면을 공유하여 양면성을 지니고 있다. 예수는 비유들을 통해서도 하나님나라의 현재성과 미래성의 긴장관계를 요약적으로 보여주고 계신 것이다.

우선 하나님나라는 **씨 뿌리는 자의 비유**처럼 씨 뿌리는 자가 씨를 뿌리듯이 지금 여기에서 말씀의 씨를 뿌리는 나라이다. 그러나 곧 추수 때가 다가온다. 추수 때 열매 맺는 밭과 열매 맺지 못하는 밭이 나뉠 것이다. 그러므로 우리는 지금 우리 마음 밭에 떨어진 천국의 말씀 씨앗이 열매를 맺도록 해야 한다. 방해되는 것들을 모두 제거하고 열매 맺는 삶을 살아야 한다. 그것이 지금 여기에서 이루어지는 천국의 모습이다.

하나님나라는 가라지 비유에서 보여주는 것처럼, 지금 여기에서 악한 가라지를 세상에서 다 사라지게 하는 나라가 아니다. 세상이라는 밭에 가라지가 더불어 살고 있는 것처럼 지금 여기의 천국에서도 악한 자들이 공존한다. 그러나 가라지를 따로 구분하여 불사를 그날이 속히 올 것이다. 유대인들은 주님의 날에 주님께서 즉시 악한 자들을 다 없애 버리시리라고 기대했다. 세례 요한도 그러한 기대를 동일하게 가지고 있었다. 그

지자 나단이 "이 이야기의 주인공이 바로 당신입니다"라고 직접 말할 때 비로소 깨닫고 회개한다. 다윗은 밧세바에게 빠져 잊고 있던 자신의 죄를 비유를 통해 깨달았다(삼하 12:1-15). 비유는 이처럼 알고 있으면서도 일부러 잊으려는 사람들에게 새롭게 경각심을 불러일으키는 효과가 있다. 또한 알면 알수록 더욱 더 많은 의미를 발견하게 되는 이로운 점도 있다.

러나 우리 주님은 최후의 추수 때까지 세상이라는 밭에 가라지도 함께 자라갈 것을 가르치신다.

마가복음에만 독특하게 기록되어 있는 바 '농부가 알지 못하는 사이에 자라는 씨앗' 비유 역시 하나님나라의 현재성과 미래성의 양면을 보여준다. 하나님나라는 땅에 뿌려진 씨앗처럼 농부가 알든 모르든 자라가게 되어 있다. 하나님께서 그 나라를 자라게 하셔서 마침내 열매 맺게 하실 것이다. 땅에 뿌려진 씨앗은 추수할 그때까지 자라고 또 자랄 것이다. 사람들이 알든지 모르든지 말이다.

가라지 비유에서는 가라지가 함께 자라는 것에 초점을 맞추어 하나님나라가 완성되기 전까지는 알곡과 가라지가 공존함을 가르치고 있다면, 알지 못하는 사이에 자라는 씨앗 비유에서는 어떻게든 씨가 자라고 있다는 사실에 초점을 맞춘다. 씨를 밭에 뿌린 농부는 밤과 낮을 지내며, 자고 깨는 일상의 과정을 되풀이할 뿐이다. 그러나 씨앗은 농부가 알지 못하는 중에도 계속해서 자라간다. 씨가 자라서 싹이 돋고, 이삭을 피우며, 풍성한 알곡으로 자라가는 것이다. 마침내 열매가 익어 추수 때가 되면 낫을 대어 추수를 시작한다. 결국 씨 뿌리는 모든 과정이 추수로 끝을 맺는다.

겨자씨와 누룩의 비유 역시 천국이 성장한다는 사실을 보여준다. 겨자씨나 누룩의 공통된 특징은 시작할 때 그 크기가 작고 미약하다는 데에 있다(막 4:31, 마 13:31). 그러나 관심을 끄는 것은 그것이 심겨진 후에 자란 결과이다(막 4:32, 마 13:32). 더 나아가 그 나무는 공중의 새까지도 깃들일 만큼 성장한다. "공중의 새들이 그 그늘에 깃들일 만큼 되느니라"(막 4:32, 마 13:32). 두 가지 비유는 성장의 서로 다른 측면을 보여준다. 겨자씨 비유는 그 나라의 외적인 면, 그리고 외부 지향적 전파에 대해 말씀하셨다면, 누룩 비유는 외부의 그 어떤 것에도 영향을 받지 않는 천국의 내적 능력에 시선을 집중한다. 겨자씨 비유는 모든 족속으로 제자를 삼으라는 예수의 명령에 순종하여 전도 활동하는 모습을 보여준다면, 누룩 비유는 그리스도에 대한 순종이 구석구석에서 이루어지고 삶의 작은 영역일지라도 그리스도화 되어야 한다는 것을 가르친다. 천국은 외적 성장과 함께 내적 성장도 가져온다.

밭에 감추인 보화 비유와 값진 진주 비유는 모두 동일하게 천국이 지금 여기에 있는 것으로 묘사된다. 본문의 두 비유는 흔히 동일한 비유로 이해된다. 밭에 감추어진 보화를 찾은 농부나 값진 진주를 찾은 장사꾼이나 동일하게 묘사되기 때문이다. 그러나 두 비유가 동일한 교훈을 전달하고 있다고 보기는 어렵다.

먼저 44절에서 천국은 밭에 감추어진 보화에 비유된다. 천국은 지금 여기에서 밭에 감추어져 있다. 밭에 감추어진 보화를 발견한 농부는 자기의 모든 소유를 팔아 그 밭을 샀다. 그러나 45-46절의 비유는 앞의 문장과는 전혀 다르다. 이번에 천국은 값진 진주를 구하러 다니는 상인에 비유된다. 앞의 비유에서 천국은 보화였지만, 이번에는 천국이 상인이다. 상인인 천국이 진주를 찾아다닌다. 천국을 상징하는 보화를 얻기 위해 밭을 사려 하고, 밭을 사기 위해 자신의 모든 것을 팔았던 농부처럼, 이번에는 진주를 얻기 위해 천국을 상징하는 상인이 모든 것을 팔고 있다. 그러니 농부가 그리스도인을 상징하는 것처럼, 이번에는 진주가 우리 그리스도인을 상징하는 것으로 이해해야 두 비유가 가지고 있는 내용을 제대로 이해하는 것이다.

우리는 먼저 밭에 감추어진 보화와 같은 천국을 발견해야 하고, 발견한 천국을 자신의 것으로 만들기 위해 가지고 있는 모든 것을 팔아치운다고 해도 아까워하지 않을 수 있는 믿음이 필요하다. 그것은 밭에 감추어진 보화의 가치를 알 때에만 가능한 일이다. 농부가 밭을 살 때 밭에 감추어진 보화를 산 것이지 그 밭 자체를 산 것은 아니다. 보화를 사기 위해 그 밭을 산 것이다.5 동일하게 이번에는 천국 역시 우리를 얻기 위해 천국의 입장에서 큰 희생을 감수한다. 우리 주 예수 그리스도께서 바로 우리를 구하기 위해 자신의 몸을 아낌없이 십자가에 희생 제물로 바치신 것이다. 그 이상 얼마나 더 큰 희생과 투자가 있을 수 있겠는가? 우리가 천국을 발견하고 모든 것을 팔아 밭을 사는 것처럼, 우리 주님도 우리의 가치를 발견하고 자신의 목숨을 버려 우리를 사셨다.6

이제까지의 비유가 농부와 관련된 비유였다면 이어지는 그물 비유는 어부와 관련된다. 마태복음 13장에 의하면 그물 비유는 밭에 감추어

---

5 밭이 어디인가? 앞의 모든 비유에서 밭은 주로 세상을 상징했다. 그렇다면 밭인 이 세상에 천국은 감추어져 있다. 세상을 등지고서는 보화를 발견할 수 없다. 세상 속으로 나아가서 그 보화를 발견해야 한다. 우리가 속한 세상 속에서 그 보화를 발견하고 그 기쁨을 소유해야 한다. 천국을 사고 싶은 사람은 기꺼이 자신의 모든 소유를 팔아 그 밭을 산다. 그 세상을 산다. 아, 나는 온 세상이라도 사서 그 나라를 내 것으로 만들리라. 워치만 니의 유명한 고백을 나는 참으로 좋아한다. "나는 나 자신을 위해 아무것도 원하지 않는다. 그러나 주님을 위해서는 모든 것을 원한다." 나 자신을 위해 아무것도 원하지 않지만, 주님을 위해서는 모든 것을 원하는 마음으로 이 세상을 살아가자. 주님이 그 보화의 값을 아는 우리에게 우리의 모든 소유보다 더 큰 선물로 복 주시리라.

6 우리 모든 그리스도인은 주님의 눈에 값진 진주이다. 한 사람 한 사람의 영혼이 이 세상의 모든 천하보다 더 귀하다고 말씀하시던 주님은, 자신의 생명보다 더 우리의 구원을 귀하게 여기셨다. 우리 모두는 그토록 존귀한 자들이다. 하나님의 외아들이 우리를 세상의 그 어떤 것보다 더 귀하게 여기셔서 우리를 구하기 위해 이 땅에 오셨고, 기꺼이 십자가 죽음의 길을 걸어가셨다. 아, 나는 값진 진주이다. 하나님이 사랑하사 자신의 모든 것을 다 팔아 사신 하나님의 진주이다. 이 세상의 모든 사람들이 나를 하찮게 여기고, 나를 멸시한다 할지라도, 그러나 나는 하나님의 눈앞에는 가장 값진 진주로 발견되었다. 그러니 나야, 하나님 앞에서 값진 진주처럼 살라. 하나님이 우리를 평가하신 그 평가에 걸맞게 살라.

진 보화 비유와 값진 진주를 찾아다니는 장사꾼의 비유에 이어서 나온다. 그러므로 천국은 밭에 감추어진 보화와 같기 때문에 모든 소유를 팔아 그 밭을 사서 보화를 자신의 소유로 만들어야 한다. 또한 천국은 값진 진주를 구하러 다니는 장사꾼과 같아서 값진 진주와 같은 우리를 사기 위해 자신의 몸을 버리셨다. 그러나 이 두 가지 비유의 결론은 마지막에 나오는 **그물 비유**에 있다. 어부가 그물을 치고 좋은 고기를 잡으려고 하지만, 그 그물에는 좋은 고기만 잡히는 것이 아니다. 나쁜 고기도 잡히고 심지어 쓰레기도 걸려든다. 그러나 어부는 그물을 건질 때까지 그 모든 것들을 다 포용하고 끌어올린다. 그리고 마지막에 좋은 고기들을 다 고른 후에야 비로소 쓰레기를 처리한다. 나쁜 고기들을 버린다. 이 비유의 결론은 다음과 같이 되어 있다. "그물에 가득하매 물가로 끌어내고 앉아서 좋은 것은 그릇에 담고 못된 것은 내버리느니라 세상 끝에도 이러하리라 천사들이 와서 의인 중에서 악인을 갈라내어 풀무 불에 던져 넣으리니 거기서 울며 이를 갈리라"(마 13:48-50). 그물에 걸려들었다고 해서 다 좋은 고기는 아니다. 여기에는 반드시 골라내는 과정이 있다. 버릴 것은 버리는 과정이 반드시 있다. 여기에서도 천국의 현재성과 미래성이 표현된다.

마태복음 13장은 천국 비유의 장이다. 여기에 소개된 비유들은 모두 하나님나라에 대한 비유들이다. 각각의 비유들은 공히 하나님나라의 현재성과 미래성에 대한 교훈을 가르치고 있다. 각각의 비유들에 나타난 하나님나라의 현재성과 미래성의 요소들을 정리해 보면 옆장의 도표와 같다.

마태복음 13장의 비유들은 하나님나라의 현재적인 성장을 말하고 있거나, 하나님나라가 현재 여기에 존재함을 강조한다. 미래성보다는 현재성을 더욱 강조한다. 또한 천국은 예수 그리스도의 사역들을 암시하거나

비유 제목	하나님나라의 현재성	하나님나라의 미래성
씨 뿌리는 자의 비유	네 종류의 밭에 씨를 뿌림	추수(결실)
가라지 비유	가라지가 함께 자람	추수(가라지를 분류)
알지 못하는 중에 자라는 씨앗	알지 못하는 중에 자라남	추수(결실)
겨자씨	작게 시작하여 크게 자라남	크게 자라남(공중의 새가 깃듦)
누룩	은밀하게 시작하여 크게 자라남	크게 자라남(전부 다 부풀게 함)
밭에 감추어진 보화	밭에 감추어져 있음	
값진 진주를 찾은 장사꾼	진주를 찾아다님	
그물	그물을 던져 고기를 잡음	고기를 분류함

가리킨다. 복음서의 나머지 비유들 역시 하나님나라의 비유로 이해하고 해석해야 한다. 또한 각각의 비유들에서 하나님나라의 현재성과 미래성의 관계가 어떻게 묘사되고 있는지 살펴야 한다.

    마태복음에서 하나님나라의 비유는 13장의 비유장을 지나고 나면 한동안 발견하기 힘들다. 다시금 비유가 나오는 곳은 예수의 수난사화 부분이다. 마태복음 18장의 **일만 달란트 빚진 종에 대한 비유**는 천국이 지금 여기에서 용서의 나라인 것을 보여준다. 우리는 종말에 용서받은 자로서 얼마나 용서하며 살았는가에 대한 심판을 받을 것이다. 천국은 우리에게 긍휼과 자비를 베풀지만, 우리가 다른 동료들에게도 그와 동일하게 긍휼과 자비를 베풀기를 원한다. "너희가 각각 마음으로부터 형제를 용서하지 아니하면 나의 하늘 아버지께서도 너희에게 이와 같이 하시리라"(마 18:35). 천국은 용서하는 임금과 같다. 천국은 용서의 나라이다. 그리하여 우리가 용서한 만큼 임금도 우리를 용서하고 긍휼히 여길 것이다. 용서받

은 자는 용서할 줄 안다. 용서받은 자는 용서할 줄 알아야 한다.7

마태복음 20장의 **한 데나리온의 비유**는 천국이 유대인들이 기대하는 바와 다르다는 것을 극명하게 보여준다. 율법으로는 흠이 없다고 스스로 생각하는 어떤 부자 청년이 예수께 나아와 영생에 대해 물었다. 그때 주님은 "너에게는 한 가지 부족한 것이 있다. 가서, 네가 가진 것을 다 팔아서, 가난한 사람들에게 주어라. 그리하면, 네가 하늘에서 보화를 차지하게 될 것이다. 그리고, 와서, 나를 따라라"(막 10:21, 새번역)고 말씀하셨다. 이 말을 듣고, 버려야 할 재산이 너무 많았던 청년은 근심하며 떠나갔다. 청년이 떠나고 난 뒤 주님께서는 "부자는 하늘나라에 들어가기가 어렵다"(마 19:23)고 가르치시며, "사람은 이 일을 할 수 없으나, 하나님은 무슨 일이나 다 하실 수 있다"(마 19:26)고 말씀하신다. 천국이 은혜의 선물로 주어지는 나라임을 강조하시는 것이다.

그때, 베드로가 "보십시오, 우리는 모든 것을 버리고, 선생님을 따랐습니다. 그러니, 우리가 무엇을 받겠습니까?"(마 19:27, 새번역)라고 주님의 의도를 알지 못하는 유대교의 보상주의적인 질문을 한다. 주님은 그러한 베드로에게 하나님만이 우리를 천국으로 인도하실 수 있고, 우리에게 필요한 모든 것을 가능하도록 하실 수 있으며, 하나님의 은혜로만 구원받을 수 있다는 사실을 가르치시기 위해 "첫째가 꼴찌 되고, 꼴찌가 첫째 된

---

7 나는 항상 예레미야의 기도를 기억한다. "여호와여 우리의 죄악이 우리에게 대하여 증언할지라도 주는 주의 이름을 위하여 일하소서 우리의 타락함이 많으니이다 우리가 주께 범죄하였나이다"(렘 14:7). 기독교 신앙의 출발점은 자신이 죄인임을 아는 것이고, 이웃을 향한 기독교 윤리의 출발점은 우리 이웃 역시 우리와 동일한 죄인이며 용서받아야 할 자라는 사실을 인정하며, 우리가 용서받은 것처럼 그들도 용서해야 한다는 데 있다. 기독교 윤리는 자신이 용서받았다는 확신에서 시작하여 다른 사람들을 용서할 수 있게 됨으로 마감된다.

다"고 말씀하시며, 이 말씀에 대한 설명과 예화로 한 데나리온의 비유를 말씀하신다.

천국은 일찍 온 사람이나 늦게 온 사람이나 다같이 한 데나리온씩 나누어 주는 집 주인과 같다. 먼저 와서 땀 흘리며 여러 시간 일했던 베드로와 같은 사람들 입장에서 이것은 불공평할 것이다. 투덜대는 그들의 입장을 얼마든지 이해할 수 있다.[8] 그러나 그 주인은 그들에게 말한다. "이보시오, 나는 당신을 부당하게 대한 것이 아니오. 당신은 나와 한 데나리온으로 합의하지 않았소? 당신의 품삯이나 받아 가지고 돌아가시오. 당신에게 주는 것과 꼭 같이 이 마지막 사람에게 주는 것이 내 뜻이오. 내 것을 가지고 내 뜻대로 할 수 없다는 말이오? 내가 후하기 때문에, 그것이 당신 눈에 거슬리오?"(마 20:13-15, 새번역). 하나님나라는 하나님의 은혜로 주어지는 나라이다. 하나님의 은혜로, 그 주권에 따라 꼴찌를 첫째로 만들기도 하시며, 첫째를 꼴찌로 만들기도 하시는 나라이다. 하나님나라는 하나님이 스스로 결정하시는 나라이다. 하나님께서 부르시고, 일 시키시며, 하나님의 뜻대로 삯을 나눠주시는 하나님나라이다. 하나님나

---

[8] 어렸을 적 나는 바울과 같은 회심을 체험하고 싶었다. 이기풍 목사나 이천석 목사처럼 세상에서 실컷 놀다가 회심하면 간증거리도 많을 것 같았다. 어차피 목사 할 거라면 조금은 세상에서 즐기다 돌아와도 좋을 것 같았다. 지금은 돌아가신 외할머니 황 권사님께 이런 말씀을 드렸더니 이렇게 대답하셨다. "바울도 좋고 이기풍 목사도 좋지만, 세상에서 사는 동안 범죄한 경험 없는 사무엘이나 다니엘도 좋지 않니?" 그래서 나는 사무엘이라는 이름을 좋아한다. 우리 중에 그러한 생각을 갖고 있는 자는 없는가? 너무 일찍 부름을 받았다고! 그러나 앞에서 주님이 하신 말씀을 다시금 생각해 보아야 한다. 사람으로서는 할 수 없지만 하나님으로서는 이 모든 것을 할 수 있다는 말씀. 이 모든 것은 다 하나님이 하시는 일이다. 그것이 우리 신앙의 출발점 아닌가? 우리가 일찍 부름을 받았든지 늦게 부름을 받았든지 그것은 모두 하나님이 하시는 일이지 우리가 하는 일이 아니다. 우리는 자랑할 것이 되지 못한다. 주님의 부르심에 순종하여 충성할 뿐이다.

라이지 우리의 나라가 아니다. 내 뜻대로가 아니라 하나님의 뜻대로 이루어지는 나라가 하나님나라이다.

이 비유에서 불평하는 자들은 예수를 따르면서도 여전히 유대적 관습과 종교관, 특히 유대 종교가 가르치는 보상주의나 공로주의의 위험성에 노출되어 있는 제자들임을 보여준다.9 예수는 이 비유를 통해 신앙적 열심과 아집의 노예가 되어 하나님의 사랑과 은혜와 자유를 보지 못하는 자들에게 하나님나라의 은혜적 차원을 강조하여 보여준다. 보상주의는 기독교적 사고방식이 아니다. 공로주의는 기독교가 아니다. 우리가 일하고 충성하는 것은 하나님의 부르심에 감격하고 감사하여 충성하는 것이다. 하나님의 자녀 된 것에 감사하고 감격하여 "나를 품꾼의 하나로 보소서"(눅 15:19) 하며 아버지 앞에 무릎 꿇던 탕자의 마음으로 충성하는 것이지 천국에서 더 많은 영광과 면류관을 받으려고 충성하는 것이 아니다.

마태복음 21장에는 마태만 기록한 독특한 두 아들의 비유가 있다. 포도원에 가서 일하라는 아버지의 명령에 한 아들은 "예" 하고 가지 않았고, 다른 한 아들은 "아니요" 했으나 결국 갔다. 이 비유는 부탁받은 일을 거절했으나 후에 마음을 바꾸어 그 일을 실행한 사람이 약속을 해놓고 실행하지 않는 사람보다 더 낫다는 사실을 가르쳐 준다. 성전을 청결케 하신 후 주님은 이 비유를 통해 둘째 아들이 죄악 된 생활을 하며 하나님의 뜻을 행하기 거절하는 세리들과 창기들과 같지만, 가장 먼저 회개하고 믿고

---

9 최근 신약성경에 대한 새 관점이라는 이름으로 유대교에 대한 기존의 이러한 이해가 잘못되었다는 주장이 강력하게 제기되고 있다. 이 책 110쪽의 각주 2에 나오는 책들을 비롯해 다음의 책들을 참고하라. E. P. 샌더스, 『바울과 팔레스타인 유대교』, 박영돈, 『톰 라이트 칭의론 다시 읽기』(서울: IVP, 2016), 제임스 던, 『바울에 관한 새 관점』 최현만 역(서울: 에클레시아북스, 2012).

하나님나라에 들어갔다는 것을 가르치신다. 그들은 행동이나 말로는 하나님의 뜻을 행할 수 없노라고 대답했을지 모르지만, 회개하고 돌이킴으로 결국 아버지의 뜻을 행한 자가 된 것이다. 그러나 첫째 아들과 같은 당대의 종교 지도자들은 사람에게 보이기 위해서라면 모든 일을 하는 사람들로서, 세례 요한의 말을 듣기는 했지만 믿지 않고 오히려 무시했다. 그렇기에 주님은 이 비유를 그들에게 적용하여 강력한 교훈을 주신다. 하나님나라는 "가겠다"며 가지 않은 첫째 아들의 나라가 아니라, "가지 않겠다"고 말했지만 결국 포도원으로 일하러 간 둘째 아들의 나라이다.[10]

포도원 농부의 비유에서 하나님나라는 "포도원을 누가 경작했는가?" 혹은 "그 소출이 얼마나 되는가?"에 관심을 두지 않는다. 오히려 그들이 그 포도원의 주인이 보낸 종들이나 아들을 어떻게 대우하는가에 관심이 있다. 얼마나 성실하게 일했는지, 얼마나 많은 소출을 올렸는지가 문제가 아니다. 포도원을 소작으로 줄 때는 그것이 가장 중요한 문제였겠지만, 지금 와서는 그런 것들이 중요하지 않다. 주인이 보낸 종들이나 아들을 어떻게 대우하고 영접하느냐에 따라 그들의 운명이 달라지게 된 것이다. 하나님나라는 하나님과 그의 보내신 자들, 그리고 그의 아들을 어떻게 대

---

10 본문의 사본 상의 중대한 차이는 첫째 아들과 둘째 아들이 서로 바뀌어 나타난다는 것이다. 그래서 새번역은 이렇게 되어 있다. "'너희는 어떻게 생각하느냐? 어떤 사람에게 아들이 둘 있는데, 아버지가 맏아들에게 가서 '얘야, 너 오늘 포도원에 가서 일해라' 하고 말하였다. 그런데 맏아들은 대답하기를 '싫습니다' 하고 말하였다. 그러나 그 뒤에 그는 뉘우치고 일하러 갔다. 아버지는 둘째 아들에게 가서, 같은 말을 하였다. 그는 대답하기를, '예, 가겠습니다, 아버지' 하고서는, 가지 않았다. 그런데 이 둘 가운데서 누가 아버지의 뜻을 행하였느냐?' 예수께서 이렇게 물으시니, 그들이 대답하였다. '맏아들입니다.' 예수께서 그들에게 말씀을 하셨다. '내가 진정으로 너희에게 말한다. 세리와 창녀들이 오히려 너희보다 먼저 하나님의 나라에 들어간다'"(마 21:28-31).

우하느냐에 따라 심판받는 나라이다. 아니 보내신 종들이 아니라 보내신 아들을 어떻게 대우하는가에 따라 심판의 내용이 결정되는 나라이다. 하나님나라에서는 하나님께서 보내신 그의 아들 예수를 어떻게 대우하느냐가 운명을 결정하는 시금석이 된다.

마태복음 22장의 "임금님 아들의 혼인 잔치 집 비유"(마 22:1-14)는 누가복음 14장의 "큰 잔치 비유"(눅 14:15-24)와 비슷하며, 도마복음서에도 이와 비슷한 비유가 수록되어 있다. 예수는 하늘나라를 자주 잔치에 비유하신다. 또한 실제로 즐겨 잔치를 베푸셨다. 이것은 잔칫집의 풍성함과 즐거움으로 하늘나라를 묘사하고자 하신 것으로 이해할 수 있다.

누가복음의 **"큰 잔치 비유"**는 하나님나라가 초청받은 자의 잔치가 아니라 하나님의 초청에 응답한 자들의 잔치임을 보여준다. 단지 초청받았다고 해서 하나님나라의 잔치에 참석하는 것이 당연시 되지 않는다. 그 초청에 응하여 잔치에 참여해야 한다. 이와 달리 마태복음의 "임금 아들의 혼인 잔치 비유"는 이제 초청받아 그 잔치에 참여하기만 하면 되는 게 아니다. 임금이 준비한 예복을 입고 가야 끝까지 그 잔치를 즐길 수 있다. 누가는 초청에 응하여 잔치에 참여하는 것을 강조하고, 마태는 초청에 응했어도 임금이 준비한 예복까지 마저 입어야 한다는 것을 강조한다.

누가는 이 비유를 통해 유대인들이 하나님께서 그의 아들 예수 그리스도 안에서 부르시는 초청에 응하지 않아서 이미 참 이스라엘과 참된 하나님의 백성의 자리를 빼앗겼으며, 그 자리가 유대인들과 이방인들을 포함하여 하나님의 은혜로운 부름에 응한 그리스도인들로 대체되었다는 사실을 알려준다. 마태는 여기에서 더 나아가 새롭게 하나님의 백성이 된 그들이 비록 유대인들을 대신하여 영광스러운 신분의 자리에 들어왔다 할지라도, 신분에 합당한 제자의 삶을 살지 못하는 자는 그 자체가 하나님의 은혜로운 부르심을 무시하는 것이기 때문에 유대인들과 동일하게 하나님의 무서운 심판을 받을 수 있다는 사실을 일깨워주고 있다.[11]

마태복음에 나오는 마지막 비유는 25장에 나오는 세 가지 종말론적 비유이다. 혹자는 24장 마지막의 **충성된 종과 악한 종의 비유**(마 24:45-51) 역시 종말론적 비유 중 하나로 꼽기도 한다. 마태는 **열 처녀 비유**(마 25:1-13)를 통해 항상 깨어 있어야 할 것을 교훈한다. 신랑이 언제 올지 모른다.

또한 **달란트 비유**(마 25:14-30)를 통해 깨어 있는 것이 각자 받은 달란트대로 충성하는 것임을 가르친다. 다섯 달란트를 받았든지, 두 달란트를 받았든지 그 양이 문제가 아니라 얼마나 충성했는지가 문제이다.

마지막으로 **양과 염소의 비유**(마 25:31-46)는 그러한 달란트에서 가장 중요한 것이 이웃의 형제자매들에게 얼마나 사랑을 베풀었는가의 문제라는 것을 보여준다. 오른편의 양들은 자신들이 언제 주님을 섬겼는지도 모를 정도로 이웃들을 섬겼으나, 왼편의 염소들은 자신들이 주님을 섬겼다고 생각하고 있었음에도 불구하고 이웃을 섬기지 않아 주님을 섬기지 않았다는 책망을 듣고 영벌에 처해지는 것을 볼 수 있다.

이처럼 마태복음의 종말론적인 비유들은 위기의 상황을 설정하고 있어서, 하나님나라의 미래성을 우선적으로 보여주고 있지만 현재성 역시 보여주고 있다. 하나님나라는 미래의 어느 날엔가 최후의 심판이 임하겠지만 지금 여기에서 깨어 기다려야 하는 나라이며, 달란트를 받은 대로 충성해

---

11 믿음은 끊임없는 미완성에 대한 인식이다. 그것은 우리 자신의 그 어떤 의(義)도 인정하지 않고 오로지 예수 그리스도로 말미암는 하나님의 의만 인정하는 태도이다. 하나님이 우리에게 거저 주시는 그분의 의로서만 우리는 그 나라의 잔치에 참여하고 그 나라 잔치의 즐거움을 맛볼 수 있다. 하나님나라는 잔치에 참여하는 것만으로 즐길 권리가 주어지는 것이 아니라 임금이 준비한 예복을 입어야 끝까지 즐길 수 있는 나라이다.

야 하는 나라이며, 이웃에게 선행을 베풀어야 하는 나라이다.

　마태복음의 비유들이 하나님나라의 현재성과 미래성을 보여주는 하나님나라의 비유들인 반면, 누가복음의 비유들은 다양한 주제들을 가르치고 있어서 표면상으로는 하나님나라를 비유하는 마태복음의 비유들과 다른 것처럼 보인다. 그러나 누가복음의 비유들 역시 동일하게 하나님나라의 비유들이다. 그러므로 하나님나라의 현재성과 미래성의 원리로 이해해야 한다.

　누가복음에만 기록되어 있는 유명한 **선한 사마리아 사람의 비유**(눅 10:25-37) 역시 하나님나라에 대한 비유이다. 하나님나라는 사랑의 나라이다. 율법의 가장 근본 정신이 사랑이라면 우리는 이 세상에서 사랑하는 삶을 살아야 한다. 율법사와 주님이 나눈 대화에서 결정적인 부분은 율법사가 묻는 "나의 이웃"과 예수께서 대답하시는 "강도 만난 자의 이웃"이다. 율법사는 자기중심으로 이웃을 생각하고 있지만, 예수는 강도 만난 자, 즉 도움이 필요한 자를 중심으로 이웃을 생각하고 계시다. 하나님나라는 누가 내 이웃인가를 묻는 나라가 아니라, 내가 누구의 이웃이 될 것인가를 묻는 나라이다. 이것은 예수께서 가르치신 하나님나라의 윤리이다.

　누가복음에서 선한 사마리아 사람의 비유 못지않게 유명한 "탕자의 비유"(눅 15:11-32)는 누가복음 15장의 잃어버린 것들에 대한 일련의 비유들 중 마지막 세 번째로 기록되어 있다. **"잃어버린 양의 비유"**(눅 15:1-7)와 **"잃어버린 드라크마"**(눅 15:8-10)의 비유에 이어 **"잃어버린 아들 탕자의 비유"**(눅 15:11-32)가 나온다. 하나님나라는 잃어버린 양과 같이 소외된 자들에게 관심을 가지는 나라이다. 하나님나라는 우리 안에서 잘 먹고 잘 크고 있는 아흔아홉 마리의 양보다 우리 밖에서 길 잃고 헤매며 외로움에 떨고 있는 소외된 한 마리 양을 찾아 나서는 나라일 것이다. 또한 하나님나라는 잃어버린 한 드라크마를 찾아 완전한 열 드라크마를 만들듯 완전을 추구하는 나라이다.12

잃어버린 양과 잃어버린 드라크마의 비유에 이어서 잃어버린 아들 탕자의 비유가 나온다. 여기에서 하나님은 집 나간 아들을 기다리는 아버지이시다. 하나님은 집 나간 아들을 기다리시되 끝까지 기다리시는 아버지이시다(벧후 3:8-9). 그 아버지는 인생의 밑바닥에서라도 아버지께 돌아오는 아들을 언제든지 환영할 준비가 되어 있었다.

아버지는 둘째 아들이 돌아온 사실에 감격하여 큰 잔치를 베푼다. 그런데 이번에는 큰 아들이 문제이다. 돌아온 둘째 아들의 형인 큰 아들은 그 잔치에 참여하고 싶지 않다. 오히려 불평과 불만이 가득 찬 목소리로 투덜댄다. 그러나 둘째 아들을 기다리시던 아버지의 모습은 첫째 아들을

---

12 잃었던 양은 스스로 잃은 자가 될 수 있는 하나의 생명체였다. 그러기에 그 비유의 강조점은 잃어버린 양 한 마리에 있다. 잃어버린 양, 즉 소외된 자에 대한 관심을 촉구하는 비유이다. 그러나 열 드라크마는 앞의 양과는 다르다. 그것은 자기 의지로 무엇인가를 택할 수 있는 존재가 아니다. 그러기에 앞의 잃어버린 양의 비유와는 달리 열 개 전체의 드라크마에 초점을 맞춘다. 열 개의 드라크마는 그녀의 결혼 선물에 속한다. 일반적으로 머리 장식용으로 사용되었는데, 오늘날과 비교하면 여자의 약혼반지 또는 다이아몬드가 점점이 박힌 결혼 기념 띠라고 할 수 있다. 박힌 다이아몬드 중 하나라도 잃어버리면 띠는 그 가치를 잃는다. 결혼 기념 띠를 이루는 열 드라크마는 그 잃어버린 하나를 제외하고서는 완전할 수 없다. 열 드라크마를 온전히 갖추어야 띠는 그 기능과 역할을 다할 수 있으며 그 의미도 살아날 것이다. 그러기에 여인은 최선을 다해 잃어버린 드라크마를 찾기 위해 노력했고, 마침내 찾았을 때 기뻐서 자랑하고 잔치를 베푼다. 하나님나라는 목자가 잃어버린 양을 찾아 나서듯이 이 땅의 소외된 계층과 잃어버린 자들에게 관심을 가지는 나라이다. 그런데 그렇게 소외된 자들을 찾는 목적은 온전한 열 드라크마를 만들기 위해 잃어버린 한 드라크마를 찾듯이 온전을 추구하기 위한 것이다. 하나님나라는 잃어버린 한 드라크마를 찾아 열 드라크마를 완성하듯이 온전을 향해 나아가는 나라이다.

향해서도 역시 변함이 없다. 언제나 그저 기다리시는 것이다. 하나님나라는 아버지의 나라이다. 그 나라는 아버지의 심정으로 집 나간 둘째 아들을 기다리지만, 동일하게 집으로 들어오려 하지 않는 큰 아들도 기다린다. 기다리는 나라가 하나님나라이다. 아버지가 집 나갔던 둘째 아들을 기다리시듯 우리 하나님 아버지는 오늘도 우리를 기다리신다. 아버지가 집에 들어오려 하지 않는 첫째 아들을 기다리시듯 우리 하나님 아버지는 오늘도 우리를 기다리신다. 하나님나라는 아버지처럼 우리를 기다리는 나라이다.

아버지의 이러한 기다림은 **"무화과나무 비유"**(눅 12:13-21)에서 농부의 심정으로 그려진다. 농부는 3년이나 긴 세월을 기다렸다. 그런데 이젠 더 이상 기다릴 수 없는 때가 온다. 그러기 전에 우리는 열매를 맺어야 한다. 회개가 지금 당장 이루어져야 하는 것이다. 하나님나라는 하루를 천 년같이 기다리시는 우리 아버지 하나님나라이지만, 회개를 위해 하나님이 기다리시는 시간이 끝나면 심판의 때가 이어진다. 지금은 심판의 때가 임하기 전, 곧 그 은혜의 시대이고 회개할 시대이다.

예수의 비유 그 어디에서도 천국을 우리가 흔히 생각하는 것과 같이 죽어서 가는 나라로 묘사하지 않는다. 지금 여기에서 이루어지는 어떤 상황과 삶으로 묘사한다. 그런데 부자와 나사로 비유(눅 16:19-31)에서는 이제까지의 비유와는 달리 죽어서 가는 그 어떤 나라가 언급된다. 그러나 이 비유의 요점 역시 이 세상의 삶에 있다. 모세와 선지자의 가르침을 믿고 따르지 않으면 죽은 자가 살아와도 아무런 효과가 없다는 것이다. 성경을 신뢰하지 않는다면 우리는 그 어떤 기적도 믿지 않을 것이다. 우리가 비록 가난하고 헐벗으며 고통 중에 산다 할지라도 성경을 믿고 하나님을 믿으면 위로받을 때가 오겠지만, 아무리 호의호식하며 즐길지라도 성경을 믿지 않고 신뢰하지 않으면 언젠가 반드시 고통받을 때가 올 것이다. 천국은 다름 아닌 지금 여기 이 세상의 삶이 결정하는 삶이다. 그러기에 지금 여기의 삶이 그 어떤 삶보다 중요하고 가치 있다.

부자와 나사로의 비유와 같이 하나님나라가 넉넉한 소유에 있지 않다는 진리를 가르치는 비유는 **"어리석은 부자의 비유"**(눅 12:13-21)이다. 주님은 이 비유의 결론을 통해 "자기를 위해서는 재물을 쌓아두면서도 하나님께 대하여 인색한 사람은 바로 이와 같이 될 것이다"(눅 12:21)라고 말씀하신다.[13] 하나님나라는 그 소유의 넉넉함에 있지 않다. 오히려 가난할수록 더 행복할 수 있다.

누가의 주된 주제 중 하나가 기도이다. 누가의 비유들 중에는 기도에 관한 것이 있다. **"한밤중에 찾아온 친구의 비유"**(눅 11:1-13)는 주께서 가르쳐 주신 기도 다음에 바로 기록되어 있으며, 하나님나라는 우리의 기도에 반드시 응답하시는 아버지 하나님의 나라임을 보여준다. 누가복음 18장의 **"불의한 재판관의 비유"**(눅 18:1-8) 역시 하나님나라가 기도의 나라임을 보여준다. 하나님은 백성들의 기도에 결코 무관심하지 않으시고 마침내 응답하시는 은혜로운 하나님이지만, "그러나 인자가 올 때에 세상에서 믿음을 찾아볼 수 있겠느냐?"(8절)고 말씀함으로써 궁극적인 기도 응답은 인자

---

13 야고보 역시 이와 비슷한 교훈을 제시한다. "오늘이나 내일 어느 도시에 가서, 일 년 동안 거기에서 지내며, 장사하여 돈을 벌겠다' 하는 사람들이여, 들으십시오. 여러분은 내일 일을 알지 못합니다. 여러분의 생명이 무엇입니까? 여러분은 잠깐 나타났다가 사라져버리는 안개에 지나지 않습니다. 도리어 여러분은 이렇게 말해야 할 것입니다. '주님께서 원하시면, 우리가 살 것이고, 또 이런 일이나 저런 일을 할 것이다.' 그런데 여러분은 지금 우쭐대면서 자랑하고 있습니다. 그와 같은 자랑은 다 악한 것입니다. 그러므로 사람이 해야 할 선한 일이 무엇인지 알면서도 하지 않으면, 그것은 그에게 죄가 됩니다"(약 4:13-17, 새번역).

가 오실 때 이루어진다는 사실을 강조한다. 그러니 그때까지 참고 기다리는 믿음과 인내가 요구된다. 인내와 믿음이 기도하는 자가 가질 태도이다. 끝까지 참고 기도하는 것이 기도의 가장 근본적인 태도인 것이다.

이와 같이 지금 여기의 하나님나라는 기도의 나라이다. 기도는 하나님나라의 지금 여기에서의 모습이다. 기도를 통해 하나님나라의 통치권을 받아들이고, 그 나라의 완성을 바라보며 참고 기다리는 것이다. 이 땅에서의 하나님나라는 기도하는 나라이다. 이 비유에 이어지는 **"바리새인과 세리의 기도 비유"**(눅 18:9-14)는 하나님나라의 백성이 드리는 기도가 하나님 앞에서 취하는 겸손임을 보여준다. 기도는 하나님 앞에서 자신을 낮추는 것이요, 하나님의 도우심과 긍휼을 기다리는 것이지 자신을 자랑하고 다른 사람들을 멸시하는 것이 아니다.

성경에서 해석하기 가장 어려운 비유 중 하나가 **"불의한 청지기의 비유"**(눅 16:1-15)이다. 이 비유에서 가장 어려운 문제는 주님께서 "이 비유에 등장하는 청지기를 칭찬하는가 아니면 꾸중하는가?"이다. 이 비유를 해석하기 위해서는 이어지는 예수 그리스도의 교훈에서 그 초점을 찾아야 한다. 예수는 "가장 작은 일에 충실한 사람은 큰일에도 충실하고, 가장 작은 일에 불의한 사람은 큰일에도 불의하다"(10절)고 말씀하신다. 이어서 "불의한 재물에 충실하지 못하면 참된 재물에 대해서도 충실할 수 없다"고 말씀하신다(11절). 세상 재물이 악하다고 이 세상 재물에 충실하지 않으면 참된 영원한 재물에 대해서도 충실할 수 없다. 또한 "또 너희가 남의 것에 충실하지 못하다면 누가 너희의 몫을 너희에게 내주겠느냐?"(12절)고 성경은 말한다. 다른 사람의 것에 충실한 사람만이 자신의 것에 충실할 수 있다.

작은 일에 충성하는 사람이 큰일에도 충성할 수 있다. 불의한 재물에 충성하는 사람이 참된 재물에도 충성할 수 있다. 남의 것에 충성하는 사람이 자기의 것에도 충성할 수 있다. 이와 같이 이 나라의 일을 귀하게 여기는 자가 하나님나라의 일을 귀하게 여길 수 있다. 그러나 두 주인을 섬길 수는 없다. 하나님나라는 오직 하나님만 섬기는 자들의 나라이기 때문이다. 우리가 비록 이 나라의 일에 충성하며 이 나라의 불의한 재물에 얽매어 살지라도, 우리는 오직 하나님만 섬기는 하나님나라의 백성이다.

누가복음 17장의 **"무익한 종의 비유"**(눅 17:1-10)는 우리가 주님의 종으로서 어떤 태도로 살아가야 하는지 보여주며,[14] 하나님나라가 용서하는 나라라는 사실을 강조한다. 그리스도인은 무익한 종으로서 자신이 무슨 일인가를 했다고 상 받기를 바랄 수 없으며, 주고받기 식의 봉사를 생각할 수 없으며, 하나님께서 원하시는 일을 했다고 자랑할 수 없다. 하나님께서 명하신 것을 했다면 겸손히 마땅히 할 일을 했을 뿐이라고 말할 수 있다. 자신은 다만 무익한 종이라고 고백하는 것이다.[15]

---

14 종은 종이다. "노예"라는 표현이 더 어울릴 것이다. 노예가 주인을 섬기고 주인의 말을 듣는다고 해서 주인이 고마워하거나 사례하는 경우는 없다. 그저 주인에게 순종하고 일하는 것이 노예들의 일이다. 우리가 "주님의 종"이라면 그저 묵묵히 주님의 말씀에 순종하면 그만이다. 주인이 우리에게 따로 사례하거나 시상할 필요가 없다. 종도 여러 모습으로 나타난다. ① 시키는 일만 하는 종. 시키지 않으면 아무 일도 하지 않는다. 그저 시키는 일만 한다. ② 시키기 전에 주인의 마음을 미리 알아서 스스로 하는 종. 주인의 마음을 헤아려 주인이 원하는 것을 미리 해놓는다. 그래서 주인이 시킬 일이 별로 없다. ③ 시켜도 하지 않는 종. 자기 생각에 별 필요 없다고 생각하면 주인이 일을 시켜도 하지 않는다. 나는 주님께 어떤 종인가?

15 "무익한 종"의 비유에는 우리가 반성하며 묵상할 점이 많다. 첫째, 보상주의이다. 보상주의는 성경의 가르침이 아니다. 한 친구에게 전화가 왔다. "천국에 개털모자 이야기가 있냐 없냐?" 무슨 뚱딴지 같은 질문인가 했더니 회사에서 격론이 벌어진 모양이다. 어릴 적 다니던 교회에서 천국에 가서 개털모자 쓰면 안 된다는 소리를 하도 많이 들어서 성경에 개털모자 이야기가 나오는 줄 알았다는 것이다. 천국에 가서 생명의 면류관, 썩지 않는 면류관, 영광의 면류관을 쓰기 위해 충성을 다하자고 역설하는 설교가 많다. 성경에 나온 면류관의 종류

전후 문맥상 무익한 종의 비유는 "용서하라"는 주님의 권면과 연결된다. 주님은 "만일 네 형제가 죄를 범하거든 경고하고 회개하거든 용서하라 만일 하루에 일곱 번이라도 네게 죄를 짓고 일곱 번 네게 돌아와 내가 회개하노라 하거든 너는 용서하라"(눅 17:3-4)고 말씀하시며 하나님나라가 용서의 나라임을 말씀하신다. 일곱 번씩이라도 잘못했다고 고백하면 용서해야 한다. 그런데 이러한 가르침을 받은 사도들이 주께 와서 "우리에게 믿음을 더하소서"라고 구한다. 용서는 믿음의 문제가 아니라 순종의 문제이기에 그저 주님께 순종하여 용서하면 된다. 그런데 사도들은 예수께 와서 믿음을 달라고 간구하고 있는 것이다. 주님께서는 그들에게 "너희에게 겨자씨 한 알만한 믿음이 있었더라면 이 뽕나무더러 뿌

를 열거하며 그 면류관을 다 써야 한다며 충성을 강요한다. 그러나 생명의 면류관은 썩지 않는 면류관이요, 또한 영광의 면류관이다. 면류관을 받기 위해 충성한다는 사람은 하나님의 은혜를 모르는 것이다. 둘째, 주고받기 식 신앙이다. 하나님께 얼마를 드리면 얼마를 받는다는 식의 생각을 자주 한다. 성경의 몇 구절을 인용하여 백 배를 받는다고 가르친다. "예수께서 이르시되 내가 진실로 너희에게 이르노니 나와 복음을 위하여 집이나 형제나 자매나 어머니나 아버지나 자식이나 전토를 버린 자는 현세에 있어 집과 형제와 자매와 어머니와 자식과 전토를 백 배나 받되 박해를 겸하여 받고 내세에 영생을 받지 못할 자가 없느니라"(막 10:29-30/눅 18:29-30, "이르시되 내가 진실로 너희에게 이르노니 하나님의 나라를 위하여 집이나 아내나 형제나 부모나 자녀를 버린 자는 현세에 여러 배를 받고 내세에 영생을 받지 못할 자가 없느니라 하시니라"). 누가 이 구절을 문자 그대로 이해하겠는가? 하나님께 주고받기 식의 거래는 있을 수 없다. 셋째, 업적주의이다. 하나님의 일을 얼마나 크게 많이 했는가가 중요한 양 자신의 업적과 공적을 자랑한다. 내가 10년을 금식해서 교회를 부흥시켰다느니, 40일 금식을 몇 번 해서 이렇게 능력이 생겼다느니 자기 자랑을 열심히 한다. 그러나 우리 중 누가 자기를 자랑할 것이 있겠는가? 다만 하나님의 은혜만 자랑해야 하지 않겠는가? "너희는 그 은혜에 의하여 믿음으로 말미암아 구원을 받았으니 이것은 너희에게서 난 것이 아니요 하나님의 선물이라 행위에서 난 것이 아니니 이는 누구든지 자랑하지 못하게 함이라"(엡 2:8-9), "기록된 바 자랑하는 자는 주 안에서 자랑하라 함과 같게 하려 함이라"(고전 1:31, cf. 고후 10:17).

리가 뽑혀 바다에 심기어라 하였을 것이요 그것이 너희에게 순종하였으리라"(눅 17:6)며 믿음의 크기가 중요하지 않음을 가르치신다. 아니 오히려 믿음은 멀쩡한 뽕나무를 뽑아 바다에 심는 어리석은 결과를 초래할 수도 있다고 말씀하신다. 용서하는 삶을 살기 위해 우리에게 필요한 것은 믿음이 아니라 그저 순종이며, 자신을 무익한 종이라고 고백하는 것이다. 하나님나라는 용서하는 나라이다. 회개하면 그저 용서하는 것이다. 교회는 용서의 공동체이다. 그것이 교회의 바른 모습이요, 천국의 모습이다.

누가복음의 "므나 비유"(눅 19:11-27)는 마태복음의 달란트 비유와 동일한 비유로 이해된다. 그러나 두 비유를 비교해 보면 강조점이나 가르침이 서로 다르다. 사실 전혀 다른 비유라고 해도 그리 틀린 말이 아니다. 마태는 열 처녀 비유와 양과 염소의 최후 심판의 비유 사이에 달란트 비유를 끼워 넣었지만, 누가는 삭개오의 회심 뒤에 예수께서 예루살렘에 가까이 다가올 즈음에 이 비유를 말씀하신 것으로 기록한다.

그래서 마태는 달란트 비유를 통해 재림과 종말에 대한 교훈을 가르치고 있지만, 누가는 므나 비유를 통해 하나님나라가 당장 나타날 것으로 기대하는 사람들의 오해를 풀어주는 것이 목적이다. 당시 사람들은 하나님나라가 당장 나타날 줄로 생각하고 있었다. 기적을 베푸시고, 사람들을 기적적으로 먹이시며, 구약성경을 권위 있게 가르치시는 예수 그리스도의 사역을 보며 사람들은 메시아 시대가 가까이 왔음을 실감했다. 주님이 지금 예루살렘으로 올라가시는데, 거기에서 로마로부터의 독립과 해방을 선언하시며 위대한 다윗의 왕권을 회복하실 것으로 기대하며 따랐다.

그러나 예루살렘에서 주님을 기다리는 것은 십자가요, 죽음이었다. 그 십자가와 죽음을 통해 구원이 완성되고, 구원이 선포되는 교회 시대가 이어질 것이다. 그리고 그 이후에 그들이 기대하는 하나님나라가 나타날 것이다. 하나님이 다스리시는 왕국이 실현될 것이다. 그러니 그들의 오해를 풀어주지 않으면, 그들은 그분의 십자가와 죽음의 사역을 이해할 길이 없다. 주님은 그들에게 하나님나라가 당장 임하는 게 아니라 귀족이 왕위를 받으러 갔다가 오는 것처럼 중간 시기가 있을 것을 가르치신다. 그 중간 시기에는 두 종류의 사람이 있다. 주님이 왕권을 받고 되돌아오기를 기다리며 장사하는 종들과, 그 일을 반대하고 방해하는 시민들이다. 그리고 그 종들은 다시 신실한 종과 신실하지 못한 종으로 나뉜다.

하나님나라는 당장 나타나지 않는다. 주인이 왕권을 받아오실 때까지 중간 시기가 있다. 그 중간 시기에 신실하게 일하는 종으로 살 것인가, 아니면 왕권을 반대하는 시민으로 살 것인가? 왕권을 가지고 오실 주님을 기다린다면 신실하게 일하고 장사하여 이익을 남길 것인가, 아니면 주인을 두려워하여 달란트를 수건에 싸 놓고 게으름만 피울 것인가? 하나님나라는 당장 임하지 않는다. 우리가 어떻게 살 것인가를 결정지어야 할 중간 시기가 있다.

이처럼 마태복음의 비유들과 마찬가지로 누가복음의 비유들 역시 하나님나라에 대한 비유들이다. 각각의 비유들은 때로 하나님나라의 현재성을 강조하지만, 또 한편으로는 하나님나라의 미래성을 보여준다. 하나님나라의 비유들은 하나님나라의 현재성과 미래성을 공히 함께 보여준다. 하나님나라는 지금 여기에 이미 와 있지만, 미래의 어느 날 주님의 재림으로 완성될 것이다.

8장
하나님나라의 기적

중고등학교 시절에 교회의 부흥회에 참석했다. 말 못하는 벙어리 아이 하나를 강단 앞에 세운 부흥강사는 그 아이에게 "엄마"라는 단어를 한 음절씩 따라하게 했다. "엄!"…"엄!", "마!"…"마!", "엄마!"…"엄마!" 마침내 아이의 입에서 "엄마"라는 정확한 발음이 나오자 청중들은 환호하며 박수갈채를 보냈다. 그 이적의 현장은 어린 내게 충격을 주기에 충분했다. "과연 하나님은 살아 계시는구나!"

살아 계신 하나님을 나타내는 표적으로서 이후에도 여러 기적들을 접했다. 그러한 은사를 가진 이들이 부러웠다. 내게도 그런 능력이 나타나 성도들을 섬기며 사역한다면 교회 부흥이나 목회 사역에 큰 도움이 될텐데 하는 생각이 들었다.

요즘에도 우리 교회의 한 권사님은 지지리도 부흥되지 않는 교회에 안타까움을 표시하며 내게 말한다. "목사님께 신유의 은사가 있기를 위해 기도하고 있습니다." 나는 권사님께 물었다. "왜 그런 은사가 제게 필요하다고 생각하세요?" 권사님이 대답했다. "목사님께 신유의 은사가 있다면 교회가 부흥될 것 아닙니까?" 나는 교회 부흥을 이루지 못한 죄송한 마음을 감출 길이 없으면서도 권사님께 변명 아닌 변명을 했다. "권사님, 병 고침을 받는다고 다 신자가 되는 것은 아니에요. 게다가 제게 그런 은사가 있다면 병든 사람들만 우리 교회에 올 텐데요."

어렸을 때 또 다른 부흥회에 가서 들은 이야기이다. 부흥회 강사로 나선 목사님의 형님네 이야기였다. 어린 조카가 연립주택의 2층 복도에서 자전거를 타다가 난간이 부서지는 바람에 자전거와 함께 아래로 굴러떨어졌다. 형님 내외는 급히 아이를 가까운 병원에 데려갔지만 머리가 깨져 소생이 불가능하다고 했다. 한밤중에 전화를 받고 달려간 목사님은 조카를 위해 그리고 형님을 위해 간절히 기도했다. 기도 중에 아이는 기적적으로 의식이 깨어났고, 소생 불가능하다던 아이는 건강을 회복했다. 이런 기적을 체험한 후 목사의 형님은 한 주도 빠지지 않고 교회에 나오기 시작했다. 목사님은 "형님이 이제야 믿음을 갖게 되었구나!" 하며 감사했다. 그런데 정확히 1년이 지난 후, 갑자기 형님이 교회에 나오지 않아 전화를 했더니 형님이 이렇게 얘기를 하더란다. "아이가 나은 게 고마워서 1년 교회에 다녀주었으면 족한 것 아니냐? 더 다녀주어야 하냐?" 목사님은 부흥회에 온 사람들에게 말했다. "믿음은 하나님의 선물이지 기적을 경험한다고 생기는 것이 아닙니다."

어렸을 때 나도 내게 병 고치는 은사가 있기를 기도했다. 전도와 교회 부흥에 필요할 것 같았고, 하나님께 쓰임 받는 종으로 인정받기 위해 그만한 증거도 없는 것 같았다. 개인적으로 처음 은사를 체험했을 때 나는 아프다는 사람들을 찾아다니며 기도를 해주었다. 기도하다가 몇 번씩 이제는 안 아프냐고 물으면서 안 아프다고 할 때까지 기도했다. 이제 세월이 흘러 목회 경험이 쌓이고 예전 같은 불도저 식 열정도 많이 사그라진

요즘, 새삼스럽게 내게 병 고치는 은사가 있기를 위해 기도하신다는 권사님의 말씀에 한편으로는 안쓰러웠고 다른 한편으로는 미안했다.

합리주의적 사고방식에 젖어 사는 우리에게 기적의 가능성을 인정한다는 것은 그리 쉬운 일은 아니다. 계몽주의 이후 기적의 가능성을 부인하는 경향이 뚜렷해지면서 성경에 기록된 기적조차 합리적인 설명을 하려는 여러 시도들이 있었다.[16] 그러나 성경의 기록이나 고대 다른 모든 기록들을 살펴볼 때, 예수께서 기적을 베푸셨다는 사실은 분명하다. 성경, 특히 복음서에는 예수께서 행하신 많은 기적들이 기록되어 있다. 예수께서 행하신 기적들을 대략 살펴보면 다음과 같다(뒷장의 도표를 보라).

이 기적 목록표를 앞에 나온 비유 목록표(198쪽의 도표를 보라)와 비교해 보면, 예수께서 가르치신 비유들 중 세 복음서 전체에 기록된 비유가 드물었던 것과는 달리, 예수께서 행하신 기적들은 거의 다 세 복음서 전체에 기록되어 있고, 각 복음서마다 독특한 기적들이 몇 개 있는 반면, 오병이어의 기적만은 네 복음서 전체에 기록되어 있음을 볼 수 있다.

예수께서 행하신 기적들은 몇 가지 범주로 나눌 수 있지만 대부분 병을 고치는 기적이다. 귀신을 쫓는 것이나 죽은 자를 살리는 기적은 병 고치는 기적의 연장이라고 할 수 있기 때문이다. 바다와 관련된 기적으로는

---

[16] 헤르만 라이마루스 이후 예수의 이적을 부인하는 각각의 설명에 대한 개요를 위해서는 박형용, 『복음비평사』(서울: 성광문화사, 1985), pp. 27ff를 보라. 특히 파울루스는 이적들을 철저하게 합리적으로 해석한다. 그는 병 고치는 이적은 예수께서 신경조직을 건드리시거나 예수만이 알고 있던 의약품과 진정제를 사용하셨다고 설명한다. 그리고 철저한 음식 조절과 경건으로 간질병을 고쳤다고 설명한다. "기도와 금식이 아니면 이런 유가 나가지 아니하느니라"(마 17:21)는 말씀이 바로 음식 조절과 경건의 연습을 암시한다는 것이다. 자연의 이적들 역시 제자들이 환각에 빠진 것으로 해석하는 파울루스는 변화산 사건 역시 졸고 있던 제자들이 몽롱한 상태에서 착각한 것이라고 설명한다.

No.	비유	마태	마가	누가	요한	치병	축사	부활	고기	음식	바다
1	물로 포도주를 만드심				2:9					1	
2	왕의 신하의 아들을 고치심				4:53	1					
3	38년 된 병자를 고치심				5:8	2					
4	두 배에 가득하도록 물고기를 잡음			5:7					1		
5	귀신 들린 자를 고치심	8:16	1:25	4:35			1				
6	베드로 장모의 열병을 고치심	8:15	1:31	4:38		3					
7	귀신들린자,간질환자,중풍병자와 모든병고치심	4:24	1:39	4:44		4	2				
8	문둥병자를 고치심	8:3	1:42	5:13		5					
9	반신불수를 고치심	9:2	2:5	5:24		6					
10	한쪽 손 마른 자를 고치심	12:13	3:5	6:10		7					
11	백부장 종의 반신불수를 고치심	8:13		7:2		8					
12	과부의 아들을 살리심			7:15				1			
13	소경에 벙어리와 미친 자를 고치심	12:22	3:22	11:4		9					
14	풍랑을 잔잔케 하심	8:26	4:39	8:24							1
15	두 사람에게 붙은 귀신을 쫓아내심	8:32	5:13	8:33			3				
16	12년 혈루증 여인을 고치심	9:22	5:29	8:47		10					
17	12세 아이로의 딸을 살리심	9:25	5:41	8:54				2			
18	두 소경을 고치심	9:28				11					
19	귀신을 쫓자 벙어리가 말을 하게 됨	9:33				12	4				
20	오병이어로 5천 명을 먹이심	14:19	6:41	9:16	6:10					2	
21	바다 위를 걸으심	14:25	6:48		6:19						2
22	모든 병자가 주의 옷을 만지고 나음	14:36	6:54			13					
23	헬라 여인의 귀신을 쫓으심	15:28	7:26			14	5				
24	앉은뱅이와 소경, 벙어리를 고치심	15:30	7:35			15					
25	칠병이어로 4천 명을 먹이심	15:38	8:9							3	
26	소경 눈에 침 뱉고 손을 대어 보게 하심		8:5			16					
27	간질병 든 아이를 고치심	17:18	9:25	9:42		17					
28	물고기 입의 동전으로 성전세를 내게 하심	17:27							2		
29	나면서 소경된 자를 고치심				9:6	18					
30	18년 등 굽은 여인을 고치심			13:13		19					
31	수종병 든 자를 고치심			14:2		20					
32	나사로를 살리심				11:43			3			
33	문둥병자 10인을 고치심			17:14		21					
34	두 소경(바디매오)을 고치심	20:34	10:52	18:42		22					
35	무화과나무를 책망하시니 말라죽음	21:19	11:20	13:6						4	
36	말고의 귀를 다시 붙이심			22:51		23					
37	물고기 153마리를 잡게 하심				21:6				3		

 많은 고기를 잡는 기적이나 물 위를 걸으시는 기적, 풍랑을 잔잔케 하시는 기적 등이 포함된다. 또 다른 중요한 항목이 음식 기적으로 오병이어나 칠병이어와 같은 기적은 광야에서 유대인들에게 만나를 내리게 하던

모세의 이적과 같은 범주로 여길 수 있다. 물로 포도주를 만드신 기적은 요한에 의해 기록된 예수의 첫 번째 이적이다.

기적의 종류	구체적인 예
병을 고치심	왕의 신하의 아들, 38년 된 병자, 베드로 장모의 열병, 간질환자, 중풍병자, 문둥병자, 한쪽 손 마른 자, 백부장의 종, 소경, 벙어리, 열두 해 혈루증 앓은 여인, 앉은뱅이, 간질병, 나면서 소경된 자, 18년 등 굽은 여인, 수종병 든 자, 10인의 문둥병자, 소경 바디매오, 말고의 귀
귀신을 쫓으심	회당에서, 거라사인의 지방에서, 변화산 아래에서, 수로보니게 여인의 딸에게서
다시 살리심	야이로의 딸, 나인 성 과부의 아들, 나사로
고기를 잡으심	두 배 가득 고기를 잡게 하심, 성전세로 낼 수 있는 동전을 입에 문 물고기, 153마리의 물고기를 잡게 하심
음식을 베푸심	물로 포도주를 만드심, 오병이어, 칠병이어
바다를 다스리심	풍랑을 잔잔케 하심, 바다 위를 걸으심

성경에서 예수의 기적들을 자주 접한 우리는 기적에 대해 오해하는 경우가 많다. 예수의 기적이 그의 신성을 증명하기 위해 의도된 것이라든지, 예수 자신의 메시아 신분을 드러내 보이는 수단이었다든지, 또는 예수 자신이 메시아임을 믿게 하는 전도 수단이었다고 생각하는 것이다.[17] 앞에서

---

17 각각의 오해에 대한 자세한 설명을 위해서는 양용의, 『하나님나라 어떻게 이해할 것인가』(서울: 성서유니온선교회, 2005), pp. 176ff를 보라. 그는 전통적으로 기적에 대해 오해하는 세 가

언급한 권사님이 신유 은사를 위해 기도하시겠다고 한 것은 아마 기적을 전도 수단으로 생각하셨기 때문일 것이다. 그러나 종교마다 다 신비 체험과 기적들이 있다. 불교나 이슬람교, 인도의 힌두교 등에서 내려오는 기적에 대한 전승들을 여기에서 일일이 거론할 필요는 없다. 요즈음 새롭게 시작되는 신흥 종교들에게서도 그러한 기적들은 쉽게 찾아볼 수 있다. 그렇다면 예수께서 자신의 신성을 증명하거나 전도하기 위한 수단으로 기적을 행하신 것이 아님이 분명해진다. 그렇다면 예수께서 행하신 기적들은 어떤 의미들을 가지는가?

마가는[18] 예수의 일생을 기록하기 시작하면서 그의 어린 시절에 대한

지를 열거한다. 첫째, 전통적으로 예수의 기적들이 그의 신성을 증명해 보이기 위해 의도되었다고 오해하는 것이다. 그러나 사도들이나 전도자들, 심지어 일반 신자들이나 각 촌의 마술사들까지 기적을 행했다는 사실로 보아 예수의 기적이 그의 신성을 증명해주지 못한다. 예수의 기적에 당대 사람들은 두 가지 상반된 반응을 보였다. 예수의 기적을 긍정적으로 받아들이는 사람들은 예수를 선지자 중 하나로 여겼고, 부정적으로 받아들이는 사람들은 그것을 마술이나 마법, 어두운 세력의 속임수로 여겼다. 그것은 예수의 기적을 신성의 증거로 사용할 수 없음을 보여주는 단적인 예이다. 둘째, 예수의 기적들이 그의 메시아 신분을 드러내 보이기 위한 전시 수단으로 쓰였다고 오해하는 것이다. 그러나 예수께서 친히 자신의 메시아 신분을 입증해 보이기 위한 기적은 행하기를 거부하셨다. 셋째, 예수의 기적들이 예수 자신이 메시아임을 믿도록 하는 전도 수단으로 쓰였다고 오해하는 것이다. 그러나 성경의 기록들에 의하면 예수께서 기적을 행할 때 기적을 받는 대상자들의 믿음이 중요한 전제였다. 각각의 치유 기적에서 믿음은 치유를 일으키는 전제 조건으로 제시된다. 좀 더 과격하게 표현되는 곳에 의하면, 예수는 믿음이 없는 곳에서는 기적을 행하시지 않은 것이 아니라 행하실 수 없었다(막 6:5-6).

18 마가복음에 기록된 기적들을 순서대로 살펴보면 다음과 같다. 1장: 회당에서 귀신을 쫓고, 베드로 장모의 열병을 고치심, 문둥병자를 고치심, 2장: 중풍병자를 고치심, 3장: 한쪽 손 마른 자를 고치심, 4장: 풍랑을 잠잠케 하심, 5장: 군대 귀신을 쫓음, 열두 해 혈루증 앓는 여인을 고치고, 야이로의 딸을 살리심, 6장: 오병이어의 기적을 베풀고, 물위를 걸어오심, 7장: 수로보니게 여인의 딸에게서 귀신을 쫓고 귀먹고 어눌한 자를 고치심, 8장: 칠병이어의 기적과 소경을 고치심, 9장: 벙어리 귀신 들린 아이를 고치심, 10장: 소경 바디매오를 고치심, 11장: 무화과나무를 저주하여 말라 죽게 하심.

이야기는 과감하게 생략하고 세례 요한이 선구자 역할로 했던 세례 사역을 언급하면서 그에게 세례를 받으심으로 시작되는 예수의 공생애를 바로 서술한다. 마가복음 1장은 예수의 전체 공생애가 어떤 성격을 가지고 있는지 단적으로 보여준다. 예수는 세례 받으시고, 시험받으신 후, 곧바로 복음을 선포하시고, 제자들을 부르시며, 귀신을 쫓아내신다. 자신이 선포한 하나님나라 도래의 구체적인 증거로서 귀신 쫓는 사역을 행하신다. 그것은 하나님나라의 도래가 사탄과의 성전(聖戰)을 통해 지금 여기에서 이루어지고 있음을 보여준다. 사람들은 귀신이 예수의 권위에 순복하고 나가는 것을 보고 놀라며 "이게 어찌된 일이냐? 권위 있는 새로운 가르침이다! 그가 악한 귀신들에게 명하시니, 그들도 복종하는구나!"(막 1:27, 새번역)라고 말한다. 예수의 귀신을 쫓는 기적이 그들에게 "권세 있는 새 교훈"으로 다가왔던 것이다.

마가의 이러한 서술은 예수의 **귀신 쫓는 기적**이 하나님나라의 도래를 알리는 신호탄임을 보여준다. 사람들은 예수의 귀신 쫓는 이적을 통해 권세 있는 새로운 교훈이 주어졌다는 사실을 깨닫고 새로운 시대가 도래했음을 알게 되었다.

하나님나라를 대적하는 세력은 맨 처음 그 나라를 파괴했던 마귀 사탄의 세력이다. 그 세력은 "사탄의 나라"라고 부를 수 있다. 사탄의 나라 역시 하나의 나라로서 계급과 체계를 가지고 있다. 사탄을 우두머리로 해서 그 아래에 악령들과 귀신의 왕, 그리고 모든 악한 영적 존재들 중 하위 계급인 귀신들이 있다(엡 6:12; 막 3:22). 예수는 귀신들을 내쫓으심으로써 그 나라를 정복해 나가신다. 그리고 제자들을 통해 이루어지는 귀신 축사 사역이 사탄이 하늘에서 떨어져 결박되는 사건이라고 해석한다(눅 10:17).

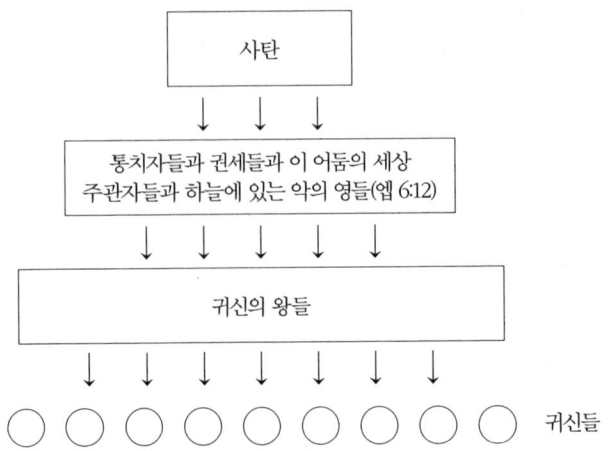

　바다 건너편 거라사인의 지방(막 5:1, cf. 가다라 지방, 마 8:28)에서 만난 더러운 귀신 들린 사람(들; 두 사람 cf. 마 8:28)은 사탄의 나라의 권세를 극명하게 보여준다. 귀신 들린 그 사람은 하나님의 다스림이나 통치가 아닌 귀신의 제어 아래에 있었다. 그 결과 그의 인격은 무시되고 그의 자의지는 말살된 상태가 되었다. 그는 귀신들의 강력한 힘에 지배를 받았다. 밤낮 무덤 사이에서나 산에서 소리를 지르고 자해하며 쇠사슬을 끊고 고랑을 깨뜨릴 수 있는 힘이 그에게 있었다. 그가 멀리서 예수를 보고 달려와 절하며[19] "더 없이 높으신 하나님의 아들 예수님, 나와 무슨 상관이 있습니까?…제발 나를 괴롭히지 마십시오"(막 5:7, 새번역)라고 부르짖는다.

---

19 예수께 달려온 주체가 누구인가? 그 사람을 지배하던 귀신인가? 아니면 아직도 남아 있는 귀신 들린 사람의 자의지인가?

그를 제어하던 귀신이 예수를 알아보고 와서 굴복하는 것이다. 나와 무슨 상관이 있느냐며 제발 괴롭히지 말라고 간청하는 것이다. 예수는 그에게 "네 이름이 무엇이냐?"고 귀신들의 정체를 물으셨다. 그는 "군대입니다. 우리의 수가 많기 때문에 붙은 이름입니다"라고 대답하며 자기들을 그 지역에서 쫓아내지 말아 달라고 계속해서 간청한다. "우리를 돼지들에게로 보내셔서, 그것들 속으로 들어가게 해주십시오." 예수께서 이를 허락하자 악한 귀신들이 나와서 돼지들 속으로 들어갔다. 그 결과 거의 2천 마리나 되는 돼지 떼가 바다 쪽으로 비탈을 내리달리다 바다에 빠져 죽었다. 사람의 인격을 파괴하고 자의식을 말살하던 귀신의 권세가 예수 앞에 굴복하고 돼지 떼로 옮겨갔다.

사람을 살리는 이러한 이적에 동네 사람들의 반응은 냉담했다. 그들은 귀신 들린 사람, 곧 군대 귀신에 사로잡혔던 사람이 옷을 입고 제정신이 들어 앉아 있는 것을 보고 두려워했음에도 불구하고 예수께 자기네 지역을 떠나 달라고 간청했다. 아니 그들은 한 사람의 정신이 온전케 되는 것보다 몰살된 돼지 떼 2천 마리가 더 중요했는지 모른다. 예수는 귀신 들렸던 사람이 함께 있게 해달라고 애원하는 것을 허락하지 않으시고 "네 집으로 가서, 가족에게, 주님께서 너에게 큰 은혜를 베푸셔서 너를 불쌍히 여겨주신 일을 이야기하여라"(막 5:19, 새번역)고 말씀하신다. 예수는 자신의 귀신 쫓는 기적이 하나님께서 은혜를 베푸신 사건이요, 하나님께서 그 사람을 불쌍히 여기신 일이라고 해석하신다. 귀신 쫓는 기적은 하나님나라가 지금 여기에 사탄의 나라를 굴복시키는 권세로 와 있다고 실증하는 것이다. 그것은 구속의 기적으로서 하나님께서 은혜를 베푸시는 증거요, 하나님의 은혜로운 통치에 대한 구체적 표현이었다. 예수 그리스도로 말미암아 이루어지는 구속 사건의 본보기였다.

예수는 귀신을 내쫓으심으로써 하나님나라가 사탄의 권세를 굴복시켰으며 새로운 시대가 시작되었음을 알리셨다. 마가복음 1장에서 새로운 시대의 도래를 알리며 귀신을 내쫓는 예수의 권세는 문둥병자를 고치신 기적에서(막 1:40-45) 다시금 분명하고 확실하게 나타난다.

한 문둥병자가 주님께 나아와 간구한다. "원하시면 저를 깨끗케 하실 수 있나이다!" 그는 주님이 문둥병도 고치실 수 있다는 믿음은 가지고 있었던 것으로 보인다. 다만 그는 "주님께 그러실 마음이 있는가?" 하는 것이 의심스러웠다. 주님의 능력보다는 자비로움이 의심스러웠던 것이다. 그래서 그는 "주님께서 원하신다면 나를 깨끗케 하실 수 있나이다"라고 간구한다. 이와 달리 마가복음 9장에서 벙어리 귀신 들린 아들을 주님께 데리고 나왔던 아버지는 "하실 수 있으면, 우리를 불쌍히 여기시고, 도와주십시오"(막 9:22, 새번역)라고 외친다. 앞의 문둥병자와는 달리 그는 주님께서 과연 무엇인가를 하실 수 있는지가 의심스러웠다. 뭔가 할 수 있거든 해달라고 간구하는 것이다. 제자들의 무능력을 본 그는 예수의 능력도 미더워하지 못했다. 이와 같이 사람들이 주님께 나아가지 않는 것은 주님의 능력을 믿지 못하기 때문이든지, 아니면 주님이 냉정해서 우리의 기도를 들어주지 않으실 것이라고 오해하며 불신하기 때문이다.

주님께서는 문둥병자의 불신앙을 꾸짖지 않으시고 손을 내밀어 그를 만지시고 병을 고쳐주셨다. 구약성경에서는 문둥병자를 만지면 그 만진 자가 부정하게 되어 결례를 행해야만 했다(레위기 13-14장). 그러나 주님께서 문둥병자를 만지셨을 때 구약의 율법과는 전혀 다른 현상이 일어났다. 율법이 말하듯 문둥병자의 더러움이 예수에게 전이되고 전달된 것이 아니라, 정반대로 주님의 거룩함과 깨끗함이 문둥병자에게 전이되고 전달되었다. 구약의 율법 질서와는 전혀 다른 새로운 질서가 도래했다. "부

정의 전이"가 아닌 "거룩의 전이" 현상이 발생한 것이다.[20]

예수는 문둥병자를 고치시는 기적을 통해 하나님나라가 도래함으로 더러움이 아닌 거룩함이 전이되는 새로운 시대가 시작되었음을 우리에게 알려준다. 과거에는 사탄의 능력과 권세가 전달되고 전이되어 문둥병자의 더러움이 그를 만진 사람에게 전달되었지만, 이제 하나님나라의 도래로 인해 반대 현상이 일어난다. 더러운 문둥병자를 만져도 오히려 그 더러움으로 더러워지는 것이 아니라, 우리의 깨끗함이 더러운 문둥병자에게 전달되어 그가 깨끗하게 되는 새로운 시대가 시작된 것이다. 구약시대의 소극적이고 방어적인 율법 시대에서 적극적이고 능동적이며 새로운 복음의 시대가 우리에게 와 있다. 복음은 율법과 달리 더러움을 회피하고 도망치지 않고 오히려 다가가 그것을 깨끗하게 하고 변화시킨다.

이러한 변화의 능력은 죄 사함을 그 출발점으로 한다. 거룩을 전달하는 그 나라는 죄 사함의 능력과 함께 우리에게 와 있다. 가버나움에서 **네 사람이 메고 온 중풍병자를 고치신 기적**은 바로 그러한 죄 사함의 능력이 예수께 있음을 보여준다.

---

[20] 그리스도인은 죄악 된 이 세상에서 산다 할지라도 세상의 더러움으로 더러워지는 자들이 아니다. 오히려 우리의 깨끗함으로 세상을 깨끗하게 만드는 "거룩의 전이자들"이다. 나는 "거룩의 전이자"로서 살려고 하는 신앙을 "걸레 신앙"이라고 부른다. 사람들은 보통 걸레를 더럽다고 생각한다. 그러나 실제로 걸레는 깨끗해야 한다. 걸레가 더러우면 걸레 노릇을 할 수 없기 때문이다. 만일 걸레가 더러우면 더러운 자기 더러움을 옮기겠지만, 깨끗하면 다른 더러운 것들을 깨끗하게 닦아주게 된다. 다른 것들의 더러움을 깨끗하게 해주고, 자신은 또 다른 것을 깨끗하게 하기 위해 깨끗함을 유지하는 것, 이것이 걸레의 본분인 것이다. 그러니 그리스도인에게는 깨끗한 걸레처럼 다른 사람들의 더러움을 깨끗하게 씻고 닦아주어야 하는 사명이 있다. 주님이 자신의 깨끗함과 거룩함을 문둥병자에게 전달하여 그를 깨끗하게 하셨던 것처럼, 그리스도인은 사회 구석구석의 더러움들을 피하는 자들이 아니라 걸레로서 깨끗하게 닦는 역할을 해야 한다.

예수는 병 고침을 받기 위해 온 중풍병자에게 "작은 자야! 네 죄 사함을 받았느니라!"고 선언하신다. 병 낫기를 위해 예수께 나아온 사람에게 병을 고쳐주실 생각은 하지 않고 죄 사함을 선언하시는 것이다. 거기에 있었던 서기관들은 예수의 이 이상한 행동에 분노했다. 그들의 지식에 의하면 하나님 한 분 외에는 능히 죄를 사하실 수 있는 분이 없었기 때문이었다. 주님은 그들의 생각을 꿰뚫어 보시고 물으셨다. "중풍병자에게 네 죄 사함을 받았느니라 하는 말과 일어나 네 상을 가지고 걸어가라 하는 말 중에서 어느 것이 쉽겠느냐"(막 2:9).

우리는 서기관들과 같이 생각하기 쉽다. 죄 사함을 받으라는 말은 죄를 사하는 권세를 가지신 하나님 외에 아무도 할 수 없는 어려운 말이다. 그러나 주님께서 죄 사함과 대조시키시는 "네 상을 가지고 걸어가라"는 말 역시 쉬운 말이 아니다. 세상의 어느 누가 중풍병자에게 "네 상을 가지고 걸어가라"고 말할 수 있단 말인가? 눈에 보이지 아니하는 죄 사함에 대한 선언이 하나님 외에는 할 수 없는 권위 있고 어려운 말이라면, 중풍병자에게 "일어나 네 상을 들고 걸어가라"는 즉각적으로 확인할 수 있는, 그 누구도 할 수 없는 어려운 말이다. 사람이라면 누구도 둘 중 어떤 말도 쉽게 할 수 없다.

그러나 주님은 그 중풍병자에게 말씀하셨다. "일어나 네 상을 가지고 집으로 가라!" 그 소리를 들은 중풍병자가 벌떡 자리에서 일어나 상을 들고 걸어 나간다. 주님은 병 고치는 기적을 통해 자신이 죄를 사하시는 권세가 있는 분이심을 웅변적으로 보여주신 것이다. 하나님나라는 죄를 사하는 권세 있는 나라로 지금 우리에게 와 있다.

이어지는 마가복음 3장의 **한쪽 손 마른 사람을 고치신 기적**은 안식일 논쟁과 연결된다. "안식일"이란 말 그대로 "쉼"이 있어야 하고 "안식"을 누리는 날이어야 한다. 한쪽 손 마른 상태로는 참된 안식을 누릴 수 없다. 그가 한쪽 손 마른 상태로 회당에 나와 앉아 있을 때 유대인들은 그에게 무관심했다. 그가 안식을 누리든 말든 관심이 없었던 것이다. 오히려 그들은 안식일에 해야 할 일과 하지 말아야 할 일을 규정하고, 그것으로 사람들을 심판하고 정죄하며 고소할 준비만 하고 있었다. 그래서 그들은 송사하기 위해 예수께서 안식일에 그 사람을 고치시는가를 엿보고 있다. 그런 그들의 태도에서 안식일 제정의 의미나 정신은 사라진 지 오래였다. 그들은 오직 "정죄거리"만 발견하려고 혈안이었다. 그들이 엿보는 것과는 달리 예수는 그 한쪽 손 마른 사람을 한 가운데 일어서라고 명하신다. 엿보는 자들의 한 가운데에서 당당하게 기적을 베푸시는 것이다. 모두 다 주목하라며 기적을 베푸시는 것이다.

　예수는 엿보고 있던 그들을 향해 물으신다. "안식일에 선을 행하는 것과 악을 행하는 것, 생명을 구하는 것과 죽이는 것, 어느 것이 옳으냐?"(막 3:4). 앞의 2장에서는 "중풍병자에게 네 죄 사함을 받았느니라 하는 말과 일어나 네 상을 가지고 걸어가라 하는 말이 어느 것이 쉽겠느냐?"(막 2:9)고 물으시던 예수는 이제 "안식일에 선을 행하는 것과 악을 행하는 것, 생명을 구하는 것과 죽이는 것, 어느 것이 옳으냐?"(막 3:4)고 물으신다. 시시비비를 가리려는 인간의 노력은 어제나 오늘이나 변함 없지만, 그 기준은 사람마다, 나라마다, 문화마다 다르다. 주님은 그 결정적인 기준으로 선과 생명을 제시하신다. 생명이 선이다.

　예수는 송사하기 위해 엿보던 그들 앞에서 병을 고치는 기적을 베푸심으로 안식일의 원래 의도를 재정립하신다. 안식일이 생명의 날이 되도록 정비하신다. "네 손을 내밀라"고 명령하고 그 손을 회복시키심으로 그 생명이 자신에게 있음을 보여주신다. "수고하고 무거운 짐 진 자들아 다 내게로 오라 내가 너희를 쉬게 하리라"(마 11:28)고 약속하신다. 참된 안식은 예수 안에서 우리에게 주어진다.

예수께서 행하신 병 고침의 기적은 귀신을 내쫓는 기적과 함께 구속적 기적들이다. 하나님의 통치에 대한 구체적인 표현이다. 하나님나라는 사탄의 권세를 굴복시키며, 세상의 더러움으로 오염되지 아니하고 오히려 세상의 더러움을 깨끗하게 정화시키는 능력이며, 죄 사함의 권세로 임하는 나라이며, 안식의 참된 의미를 회복시켜 완전함을 누리며 안식하는 나라이다.

자연 이적도 병 고치는 구속적 이적과 동일하게 하나님나라의 권세와 특성을 우리에게 보여준다. 병 고치는 기적에 이어 자연 이적을 통해 우리가 누리는 안식의 범위가 확장된다. 마가복음 4장의 **풍랑을 잔잔케 하시는 기적**은 하나님나라의 안식이 여러 자연 재해 속에서도 누릴 수 있는 능력임을 우리에게 보여준다. 마가는 천국 비유에 이어서 표면적으로는 천국과 전혀 관계없는 사건으로 보이는 풍랑을 잔잔케 하시는 기적 이야기를 서술함으로써 참된 안식의 나라인 하나님나라를 보여주는 것이다.

제자들에게 바다 저 편으로 건너가자고 말씀하신 주님은 배를 타고 주무신다.[21] 큰 광풍이 일어나며 물결이 부딪혀 배에 들어오는 위급한 상황에서도 주님은 여전히 주무시고 계신다. 제자들이 다급한 목소리로 도움

---

21 "그러므로 여호와께서 그 사랑하시는 자에게는 잠을 주시는도다"(시 127:2b). 절체절명의 위기에서 평안하게 잘 수 있다는 것은 그가 가지고 있는 신앙을 보여준다. 다윗은 압살롬에게 쫓기는 상황에서도 하나님을 의지하여 단잠을 잘 수 있었다(시 3:1-8). 그러나 동일한 위기 상황에서 자포자기하여 도피하는 요나의 잠도 있다(욘 1:5). "자는 자여 어찌함이냐 일어나서 네 하나님께 구하라 혹시 하나님이 우리를 생각하사 망하지 아니하게 하시리라"(욘 1:6).

을 요청한다. "선생님이여 우리가 죽게 된 것을 돌보지 아니하시나이까." 마가와 누가는 잠에서 깨어나신 주님이 먼저 바람과 바다를 꾸짖으신 것으로 기록하고 있지만(막 4:39, 눅 8:25), 마태는 주님이 일어나 먼저 제자들을 책망하신 것을 기록하고 있다(마 8:26). 예수께서 제자들을 꾸짖으신 것은 단잠을 깨워서가 아니다. 제자들이 두려워하고 있었기 때문이다. "어찌하여 무서워하느냐? 믿음이 적은 자들아!" 주님은 그러한 두려움이 믿음이 부족해서 온 것임을 지적하고, 두려워 떨고 있는 제자들 앞에서 바다를 향해 외치신다. "잠잠하라! 고요하라!" 큰 폭풍과 거친 파도를 잠잠케 하신 이 기적은 하나님나라의 안식이 자연 세계에까지 이미 시작되었음을 보여준다.

하나님나라의 안식은 예수를 통해서만 주어진다는 사실이 **바다 위를 걸으신 기적** 이야기에도 나타난다. 그 사건은 오병이어의 기적을 행하신 후에 일어난다. 예수는 오병이어의 기적에 머물러 계시지 않고, 제자들을 재촉하여 건너편으로 건너가게 하신다. 제자들을 보내신 주님은 기도하러 따로 산으로 올라가신다. 그때 제자들은 큰 풍랑을 만나 괴로이 노 젓고 있었다. 그것을 보시고 주님은 그들에게 물 위를 걸어 다가가신다. 그런데 어찌된 일인지 주님은 그들을 그냥 지나치려고 하신다.[22] 제자들이 유령인 줄 알고 소리지를 때에야 비로소 주님은 그들에게 다가가 말씀하신다. "나다!"[23]

---

22 왜 그러셨을까? 주님은 때때로 우리의 고난에 대해 무관심하신 것처럼 그냥 지나치려 하신다. "죽게 된 것을 돌보지 아니하시나이까." 외치고 외쳐도 듣지 않으시는 것처럼 보인다. 일본 선교사의 이야기인 『침묵』이라는 소설은 이러한 하나님의 침묵에 대해 그리고 있다.

23 예수께서 "나다"(I am)라고 말씀하시는 것은 구약성경에서 모세가 질문한 것에 대한 하나

주님의 이 말씀은 제자들의 모든 두려움을 일시에 제거하는 힘이 되었다. 물 위를 걸어오신 기적은 주님과 함께할 때 비로소 평화와 안식이 우리에게 주어질 수 있다는 사실을 보여준다. 하나님나라는 주님과 함께 있음으로 우리에게 주어지는 참된 안식의 나라이다.

예수께서 베푸신 기적들이 구약성경에서 약속된 메시아 시대의 표적들이라는 사실을[24] 가장 잘 보여주는 기적은 **오병이어의 기적**이다. 예수의 기적들 중에 유일하게 네 복음서 전체가 기록하고 있는 이 기적은 모세가 광야에서 만나를 먹이신 기적과 비교된다. 특히 요한복음은 이 사건을 모세의 만나 사건과 비교하여 설명한다.

요한복음 6장에서 오병이어의 기적을 체험한 백성들은 예수를 억지로 잡아 임금을 삼으려고 했다(요 6:15). 그리고 "우리에게 무슨 표징을 행하셔서, 우리로 하여금 보고 당신을 믿게 하시겠습니까? 당신이 하시는 일이 무엇입니까?"(요 6:30, 새번역)라고 묻는 자들이 "그가(모세) 하늘로부터 빵을 내려서 그들에게 먹게 하셨다 한 성경 말씀대로 우리 조상은 광야에서 만나를 먹었습니다"(요 6:31)라며 모세의 만나 사건을 언급한다.

예수는 그들에게 하늘에서 만나를 내려주신 분은 모세가 아니라 나

님의 대답을 생각나게 하는 표현으로 자주 토론된다. 이것은 예수 자신의 신적 정체성에 대한 표현으로 이해될 수 있다. 특히 요한복음의 "나다" 구절에 대한 토론을 위해서는 레온 모리스, 『요한신학』 홍찬혁 역(서울: 기독교문서선교회, 1995), pp. 147ff를 보라.

24 세례 요한이 예수께 자신의 제자들을 보내 "오실 그분이 당신이십니까? 그렇지 않으면, 우리가 다른 분을 기다려야 합니까?"라고 물어보자 예수는 대답하셨다. "가서, 너희가 듣고 본 것을 요한에게 알려라. 눈먼 사람이 보고, 다리 저는 사람이 걸으며, 나병 환자가 깨끗하게 되며, 듣지 못하는 사람이 들으며, 죽은 사람이 살아나며, 가난한 사람이 복음을 듣는다. 나에게 걸려 넘어지지 않는 사람은 복이 있다"(마 11:4-6, 새번역). 여기에서 예수는 세례 요한의 의심에 대해 자신이 행하는 기적들이 메시아 시대의 도래를 알려주는 표적들이라고 설명하신다.

의 아버지 하나님이시며(요 6:32), "하나님의 떡은 하늘에서 내려 세상에게 생명을 주는 것이니라"(요 6:33)고 말씀하신다. 그리고 "주님, 그 떡을 늘 우리에게 주십시오"라고 요청하는 그들에게 "나는 생명의 떡이니 내게 오는 자는 결코 주리지 아니할 터이요 나를 믿는 자는 영원히 목마르지 아니하리라"(요 6:35)고 말씀하신다.

이어지는 긴 설교에서 예수는 자신이 곧 생명의 떡이며, 조상들이 먹고 죽었던 떡과는 다른 떡임을 선언하신다. "내가 진정으로 진정으로 너희에게 말한다. 너희가 인자의 살을 먹지 아니하고, 또 인자의 피를 마시지 아니하면, 너희 속에는 생명이 없다. 내 살을 먹고, 내 피를 마시는 사람은 영원한 생명을 가지고 있고, 마지막 날에 내가 그를 살릴 것이다. 내 살은 참 양식이요, 내 피는 참 음료이다. 내 살을 먹고, 내 피를 마시는 사람은 내 안에 있고, 나도 그 사람 안에 있다. 살아 계신 아버지께서 나를 보내셨고, 내가 아버지 때문에 사는 것과 같이, 나를 먹는 사람도 나 때문에 살 것이다. 이것은 하늘에서 내려온 빵이다. 이것은 너희의 조상이 먹고서도 죽은 그런 것과는 같지 아니하다. 이 빵을 먹는 사람은 영원히 살 것이다"(요 6:53-58, 새번역에서 '빵'대신 '떡'으로 바꿈, 사실은 "밥"으로 고쳐야 쌀을 주식으로 하는 우리에게 더 적절하다).

요한의 설명에 의하면 오병이어의 기적은 구약성경에서 기대된 메시아 시대가 도래했음을 알려주는 신호였다. 그럼에도 불구하고 그 도래는 여전히 미래에 완성되는 때를 바라보고 있다. 기적에서도 하나님나라의 현재성과 미래성의 긴장 관계를 발견할 수 있는 것이다. 오병이어의 기적을 통해 하나님나라의 음식이 지금 여기에서 제공되었다. 예수 그리스도께서 생명의 떡이심이 증명되었다. 지금 여기에서 우리는 예수의 살과 피를 먹고 마심으로 영원히 살게 되었다. 그러나 그 말씀이 너무 어려워 제자들 중 많은 사람이 물러갔다(요 6:66). 영이요 생명인 완전한 생명의 떡을 지금 여기에서 완전히 이해할 수는 없었던 것이다.

하나님나라의 현재성과 미래성의 긴장 관계를 가장 극명하게 보여주는 기적은 바로 부활 기적들이다. 예수는 죽은 자들을 살리셨다. 나인 성 과부의 아들을 살리셨고(눅 7:15), 회당장 야이로의 딸을 살리셨으며(마 9:25), 죽은 나사로를 살리셨다(요 11:43). 그러나 죽었다가 다시 살아난 그들 모두는 다시 또 죽었다. 부활한 그들이 아직 완전한 부활을 미래의 일로 기대하고 다시 죽은 것이다. 하나님나라는 예수 그리스도를 통해 부활의 능력으로 그들 가운데 도래했지만 그 완성은 여전히 미래의 일로 남아 있다는 사실이 부활한 그들이 다시 죽은 사실을 통해 확인된다.

하나님나라의 현재성과 미래성의 관계는 오늘날 우리가 체험하는 기적의 현장에서도 고려되어야 한다. 하나님나라가 지금 이미 우리 가운데 있지만, 완성된 형태가 아니기에 믿음이 있다고 해서 모든 병든 자가 다 고침을 받는 것은 아니다. 하나님나라가 지금 이미 우리 가운데 있지만, 완성된 형태가 아니기에 믿음이 있다고 해서 모든 귀신 들린 자가 다 온전해지는 것은 아니다. 하나님나라가 지금 이미 우리 가운데 있지만, 완성된 형태가 아니기에 우리가 믿음으로 기도해도 우리의 기대대로 다 응답받는 것은 아니다. 살아 계신 하나님의 능력은 변함없이 역사하시지만, 여전히 미래에 완성되는 때를 기다려야 한다. 우리는 하나님나라의 현재성과 미래성의 긴장 관계를 예수께서 행하신 하나님나라의 기적뿐만 아니라 지금 여기에서 체험하는 기적을 통해서도 발견할 수 있다.

9장
하나님나라의 윤리

설교 시간에 나는 자주 청중들에게 묻는다. "예수 믿고 신앙생활하기가 어렵습니까, 쉽습니까?" 대개는 어렵다고 대답하는 쪽이 더 많다. 신앙생활이 쉽고 재미있기보다는 어렵고 힘들게 느껴진다는 것이다. 그 이유는 무엇인가? 수많은 이유가 있겠지만, 나는 기독교의 윤리적 엄격함도 그중 하나라고 생각한다. 성경이 제시하는 윤리적 규범들을 실천하기가 어렵게 느껴지는 것이다.

마태복음의 산상수훈은 인간이 행할 수 없는 고도의 윤리를 담고 있다. 사람이 어떻게 다른 사람에게 "바보!"라는 욕 한마디 안 하고 살 수 있으며, 오른뺨을 치는 자에게 왼뺨을 돌려 댈 수 있겠는가? 그래서 사람들은 산상수훈의 실현 가능성을 부인하면서 적당한 돌파구를 찾는다. 철저한 종말론을 주장했던 슈바이처는 그 윤리가 임박한 하나님나라의 도래를 앞두고 짧은 기간만을 위한 "임시 윤리"(interim ethics) 또는 "비상 윤리"(emergency ethics)였다고 주장한다. 오늘날 우리에게는 구속력이 없다는 것이다. 기독교 전통의 유럽 정치인들 중에 "나는 산상수훈의 윤리로는 정치할 수 없다"라고 선언한 사람도 있다.

그러나 마태복음의 윤리는 일차적으로 제자들에게 실현가능한 것임을 전제한다. 마태복음의 결론은 "내가 너희에게 분부한 모든 것을 가르쳐 지키게 하라"(마 28:20)이다. 모든 족속으로 제자를 삼아 예수께서 가르쳐주신 것을 모두 가르치고 지키게 하라는 것이다. 산상수훈의 본문도 산상수훈이 윤리적 표준이 아니라 실천해야 하는 윤리임을 분명히 한다. "그러므로 누구든지 이 계명 중에 지극히 작은 것 하나라도 버리고, 또 그같이 사람을 가르치는 자는 천국에서 지극히 작다 일컬음을 받을 것이요, 누구든지 이를 행하며 가르치는 자는 천국에서 크다 일컬음을 받으리라"(마 5:19). 행하며 가르쳐야 한다. 산상수훈의 결론 역시 이 말씀을 지키는 사람과 지키지 않는 사람을 비교한다. "그러므로 누구든지 나의 이 말을 듣고 행하는 자는 그 집을 반석 위에 지은 지혜로운 사람 같으리니 비가 내리고 창수가 나고 바람이 불어 그 집에 부딪치되 무너지지 아니하나니 이는 주추를 반석 위에 놓은 까닭이요 나의 이 말을 듣고 행하지 아니하는 자는 그 집을 모래 위에 지은 어리석은 사람 같으리니 비가 내리고 창수가 나고 바람이 불어 그 집에 부딪치매 무너져 그 무너짐이 심하니라"(마 7:24-27). 듣고 행하는 자와 듣고 행하지 않는 자를 비교하며 듣고 행하라고 권면하는 것이다.

산상수훈이 듣고 행하는 것을 전제로 가르치는 윤리라면, 그것은 한마디로 "서기관과 바리새인보다 더 나은 의"를 요구하는 것이다. "내가 너희에게 이르노니 너희 의가 서기관과 바리새인보다 더 낫지 못하면 결코 천국에 들어가지 못하리라"(마 5:20). 이어지는 소위 6개의 반제(antitheses)는 "서기관과 바리새인보다 더 나은 의"를 어떻게 실천하는가를 예를 들어 보여준다(마 5:21-48). 모세의 십계명을 인용하여 예수의 제자들이 따라야 할 윤리인 새로운 법을 율법과 비교하여 설명한다. 마태가 예수의 새로운 율법을 모세의 율법과 비교하는 일반 공식(formula)은 다음과 같다.[25]

| 너희가 들었다
Ἠκούσατε ὅτι ἐρρέθη
(에쿠사테 호티 에르레쎄) | + | 그러나 나는 너희에게 말한다
ἐγὼ δὲ λέγω ὑμῖν ὅτι
(에고 데 레고 휘민 호티) |

"율법을 통해 너희가 들었던 법은 이것이었으나, 나는 너희에게 이렇게 말하여 그 의미를 새롭게 강화하고 그 뜻을 풀어준다"는 것이다. 예수께서 말씀하시는 각 반제의 내용과 출처는 다음과 같다.

	내용	구약 인용 구절
21-22절	살인하지 말라	출 20:13/신 5:17
27-28절	간음하지 말라	출 20:14/신 5:18
31-32절	누구든지 아내를 버리려든 이혼 증서를 줄 것이라	신 23:1, 3
33-34절	헛 맹세를 하지 말고 네 맹세한 것을 주께 지키라	레 19:12/민 30:2/신 23:21
38-39절	눈은 눈으로, 이는 이로 갚으라	출 21:24/레 24:20 /신 19:21
43-44절	네 이웃을 사랑하고 네 원수를 미워하라	레 19:18

---

25 이 부분에 대한 자세한 주석은 Robert H. Gundry, *Matthew - A Commentary on His Literary and Theological Art* (Grand Rapids: Eerdmans Publishing Company, 1982), pp. 82ff나 또는 Robert A. Guelich, *The Sermon on the Mount - A Foundation for Understanding* (Waco Texas: Word Books, 1982), pp. 175ff, 『산상설교(I), (II)』 배용덕 역(서울: 도서출판 솔로몬, 1994) 등을 참조하라.

예수는 모세 율법의 핵심인 십계명을 인용하여 "서기관과 바리새인보다 더 나은 의"를 가르치고 있다.[26] 세 율법은 최소한의 행위를 요구하는 법이었다. 모세 율법에 "살인하지 말라"고 하면, 비록 마음속에 살의와 분노가 가득해도 실제로 살인을 행동에 옮기지만 않으면 정죄를 피할 수 있다. 그런데 예수께서 새로 제시하는 내용은 행위 이전의 동기를 살펴보아야 한다. 실제로 살인하지 않았어도, 살인이라는 행동의 출발점이 되는 미움과 살의까지 살인죄에 해당한다. 최소한의 행위를 요구하던 모세 율법은 예수에 의해 최대한의 동기를 요구하는 법이 되었다. 우리 심장의 상태를 추궁하여 모세 법보다 훨씬 더 완벽한 법을 선포하시는 것이다.[27]

---

26 여기에서 예수는 모세와 자신을 대립시키는 것이 아니라 그 성문법에 대한 서기관들의 해석을 공격하고 있는 것으로 보는 견해도 있다. 그래서 5:21f, 27f, 33-37, 43-48에서 예수는 모세의 율법에 대립하는 것이 아니라 모세의 요구를 강화시키며, 5:31의 이혼에 관한 법도 구약의 율법을 적절한 문맥에 삽입시키는 것에 불과하다는 것이다. 5:38-42의 경우 역시 율법을 폐지하는 경우가 아니라, 구약에서 제한적으로 허용하는 복수를 복수에 대한 허용으로 오해하지 말라는 의미로 볼 수 있다. 다시 말하자면 예수는 율법에 대립하는 것이 아니라 구약성경 자체가 허락하는 것에 호소하고 있다는 것이다(예를 들면 다윗의 경우). 하워드 마샬, 『신약성서 기독론의 기원』, 신성수 역 (서울: 한국기독교교육연구원, 1986), pp. 63ff.

27 마태는 헬라어에서 생략될 수 있는 주어를 생략하지 않고 사용하여 이러한 법을 선포하는 주체가 예수 그리스도이심을 강조한다. 그래서 예수께서 모세보다 더 직접적이고 완벽한 하나님의 법을 계시하는 자라는 자기이해를 가지고 계심을 보여준다. 즉 예수 자신이 모세의 법을 능가하는, 새로운 하나님의 법을 선포하는 자라는 것이다. 유대교에서 모세는 누구보다 위대한 인물이었다. 유대교의 사상에 의하면 메시아조차 모세와 같은 선지자이고, 메시아도 모세를 능가하지 않는다(신 18:15. "네 하나님 여호와께서 너희 가운데 네 형제 중에서 너를 위하여 나와 같은 선지자 하나를 일으키시리니 너희는 그의 말을 들을지니라." cf. 요 1:21). 유대인들은 또한 메시아가 모세의 율법을 잘 가르치는 자일 것이라고 기대하고 있었다. 그런데 예수 그리스도는 그 이상을 말씀하신다. 유대교의 틀을 벗어나 스스로를 메시아라고, 아니 유대인들이 기대하던 메시아를 능가하는 자라고 주장하신다. 이러한 예수의 자기 주장은 유대인들 사이에서 예수 그리스도의 권위에 대한 의문을 불러일으키기에 충분했다. '자신이 마치 하나님인 것처럼 말하는 이 자는 과연 누구인가?' 이밖에 예수 그리스도의 율법에 대한 태도

그러한 윤리의 최종적 요구는 "하늘에 계신 너희 아버지의 온전하심과 같이 너희도 온전하라"(마 5:48)는 데 있다.

예수의 윤리적 요구는 너무 이상적이어서 도무지 실현할 수 없는 비현실적인 요구 같다. 그래서 교회에 다니는 사람들은 이러한 윤리적 요구들에 대해 그 실현 가능성을 부인하고 적당히 얼버무리든지, 일부러 무관심하든지, 어떻게든 지키려고 몸부림치다가 죄책감과 자괴감에 얽매여 살든지 다양한 모습들로 나타난다. 만일 예수께서 가르치는 산상수훈의 윤리가 율법적 행함을 요구하는 의라면, 우리 중 누구도 자신 있게 "서기관과 바리새인의 의보다 더 나은 의"를 소유했다고 말할 수 없고, 천국에 들어갈 수 있는 구원의 확신을 고백할 수 없게 된다.

그렇다면 "서기관과 바리새인들보다 더 나은 의"는 무엇인가? 우리의 윤리적 실존을 살펴볼 때, 그것은 우리 스스로 이루는 의일 수 없다. 누가 "자기 의"로서 "서기관과 바리새인들보다 더 나은 의"를 소유할 수 있겠는가? 산상수훈에서 요구하는 "서기관과 바리새인들보다 더 나은 의"는 철저하게 하나님의 통치를 받아들인 결과로 주어지는 하나님의 은혜의 선물이다. 하나님의 선물이 아니고서는 도무지 이룰 수 없는 윤리이다. 예수의 윤리적 가르침은 인간 스스로 지키기를 기대하고 주는 규범이 아니라 하나님의 통치를 받은 제자들이 그 통치 결과로 자신들의 삶에서 드러나야 하는 더 나은 의, 곧 완전함의 구체적인 모습이다.[28]

그러므로 예수의 윤리는 하나님나라의 윤리이며, 하나님나라의 현재

를 살펴볼 수 있는 구절들로 음식물의 정결 의식에 대한 막 7:14-23, 안식일의 주인에 대한 막 2:23-28, 생베 조각과 낡은 옷에 대한 막 2:21 등을 들 수 있다.

[28] 양용의, 『하나님나라 어떻게 이해할 것인가』 p. 292.

성과 미래성의 긴장 관계가 드러나는 또 다른 영역이다. 하나님나라의 윤리로서 산상수훈의 윤리는 하나님나라의 현재성이라는 차원에서 지금 여기에서 우리의 삶 속에 드러나야 하는 절대적 윤리이지만, 동일하게 하나님나라의 미래성이라는 차원에서 미래에 완성될 하나님나라에서 그 최종적이고 궁극적인 모습을 발견할 수 있게 될 것이다. 제자들이 경험하는 하나님나라가 이미 성취되었지만 아직 완성되지 않았다면, 제자들이 경험하는 하나님나라의 윤리 역시 이미 실현되고 있지만 아직 완성되지는 않은 상태이다. 하나님나라의 윤리는 제자들의 삶 가운데에서 현재의 성취와 미래의 완성 사이의 긴장 관계에 놓여 있다.[29]

그리스도인의 윤리적 삶에서 발견되는 "이미와 아직"의 긴장 관계를 이해하고 보면, 우리의 신앙생활은 철저하게 하나님의 은혜에 굴복하여 우리 안에 거하시는 하나님의 성령에 순종하는 삶이다. 성령의 인도하심에 순종하지 못했을 때, 우리는 죄책감이나 자괴감에 빠질 것이 아니라 예수 그리스도의 사죄의 은혜를 통해 참 자유를 누릴 수 있어야 한다. 우리 스스로의 힘이 아닌 우리를 돕는 배필인 성령 하나님의 도우심으로 하나님나라의 의를 이룰 수 있는 것이다.

하나님나라 윤리의 실현 가능성에 대해서는 새 언약을 설명하는 구약의 예언들을 다시금 살펴볼 필요가 있다.

예레미야는 "내가 나의 법을 그들의 속에 두며 그들의 마음에 기록하여"(렘 31:33)라고 말했고, 이어서 "그들이 다시는 각기 이웃과 형제를 가리켜 이르기를 너는 여호와를 알라 하지 아니하리니 이는 작은 자로부

---

29 같은 책, p. 293.

터 큰 자까지 다 나를 알기 때문이라 내가 그들의 악행을 사하고 다시는 그 죄를 기억하지 아니하리라 여호와의 말씀이니라"(렘 31:34)고 말한다. 새 언약에서 윤리는 하나님께서 마음속에 새겨둔 법에 의해 실천되기 때문에 다른 사람들에게 가르칠 필요도, 다른 사람들로부터 가르침을 받을 필요도 없다. 더 나아가 그 윤리는 "내가 그들의 악행을 사하고 다시는 그 죄를 기억하지 아니하리라"는 하나님의 사죄 은혜를 근거로 한다. 그러므로 우리는 우리 스스로 하나님의 의를 이루었노라고 자랑할 수 있는 "자기 의"가 아닌, 우리 안에 거하시는 성령으로 말미암아 하나님의 은혜로 이루어진 "하나님의 의"를 누리는 자가 되는 것이다.

에스겔 역시 "맑은 물을 너희에게 뿌려서 너희로 정결하게 하되"(겔 36:25)라는 말로 시작하며 새 언약을 설명한다. 새 언약에는 하나님의 죄 사함의 은혜가 전제되어 있다. 새 언약의 윤리는 이러한 하나님의 사죄의 은혜 위에서 "모든 더러운 것에서와 모든 우상 숭배에서 너희를 정결하게 할 것이며 또 새 영을 너희 속에 두고 새 마음을 너희에게 주되 너희 육신에서 굳은 마음을 제거하고 부드러운 마음을 줄 것이며 또 내 영을 너희 속에 두어 너희로 내 율례를 행하게 하리니 너희가 내 규례를 지켜 행할지라"(겔 36:25-27)고 했다. 하나님은 우리 안에 새 영과 새 마음을 허락하여 그분의 율례와 규례를 행하게 하신다. 바울 역시 이러한 새 언약이 "돌판에 쓴 것이 아니요 오직 육의 마음판에 쓴 것"(고후 3:3)이라고 말하고 있다. 우리 신약 시대의 성도들 안에는 하나님의 성령으로 말미암아 하나님의 윤리의 법이 그 마음에 기록되어 있다. 구약의 율법이 외적인 법으로 돌판에 기록되어 우리를 구속하고 억압했다면, 신약의 복음의 법은 우리 안의 마음판에 생명의 성령의 법으로 기록되어 우리로 하여금 하나님의 뜻을 분별하며 승리하는 삶을 살 수 있도록 힘 주시고 인도하신다. 그리하여 모든 그리스도인은 거듭난 양심으로 하나님의 성령의 인도하심에 순종하여 하나님나라의 윤리를 이루어 가는 삶을 살게 된다.

오늘날 교회에서 강조하여 가르치는 윤리는 많은 경우, 우리 안에 거하시는 성령의 세미한 음성에 순종하는 새 언약의 윤리가 아니다. 또한 하나님의 은혜의 선물로서 우리 가운데 나타나야 하는 산상수훈 같은 윤리적 삶을 강조하지 않는다. 대신에 몇몇 율법적인 조항만 강조한다. 주일성수와 십일조가 그 어떤 법보다 중요한 신앙생활의 기준이 되어 있다. 그것이 신앙생활의 전부인 양 착각하게 만든다. 교회의 내적 질서를 위한 법만 강조하지 교회 구성원들이 사회에 나가 이웃을 사랑하고 그들을 섬기며 봉사하는 삶은 강조하지 않는다.

성경에서 제시하는 윤리적인 삶은 율법주의적인 규율들이 아니다. 오히려 그러한 삶을 살 수 있게 하는 원동력으로 성령과 헌신을 강조한다. 우리 가운데 성령으로 말미암는 순종과 헌신이 있다면, 그러한 규율들은 다 "네 마음대로 하라"는 자유의 법이 된다.

주일성수의 문제를 살펴보자. 교회 생활에서 주일성수는 흔히 구약성경의 안식일 준수와 연결되어 안식일과 주일을 동일시한다. 그 결과 안식일을 지킬 수 없는 직업을 가진 사람들은 그들이 안식일을 지킬 수 있는 직업을 가질 수 있도록 기도해야 한다. 형편상 직업을 바꿀 수 없는 사람들은 우리 시대에 교회의 새로운 "암 하레츠"(그 땅의 백성)[30]이다. 그러나

---

30 바리새인들과 같이 많은 시간을 들여서 율법을 연구하거나 실천할 수 없는 평범한 직공들이나 농민들을 가리키는 전문 용어로, 율법에 어두운 종교적 문외한을 가리킨다. 힐렐은 "암 하레츠는 그 누구도 경건하지 못하다"며 그들을 저주했고, 신약성경에도 "율법을 알지 못하는 이 무리는 저주를 받은 자로다"(요 7:49)라는 언급이 있다. F. F. 브루스, 『신약사』 나용화 역(서울: 기독교문서선교회, 1999), pp. 99-100.

우리 주님은 주님 당시의 "암 하레츠"들을 찾아가시고 그들과 함께 식사하셨다. 그리고 그들을 위해 오셨다고 선언하셨다.

그렇다면 주일성수에 대한 우리의 태도는 어떠해야 하는가? 로마서 14장에서 바울은 믿음이 연약하여 채소만 먹는 자와 모든 것을 먹을 수 있는 믿음을 가진 자를 대조하면서 남의 하인을 판단하지 말라고 권면한다. 그들을 세우고 사용하시는 권능이 주인에게 있기 때문에 주인이 일시키고 능력 줄 일이지 다른 이가 왈가왈부할 일이 아니라는 것이다. 그러면서 당시의 주일성수에 대한 상황을 언급하고 있다. "어떤 사람은 이 날을 저 날보다 낫게 여기고 어떤 사람은 모든 날을 같게 여기나니 각각 자기 마음으로 확정할지니라"(롬 14:5).

바울이 로마서를 기록할 당시 로마 교회는 유대인들이 주류를 이루던 교회에서 이방인들이 주류를 이루는 교회로 바뀌었다. 유대인들은 자신들의 전통에 따라 안식일을 지키려는 경향이 있었고, 새로 그리스도인이 된 이방인들은 주님께서 부활하신 안식 후 첫 날인 주일을 지키려는 경향이 있었다. 그리하여 로마 교회에 어느 날을 지킬 것인지에 대한 논란이 있었던 것 같다. 유대인들을 중심으로 여전히 안식일을 더 중하게 여겨야 한다고 가르치는 사람이 있었는가 하면, 주일이 더 중하다고 가르치는 사람이 있었고, 이날도 저날도 아닌 모든 날이 다 주의 날이니 모든 날이 다 동일하다고 주장하는 사람들도 있었다.

바울은 이러한 논란에 대해 그 어느 날을 특별한 날로 지정하지 않는다. 오히려 "각각 자기 마음에 확정할지니라"고 말하여 각 사람의 판단과 결정을 존중한다. 다른 말로 하자면, 안식일이든 주일이든 모든 날을 동일하게 여기든 "네 마음대로 하라"는 것이다. 그리고 그 모든 것들을 포괄하는 큰 틀로서 하나의 원리를 제시한다. "날을 중히 여기는 자도 주를 위하여 중히 여기고, 먹는 자도 주를 위하여 먹으니, 이는 하나님께 감사함이요, 먹지 않는 자도 주를 위하여 먹지 아니하며, 하나님께 감사하느니라. 우리 중에 누구든지 자기를 위하여 사는 자가 없고, 자기를 위하여 죽는 자도 없도다. 우리가 살아도 주를 위하여 살고, 죽어도 주를 위하여 죽나니, 그러므로 사나 죽으나 우리가 주의 것이로라"(롬 14:6-8). 누가 무슨 날을 중히 여기든 그 중심에 주를 위해 살고자 하는 마음이 있다면 어떤 날을 중히 여기는지는 문제가 되지 않는다. 우리는 이미 살아도 주를 위해 살고, 죽어도 주를 위해 사는 자가 되었기 때문이다.

그리스도인의 윤리로서 거듭난 양심을 따라 "네 마음대로 하라"는 원리는 십일조에도 동일하게 적용된다. 십일조 역시 "네 마음대로 하라"는 원리가 적용될 수 있는 것이다.

신약성경에서 **십일조**에 대한 가르침은 자주 눈에 띄지 않는다. 히브리서에서는 아브라함이 멜기세덱에게 드린 십일조에 대한 신학적 의미를 설명하고 있는데, 그것을 우리의 십일조 생활에 대한 교훈으로 적용할 수 없다.[31] 누가복음 18장의 세리와 바리새인의 기도 비유에서, 바리새인은 이레에 두 번씩 금식하고 소득의 십일조를 드리는 자신의 경건 생활을 자랑하는 문맥에서 십일조가 언급되고 있는데, 이 본문 역시 우리의 십일조 생활에 적용할 수 없다.

마태복음과 누가복음에서 예수는 외식하는 서기관과 바리새인들을 꾸짖으시며 그들의 십일조 생활을 언급하고 계시는데, 그 구절을 우리의 십

---

31 아브라함이 멜기세덱에게 드린 십일조의 신학적 의미에 대해서는 홍찬혁, 『멜기세덱 기독론』을 보라.

일조 생활에 적용시킬 수 있을지 모르겠다. "화 있을진저 외식하는 서기관들과 바리새인들이여 너희가 박하와 회향과 근채의 십일조는 드리되 율법의 더 중한 바 정의와 긍휼과 믿음은 버렸도다 그러나 이것도 행하고 저것도 버리지 말아야 할지니라"(마 23:23).[32] 바리새인들은 십일조 생활을 철저하게 하기 위해 심지어 텃밭에 조금 심어 양념으로 사용하는 박하와 회향과 근채 같은 채소까지도 십일조로 바쳤다. 그러면서도 그들은 율법에서 더 중요한 정의, 긍휼, 믿음 같은 것은 무시하곤 했다. 예수는 그들을 향해 "이것도 행하고 저것도 버리지 말아야 한다"고 말씀하신다. 십일조도 계속하고, 율법의 더 중요한 것들을 무시하지 말라는 것이다. 그래서 혹자는 이 구절을 근거로 예수께서도 십일조를 가르치셨다고 주장한다.

그러나 예수의 청중들은 유대인들로서 오랜 전통 속에서 십일조 생활을 해왔던 사람들이다. 그러기에 이미 십일조 생활을 하고 있는 그들에게 십일조를 하지 말라고 할 수는 없다. 그러므로 우리에게 적용할 수 있는 십일조 법은 바울에게서 찾을 수 있는지의 여부에 따라 달라질 수 있다.

바울을 반대하는 사람들이 바울을 정죄하는 주된 이유는, 그가 헌금을 걷어 횡령한다는 것이었다. 헌금을 걷고 다닌다는 누명과 오해가 퍼져 있는 상황에서, 바울이 구약의 율법대로 십일조를 가르치고, 그대로 하라고 명령할 수 있다면, 자신을 향한 오해를 풀기에 그 이상 좋은 방법은

---

[32] "율법학자들과 바리새파 사람들아! 위선자들아! 너희에게 화가 있다! 너희는 박하와 회향과 근채의 십일조는 드리면서, 정의와 자비와 신의와 같은 율법의 더 중요한 요소들은 버렸다. 그것들도 소홀히 하지 않아야 했지만, 이것들도 마땅히 행해야 했다"(새번역). cf. 눅 11:42, "화 있을진저 너희 바리새인이여 너희가 박하와 운향과 모든 채소의 십일조는 드리되 공의와 하나님께 대한 사랑은 버리는도다 그러나 이것도 행하고 저것도 버리지 말아야 할지니라."

없었을 것이다. 그러나 바울은 결코 십일조를 신약교회가 지켜야 할 법으로 언급하지 않는다. 다만 고린도후서 9장에서 헌금의 원리에 대해 가르치고 있을 뿐이다.

고린도후서 9:5-8에서 바울은 이렇게 말한다. "그러므로 내가 이 형제들로 먼저 너희에게 가서 너희가 전에 약속한 연보를 미리 준비하게 하도록 권면하는 것이 필요한 줄 생각하였노니 이렇게 준비하여야 참 연보답고 억지가 아니니라 이것이 곧 적게 심는 자는 적게 거두고 많이 심는 자는 많이 거둔다 하는 말이로다 각각 그 마음에 정한 대로 할 것이요 인색함으로나 억지로 하지 말지니 하나님은 즐겨 내는 자를 사랑하시느니라 하나님이 능히 모든 은혜를 너희에게 넘치게 하시나니 이는 너희로 모든 일에 항상 모든 것이 넉넉하여 모든 착한 일을 넘치게 하게 하려 하심이라"(고후 9:5-8).

헌금하는 사람이 가지고 있어야 할 기본적 신앙으로 바울이 이 본문에서 제시하는 것은 두 가지이다. 하나는 "적게 심는 자는 적게 거두고 많이 심는 자는 많이 거둔다"(6절)는 것이고, 다른 하나는 "하나님은 즐겨 내는 자를 사랑하신다"(7절)는 것이다.

첫째, "적게 심는 자는 적게 거두고, 많이 심는 자는 많이 거둔다." 주님께서 과부의 두 렙돈을 칭찬하신 것은 그녀가 드린 물질의 양이 많아서가 아니었다. 주님은 그녀가 헌금한 분량에 대해 "저 사람들은 다 넉넉한 가운데서 자기들의 헌금을 넣었지만, 이 과부는 구차한 가운데서 가지고 있는 생활비 전부를 털어 넣었다"(눅 21:4, 새번역)라고 말씀하셨다. 그녀가 드린 헌금은 그녀가 가지고 있던 생활비 전체였다. 그 과부는 자신이 가지고 있는 소유 전체를 하나님께 드렸다. 그러나 가진 것이 너무 많았던 부자 청년은 "네 소유를 팔아 가난한 자들에게 주라…… 그리고 와서 나를 따르라"(마 19:21)는 주님의 명령에 순종할 수 없었다.

주님께서 우리에게 요구하는 분량은 우리가 가지고 있는 전체의 어느 일부분이 아니다. 우리의 전부를 요구하신다. 어떤 것일지라도 아직 주님께 내어놓지 못한 것이 있다면, 그것은 아직 주님께 온전히 드리지 못한 것이다. 우리가 헌금하는 것은 우리의 모든 것을 다 주님께 드렸다는 표시이자 신앙고백이다. 그러기에 우리는 힘껏 헌금해야 한다. 할 수 있는 한 최대로 해야 한다.

둘째, "하나님은 즐겨 내는 자를 사랑하신다." 즐겨 낼 수 있는 힘은 어디에서 오는가? 예수는 제자들에게 말씀하신다. "누구든지 내게로 오는 사람은, 자기 아버지나 어머니나, 아내나 자식이나, 형제나 자매뿐만 아니라, 심지어 자기 목숨까지도 미워하지 않으면, 내 제자가 될 수 없다. 누구든지 자기 십자가를 지고 나를 따라오지 않으면, 내 제자가 될 수 없다"(눅 14:26-27, 새번역). 이렇듯 엄한 제자도 요구에 이어서 주님은 망대 비유와 전쟁에 나서는 임금에 대한 비유를 말씀하신다. "너희 가운데서 누가 망대를 세우려고 하면, 그것을 완성할 만한 비용이 자기에게 있는지를, 먼저 앉아서 셈하여 보아야 하지 않겠느냐? 그렇게 하지 않아서, 기초만 놓은 채 완성하지 못하면, 보는 사람들이 그를 비웃을 것이며, '이 사람이 짓기를 시작만 하고, 끝내지는 못하였구나' 하고 말할 것이다. 또 어떤 임금이 다른 임금과 싸우러 나가려면, 이만 명을 거느리고서 자기에게로 쳐들어오는 그를 자기가 만 명으로 당해 낼 수 있을지를, 먼저 앉아서 헤아려 보아야 하지 않겠느냐? 당해 낼 수 없겠으면, 그가 아직 멀리 있을 동안에 사신을 보내서, 화친을 청할 것이다. 그러므로 이와 같이, 너희 가운데서 누구라도, 자기 소유를 다 버리지 않으면, 내 제자가 될 수 없다"(눅 14:28-33, 새번역).

망대 세우는 자가 먼저 셈을 해보듯이, 전쟁에 나가는 임금이 먼저 승산을 따져보듯이 우리가 주님께 헌신하려면 먼저 계산을 해보아야 한다. 그 계산이 끝난 자라야 주님께 헌신하고 주님을 따를 수 있다. 자기 아버지나 어머니나, 아내나 자식이나, 형제나 자매뿐만 아니라 자기 목숨까지 미워하게 될지라도 주님을 따를 수 있게 된다. 마치 밭에 감추어진 보화를 찾은 자가 자신의 모든 소유를 팔아 그 밭을 샀을 때, 사람들은 그가 손해 보는 짓을 했다고 손가락질하며 조롱할지 모른다. 그러나 그 밭에 보화가 감추어져 있다는 사실을 안다면, 그가 하는 일은 투자이지 결코 허비가 아니다. 그 결과 우리는 하나님께 즐겨 낼 수 있는 믿음을 가지게 된다.

헌금하는 사람은 기본적으로 "적게 심는 자는 적게 거두고 많이 심는 자는 많이 거둔다"는 원리와 "하나님은 즐겨 내는 자를 사랑하신다"는 두 가지 원리를 믿음으로 전제하고 있어야 한다. 이러한 원리는 어떻게 헌금해야 하는가에 대한 답을 제시해 준다. 바울은 헌금하는 방법으로 다음 몇 가지를 제시한다.

첫째, 헌금은 미리 준비해야 한다. 일반 사람에게 주는 조그마한 선물도 미리 준비하지 않으면 예의에 어긋나는 법이다. 사례금이나 교통비 같은 것도 아무런 준비 없이 봉투에 넣지도 않은 채 불쑥 내밀면 예의에 어긋난다. 하물며 하나님께 드리는 헌금을 미리 준비하지 않고 즉흥적으로 드린다면 예의에 어긋난다고 하지 않을 수 없다. 그러니 헌금은 미리 준비해야 한다.

나는 우리 교회에서 헌금에 대해 가르치면서 가능하면 가족들이 각자 따로 헌금할 것이 아니라 온 가족이 함께 하는 것이 좋을 것 같다고 제안한다. 토요일 저녁에 온 가족이 모여 다음날 교회에 예배 갈 준비를 할 때, 가장이 가족들에게 헌금을 공개하며 준비하는 것이 좋다고 본다. 가장으로서 아버지가 자녀들과 아내 앞에서 "이번 달 우리 가족이 얼마의 소득을 얻었는데, 내일 하나님께 이만큼 헌금한다. 우리 다같이 하나님께 감사하자. 우리 가족에게 건강 주신 것을 감사하고, 일자리 주신 것을 감사하고, 온 가족이 평안 가운데 신앙생활하는 것을 감사하자" 하며 기도하고, 다음날 교회에서 대표로 헌금한다면 온 가족이 한마음으로 헌금한 것이 되어 교육상으로도 바람직하지 않겠는가? 한 남편이 아내가 헌금하는 액수를 보고 놀랐다는 말이 나오는 것은, 헌금이 한 가정의 모두의 일이 아니라 개인의 일이 되어버린 결과이다.

우리 교회는 헌금 시간에 헌금 바구니를 돌리지 않는다. 대신에 교회 입구에 헌금궤를 놓아 예배하러 들어오면서 미리 헌금하도록 했다. 예배 중에 헌금하는 시간이 따로 있는 것도 아니다. 예배드리기 전에 미리 준비한 헌금을 드리고, 예배 중에는 봉헌하는 시간만 가진다. 우리 교회에서 새로 시무하게 된 전도사님 한 분이 내게 다가와 말한다. "목사님, 헌금 주머니를 돌리면 헌금이 더 많이 걷힐 텐데요." 나는 그에게 말했다. "하나님이 거지입니까? 몇 푼 더 걷자고 헌금 바구니를 돌리게." 헌금 바구니 돌리는 것을 비판하는 게 아니라 헌금을 준비해서 해야 함을 강조하는 것이다.

둘째, 헌금은 각각 그 마음에 정한 대로 해야 한다. 준비된 헌금이라도 일정 금액을 정해서 드리는 것이 헌금 생활에 유익하다. 우리의 모든 것이 하나님의 것이라는 신앙으로 헌금한다 할지라도 세상사에 시달리다보면 헌금 액수에 대한 유혹이 생기지 않을 수 없다. 그러므로 헌금할 분량을 미리 연 단위나 월 단위로 정해 놓는 것이 좋다. 여기에서 "각각 마음에 정한 대로 할 것이요"의 기준은 십일조이다.33 나는 바울이 말한 바 "각각 그 마음에 정한 대로 헌금하라"는 말씀 속에서 윤리적 삶의 원리로 제시된 "네 마음대로 하라"가 헌금 생활에도 적용된다는 것을 발견한다.

   신앙심이 깊은 후배들이 내게 종종 묻는다. "십일조는 세전 금액으로 해야 합니까, 아니면 세후 금액으로 해야 합니까?" 나는 그들에게 대답한다. "마음대로 하세요." 십일조를 세전에 하든 세후에 하든, 총매출액으로 하든, 순이익으로 하든 각각의 마음에 정한 대로 한다는 원리에 근거해야 한다.

   십일조는 복음이 아니다. 그러나 구약의 언약 백성들이 행했던 십일조의 정신과 의미를 우리의 신앙생활과 헌금생활에서 반드시 고려해야 한다.

   우선, 십일조는 내 모든 소유가 하나님의 것이요, 우리가 얻은 소득이 모두 하나님의 은혜로 주어진 선물이라는 신앙고백이다. 십일조를 드리면서 10의 1은 하나님의 것이고, 나머지 10의 9는 내 것이라는 생각으로 산다면, 그 사람은 십일조를 드린 것이 아니다. 자신의 모든 것이 하나님의 것이므로 나머지 10분의 9를 사용할 때도 하나님의 뜻을 따라야 한다. 그러니 그리스도인의 삶에 사치가 있을 수 없다. 그리스도인은 하나님 앞에서 검소하게 살아야 한다.

   둘째, 십일조는 모든 것이 하나님으로부터 왔다는 신앙고백이고 또한 자신이 번 것이 정직한 소득임을 고백하는 것이다. 성실하고 부지런히 일

---

33 그리스도인의 헌금 생활의 기준이 십일조이다. 그러나 십일조 계산이 어렵거나 그 액수에 부담을 느끼는 사람들을 위해 교회에서는 십일조 대신 월정헌금이나 주정헌금 제도를 도입하고 있다. 정확한 십일조를 하든지(십일조), 매월 일정한 금액을 정해서 하든지(월정헌금), 아니면 매주 일정한 금액을 정해서 하든지(주정헌금) 여러 방법 중 하나를 선택하여 헌금하면 된다.

한 소득을 하나님께 드려야지 부정한 방법으로 얻은 소득을 하나님께 드릴 수는 없다. "악인의 제물은 본래 가증하거든, 하물며 악한 뜻으로 드리는 것이랴"(잠 21:27). 부정한 소득을 인정하는 교회는 그 자체로 이미 하나님의 교회가 아니다.

셋째, 십일조는 모든 소득이 하나님이 주신 것이며, 자신의 정직한 소득이라는 고백과 함께 자신의 소득을 공개하는 것이다. 정확한 십일조를 통해 십일조를 계수하는 교회의 집사는 각 교인들의 형편을 헤아릴 수 있게 된다. 목사는 십일조를 계수하는 집사의 보고에 따라, 교회에서 구제하고 관심을 가지고 돌보아야 할 대상을 알 수 있게 된다. 그러한 절차를 통해 자신의 소득을 공개하는 것은, 자신보다 못한 사람들이 구제 대상에서 제외되는 일이 없도록 그리스도인이 감당해야 할 최소한의 의무이다.

신학교에 있다 보니 장학금이 많이 지출되는 모습을 본다. 학교 당국은 경제 형편이 좋지 않아 학업을 중단하는 학생이 없도록 여러 루트를 통해 장학기금을 마련하고 장학생 선발 기준도 정한다. 그런데 이런 배려를 악용하여 자신의 어려운 형편을 과장하는 학생이 가끔 있다. 장학생 선발 기준에 맞추어 일부러 늦게 등록한다든지, 일부만 등록하고 나머지는 납부하지 아니하고 미루어 놓는 것이다. 그 결과 학교에서 어렵게 마련한 기금이 꼭 필요한 사람에게 가지 못하고 학교의 장학금 수여 기준을 잘 아는 몇몇 학생들에게 잘못 지급되는 경우가 발생한다. 오히려 형편이 좋은 사람들이 장학금을 받는 경우마저 일어난다.

국가의 복지 기금도 엉뚱한 사람들에게 지급되는 경우를 종종 본다. 국가의 세금 역시 십일조 정신에 따라 소득 공개의 원칙에 의해 운영되고 징수되어야 한다. 정확한 소득이 공개되고, 그에 합당한 세금을 걷어,

필요한 곳에 바르고 합당하게 쓰여야 한다. 국가의 세금이나 교회의 십일조나 소득 공개의 원칙에 따라 집행하는 것은 올바른 구제가 실행되도록 하기 위한 기본 전제이다.

넷째, 십일조는 소득 공개를 통한 부의 평등을 실현한다. 많이 번 사람은 많이 내고, 적게 번 사람은 적게 내는데, 많이 번 사람들의 것을 나누어 적게 번 사람들에게 분배한다. 그 결과 소득의 격차가 해소된다. 이 일에 십일조가 일정 역할을 한다.

바울은 헌금할 때 억지로나 인색함으로 하지 말아야 한다고 했다. 이것은 하나님은 즐겨 내는 자를 사랑하신다는 믿음에서 나오는 당연한 모습이다. 하나님께 드릴 때 누리는 즐거움이 있다. 사람들은 손에 무엇인가를 많이 쥐어야 행복할 수 있다고 착각하지만 많이 쥐면 쥘수록 더 많이 쥐고 싶은 것이 인간의 욕심이다. 차라리 나보다 못한 사람들을 위해 손에 쥔 것들을 베풀어 보라. 그 기쁨을 말로 표현할 수 없지 않은가? 우리에게 있는 것들을 다른 사람에게 베풀 때 참 기쁨과 행복을 느낄 수 있는 것처럼, 하나님께 드림으로 맛볼 수 있는 신령한 기쁨이 있다.

헌금은 우리로 하여금 착한 일을 넘치게 하시려는 하나님의 뜻이다. "하나님이 능히 모든 은혜를 너희에게 넘치게 하시나니 이는 너희로 모든 일에 항상 모든 것이 넉넉하여 모든 착한 일을 넘치게 하게 하려 하심이라"(고후 9:8). 오늘날 한국교회에서 기부문화는 십일조와 헌금에 가려 찾아보기 힘들다. 기독교 선진국들이 교회가 아닌 기타 많은 단체와 기구에 기부하는 것과는 그 양상이 너무 다르다. 그리스도인의 착한 일은 교회 일에만 국한되지 않는다. 동일하게 헌금 역시 교회에만 국한되지 않는다. 다양한 기부 방법과 유형이 있을 수 있다.

하나님나라의 윤리에서 주일성수나 십일조를 길게 다루는 이유는, 오늘날 우리 신앙생활의 많은 부분이 성경이 제시하는 윤리적 가르침에는 소홀하고, 오히려 작고 중요하지 않은 몇몇 율법 조항들에 얽매인 모습들을 자주 보이기 때문이다. 어려서부터 신앙생활을 한 나는 복음을 지식으로 알고 습관적으로 신앙생활을 했다. 그러다 인격적으로 주님을 만나 말씀을 접한 후 깨달은 바 중요한 구절이 요한복음 8:31-32이다. "너희가 내 말에 거하면 참으로 내 제자가 되고 진리를 알지니 진리가 너희를 자유롭게 하리라"(요 8:31-32).

주님의 제자들은 주님의 말씀 안에 거하며 참 자유를 누린다. 죽음으로부터의 자유, 죄로부터의 자유, 질병으로부터의 자유를 누릴 수 있다. 율법적인 정죄로부터의 자유요, 일생에 매여 종노릇함으로부터의 자유요, 사람들의 판단과 시선으로부터의 자유이다. 그 자유로움은 다른 사람들에 대한 넉넉함을 가지게 하고, 너그러움과 아량을 보여주게 된다. 오늘날 교회는 그리스도 안에서 진리를 알므로 이러한 참 자유를 맘껏 누리고 있는가? 그리하여 교회 밖의 불신자들을 향해 자유의 너그러움과 아량, 기쁨을 보여주고 있는가?

그리스도께서 우리 안에 거하심으로 말미암아 거듭난 양심을 소유하게 된 우리 그리스도인은 우리의 마음판에 그리스도의 법이 새겨져 있음으로 참 자유를 누리며 "네 마음대로 하라"는 원칙을 누릴 수 있게 된다.[34] 그리하여 사도 요한은 우리에게 권한다. "너희는 주께 받은 바 기름

---

[34] "네 마음대로 하라"는 윤리적 원칙을 방종으로 여기는 경우가 많다. 이 원칙의 전제가 되는 거듭난 양심, 성령의 인도하심에 순종하는 삶이 지켜지지 않는다면 인간의 죄악 된 본질상 방종으로 나아가게 될 것이다. 고린도 교회에서 이러한 방종의 예가 나타난다. 고린도전서 12:3의 말씀은 그 배경을 생각하지 않는다면 이해하기 어려운 말씀이다. "그러므로 나는 여러분에게 알려드립니다. 하나님의 영으로 말하는 사람은 아무도 '예수는 저주를 받아라' 하

부음이 너희 안에 거하나니, 아무도 너희를 가르칠 필요가 없고, 오직 그의 기름부음이 모든 것을 너희에게 가르치며, 또 참되고 거짓이 없으니, 너희를 가르치신 그대로 주 안에 거하라"(요일 2:27).

그리스도인은 이러한 기름부음으로 죄로 인해 잃었던 하나님의 성품과 형상을 그리스도 안에서 회복한 자들이다. 베드로는 하나님께서 우리를 부르신 것은 우리로 "신의 성품에 참예하는 자"가 되게 하려 하심이었다고 말한다(벧후 1:4). 신의 성품에 참예하는 것은 "믿음에 덕을, 덕에 지식을, 지식에 절제를, 절제에 인내를, 인내에 경건을, 경건에 형제 우애를, 형제 우애에 사랑을 더하"는(벧후 1:5-7, 개역한글) 것이라고 설명한다.

나는 이 본문에 "믿음으로부터 사랑에 이르는 긴 여정"이라는 제목을 붙였다. 교회는 믿음으로 시작된 공동체이지만, 사랑을 향해 끊임없이 나아가는 공동체이다. 마찬가지로 그리스도인들은 믿음으로 시작했지만 사랑으로까지 끊임없이 자라가는 자들이다. 하나님나라의 윤리가 현재성과 미래성의 긴장 관계를 표현하는 것을 단적으로 보여주는 이러한 긴 여정은, 우리로 하여금 마침내 신의 성품에 이르게 할 것이다. 베드로가 말하는 바 하나님의 성품에 이르는 과정을 살펴보자.[35]

고 말할 수 없고, 또 성령을 힘입지 않고서는 아무도 '예수는 주님이시다' 하고 말할 수 없습니다"(고전 12:3, 새번역). 이 말씀의 배경은 핍박받는 교회 상황을 보여주는 것으로 이해된다. 예수를 저주하라는 핍박 앞에서 목숨을 부지하기 위해 예수를 저주하고 살아 돌아온 사람이 다시 교회에 들어와서 변명하기를 그 당시 성령이 인도하셔서 그러한 말을 했다고 말할 때, 바울은 단호하게 성령으로는 그러한 말을 할 수 없다고 천명한다. 성령의 인도하심이 주님을 부인하는 것으로는 절대 인도되지 않는 것처럼, "네 마음대로 하라"는 윤리적 원칙에는 분명 한계가 있다. 주님을 부인하지 않고 우리 안에 거하시는 성령의 인도하심에 순종하려는 기본적인 신앙 양심이 있다면 "네 마음대로 하라"는 그리스도인의 윤리적 원칙으로 유효하다.

35 열거되는 덕목들이 논리적인 순서와 체계로 되어 있지 않고, 점층법으로 되어 있다고도 말

1) 믿음: 믿음은 교회 공동체의 기초이다. 교회는 그리스도를 주로 고백하는 믿음의 공동체이기 때문이다. 아무리 사랑이 많은 공동체라 할지라도 믿음이 없다면 교회가 아니다. 믿음은 교회를 세우는 반석과도 같다. 그리스도인으로서 교회 공동체의 구성원인 우리는 모든 일을 믿음으로 결정하고 믿음으로 행한다. "믿음을 따라 하지 아니하는 것은 다 죄니라"(롬 14:23).

구약성경에서 믿음이라는 단어는 오직 하박국에서만 찾아볼 수 있다. "보라 그의 마음은 교만하며 그 속에서 정직하지 못하나 의인은 그의 믿음으로 말미암아 살리라"(합 2:4). 이 구절은 신약성경에서 세 번 인용된다. "복음에는 하나님의 의가 나타나서 믿음으로 믿음에 이르게 하나니 기록된 바 오직 의인은 믿음으로 말미암아 살리라 함과 같으니라"(롬 1:17), "또 하나님 앞에서 아무도 율법으로 말미암아 의롭게 되지 못할 것이 분명하니 이는 의인은 믿음으로 살리라 하였음이라"(갈 3:11), "나의 의인은 믿음으로 말미암아 살리라 또한 뒤로 물러가면 내 마음이 그를 기뻐하지 아니하리라 하셨느니라 우리는 뒤로 물러가 멸망할 자가 아니요 오직 영혼을 구원함에 이르는 믿음을 가진 자니라"(히 10:38-39). 히브리서 기자는 이 구절을 인용하고 난 후, 믿음을 정의한다. "믿음은 바라는 것들의 실상이요 보이지 않는 것들의 증거니"(히 11:1).

믿음의 영웅들을 열거하던 히브리서 기자는 믿음의 항목을 두 가지로 제시한다. "믿음이 없이는 하나님을 기쁘시게 하지 못하나니 하나님

할 수 없다는 주장에 대해서는 W. 슈라게, 『베드로전후서/유다서』 국제성서주석 시리즈 Vol. 46. 한국신학연구소 번역실 역(서울: 한국신학연구소, 1987), p. 132를 보라.

께 나아가는 자는 반드시 그가 계신 것과 또한 그가 자기를 찾는 자들에게 상 주시는 이심을 믿어야 할지니라"(히 11:6). 하나님을 기쁘시게 하는 것이 믿음이다. 그것은 하나님이 계시다는 믿음과, 하나님이 자기를 찾는 자들에게 상 주시는 분이라는 믿음이다. 이 본문은 바로 앞 절에서 에녹에 대한 설명과 연결되어 있다. "믿음으로 에녹은 죽음을 보지 않고 옮겨졌으니 하나님이 그를 옮기심으로 다시 보이지 아니하였느니라 그는 옮겨지기 전에 하나님을 기쁘시게 하는 자라 하는 증거를 받았느니라"(히 11:5). 에녹이 믿음으로 죽음을 보지 않고 옮김을 받았는데, 그것은 그가 하나님을 기쁘시게 하는 자라는 증거를 받았기 때문이었다. 에녹이 하나님을 기쁘시게 한 것이 믿음이었다. 하나님이 계시다는 믿음과 하나님이 자기를 찾는 자들에게 상 주시는 이라고 믿는 믿음으로 에녹이 하나님을 기쁘시게 했던 것이다.

창세기에서 에녹의 행적은 간단하다. "에녹은 육십오 세에 므두셀라를 낳았고 므두셀라를 낳은 후 삼백 년을 하나님과 동행하며 자녀들을 낳았으며 그는 삼백육십오 세를 살았더라 에녹이 하나님과 동행하더니 하나님이 그를 데려가시므로 세상에 있지 아니하였더라"(창 5:21-24). 에녹이 한 일은 65세에 아들을 낳고, 그 뒤부터 300년 동안 하나님과 동행하며 자녀를 낳았다는 것뿐이다. 믿음을 가지고 하는 일이 자녀 낳는 것은 아닐 것이다. 창세기 저자가 에녹에 대해 기록한 하나님과 동행하는 삶이 믿음이 있는 삶일 것이다. 그렇다면 하나님과 동행하는 일은 하나님을 기쁘시게 하는 일이었고, 그것은 믿음으로만 가능했다.

그렇다면 하나님과 동행하는 삶이란 무엇인가? 신약성경에서 요한계시록의 현관이라고 불리는 유다서에서 다시 에녹이 언급된다. "아담의 칠대 손 에녹이 이 사람들에 대하여도 예언하여 이르되 보라 주께서 그 수만의 거룩한 자와 함께 임하셨나니 이는 뭇 사람을 심판하사 모든 경건하지 않은 자가 경건하지 않게 행한 모든 경건하지 않은 일과 또 경건하지 않은 죄인들이 주를 거슬러 한 모든 완악한 말로 말미암아 그들을 정죄하려 하심이라 하였느니라"(유 1:14-15).

에녹은 하나님의 심판에 대해 예언했다. 그 심판은 두 가지에 대해 이루어질 것인데, 하나는 모든 경건하지 않은 자가 경건하지 않게 행한 모든 경건하지 않은 일이고, 다른 하나는 경건하지 않은 죄인들이 주를 거슬러 한 모든 완악한 말이다. 한마디로 하나님께서 우리가 하는 일과 말에 대해 심판하신다는 것이다. 보이지 않는 하나님과 동행하며 살았던 에녹의 삶은 그가 하는 일과 말에서 나타났다.

그리스도인들은 믿음으로 하나님을 기쁘시게 하는 자들이다. 그 믿음은 하나님과 동행하는 삶으로 나타난다. 그리고 그 동행하는 삶은 우리가 하는 일과 말로 증명된다.

하나님이 계신 것과
그가 자기를 찾는 이에게 상 주시는 분임을 믿는 것
= 믿음
= 하나님을 기쁘시게 하는 일
= 하나님과 동행하는 일
= 우리가 하는 일과 말

2) 덕: 믿음에는 덕이 필요하다. 덕이란 용납함이요 용서함이다. 초기 로마 교회에서 자신의 신앙상 다른 사람을 용납하지 못하는 일들이 발생했다. 고기를 먹는 사람과 먹지 않는 사람, 주일을 지키는 사람과 안식

일을 지키는 사람들이 서로를 용납하지 못하고 다투었다. 그러나 바울은 그리스도의 형제자매로서 서로가 서로를 용납해야 한다고 말한다(롬 14:1-8). 이것이 바로 믿음 있는 사람들이 갖추어야 할 덕이다.

용납이란 상대방을 바꾸려고 하는 것이 아니라 있는 그대로 받아들이는 것이다. 부부간의 사랑 역시 용납에서 출발한다. 그 용납함을 덕이라고 말한다. 교회는 믿음의 공동체이다. 그런데 그 믿음은 반드시 덕을 가지고 있어야 한다. 그 덕이란 다른 것이 아니라 용납함이요, 받아들임이요, 함께 살아가는 것이다. 이것이 곧 하나님의 성품이다. "이같이 한즉 하늘에 계신 너희 아버지의 아들이 되리니 이는 하나님이 그 해를 악인과 선인에게 비추시며 비를 의로운 자와 불의한 자에게 내려주심이라"(마 5:45).

"이같이 한즉"의 앞 구절이 무엇인가? "나는 너희에게 이르노니 너희 원수를 사랑하며 너희를 박해하는 자를 위하여 기도하라"(마 5:44). 원수까지 사랑하며 용납하는 것이 하나님의 아들다운 인격의 모습이다.[36] "그러므로 우리가 화평의 일과 서로 덕을 세우는 일을 힘쓰나니"(롬 14:19), "우리 각 사람이 이웃을 기쁘게 하되 선을 이루고 덕을 세우도록 할지니라"(롬 15:2).

3) 지식: 용납하는 덕에는 한계가 있다. 무조건 무엇이든지 다 받아들

---

[36] 자유주의 신학자들이 하나님 아버지의 보편적 부성(아버지 되심)을 강조하는 바람에 보수주의적인 입장에서는 그리 강조되지 않는 것 같다. 그러나 하나님은 믿는 신자들만의 하나님이 아니라 믿지 않는 자들까지도 포함해 모든 피조물의 아버지이시다. 그러므로 악인이나 선인에게 동일하게 햇빛을 주시는가 하면, 의로운 자에게나 불의한 자에게 동일하게 비를 주신다(마 5:45). 아버지 하나님의 보편적 부성에 대한 이해가 다른 사람을 용납할 수 있게 하는 원동력이 될 수 있다.

이면 사망이 될 수 있다. 그러므로 용납함에는 지식이 필요하다. 이스라엘 백성이 망한 것은 하나님을 버리고 이방의 우상들까지 용납했기 때문이다. 우상을 분별하지 못하는 지식의 부족함이 이스라엘을 멸망으로 인도했다. "내 백성이 지식이 없으므로 망하는도다 네가 지식을 버렸으니 나도 너를 버려 내 제사장이 되지 못하게 할 것이요 네가 네 하나님의 율법을 잊었으니 나도 네 자녀들을 잊어버리리라"(호 4:6). 그래서 호세아는 목이 터져라 이렇게 외쳤다. "그러므로 우리가 여호와를 알자 힘써 여호와를 알자 그의 나타나심은 새벽 빛 같이 어김없나니 비와 같이, 땅을 적시는 늦은 비와 같이 우리에게 임하시리라"(호 6:3). 그 모든 지식의 근본이 바로 여호와를 아는 것이요 그를 경외하는 것이다. "여호와를 경외하는 것이 지식의 근본이거늘 미련한 자는 지혜와 훈계를 멸시하느니라"(잠 1:7).

4) 절제: 지식에도 한계가 있다. 하나님을 아는 데에도 한계가 필요하다. 지식도 매력과 마력이 있어 하나님까지 온전히 알아버리려는 유혹에 이르게 된다. 지식은 하나님까지 초월하려는 교만의 앞잡이가 될 수 있다. 그리하여 지식은 우리를 교만하게 할 수 있다.[37] 모든 이론을 무너뜨리며 하나님 아는 것을 대적하여 높아진 것을 다 무너뜨리고 모든 생각을 사로잡아 그리스도에게 복종하게 하니 너희의 복종이 온전하게 될 때에 모든 복종하지 않는 것을 벌하려고 준비하는 중에 있노라"(고후 10:5-6).

---

[37] "내 아들아 또 이것들로부터 경계를 받으라 많은 책들을 짓는 것은 끝이 없고 많이 공부하는 것은 몸을 피곤하게 하느니라"(고전 8:1). "많은 책들을 짓는 것은 끝이 없고 많이 공부하는 것은 몸을 피곤하게 하느니라"(전 12:12).

하나님을 아는 것을 대적하는 높아진 지식에는 절제가 필요하다. 그리스도께 복종시키는 절제가 필요하다. "이기기를 다투는 자마다 모든 일에 절제하나니 그들은 썩을 승리자의 관을 얻고자 하되 우리는 썩지 아니할 것을 얻고자 하노라"(고전 9:25). 언제부터인가 이루어지고 있는 인간복제 논쟁은 지식에 절제가 필요하다는 진리를 우리에게 단적으로 보여주는 좋은 예이다.

5) 인내: 절제에 필요한 것이 인내이다. 말하지 말라고 하면 더 말하고 싶고, "몰라도 돼!" 하면 더 알고 싶은 것이 인간의 마음이다. 그러니 지식의 절제에는 반드시 인내가 필요하다. 갈라디아서에서 열거되는 성령의 열매 가운데 가장 마지막 항목이 절제이다. 인내는 지식과 절제를 온전하게 한다. "인내를 온전히 이루라 이는 너희로 온전하고 구비하여 조금도 부족함이 없게 하려 함이라"(약 1:4). 참으면 온전해진다. "너희의 인내로 너희 영혼을 얻으리라"(눅 21:19). "너희에게 인내가 필요함은 너희가 하나님의 뜻을 행한 후에 약속하신 것을 받기 위함이라"(히 10:36). "다만 이뿐 아니라 우리가 환난 중에도 즐거워하나니 이는 환난은 인내를, 인내는 연단을, 연단은 소망을 이루는 줄 앎이로다"(롬 5:3).

6) 경건: 인내의 과정에서 연습할 것이 경건이다. 기독교의 덕은 참는 것으로 완성되지 않는다. 그 과정에서 경건을 연습해야 한다. 망령되고 허탄한 신화를 알고자 하는 지식의 유혹으로부터 절제하고 인내하며 경건에 이르기를 연습해야 한다. "망령되고 허탄한 신화를 버리고 경건에 이르도록 네 자신을 연단하라 육체의 연단은 약간의 유익이 있으나 경건은 범사에 유익하니 금생과 내생에 약속이 있느니라"(딤전 4:7-8). 경건은 거저 되는

것이 아니라 연습이 필요하다. "이로 말미암아 모든 경건한 자는 주를 만날 기회를 얻어서 주께 기도할지라 진실로 홍수가 범람할지라도 그에게 미치지 못하리이다"(시 32:6). "여호와께서 자기를 위하여 경건한 자를 택하신 줄 너희가 알지어다. 내가 부를 때에 여호와께서 들으시리로다"(시 4:3).

7) 형제 우애: 경건은 핍박을 가져온다. "무릇 그리스도 예수 안에서 경건하게 살고자 하는 자는 박해를 받으리라"(딤후 3:12). 박해를 이기고 견디기 위해서는 홀로 독야청청해서는 안 된다. 형제간의 격려와 사랑이 필요하다. 그래서 경건을 연습하는 중에 신경 써야 할 것이 바로 형제 우애이다. "서로 돌아보아 사랑과 선행을 격려하며 모이기를 폐하는 어떤 사람들의 습관과 같이 하지 말고 오직 권하여 그 날이 가까움을 볼수록 더욱 그리하자"(히 10:24-25). 경건을 연습하며 핍박 가운데에서도 형제간에 모이고 격려하며 승리해 나가야 한다. 그래서 믿음에서 출발한 우리의 긴 여정에서 종착역인 사랑 바로 앞에 있는 역이 형제 우애이다. 형제간의 사랑도 하지 못하면서 보편적인 인류애를 말할 수 없다. "형제를 사랑하여 서로 우애하고 존경하기를 서로 먼저 하며"(롬 12:10).

8) 사랑: 형제간의 우애를 연습한 후에 우리는 비로소 사랑을 말하며 사랑을 실천할 수 있다. 사랑이 없으면 믿음이 완성되지 않는다. 신구약 성경 전체에 담긴 모든 율법의 완성이 사랑이다. "온 율법은 네 이웃 사랑하기를 네 자신 같이 하라 하신 한 말씀에서 이루어졌나니"(갈 5:14), "사랑은 이웃에게 악을 행하지 아니하나니 그러므로 사랑은 율법의 완성이니라"(롬 13:10). 그러므로 사랑은 "온전하게 매는 띠"(골 3:14)이다.

예수께서도 "내 계명은 곧 내가 너희를 사랑한 것같이 너희도 서로 사랑하라 하는 이것이니라"(요 15:12)고 말씀하시며, "너희가 서로 사랑하면 이로써 모든 사람이 너희가 내 제자인 줄 알리라"(요 13:35)고 말씀하신다. 바울도 "너희 모든 일을 사랑으로 행하라"(고전 16:14)고 말씀하며, "그런즉 믿음, 소망, 사랑, 이 세 가지는 항상 있을 것인데 그중의 제일은 사랑이라"(고전 13:13)고 강조한다. 베드로 역시 "무엇보다도 뜨겁게 서로 사랑할지니 사랑은 허다한 죄를 덮느니라"(벧전 4:8)고 사랑을 명한다.

예수께 사랑받은 제자 사도 요한은 "자녀들아 우리가 말과 혀로만 사랑하지 말고 행함과 진실함으로 하자"(요일 3:18)고 우리를 초청하며, "사랑하지 아니하는 자는 하나님을 알지 못하나니 이는 하나님은 사랑이심이라 하나님의 사랑이 우리에게 이렇게 나타난 바 되었으니 하나님이 자기의 독생자를 세상에 보내심은 그로 말미암아 우리를 살리려 하심이라 사랑은 여기 있으니 우리가 하나님을 사랑한 것이 아니요 하나님이 우리를 사랑하사 우리 죄를 속하기 위하여 화목 제물로 그 아들을 보내셨음이라 사랑하는 자들아 하나님이 이같이 우리를 사랑하셨은즉 우리도 서로 사랑하는 것이 마땅하도다 어느 때나 하나님을 본 사람이 없으되 만일 우리가 서로 사랑하면 하나님이 우리 안에 거하시고 그의 사랑이 우리 안에 온전히 이루어지느니"(요일 4:8-12)고 말한다. 더 나아가 "누구든지 하나님을 사랑하노라 하고 그 형제를 미워하면 이는 거짓말하는 자니 보는 바 그 형제를 사랑하지 아니하는 자는 보지 못하는 바 하나님을 사랑할 수 없느니라 우리가 이 계명을 주께 받았나니 하나님을 사랑하는 자는 또한 그 형제를 사랑할지니라"(요일 4:20-21)고 말한다. 사랑에 대한 성경의 수많은 주옥 같은 구절들을 여기에서 어떻게 다 인용하겠는가!

성경은 우리 그리스도인의 윤리에 있어서도 하나님나라의 현재성과 미래성의 긴장 관계를 보여준다. 우리는 이미 하나님의 의를 이루어 거룩한 자가 되었지만, 장차 완성될 하나님나라의 의를 향해 나아가는 자들이다. 우리는 성경이 가르치는 하나님나라의 윤리에서, 그리고 우리의 윤리적인 삶에서 하나님나라 윤리의 현재성과 미래성의 긴장 관계를 볼 수 있을 뿐만 아니라 몸소 경험한다. 우리는 믿음으로 말미암아 "서기관과 바리새인들보다 더 나은 의"를 소유했지만, 여전히 완성될 미래를 향해 정진한다. 그러므로 "어쨌든, 우리가 어느 단계에 도달했든지 그 단계에 맞추어서 행합시다"(빌 3:16, 새번역)라는 바울의 말처럼 우리가 서 있는 지금 여기에서의 윤리적 실존을 인정하고 미래의 완성을 향해 나아가야 한다. 지금 여기에서 조그마한 사랑을 실천함으로써 미래에 완성될 하나님의 사랑의 나라를 이루어 가야 한다.

4부
하나님나라의 사명

10. 하나님나라의 복음
11. 하나님나라의 선교
12. 하나님나라와 교회
13. 하나님나라와 국가

하나님나라가 역동적인 의미로 하나님의 다스리심을 뜻한다면, 그 다스리심에 순종하는 그리스도인은 어떤 삶을 살아야 하는가? 우리는 믿음으로 하나님의 다스리심을 받아들이고, 그분의 뜻을 묻는 하나님나라의 백성으로서 그분이 우리에게 주신 사명을 생각하지 않을 수 없다.

하나님나라 백성의 사명은 하나님나라의 복음을 떠나서는 생각할 수 없다. 예수는 하나님의 복음과 하나님나라를 선포하셨다. 예수께서 선포하신 복음은 한마디로 하나님나라였다. 그런데 예수의 제자들은 예수께서 선포하신 하나님나라 대신에 "주 예수를 믿으라"며 예수를 선포한다. 바울은 이 복음을 아들에 관한 것이라고 요약한다. 예수께서 선포하신 하나님나라는 제자들이 선포하는 아들 예수 그리스도이다. 하나님나라는 예수 그리스도 자신인 것이다.

바울은 예수 그리스도에 대한 복음을 설명하며 자신이 그 내용을 믿음의 선배들에게서 전달받았다고 분명하게 말한다. 그가 전달받은 복음은 예수 그리스도의 십자가와 부활이었다(전승, tradition). 그러나 성경의 다른 곳에서 바울은 자신이 복음을 인간에게 전달받은 게 아니라 하나님께 직접 계시로 받았다고 말한다(계시, revelation). 이처럼 바울의 복음은 계시의 복음과 전승의 복음이라는 양면성을 띤다. 복음은 하나님나라의 복음인 동시에 예수 그리스도의 복음인 것처럼, 전승의 복음인 동시에 계시의 복음이다. 하나님나라의 현재성과 미래성의 양면성이 공존하는 것처럼 복음에도 하나님나라와 하나님의 아들 예수 그리스도의 양면성이 공존하며, 계시의 복음과 전승의 복음이 공존한다.

하나님나라의 백성 된 그리스도인의 사명은 이 복음을 전파하는 것이다. 온 천하를 다니며 만민에게 땅 끝까지 이르러 복음을 전파해야 한다. 예수 그리스도는 이 복음을 전하게 하기 위해 열두 제자를 세우셨고, 70인을 파송하셨으며, 우리 모든 그리스도인에게 지상명령을 주셨다. 모든 그리스도인은 가는 선교사가 되든 보내는 선교사가 되든 그리스도께서 주신 선교 명령에 순종해야 한다.

이러한 순종을 통해 땅 끝까지 복음을 선포할 때, 그 복음에 순종하는 무리가 공동체를 형성하게 된다. 하나님나라 백성들의 공동체를 우리는 교회라고 부른다. 교회는 하나님나라 자체는 아니지만, 하나님의 통치에 순종하는 하나님나라 백성들의 공동체로 하나님나라를 증거한다. 하나님나라의 도구가 되어 이 땅에서 하나님나라를 구현하는 것이다.

하나님나라가 초월적인 미래의 하나님나라가 아니라 지금 여기에서 우리를 다스리시는 현재의 하나님나라이라면, 지금 우리가 여기에서 직접 속해 있고 지배받고 있는 이 땅 지상 왕국과의 관계를 설정할 필요가 있다. 두 왕국설을 오해하여 전혀 다른 두 나라의 백성으로서 이질적인 삶을 살아야 하는 것처럼 생각하지만, 우리 그리스도인은 하나님나라의 시민권을 가지고 있는 것과 동일하게 이 지상 나라의 시민권을 가지고 있기에 두 나라 백성으로서 의무를 다해야 한다. 그 나라의 법에 순종하여 그 나라의 일을 해야 하며, 동시에 이 나라의 법에 순종하여 이 나라의 일을 해야 한다. 이 나라가 비록 하나님의 뜻을 이루기 위한 궁극적이고 절대적인 영역은 아니지만, 하나님이 잠정적인 제도로서 우리에게 허락하셨기 때문에 모든 긍정적인 측면에서 적극적으로 이 나라를 도와야 한다. 그럼에도 불구하고 그리스도인은 영원한 하나님나라의 백성으로서 이 나라의 잠정적 제한성을 인정하고 비판하는 자세를 취하지 않을 수 없다. 그리스도인은 하나님의 피조물인 국가가 어느 한계 내에 있는 한 국가에 순종하지만, 한계를 넘어 하나님의 자리를 대신하는 경우에는 단호하게 거부하며 저항한다. 그러한 저항의 경우에도 열심당의 열심은 경계한다.

    그리스도인들은 이 세상에서 주님의 뜻이 이루어지기를 소망하는 자들이다. "뜻이 하늘에서 이룬 것같이 땅에서도 이루어지이다"라고 날마다 기도한다. 주님의 뜻이 내가 속해 있는 이 나라에서도, 이 교회에서도, 내 삶의 전 영역에서도 이루어지기를 소망한다. 개인의 영역에서 성화가 이루어지듯 사회와 국가의 영역에서도 사탄의 권세를 꺾고 진리와 정의가 세워지도록 힘쓰며, 정직하고 성실하게 이 나라의 백성으로서 정의와 진리를 위해 수고한다. 이처럼 하나님나라의 백성 된 그리스도인들은 하나님나라의 복음을 선포하여 하나님나라의 선교에 동참한다. 그것은 우리가 각각의 교회에서 공동체의 일원으로 살아가고, 더 나아가 속해 있는 국가 공동체에서 마땅히 해야 할 의무를 감당하는 것을 의미한다. 하나님나라는 지금 여기에서 그 사명을 감당하라고 우리에게 요구한다. 그 나라의 백성으로서 지금 여기에서 이 나라의 백성으로 살아가도록 요구한다.

10장
하나님나라의 복음

신약성경에는 "복음"이라고 부르는 네 권의 책이 있다. 처음 세 권은 예수의 일생에 대해 서술하는 줄거리나 문체가 비슷한 관점을 보이기 때문에 공관(共觀)복음이라고 부르며, 네 번째 복음서는 앞의 세 권과는 문체와 줄거리가 판이하게 달라 특수 복음서 또는 제4복음서라고 부른다.

첫 번째 복음서인 마태복음은 "아브라함과 다윗의 자손 예수 그리스도의 계보라"(마 1:1)는 말로 시작된다. "계보"라는 표현은 표준새번역에서 "족보"라고 번역했다.[1] 마태복음은 예수 그리스도의 역사적 혈통과 전통을 설명하는 것으로 복음서를 시작하여 예수께서 아브라함의 자손으로 유대인이요, 다윗의 자손으로서 왕이신 것을 선포한다. 이러한 시작과 어

---

[1] 마 1:1. "아브라함의 자손이요 다윗의 자손이신 예수 그리스도의 족보는 이러하다." 난하주에서 "그리스도"는 "메시아", "족보"는 "나심"이라고 번역될 수 있다고 설명하고 있다.

울리게 마태복음은 유대인을 위한 복음서로 알려져 왔다. 마태복음은 다른 어떤 복음서보다 유대적 배경을 가지고 있다.

세 번째 복음서인 누가복음은 "우리 중에 이루어진 사실에 대하여 처음부터 목격자와 말씀의 일꾼 된 자들이 전하여 준 그대로 내력을 저술하려고 붓을 든 사람이 많은지라 그 모든 일을 근원부터 자세히 미루어 살핀 나도 데오빌로 각하에게 차례대로 써 보내는 것이 좋은 줄 알았노니 이는 각하가 알고 있는 바를 더 확실하게 하려 함이로라"(눅 1:1-4)로 시작한다. 누가복음의 서문은 당대 문헌들의 서문과 그 양식이 비슷하다. 누가는 자신이 기록하고 있는 것이 "우리 중에 이루어진 사실"이며, 그것들을 선배 기록자들의 도움과 증거에 의지하여 역사적 증빙 자료들을 가지고 기록하고 있다고 말한다. 누가는 자신이 기록하는 복음서의 역사적 신빙성을 주장하며 저술하는 방법을 네 가지로 요약한다.[2]

첫째, 자신이 살펴본 사실의 범위를 강조한다. 누가는 "우리 중에 이루어진 사실"의 **"모든 일을"** 살펴보았다. 그렇다고 모든 일을 기록했다는 것이 아니라 역사가로서 수집 가능한 모든 일들을 수집하고 살펴보았다는 의미이다. 둘째, "우리 중에 이루어진 사실"의 **"근원부터"** 살펴보았다고 말한다. 사건들을 이해하고 그 과정을 정확하게 판단하기 위해서는 사건의 발단이 무엇이며, 그 시작이 어디인가를 파악하는 것이 중요하다. 모든 일을 살펴보기 위해서는 그 처음부터 살펴보아야 하는 것이다. 셋째, "우리 중에 이루어진 사실"을 **"자세히"** 살펴보았다고 말한다. 그것은 역사가로서 누가의 정확성을 반영해 준다. 정확한 사실에 근거하지 않은 역사는 역

---

2 간하배, 『신약학서설』(서울: 총신대학출판사, 1980), pp. 165-166.

사일 수 없다. 넷째, "우리 중에 이루어진 사실"을 **"차례대로"** 서술하겠다고 말한다. 누가는 자신이 살펴본 사실을 아무렇게나 수집하여 마구잡이로 기록하지 않고, 그것들을 차례대로 조직적으로 정리하겠다고 말하는 것이다. 그렇다고 연대순으로 모든 것을 정리하겠다는 것이 아니라 전체적인 줄거리를 가지고 연결되어 가는 어떤 이야기를 기록하겠다는 뜻이다. 누가는 누가복음과 사도행전의 저자이자 초대교회 최초의 역사가로서 손색이 없다.[3]

네 번째 복음서인 요한복음은 서두부터 앞의 세 복음서와 판이하다. "태초에 말씀이 계시니라 이 말씀이 하나님과 함께 계셨으니 이 말씀은 곧 하나님이시니라 그가 태초에 하나님과 함께 계셨고 만물이 그로 말미

---

[3] 여기에서는 역사가 발생한 모든 일을 기록하는 것이 아니라 역사가의 사관에 의해 기록된다는 사실을 기억해야 한다. 기본적인 네 가지 사관을 열거할 수 있다.
첫째, 혼돈사관: 역사는 무의미한 사건들의 연속이다. 거기에는 어떤 인과적 발전이나 연결성을 발견할 수 없다.
둘째, 순환사관: 역사는 돌고 돈다. 춘하추동이 반복되고 순환하는 것처럼 역사는 음양오행으로 반복되며 순환하든지(동양사상), 문명의 생성과 발전, 절정과 쇠퇴의 과정으로 반복되든지(토인비의 역사관) 순환하며 돌고 돈다.
셋째, 진보사관: 역사는 끊임없이 발전하고 진보한다. 그래서 원시 공산주의 사회에서 고대 사회, 중세 봉건주의 사회, 자본주의 사회로 발전해 왔고, 마침내 공산주의 사회로 발전해 나갈 것이다. 공산주의 역사관은 이러한 역사의 진보를 기대한다.
넷째, 목적사관: 역사에는 목적이 있다. 역사는 하나님의 목적대로 돌아간다. 그래서 하나님 나라라는 목적을 향해 나아간다. 어거스틴의 『신국론』으로 시작된 기독교의 역사관은 목적사관이라고 할 수 있다.
누가를 역사가로 보는 태도에 대한 탁월한 개관을 위해서는 C. K. Barrett, *Luke the Historian in Recent Study* (London: Epworth Press, 1961)을 보라. 마크 포웰, 『누가복음 신학』 배용덕 역(서울: 기독교문서선교회, 1995), 16. n. 2에서 재인용. 또한 I. Howard Marshall, *Luke: Historian and Theologian* (Grand Rapids: Zondervan, 1970), 『누가행전』 이한수 역(서울: 도서출판 엠마오, 1993)을 보라.

암아 지은 바 되었으니 지은 것이 하나도 그가 없이는 된 것이 없느니라 그 안에 생명이 있었으니 이 생명은 사람들의 빛이라 빛이 어둠에 비치되 어둠이 깨닫지 못하더라"(요 1:1-5). 족보로 시작하는 마태나 "우리 중에 이루어진 사실"을 말하는 누가와 달리, 요한은 태초의 로고스를 말하며 생명과 빛이라는 철학적인 개념들로 복음서를 시작한다. 로고스가 곧 하나님이시라는 선언은 요한의 복음서가 그 시작부터 상당히 신학적임을 보여준다.

각 복음서의 시작을 보면, 마태나 누가, 요한 모두 "복음서"라고 불리지만 그 서두에서 "복음"이라는 명칭을 발견할 수 없다.[4] "복음"이라는 단어

---

4 신약성경에서 복음이라는 용어는 명사형과 동사형으로 나타난다. 동사형인 εὐαγγελίζομαι (유앙겔리조마이)는 마태복음에서 오직 한 번 사용되며(11:5), 누가복음에서 10회, 사도행전 15회, 바울 21회, 히브리서 2회, 베드로전서 3회 나타난다. εὐαγγελίζειν (유앙겔리제인)의 형태로는 요한계시록에서 2회 나타난다. 마가복음과 요한복음, 요한의 서신들과 야고보서, 베드로서, 유다서에서 그 동사 형태는 한 번도 나타나지 않는다. 명사형인 εὐαγγέλιον (유앙겔리온)은 마가(8회)와 마태에 의해(4회) 사용되지만 누가와 요한에 의해서는 전혀 사용되지 않는다. 바울은 60회를 사용하며, 베드로전서와 요한계시록에 각각 1회씩 나타난다. 그래서 복음이라는 용어의 사용 여부에 따라 신약성경을 다음과 같이 구분할 수 있다.

구분	"복음"이라는 용어를 사용하는 신약의 책들			"복음"이라는 용어를 사용하지 않는 신약의 책
	명사만	동사, 명사 모두	동사만	
복음서	마가복음	마태복음	누가복음	요한복음
역사서		사도행전		
바울서신서	빌, 골, 살후, 몬, 딤전후	롬, 고전후, 갈, 엡, 살전		디도서
일반서신서		베드로전서	히브리서	약, 벧후, 요일, 요이, 요삼, 유
예언서		요한계시록		

이러한 통계를 복음서에만 적용해서 살펴보면 재미있는 모습이 눈에 띈다. 마태는 동사나 명사가 모두 나타나지만, 마가에서는 명사만, 누가에서는 동사만 나타나고 요한에게서는 동사이

는 두 번째 복음서인 마가복음의 서두에서 찾아볼 수 있다. 마가는 자신의 복음서를 "복음의 시작"이라는 문구로 시작한다. "하나님의 아들 예수 그리스도의 복음의 시작이라"(막 1:1). 이후로 마가는 그의 전체 복음서를 "복음"이라는 단어를 중심으로 꾸며나간다.

"복음"이라는 단어를 중심으로 마가복음의 개요를 작성해 보면 옆의 도표와 같다.[5]

든 명사이든 사용되지 않는다. 그러니 복음이라는 용어로도 네 복음서는 각각의 독특한 관점을 보여주고 있다. 공관복음에서 사용되는 복음이라는 용어의 병행구절들을 비교해 보면 다음과 같은 표를 하나 더 얻을 수 있다.

명사		동사
마가복음	마태복음	누가복음
		11:5	7:22
	4:23/9:35		4:43
13:10	24:14		
14:9	26:13		

마가는 명사형만, 누가는 동사형만 사용하고 있다. 또 한편으로 누가가 그 동사형을 사용하는 곳에서 마가는 명사형을 사용하고 있지 않으며, 마가의 명사형이 나타나는 곳에서 누가는 그 동사형을 사용하지 않는다. 마가는 오로지 마태와의 병행 구절만 있을 뿐이다. 그것은 "복음"이라는 용어의 사용에 있어서 마가와 마태의 연관성은 고려할 대상이지만, 마가와 누가는 아무런 관계가 없든지 아니면 의도적으로 수정했음을 보여준다고 하겠다.

5 필자의 학위 논문, 『마가와 바울의 εὐαγγέλιον의 상관성에 대한 주석적 연구』(서울: 아세아연합신학대학교 대학원, 2003)는 마가복음에서 "복음"이라는 용어가 가지고 있는 중요성을 바울의 "복음"이라는 용어 구절들과 비교하여 복음의 의미를 파악하는 것이었다. 본 장은 필자의 학위 논문의 일부를 요약한 것이다.

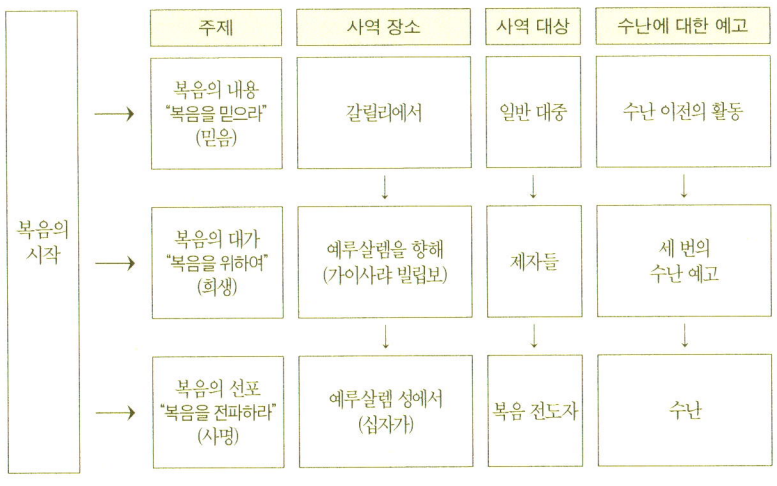

　복음서의 서두를 비교해 보면 "복음서"라는 명칭을 신약성경의 처음 네 권의 책에 붙인 계기나 원인이 마가에게 있다고 추측할 수 있다. 다른 복음서 기자들이 사용하고 있지 않은 "복음"이라는 용어를 마가는 그의 복음서의 첫 머리에서 사용하고 있기 때문이다.[6]

---

[6] 우리는 "복음서"라는 명칭이 신약성경의 첫 네 권의 명칭으로 정당하고 바른가를 물을 수 있다. 에반스(C. F. Evans)는 The New Testament Gospels(1965)에서 다음과 같은 장르들과 비교한 후 복음서라는 명칭의 타당성을 주장한다. ① 전기(Biographies, βιοι): 위인들의 생애를 묘사하는 책으로 고대 전기 작가들은 저명한 정치적 인물이나 철학자 등 지적 인물들에 대한 전기를 기록했다. ② 행적(Acts, πραζεις): 영웅들의 행위를 담은 책들로 위대한 운동과 업적을 기록한다. ③ 회상록(Memories, απομνημονευματα): 제자 등 그를 잘 아는 사람에 의해 어떤 유명한 인물의 가르침이나 일화 등을 모은 모음집이다. ④ 영웅담(Aretalogy): 신이나 영웅의 기적적인 행동들을 이야기하는 문학이다. ⑤ 복음서(Gospels, ευαγγελιον): 예수의 생애에 관한 이야기들로서 나사렛 예수의 생애, 사역, 죽음, 부활 속에 나타난 하나님의 구원 행동을 설명하기 위한 선포 자료들이다. 랄프 P. 마틴, 『신약의 초석 I』 정충하 역(서울: 크리스천다이제스트, 1993), p. 14ff.

마가가 복음서 서두에서 언급하는 "하나님의 아들 예수 그리스도의 복음의 시작이라"(막 1:1)는 짧은 문장은 본문 비평에 있어서나 그 구절의 구문론적 해석에 있어서 쉽지 않은 문장이다.7 마가가 "복음"을 "예수 그리스도의 복음"이라고 수식했을 때, 그 의미를 예수 그리스도에 대한 복음(목적격적 소유격), 예수 그리스도께서 선포하신 복음(주격적 소유격) 둘 다로 생각할 수 있다. 마가복음 전체에서 복음은 예수께서 선포하신 복음이기도 하지만(막 1:14) 예수 자신이기도 하다(막 8:35, 10:29). 그러므로 마가가 말하는 "예수 그리스도의 복음"은 예수께서 선포하신 복음(of Jesus)과 예수 그리스도에 관한 복음(about Jesus)이라는 두 가지 의미를 모두 함의한다.

마가는 복음서의 첫 구절에서 "복음의 시작"으로 "예수 그리스도의 복음"과 "하나님의 아들의 복음"이란 표현을 사용한 후, 1:14에서는 예수께서 "하나님의 복음"을 선포하셨다고 말한다. "요한이 잡힌 후 예수께서 갈릴리에 오셔서 하나님의 복음을 전파"하셨다는 것이다. 이어지는 1:15에서 예수 그리스도께서 전파하신 "하나님의 복음"은 "하나님나라"의 복음이다. "이르시되 때가 찼고 하나님의 나라가 가까이 왔으니 회개하고 복음을 믿으라 하시더라"(막 1:15). 마가는 예수의 공적인 사역이 "하나님의 복음"을 선포하는 것으로 시작되었으며, 그 내용이 "하나님나라"라고 말함으로써 그 둘을 일치시킨다. 이 구절을 마가복음 1:1과 연결지어 보면 마가가 이해하는 "복음"은 다음과 같다.

---

7 본문비평이란 성경의 여러 사본들 사이의 차이점을 분석하여 어느 본문이 원본인가를 결정하는 비평이다. 마가복음의 서두에 대한 사본상의 변이는 약 9종류가 발견된다. C. E. B. 크랜필드라는 학자는 그의 마가복음 주석에서 본문을 해석할 수 있는 10가지 가능성들을 열거한다. 마가복음에 대한 이후의 논의는 홍찬혁, 『마가와 바울의 εὐαγγέλιον의 상관성에 대한 주석적 연구』(서울: 아세아연합신학대학교 대학원, 2003) 박사학위 논문을 참조하라.

예수 그리스도의 복음(1:1)

= 하나님 아들의 복음(1:1)

= 하나님의 복음(1:14)

= 하나님나라의 복음(1:15)

이처럼 마가는 예수께서 선포하신 복음을 "하나님의 복음"이라고 일반적인 총괄로서 제시하고(14절), 이어지는 구절에서 그 구체적인 내용을 "하나님나라의 복음"(15절)으로 요약한다. "때가 찼고 하나님의 나라가 가까이 왔으니 회개하고 복음을 믿으라"(막 1:15). 마가가 기록한 예수께서 선포하신 복음은 임박한 하나님나라였다. 그리고 그 나라를 위한 준비로서 회개와 믿음을 요청한다. "예수 그리스도의 복음", 즉 예수께서 선포하신 복음은 "하나님나라의 복음"이다.

막상 복음서에는 "복음"이라는 용어가 자주 사용되지 않는 것에 반하여 바울 서신에서는 "복음"이라는 용어가 자주 나타난다.[8] 가장 중요한 서신으로 알려진 로마서에서 바울은 복음을 다음과 같이 요약한다. "그리스도 예수의 종인 나 바울은 부르심을 받아 사도가 되었습니다. 나는 하나님의 복음을 전하기 위하여 따로 세우심을 받았습니다. 이 복음은

---

[8] 동사와 명사를 막론하고 신약성경에서 "복음"이란 용어를 가장 많이 사용하는 저자는 바울이다. 동사의 경우 신약성경 전체에서 총 54회가 사용되는데, 그중 바울이 21회를 사용한다. 이는 신약성경 전체에서 약 38.8%에 해당하는데, 25회를 사용한 누가의 약 46.2%에 약간 못 미친다. 그래도 "복음을 전하다"(εὐαγγελίζομαι)라는 용어는 신약성경에서 누가 다음으로 바울이 가장 자주 사용한다. 명사의 경우에는 바울이 더 주도적으로 사용한다. 신약성경 전체에서 명사 "복음"(εὐαγγέλιον)은 총 76회 사용된다. 그중 바울은 60회를 사용하여 신약성경 전체의 약 78.9%를 차지한다. 동사와 명사를 함께 생각해 볼 때, 신약성경 전체의 총 130회 중 바울이 81회를 사용하여 약 62.3%를 차지한다.

하나님께서 예언자들을 통하여 성경에 미리 약속하신 것으로 그의 아들을 두고 하신 말씀입니다. 이 아들은, 육신으로는 다윗의 후손으로 태어나셨으며, 성령으로는 죽은 사람들 가운데서 부활하심으로 나타내신 권능으로 하나님의 아들로 확정되신 분이십니다. 그는 곧 우리 주 예수 그리스도이십니다"(롬 1:1-4, 새번역). 바울은 자신이 사도로 부르심 받은 목적이 복음을 전하는 것임을 천명하고, 그 복음을 설명한다.

바울에 의하면 복음은 하나님께서 예언자들을 시켜서 성경에 미리 약속하신 것이며, 그것은 하나님의 아들을 두고 하신 말씀이다. 바울은 그 아들을 두 가지 항목으로 설명한다. 첫째, 육신으로는 다윗의 자손으로 나셨다. 즉 다윗의 아들이다. 둘째, 거룩한 영으로는 하나님의 아들로 확정되셨다. 즉 하나님의 아들이다. 바울에 의하면 복음은 아들에 관한 것이다. 그 아들은 다윗의 아들이요, 하나님의 아들이다. 육신으로 다윗의 아들이 영으로 하나님의 아들로 확정된 계기는 그의 부활이다. 부활로 인해 다윗의 아들이 하나님의 아들로 확정되었다. 그가 바로 예수 그리스도이시다. 정리하자면 바울의 복음은 1) 하나님께서 선지자들을 시켜서 그의 아들에 관하여 성경에 미리 약속하신 것이며, 2) 그 아들이 바로 다윗의 아들로서 하나님의 아들이 된 예수 그리스도이시다.

자신의 복음을 아들로 규명한 바울은 "내가 복음을 부끄러워하지 아니하노니 이 복음은 모든 믿는 자에게 구원을 주시는 하나님의 능력이 됨이라 먼저는 유대인에게요 그리고 헬라인에게로다 복음에는 하나님의 의가 나타나서 믿음으로 믿음에 이르게 하나니 기록된 바 오직 의인은 믿음으로 말미암아 살리라 함과 같으니라"(롬 1:16-17)고 말한다. 기독론적인 복음 설명에 이어 구원론적으로 복음을 설명함으로써 믿음과 하나님의 의라는 개념을 포함시킨다. 결국 바울이 선포한 복음은 하나님의 아들 예수 그리스도를 믿음으로써 받는 구원, 곧 하나님의 의이다.

마가복음에서의 "복음"과 바울이 사용하고 있는 "복음"은 분명한 차이가 있다. 예수 그리스도는 "하나님의 나라"를 그의 복음으로 선포하셨지만(the preacher=선포자 예수: 선포의 주체), 그의 제자인 바울은 하나님나라를 선포하셨던 바로 그분 예수 그리스도를 자신의 복음으로 선포한다 (the preached=선포되는 자, 피선포자 예수: 선포의 객체). 그렇다면 하나님나라를 선포하시던 예수께서 어떻게 선포되는 자, 피선포자로서 신앙의 대상이 될 수 있는가?

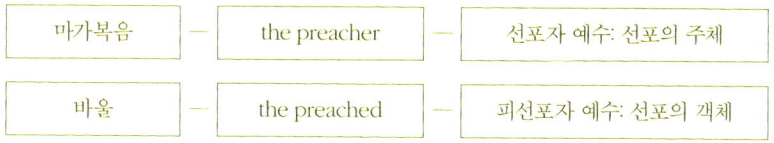

19세기까지의 자유주의 신학을 총정리한 학자로 평가되는 하르낙(Adolf von Harnack)은 『기독교란 무엇인가?』라는 그의 책에서 기독교의 복음을 다음과 같이 요약한다. "그것은 각각의 특성이 전체를 포함하는 것으로 그것들 중 어떤 한 가지 안에 나머지가 다 포함될 수 있다. 첫째, 하나님나라와 그 나라의 도래, 둘째, 하나님의 아버지 되심과 인간 영혼의 무한한 가치, 셋째, 보다 높은 의와 사랑의 계명."[9] 이러한 그의 이해는 "예

---

9 Adolf von Harnack, *What is Christianity?* (New York: Harper and Row Publishers, 1957), p. 51.

수가 전파한 대로의 복음은 오직 아버지와 관계있고 아들과는 관계가 없다"는 결론을 이끌어 낸다. 예수가 아버지의 명을 따라 인간 영혼의 가치를 나타내기 위해 노력했을 뿐 자신이 하나님으로서 복음의 주체가 될 수는 없다는 것이다.10

학자들의 이러한 의심은 복음서의 기록들이 신앙의 예수를 묘사하고 있는 신학적인 글이지 역사적 예수를 묘사하고 있는 역사적 문헌이 아니라고 주장하게끔 만든다. 그들에 의하면 예수께서 스스로를 메시아로서 하나님의 아들 된 의식(self-consciousness of Jesus)을 가지고 계셨는가 하는 문제를 해결하기 위해서는 복음서의 구절들을 있는 그대로 인정할 수 없다. 성경 본문 자체가 초대교회가 만들어낸 신앙의 글이기 때문이다. 그 결과 그들은 성경이 실제 역사적 사건을 기록한 글인지 본문의 진정성을 검토하는 과정이 필요하게 되었다.

본문의 진정성을 검토하는 기준으로 가장 널리 알려진 것이 비유사성의 원칙(The Principle of Dissimilarity)이다. 진정한 예수 그리스도의 가르침은 유대교와도 다르고 초대교회와도 달라야 한다는 것이다.11 이 원칙은 문자적으로 적용하는 것이 불가능함에도 불구하고 예수의 독특성을 찾아낼 때 아주 유용한 방법이다. 이 원칙을 사용하여 유대적이지도, 초

---

10 박형용, 『복음비평사』(서울: 성광문화사, 1985), pp. 103-104.

11 이 말을 문자적으로 적용하면 예수 그리스도의 역사성을 부인하는 결과를 낳는다. 왜냐하면 예수는 유대인이요, 아람어를 사용하던 사람이었는데 유대적인 말들이 예수의 말이 아니라고 한다면, 예수는 초역사적인 어떤 인물이 된다. 또한 초대교회의 제자들은 스스로를 예수의 제자라고 고백하는데, 예수의 가르침 중에서 초대교회적인 것이면 진정한 예수의 말이 아니라고 한다면 그들이 예수에게서 아무것도 배우지 않았다는 말이 된다. 그들은 예수의 제자가 아닌 예수와는 전혀 연관성이 없는 자들이 되는 것이다.

대교회적이지도 않은 예수만의 독특한 가르침과 행적을 도출할 수 있기 때문이다. 더 나아가 예수의 독특성으로부터 예수께서 스스로를 어떻게 이해하셨는가를 추적할 수 있다.

이처럼 예수에 대한 신앙고백이 포함되어 있는 신약성경 구절들을 제외하고 진정한 예수의 말과 행동이라고 인정되는 부분들만 논의의 대상으로 하여 예수의 자기이해를 살펴보는 것을 간접 기독론 또는 암시적 기독론이라고 말한다.

암시적 기독론의 대표적인 항목으로 예수만의 독특한 말투가 있다. 초대교회나 유대교 사람들과 달리 예수만 사용하시던 중요한 두 가지 말투 중 하나는 ἀμήν(아멘)이고, 다른 하나는 ἀββα ὁ πατήρ(압바 호 파테르, 아빠 아버지)이다. 히브리어 "아멘"은 "확실히"라는 뜻으로, 구약시대의 이스라엘 백성들이 영광송, 맹세, 축복, 저주 등에서 채택했던 엄숙한 공식 어구였다. 이 단어는 또한 예외 없이 다른 사람의 말에 동의하는 응답을 할 때 사용되었다(고전 14:16, 고후 1:20, 계 5:14, 7:12, 19:4, 22:20).[12] 유대교에서 "아멘" 용법은 오늘날 우리가 사용하는 용법과 비슷하다. 말씀 선포 끝에 "그것이 진리입니다" 또는 "그것이 확실합니다"라는 수용의 표시로서 "아멘"으로 화답하는 것이다. 또한 기도와 찬양 끝에도 지금 우리가 드리는 것을 확인하는 의미로 "아멘"이라고 한다. 그래서 우리 기독교인들이나 유대교에서 사용하는 아멘의 용법은 다음과 같이 도식화 된다.

| 내용 | + | ἀμήν(아멘) |

---

[12] J. 예레미아스, 『신약신학』 p. 68.

어떠한 진술이 있고 그 진술에 대한 청중이나 고백자의 동의의 표현이 "아멘"이다. 그러나 유대교나 초기 교회에서의 용법과는 다르게 예수 그리스도는 "아멘"을 사용하신다. 예수는 이 단어를 사용하실 때에 ἀμὴν λέγω ὑμῖν(아멘 레고 휘민)의 형태를 취하여 "진실로 내가 너희에게 이르노니"라고 말씀하신다.[13] 그래서 앞의 우리가 사용하는 "아멘"의 용법과는 정반대의 도식이 그려진다.

즉 앞의 경우와는 순서가 바뀌어 예수는 먼저 "아멘"이라는 말로 자신이 말하는 내용을 스스로 확증한다.

이 어법의 진정한 의미를 이해하기 위해 이와 비슷한 어법을 살펴보아

---

[13] 우리말로 번역하여 "진실로 내가 너희에게 이른다"고 표현되었지만, 그 언어적 독특성을 표현하기 위해 "아멘, 내가 너희에게 말한다"라고 번역하는 것이 좋을 듯 싶다. 예레미아스의 같은 책, 68f에서는 그러한 경우의 구절들의 목록을 다음과 같이 제시한다.

구분	빈도	동사
마가복음	13회	(3:28, 8:12, 9:1, 41, 10:15, 29, 11:23, 12:43, 13:30, 14:9, 18, 25, 30)
마태복음과 누가복음의 공통된 어록	9회	(마 5:18, 26, 8:10, 10:15, 11:11, 13:17, 18:13, 23:3, 24:47)
누가복음에서는 ἀμὴν이란 말 대신에 δε(데, 눅 10:12), γαρ(가르, 눅 10:24), ναι(나이, 눅 11:51), αληθως(알레쏘스, 눅 12:44) 등으로 나타나든지, 대체어 없이 ἀμὴν이 없이 나타난다.		
마태복음에만 나타나는 경우	9회	(6:2, 5, 16, 10:23, 18:18, 21:31, 25:12, 40, 45, 변형된 형태로 18:19)
누가복음에만 나타나는 경우	3회	(4:24, 12:37; 23:43)
요한복음	25회	(1:51, 3:3, 5, 11, 5:19, 24, 25, 6:26, 32, 47, 53, 8:34, 51, 58, 10:1, 7, 12:24, 13:16, 20, 21, 38, 14:12, 16:20, 23, 21:18)
요한복음의 경우에는 항상 이중적인 형태, 즉 "ἀμὴν ἀμὴν"의 형태로 나타난다.		

야 한다. 그중 한 가지가 랍비들의 진술이다. 랍비들은 자기 제자들에게 가르침을 전수할 때 자기 선생의 이름을 말했다. "랍비 마이어가 랍비 요한 벤 자카이의 이름으로 랍비 힐렐의 말을 하기를, 너희는 ~하라." 랍비들이 이렇듯 복잡한 형식으로 말하는 이유는 그가 하고자 하는 말이 자신의 말이 아니라 스승의 말이며, 그 스승의 스승의 말이라고 하여 자신이 전수하는 가르침의 권위를 성립시키려고 했기 때문이다. 랍비들은 그 기원을 모세에게까지 소급시켜 자신의 가르침의 권위가 모세에게 있다고 주장한다.

이와 비슷한 어법이 선지자들의 어법에도 나타난다. 선지자들은 자신의 말이 자신의 지혜에서 나온 것이 아니라 신적 메시지임을 보여주기 위해 "주께서 이같이 말씀하시니라"라든가 "여호와의 말씀이 나에게 임했다"라든가 "여호와의 영이 나에게 임했다"는 등의 '사자의 공식 어구'(messenger-formula)를 사용한다.

그렇다면 예수께서 "아멘"이라는 말로 자신의 말을 스스로 확증했다는 사실은 무엇을 의미하는가? 랍비나 선지자들이 자신의 권위를 확증하고 성립시키기 위해 스승이나 하나님의 권위를 빌렸음에 반하여, 예수 그리스도는 전혀 그럴 필요를 느끼지 않았다는 의미이다. 즉 자신의 말이 진리임을 다른 이가 아닌 자기 스스로 보장한다는 의미이다. 이것은 자신의 권위에 대한 강한 이해가 있지 않고서는 불가능한 어법이다. 예수 그리스도의 강력한 권위 의식이 "아멘"이라는 말 속에 들어 있는 것이다.[14]

---

14 쉴러(H. Schlier)는 *TDNT*의 ἀμήν(아멘)이란 항목의 결론 부분에서 이렇게 말한다. "따라서 우리는 예수가 사용하는 '내가 너희에게 이르노니'라는 말씀 바로 앞에 나타나는 '아멘'이라는 말에서 요약된 기독론 전체를 접하게 된다." H. Schlier, "ἀμήν" in *Thelogical Dic-*

"아멘"(ἀμήν)과 함께 예수께서 기도하실 때 사용하시던 하나님에 대한 칭호로서의 ἀββα ὁ πατήρ(압바 호 파테르, 아빠 아버지)라는 용어 역시 예수의 독특한 말 습관을 보여준다.15 "아빠"라는 말은 우리말과 마찬가지로 아람어에서도 어린아이가 자기 아버지에게 사용하는 애칭이다. 이것이 확대되어 장성한 사람도 이 말을 사용한다. 스승이나 노년의 존경받는 사람들 또는 주인이나 상전들에게도 이러한 호칭을 사용하여 아주 가까운 사랑의 관계를 나타낸다. 유대인들은 이러한 용어를 하나님께는 감히 사용할 수 없었다. 구약성경 어디에서도 하나님을 아버지로 부르는 것을 찾아볼 수 없다.16 유대인들이 하나님을 부르는 방식은 엄격히 제한되었다.17

유대주의에서 하나님을 '아빠'라고 부른 예를 단 하나도 찾을 수 없는

---

tionary of the New Testament vol. I. ed. Kittel, pp. 335-338. "아멘"이라는 짧은 말 한마디에 신약 기독론이 전부 다 들어 있다는 것이다. 조금 과장된 표현이기는 하지만, 예수께서 말씀하시는 방식은 그 자신이 어떤 외부적인 증명을 요하지 않는 권위를 가지고 있음을 주장하고 있다는 점을 보여준다. 하워드 마샬, 『신약성서 기독론의 기원』 pp. 58f.

15 ἀββα(압바)에 대한 논의는 셈족어와 유대교적인 배경에 대해서 탁월한 지식을 가지고 있었던 J. 예레미아스의 『신약신학』 pp. 102ff에서 상세히 논의되고 있다. 자세한 토론을 위해서는 그의 책을 참조하라.

16 물론 유대인들은 자신들이 하나님의 언약 백성이기 때문에 자기들이 하나님의 자녀들이라는 사상을 가지고 있었다. 출애굽기 4:22 등을 보라. 또한 "주는 우리 아버지시라"(사 63:16, 64:7)나, "네가 이제부터는 내게 부르짖기를 나의 아버지여 아버지는 나의 청년 시절의 보호자이시오니[새번역에는 "지금 너는 나를 '아버지'라고 부르면서"로 되어 있음]"(렘 3:4), 또는 "주는 나의 아버지시요 나의 하나님이시요 나의 구원의 바위시라"(시 89:27, 시락 51:10) 등의 형태로 하나님을 아버지로 묘사하는 구절들이 나오기는 한다. 그러나 이것들은 단순한 서술문이지 하나님을 아버지라고 부르는 것이 아니다. J. 예레미아스, p. 105과 n. 88-90을 참조하라.

17 J. 예레미아스, p. 104에서는 유대인의 18찬송기도문에서 불리는 하나님에 대한 호칭으로 다음과 같은 것들이 열거된다. 찬송받으소서 야웨여, 아브라함의 하나님 이삭의 하나님 야곱의 하나님, 지극히 높으신 하나님, 천지의 주재, 우리와 우리 조상들의 방패, 아브라함의 방패이신 야웨 등등. 이밖에도 하늘과 땅을 지으신 이, 전능하신 이, 태초부터 계신 이 등.

반면, 예수 그리스도는 자신의 기도 가운데 하나님을 항상 "아빠"라고 부른다는 것은 모든 전승이 일치되게 증거하고 있다.[18]

구분	빈도	구절
마가복음	1회	14:36
마태복음과 누가복음의 공통된 자료	3회	마 6:9(눅 11:2), 11:25ff(눅 10:21, 2회)
마태복음	1회	26:42
누가복음에만 있는 용례	2회	23:34, 46
요한복음	9회	11:41, 12:27ff, 17:1, 5, 11, 21, 24ff

또한 예수는 제자들에게도 하나님을 아빠라고 부르도록 가르치셨다.[19] 그럼에도 불구하고 예수는 결코 자신과 제자들을 동급으로 놓고 한데 어울러서 "우리 아버지"라고 부르지는 않으신다. 대신에 자신과 하나님의 관계와 제자들과 하나님의 관계를 엄격히 구분하신다.[20]

---

18 J. 예레미아스, p. 103.

19 갈라디아서 4:7과 로마서 8:17에서 그러한 가르침의 흔적을 발견할 수 있다. ἀββα ὁ πατήρ (압바 호 파테르, 아빠 아버지). 하나님을 아빠라고 부르시던 아들의 영이 우리 안에 거하시므로 우리 그리스도인도 역시 하나님을 아빠라고 부를 수 있게 된 것이다.

20 "너는 내 형제들에게 가서 이르되 내가 내 아버지 곧 너희 아버지, 내 하나님 곧 너희 하나님께로 올라간다 하라 하시니"(요 20:17).

하나님에 대한 예수 그리스도의 이러한 독특한 호칭은 예수 그리스도의 사명의 궁극적인 신비를 표현한다. 그는 자신이 하나님의 계시를 전달하는 권세를 가졌음을 의식했다. 또한 자신이 하나님의 독특한 아들이라는 자기이해가 있었음을 암시적으로 보여준다. 예수 그리스도께서 하나님을 얼마나 가까이 느끼셨으며, 자신이 하나님의 아들이라는 사실을 얼마나 확실히 아셨는가를 그분이 "아빠"라는 용어로 하나님을 부르셨던 것에서 발견할 수 있다. 어린아이가 아빠에게 전적으로 의존하듯이 예수는 하나님께 의존하셨고, 어린아이가 아빠를 경외하듯이 예수는 하나님을 경외하셨다. 더 나아가 그 하나님에 대한 순종심과, 그 하나님에 대해 포근함을 느끼는 마음 등 모든 의미가 그 용어 속에 들어 있다.[21]

예수 그리스도의 자기이해는 모세 율법을 대하는 태도에서도 발견할 수 있다.[22] 여기에서 예수는 모세의 율법을 자신의 새로운 법으로 대체한다. 모세 율법이 최소한의 행위를 요구하는 법이었다면, 예수의 율법은 동기의 최대한을 요구하는 법이었다. 예수는 헬라어에서 생략될 수 있는 주어를 생략하지 않고 사용하여 일인칭 주어를 강조한다. 자신이 모세보다 더 직접적이고 완벽하게 하나님의 법을 계시하는 자라는 자기이해를 보여준다. 예수께서 스스로를 모세의 법을 능가하는 새로운 하나님의 법을 선포하는 자로 여겼던 것이다.

더 나아가 예수께서 자신에게 사죄의 권세가 있음을 밝히시는 데서

---

21 그러므로 쉴러가 "아멘"이라는 단어에 대해 내린 평가를 동일하게 "아빠"라는 단어에도 적용할 수 있다. 하나님을 "아빠"라고 부르는 예수의 모습 속에서 신약성경 기독론의 요약을 발견할 수 있는 것이다. 앞의 각주 14를 보라.

22 이 부분에 대해서는 이 책의 9장 "하나님나라의 윤리" 부분을 참조하라.

그의 자기이해를 발견할 수 있다. 예수는 "작은 자야 네 죄 사함을 받았느니라"(막 2:9)고 사죄를 선언하신다. 이러한 선언은 직접 말씀으로 하시기도 했고, 때로는 죄인들과 함께 식사하는 행동으로 나타내시기도 했다.[23] 예수는 자신이 하나님의 위치에서 죄를 용서한다는 것을 사람들이 깨닫도록 하신다. 유대인들에게 죄 용서는 오로지 하나님만이 하실 수 있는 영역이었다. 하나님만이 심판자이시요, 하나님만이 죄를 용서하실 수 있다. 그러나 예수는 자신에게 사죄의 권세가 있음을 그들에게 알려주려고 일부러 수수께끼 같은 질문을 던지신다. 마가복음 2:1-12을 보라.[24] 여기에서 우리는 예수 그리스도께서 하늘의 대권을 행사하는 자라

---

23 직접적인 말씀으로 이루어지는 경우로는 중풍병자에게 말씀하시는 마가복음 2:5이나, 옥합을 깨뜨린 여인에게 말씀하시는 누가복음 7:48을 들 수 있고, 행동으로 이루어지는 경우로는 삭개오나(눅 19:5), 세리 레위(막 2:14-17)를 들 수 있다. 예수의 적대자들은 이러한 예수 그리스도의 행동에 대해 "세리와 죄인의 친구"(눅 7:34)라고 비난하고 있다.

24 한 중풍병자를 네 사람이 메고 예수께로 왔다. 주님은 그에게 "작은 자야, 네 죄 사함을 받았느니라"고 선언하신다. 서기관들의 마음속의 의심을 알아차리신 예수께서 그들에게 "중풍병자에게 네 죄 사함을 받았느니라 하는 말과 일어나 네 상을 가지고 걸어가라 하는 말 중에서 어느 것이 쉽겠느냐"고 물으시고, "인자가 땅에서 죄를 사하는 권세가 있는 줄을 너희로 알게 하려 하노라"고 말씀하신다. 그리고 그 중풍병자에게 "내가 네게 이르노니 일어나 네 상을 가지고 집으로 가라 하시니" 하시니 그 중풍병자가 일어나 그 상을 가지고 갔다. 이 이야기는 양식비평을 말하는 불트만에게 있어서 양식사를 증명할 수 있는 대표적인 구절로 자주 언급되고 있다. 불트만은 공관복음에 나타난 자료들을 여러 가지 양식들로 분류한다. 우선 크게 둘로 분류하면, 예수의 말에 대한 전승과 설화 자료의 전승이다. 전자는 다시 아포프테그마와 주의 말로, 후자는 이적 설화와 역사 설화로 나뉜다. 아포프테그마(경구)란 디벨리우스에 의해 패러다임(예증)이란 용어로 분류되었는데, 말씀으로 종결짓고 있는 짧은 이야기들을 일컫는다. 이것은 다시 논쟁 및 사제 대화와 전기적 아포프테그마로 분류된다. 주의 말은 다섯 가지로 분류되는데, 로기온, 예언자적 묵시적 말, 율법의 말과 교회 규율, 나 말, 비유 등이다. 이적 설화는 병 고친 이적과 자연 이적으로 분류되며, 역사 설화는 세례에서 예루살렘 입성까지의 설화와 수난사화, 부활 사화, 전사화로 분류된다. 그래서 불트만은 마가복음 2:1-12에서 치병 사화와 논쟁 설화의 혼합된 모습을 발견한다. 즉 5b-10절이 삽입

는, 다시 말해 하나님을 대신하는 자라는 자기이해가 있었음을 알 수 있다. 그러므로 예수께서 죄 사함을 선언하신 것은 그분의 자기이해를 보여주는 또 다른 하나의 증거이다.

　예수의 자기이해는 하나님나라의 선포에서도 발견된다. 예수께서 하나님나라에 들어갈 수 있는 자격을 언급하실 때 다름 아닌 예수 그리스도에 대한 제자도를 말씀하신다. 율법 준수가 아니라 예수에 대한 인간의 반응으로 하나님나라에 들어갈 수 있는가의 여부가 결정된다는 것이다. 그것은 예수 자신이 인간의 생사를 결정하는 자라는 자기이해를 가지고 계셨음을 보여준다.[25]

된 것으로, 분명 후에 교회가 자기의 죄 사유권을 예수께 소급시키려 하기 때문에 생겼을 것이라고 주장하는 것이다. 루돌프 불트만, 『공관복음서전승사』 허혁 역(서울: 대한기독교서회, 1970), p. 15. 그의 전제는 죄 사함의 선언과 병 고침의 활동이 같은 선상에서 이야기될 수 없는 불연속성이 있다는 것이었다. 그러나 구약성경의 히브리적인 사고에서 병 고침과 죄 사함은 동일한 것이었으므로(cf. 시 103:3ff) 이 이야기가 삽입된 어떤 가상 이야기가 아니라 역사적 개연성을 가지고 있다고 할 수 있다.

[25] "누구든지 나를 따라오려거든 자기를 부인하고 자기 십자가를 지고 나를 따를 것이니라 누구든지 자기 목숨을 구원하고자 하면 잃을 것이요 누구든지 나와 복음을 위하여 자기 목숨을 잃으면 구원하리라 사람이 만일 온 천하를 얻고도 자기 목숨을 잃으면 무엇이 유익하리요 사람이 무엇을 주고 자기 목숨과 바꾸겠느냐 누구든지 이 음란하고 죄 많은 세대에서 나와 내 말을 부끄러워하면 인자도 아버지의 영광으로 거룩한 천사들과 함께 올 때에 그 사람을 부끄러워하리라"(막 8:34-38). 또한 누가복음 9:60과 12:32을 보라. "너희는 나의 모든 시험 중에 항상 나와 함께 한 자들인즉 내 아버지께서 나라를 내게 맡기신 것 같이 나도 너희에게 맡겨 너희로 내 나라에 있어 내 상에서 먹고 마시며 또는 보좌에 앉아 이스라엘 열두 지파를 다스리게 하려 하노라"(눅 22:28-30). "누구든지 사람 앞에서 나를 시인하면 나도 하늘에 계신 내 아버지 앞에서 그를 시인할 것이요 누구든지 사람 앞에서 나를 부인하면 나도 하늘에 계신 내 아버지 앞에서 그를 부인하리라"(마 10:28-32) 등의 말씀을 참조하라. 마태복음 10:32의 말씀은 박해를 무릅쓴 예수에 대한 충성이 하나님의 심판 날에 어떤 사람을 받아들일지 받아들이지 않을지를 결정할 것임을 분명히 보여주고 있다.

예수 그리스도는 또한 사람들로 하여금 "이렇게 행동하는 자가 과연 누구인가?"라는 질문을 할 만한 행동들을 많이 하셨다. 사람들은 예수께서 하신 일이나 말이 믿기지 않았기에 "이 사람이 누구인가?"라는 질문을 했다.

나사렛의 첫 설교부터 많은 사람들은 혼란스러워했다. 예수는 이사야의 글을 찾아 읽으신 후 "이 글이 오늘날 너희 귀에 응하였느니라"고 선언하신다(눅 4:16-21).[26] 그런데 이것은 이스라엘 백성들이 메시아 본문으로 기대하며 관심을 기울였던 본문이다. 메시아 시대의 해방을 선언하고 있기 때문이다. 예수는 그 본문이 이제 성취되었다고 선언하신다. 사람들은 그러한 선언에 대해 "이분이 과연 누구인가?"라는 질문을 하지 않을 수 없었다.

예수는 또한 사탄에 대해 승리를 선언하신다(막 3:23ff). 병을 고치고

---

[26] 이 부분에 대한 자세한 논의는 이 책의 5장 "하나님나라의 성취" 부분을 보라. 이 본문을 이해하는 데 두 가지 중요한 문제가 제기된다. 첫째, "주의 은혜의 해"라는 말이 구약성경에서 50년마다 행하기로 되어 있는 희년을 이야기하는가? 둘째, 그 내용을 문자적으로 해석해야 하는가, 아니면 영적으로 해석해야 하는가? 레위기 25장에 의하면 희년에는 땅을 경작하지 말고 쉬게 해야 한다. 또한 모든 이스라엘 사람들은 고향으로 돌아가야 했으며, 모든 채무 관계가 일소되었다. 모든 노예 역시 해방되는 해이다. 스트로벨(A. Strobel)은 예수께서 그 설교를 하신 것으로 추정되는 주후 26-27년이 실제로 희년이었다고 주장한다. 트로끄메(A. Trocme)나 요더(J. H. Yoder)는 문자적인 희년을 말하지는 않지만 구약의 희년과 연결시키려 한다(The Politics of Jesus). 누가는 이사야의 본문을 인용하면서 이사야 61:2b의 "우리 하나님의 보복의 날"(이방인에 대한 하나님의 보복의 날)이라는 말을 생략하여 인용하고 있다. 다시 말하자면 구원의 긍정적인 부분만 인용하고 부정적인 부분은 삭제한다. 그 생략된 부분은 오히려 유대 민족주의자들에게 강한 이슈가 되는 부분이었다. 누가는 민족주의적인 색채를 삭제하고 오히려 구원이 이방인(나아만, 사렙다 과부)에게 온다고 기록함으로써 반민족주의(anti-nationalism), 보편주의(universalism)의 성격을 띤다. 그러므로 그 내용을 문자적으로 해석하여 해방신학이나 민중신학, 여성신학을 위한 근거 구절들로 제시하는 것은 성경 해석학상의 문제가 있다.

귀신을 내쫓는 사역을 하나님나라의 통치가 시작된 것으로 이해하신다 (눅 10:9, 11:20). 초자연적 세계의 존재들에 대해 승리를 선언하시고, 하나님의 통치를 실현시킨다고 선언하시는 이분은 과연 누구인가?

예수는 나귀를 타고 예루살렘 성에 입성하신다. 이것은 스가랴 9:9의 평화의 왕에 대한 예언의 말씀을 성취한다는 자기의식 없이는 하실 수 없는 행동이었다. "시온의 딸아 크게 기뻐할지어다 예루살렘의 딸아 즐거이 부를지어다 보라 네 왕이 네게 임하시나니 그는 공의로우시며 구원을 베푸시며 겸손하여서 나귀를 타시나니 나귀의 작은 것 곧 나귀 새끼니라"(슥 9:9). 그리고 예수는 성전에 들어가 그곳을 정결케 하신다. 이 모든 것은 자신에 대한 특별한 이해 없이는 할 수 없는 행동들이다. 예수께서 자신을 어떻게 이해하고 계셨는가를 암시적으로 보여주는 행동들인 것이다.

마지막으로 예수 그리스도께서 후계자를 생각지 않으셨다는 사실도 그분의 자기이해를 알아보는 하나의 중요한 요소이다.[27] 예수는 그 어떤 후계자도 생각하시지 않는다. 마태복음 19:28과 누가복음 29:22 이하에서 예수는 열두 지파와 열두 제자를 연결시킨다. 그러나 거기에 자신은 포함시키지 않는다. 예수께서 12이라는 수에 자신을 포함시키지 않으셨다는 사실은 매우 의미심장하다. 그 열두 제자는 후계자가 아니다. 그들은 계속해서 여전히 그분의 제자로 남아 있다. 예수는 항상 그들보다 높은 위치를 차지하고 있다.

---

27 C. F. D. Moule, *The phenomenon of the New Testament* (1967), pp. 68f. 하워드 마샬, 「신약성경 기독론의 기원」 p. 66f에서 재인용.

예수의 독특한 행적과 가르침 중에는 그분이 베푸신 잔치들이 포함된다. 예수는 사람들에게 탐식가요 술주정뱅이라는 소리를 들을 정도로 잔치 베풀기를 좋아하셨다. "요한이 와서, 먹지도 않고 마시지도 않았다. 그러니까 사람들이 말하기를, '그는 귀신이 들렸다' 하고, 인자는 와서, 먹기도 하고 마시기도 하니, 그들이 말하기를 '보아라, 저 사람은 마구 먹어대는 자요, 포도주를 마시는 자요, 세리와 죄인의 친구다' 한다. 그러나 지혜는 그 한 일로 옳다는 것이 입증되었다"(마 11:18-19, 새번역). 복음서들이 예수에 대한 신앙의 기록이라면 예수에 대한 사람들의 이러한 혹평은 저자들이 기록하기 싫었을 법도 하다. 그래서 사람들이 예수를 평가하는 이 말을 진정성 있는 말로 평가할 수 있다.

예수께서 잔치를 베풀고 세리와 죄인들과 함께 먹고 마셨다는 사실을 분명한 역사적 사실로 인정할 수 있다면, 그런 일들은 어떤 의도를 나타내는 것인가? 예수께서 잔치를 베풀고 세리 및 죄인들과 함께 먹고 마셨다는 것은, 세리와 죄인들이 죄 사함을 받았음을 인정하는 태도이다. 잔치의 식탁 교제를 통해 죄 사함의 기쁨을 표현하는 것이다. 또한 잔치를 통해 하나님나라의 기쁨과 풍성함을 표현하는 것이다. 잔치는 하나님나라의 풍성함과 부족함 없음을 표현하는 하나의 상징이다. 예수 그리스도는 잔치를 통해 자신이 하나님나라의 잔치를 배설하는 분이요, 기쁨과 풍성함을 사람들에게 공급하는 자요, 죄인들을 용서하는 권세를 가지고 계심을 나타내 보이신다. 그러므로 잔치는 예수 그리스도께서 스스로를 어떤 존재로 인식하고 계셨는가를 보여주는 하나의 중요한 요소이다.

이처럼 예수 그리스도의 독특한 언행과 가르침은 예수께서 자신에게 특별한 권위와 지위가 있다는 사실을 자각하고 있었음을 명백히 보여준다. 그렇다면 예수께서 자각하셨던 독특한 지위의 본질은 어떻게 이해할 수 있는가? 예수의 이러한 자기이해는 예수께서 하나님나라의 복음을 선포하면서 자신이 복음의 중심이라는 의식을 가졌을 가능성을 시사한다. 하나님나라의 복음은 곧 예수 그리스도께서 선포하신 복음이며, 예수 그리스도에 관한 복음인 것이다.

마가복음에서 "복음"이라는 용어를 사용하는 구절들을 다른 공관복음의 병행 구절들과 비교해서 살펴보면 예수의 이러한 자기이해가 전제되어 있음을 발견할 수 있다. 예수는 갈릴리에서 예루살렘으로 올라가시기 전에, 제자들에게 자신의 정체에 대한 질문과 수난에 대한 예고를 하신다. 예수는 대중들을 향한 사역을 접고 제자들을 향한 사역을 시작하시면서, 자신에 대한 제자도로서 "복음"을 위해 희생할 것을 요구하신다. "누구든지 나와 복음을 위하여 자기 목숨을 잃으면 구원하리라"(막 8:35). 예수의 이러한 요구는 부자 청년을 만나신 후 제자들에게 포기해야 할 좀 더 구체적인 예를 드는 것으로 이어진다. "나와 복음을 위하여 집이나 형제나 자매나 어머니나 아버지나 자식이나 전토를 버린 자는"(막 10:29) 금세에 보상을 받을 뿐만 아니라 내세에서도 영생을 얻게 되리라고 약속하신다.

마가가 예수의 수난 예고에서 "복음"이라는 용어를 강조하여 사용하고 있는 것은 다른 공관복음의 병행 본문들과 비교해 보면 분명하게 드러난다. 마가가 "나와 복음을 위하여"로 읽는 부분을, 마태와 누가는 "나를 위하여"로 읽거나(마 16:25, 눅 9:24), "내 이름을 위하여"(마 19:29) 혹은 "하나님의 나라를 위하여"(눅 18:29)로 읽는다. 마가는 여기에서 예수를 위한 자기부인을, 복음을 위한 자기부인으로까지 확장시켰고, 마태와 누가는 복음이라는 용어를 빠뜨리거나 그 어법을 고침으로써 마가의 전승을 바꾸었다.

	마가복음		마태복음		누가복음
8:35	나와 복음을 위하여	16:25	나를 위하여	9:24	나를 위하여
10:29	나와 복음을 위하여	19:29	내 이름을 위하여	18:29	하나님의 나라를 위하여

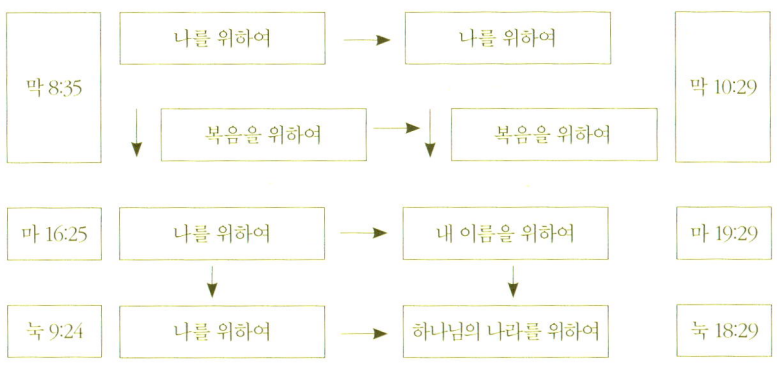

공관복음 기자들을 종합하면 다음과 같은 공식을 만들 수 있다.

복음

= 예수 이름

= 하나님나라

마가는 "나를 위하여"와 "복음을 위하여"를 연결시킴으로 "복음"과 예수를 일치시킨다. 복음의 내용이 곧 예수임을 나타내는 것이다. 마가에게 예수의 인격과 예수께서 말씀하신 복음의 내용은 동일하다. 그 결과 예수를 믿는 것과 복음을 믿는 것은 동등한 의미를 가지게 된다. 마가에게 제자도는 예수에 대한 믿음이 전제되어 있다.

예수 그리스도의 가르침과 행적을 살펴보면 그분이 스스로를 하나님의 아들이요, 그리스도로 이해하고 있었음을 발견할 수 있다.[28] 갈릴리 바닷가를 거닐며 하나님나라를 선포하신 예수의 이러한 자기이해가 제자들로 하여금 "주 예수를 믿으라"(행 16:31)고 선언할 수 있게 하는 기초가 된 것은 분명하다. 예수께서 선포하신 하나님나라의 복음은 제자들이 선포한 하나님의 아들 예수 그리스도의 복음이다. 그래서 십자가와 부활을 통해, 하나님나라의 선포자로서 선포의 주체였던 예수 그리스도는 선포의 대상이자 예배의 대상이 되셨다. 선포의 주체가 선포의 대상이 되는 결정적인 계기는 십자가와 부활이다.

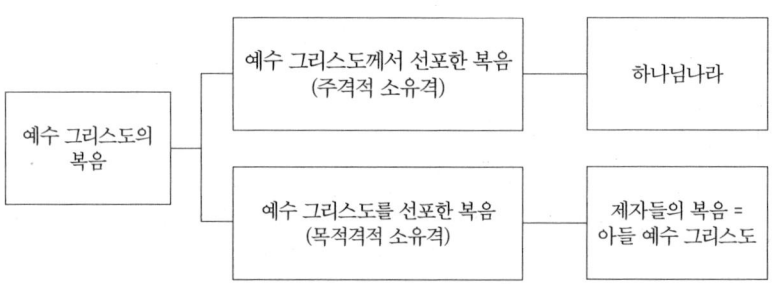

---

28 기독론을 연구하는 중요한 두 가지 방법으로 위로부터의 기독론과 아래로부터의 기독론이 있다. 위로부터의 기독론(Christology from above)이란 "예수가 태초부터 계셨던 하나님의 아들로서 인간으로 성육신하셨다"라는 신앙고백을 전제하고 거기서부터 예수 그리스도를 이해하려는 기독론으로 예수의 신성에서 출발한다. 주로 조직신학에서 사용하는 방법이다. 아래로부터의 기독론(Christology from below)이란 "역사적인 예수의 행적과 가르침으로부터 어떻게 그에 대한 신앙고백이 발생되었는가? 그를 어떻게 신적 존재로 인식하게 되었는가?"의 과정을 추적하는 기독론으로 성경신학, 신약신학의 방법이다. 기독론을 연구하는 이 두 가지 방식에 대한 자세한 논의는 밀라드 J. 에릭슨, 『기독교 신학 시리즈 4, 기독론』 홍찬혁 역(서울: 기독교문서선교회, 1991), 28ff를 참조하라.

하나님나라와 예수의 이러한 관계를 묵상한 초기 교부 오리겐은 "예수 그리스도가 바로 그 나라 자체(auto basileia)"라는 유명한 말을 한다. 예수가 바로 그 나라이다.

한편 바울은 자신의 복음을 아들로 요약하기도 하지만(롬 1:2-4) 다른 곳에서는 십자가와 부활로 요약한다. "형제들아 내가 너희에게 전한 복음을 너희에게 알게 하노니 이는 너희가 받은 것이요 또 그 가운데 선 것이라 너희가 만일 내가 전한 그 말을 굳게 지키고 헛되이 믿지 아니하였으면 그로 말미암아 구원을 받으리라 내가 받은 것을 먼저 너희에게 전하였노니 이는 성경대로 그리스도께서 우리 죄를 위하여 죽으시고 장사 지낸 바 되셨다가 성경대로 사흘 만에 다시 살아나사 게바에게 보이시고 후에 열두 제자에게와 그 후에 오백여 형제에게 일시에 보이셨나니 그 중에 지금까지 대다수는 살아 있고 어떤 사람은 잠들었으며 그 후에 야고보에게 보이셨으며 그 후에 모든 사도에게와 맨 나중에 만삭되지 못하여 난 자 같은 내게도 보이셨느니라"(고전 15:1-8). 바울은 여기에서 자신이 전한 복음의 내용을 네 가지로 요약한다. 첫째, 성경대로 그리스도께서 우리 죄를 위해 죽으셨다. 둘째, 장사 지낸 바 되셨다. 셋째, 성경대로 사흘 만에 다시 살아나셨다. 넷째, 게바 등 여러 사람들에게 보이셨다. 이 네 가지 사항은 다시 두 가지로 요약된다. 두 번째의 장사 지낸 것은 첫 번째의 죽음을 확증하는 것이요, 네 번째 죽은 사람이 다시 나타나셨음은 세 번째 부활하심을 증거하는 것이기 때문에 복음은 간단하게 예수 그리스도의 죽으심과 그의 부활하심으로 요약될 수 있다.

바울은 여기에서 자신이 고린도 교인들에게 전달한 복음이 전달받은 것임을 분명하게 말한다. "내가 받은 것을 먼저 너희에게 전하였노니"(고전 15:3). 여기에서 사용된 "받다"라는 동사는 랍비들이 제자들에게 가르침을 전수하는 과정에서 쓰이는 전문 용어였다. 이 동사를 사용함으로써 바울은 자신이 전하는 복음이 선배들에게서 전달받은 과정을 거친 것임을 밝힌다. 자신이 가지고 있는 복음에 대한 지식이 인간적인 전달 과정을 거쳤다는 의미이다. 그가 전달받은 내용은 바로 그리스도의 십자가와 부활이었다. 십자가와 부활은 바울 복음의 중요 주제이다.

이처럼 복음의 전수 과정을 분명하게 언급한 바울은 다른 곳에서는 그러한 전수 과정을 완전히 부인하는 말을 한다. "형제들아 내가 너희에게 알게 하노니 내가 전한 복음은 사람의 뜻을 따라 된 것이 아니니라 이는 내가 사람에게서 받은 것도 아니요 배운 것도 아니요 오직 예수 그리스도의 계시로 말미암은 것이라"(갈 1:12). 앞의 고린도전서에서 사용했던 동일한 단어를 사용하여 "내가 너희에게 전한 복음"을 말하는 바울은, 여기에서 그 복음이 사람들에게서 전달받은 것이 아니라고 말한다. 배우거나 전달받은 것이 아니라 주 예수 그리스도의 계시로 받았다는 것이다.

서로 상반되어 보이는 두 주장 사이의 긴장을 설명하기 위해 많은 학자들의 토론이 있었지만, 우리는 "복음의 본질"과 "복음의 형식"이라는 용어로 이것을 설명할 수 있다.[29] 선포되는 복음으로서 예수 그리스도에 관한 역사적 사실들은 전승의 대상이다. 그것은 전달 과정에서 변질될 우려 등으로 인해 규범화되고 형식화된다. 그러나 역사적 사실들을 지식으로 안다고 해서 그것이 구원의 복음이 되지는 못한다. 그것은 반드시 하나님의 계시에 의해 우리에게 진리로 드러나야 한다. 역사적 사실들의

---

29 김세윤, 『바울 복음의 기원』 홍성희 역(서울: 도서출판 엠마오, 1994), p. 116. 여기에서 그는 이에 대한 논쟁의 훌륭한 개요로서 Schütz, *Paul and the Anatomy of Apostolic Authority* (1975)를 소개한다. n. 12.

전승을 전제로 계시가 가능한 것이다. 이 둘은 상호 보완적이다. 전승보다 계시가 우선하는 경우가 있고 그 반대의 경우도 있다. 이는 각 사람마다 달리 나타날 수 있다. 그러나 복음은 전승으로 전달받은 역사적 사실과 내용을 가지고 있어야 하며, 동시에 계시의 복음이 되어 우리 자신의 구원을 이루는 진리가 되어야 한다. 바울이 갈라디아서에서 "예수 그리스도의 계시"로 복음을 직접 받았다고 주장한 것은 그의 관심사가 복음의 기원과 본질에 있었기 때문이다. 그러나 고린도 교회에서는 통일된 전승으로서 복음을 강조해야 했다. 부활을 부인하는 자들에게 모든 사도들의 공통된 케리그마로서 부활을 강조해야 했기 때문이다.

사실 바울이 다메섹으로 그리스도인들을 핍박하러 갈 때, 이미 그는 예수 그리스도를 주라고 고백하는 그리스도인들의 신앙고백을 잘 알고 있었다. 그들이 예수 그리스도의 죽으심과 부활을 전하고 있다는 사실도 알고 있었다. 기독교의 기본 진리들을 이미 듣고 알고 있었기 때문에 기독교가 가짜라는 것을 증명하기 위해 그리스도인들을 핍박하고 다녔던 것이다. 그러나 다메섹 도상에서 부활하신 예수 그리스도를 만나고 난 후, 바울은 자신이 들었던 이야기들이 모두 진리이며 사실이라는 깨달음을 얻었다. 예수 그리스도 계시로 인해 자신이 들어서 이미 알고 있었던 것들이 참이요 사실임을 인정하지 않을 수 없게 된 것이다.

복음의 이러한 양면성을 우리도 경험한다. 전승의 복음과 계시의 복음이 모두 필요한 것이다. 어릴 적부터 신앙생활과 교회생활에 익숙했던 나는 복음과 성경 내용을 잘 알고 있다고 자부했다. 그러나 그러한 지식이 구원의 확신을 주지는 못했다. 체험하는 계시가 있어야 했다. 신학적인 위험 때문에 "계시"(revelation)라는 말 대신 "조명"(illumination)이라는 말을 사용하지만, 그 본질적인 의미는 동일하다. 우리가 알고 있는 지식이 진짜 내 신앙이 되는 과정으로서 계시 또는 조명이 우리에게 필요하다.

구원의 확신을 가지고 있는 부모라면 자녀가 구원의 확신을 가지고 거듭난 삶을 살기를 바라기 마련이다. 아들이 초등학교 4학년이 되었을 때, 나는 목사로서 아들의 신앙을 점검하고 가르칠 필요성을 깨닫고, 성경에서 말하는 구원의 진리를 아들에게 간단히 설명했다. 죄로 인해 죽을 수밖에 없는 우리를 용서하기 위해 우리 주 예수 그리스도께서 십자가에서 죽으시고 부활하셨다, 그것을 믿으면 구원받고 천국에 갈 수 있다고 말했다. 복음에 대한 간단한 설명을 듣고 나서 아들은 이미 다 알고 있다는 듯이 내 말을 수긍하고 인정했다.

나는 한 번 더 영접 기도를 시키고, 구원의 확신이 있는지 확인하기 위해 물었다. "지금 당장 죽어도 천국 갈 수 있겠니?" 아들이 "그렇다"고 대답했다. 그때부터 아버지로서 얄궂은 질문들을 시작했다. "너는 어제도 엄마 말 안 듣고 친구들과 싸우던데, 그래도 천국에 갈 수 있겠니?" 아들이 조금 고민하더니 그래도 갈 수 있겠단다. 나는 다시 더 큰 정죄거리들을 찾아 다그쳤다. "너는 엄마에게 거짓말도 하고, 아빠에게 혼나기도 했는데?" 이런저런 잘못들을 열거하니 아들 녀석이 고민에 빠졌다. 녀석은 고민하고 또 고민하다가 이렇게 대꾸했다. "아빠가 간다고 그랬잖아?" 아빠가 예수 믿으면 천국 간다고 해놓고서는 너 같은 죄인이 어떻게 천국에 갈 수 있겠느냐며 왜 자꾸 대답하기 어려운 질문을 하느냐는 반응이다.

그렇다! 복음의 진리를 간단하게 말이나 지식으로 설명하여 전달할 수 있을지 몰라도, 그에게 구원의 확신과 믿음을 주시는 분은 오직 하나님이시다. 하나님께서 우리에게 밝히 조명해주지 않으시면, 우리는 하늘에 속한 기독교의 진리를 깨달을 수도, 믿을 수도 없다. 그러니 복음은 신비요 비밀이다. 이미 공개된 비밀이요, 아는 사람만 아는 진리이다.

바울의 복음

=

전승의 복음(고전 15:1-8)

계시의 복음(갈 1:11-12)

하나님나라의 복음은 예수 그리스도의 십자가와 부활을 통해 완성되었다. 그 복음은 회개와 믿음을 요구한다. 이제 우리는 그 복음을 전승으로 받아 역사적 사실들에 대한 이해와 지식을 가지게 된다. 그러나 전승만으로는 부족하다. 하나님의 계시(또는 조명)가 임하여 우리로 하여금 복음의 진리를 깨닫게 하는 빛이 비추어야 한다. 둘 중 하나라도 부족하면 아직 온전한 복음을 경험한 것이 아니다. 예수 그리스도가 우리를 위해 십자가에서 죽으시고 부활하심으로 우리에게 그 나라를 허락하셨다. 주님을 영접하는 자는 바로 그 나라를 영접하는 것이요, 주님의 인도하심을 받는 것은 바로 그 나라의 통치를 받아들이는 것이다. 하나님나라의 복음은 예수 그리스도의 사역과 인격을 통해 지금 우리 가운데 와 있다.

11장
하나님나라의 선교

하나님나라는 하나님이 다스리시는 나라이다. 하나님은 인간을 대리 통치자로 세워 위임 통치하신다. 하나님나라의 대리 통치자로 창조된 인간은, 하나님의 왕권을 인정하고 모든 피조물들을 다스리는 권세를 위임받았다. 창세기 1장의 문화명령은 위임받은 대리 통치자로서 다스리는 권세를 보여준다. 그러나 인간은 하나님의 왕권을 인정하고, 선악의 판단을 하나님께 맡긴다는 의미의 선악과를 따먹음으로써 하나님의 왕권을 부인하고 스스로 선악 판단의 기준이 되어버렸다.

인간이 하나님의 왕권을 부인한 결과 만물 역시 인간의 왕권에 대항하여 땅도 가시덤불과 엉겅퀴를 내며 인간에게 반항하게 되었다. 이렇듯 전복된 세상의 질서를 예수 그리스도는 십자가와 부활을 통해 회복하시고 다시금 하나님의 왕권을 인정하는 하나님나라를 세우셨다. 그리스도인들은 예수 그리스도의 구속으로 다시금 온 만물을 다스리는 대리 통치자로서 권세를 회복하게 되었다. 그러나 구속으로 회복된 왕권은 문화명령으로 주어진 것과 동일한 왕권이 아니라 지상명령, 즉 선교 명령으로 주어진 왕권이다. 그 왕권은 복음을 선포함으로 행사하는 영적 통치이며 스스로 낮아져 섬기는 제사장적 통치이다. 그리스도인들은 예수 그리스도의 은혜로 죄사함을 받은 후 하나님을 대항하던 원죄에서 벗어나 하나님과의 새로운 관계를 회복했고, 동시에 만물들과의 관계 역시 질서를 되찾고 회복되어 대리 통치자로서 역할을 다시금 감당하게 되었다. 그것은 곧 복음으로 말미암아 섬기는 제사장적 통치요, 복음 선포를 통한 선교의 영적 통치이다.[30]

앞서 4장에서 "하나님나라의 약속"을 살펴보면서 구약성경의 모든 관심이 예수 한 분에게 집중되고 있음을 보았다. 여인의 후손이 아브라함의 후손으로, 아브라함의 후손이 다윗의 후손으로 좁혀지더니, 결국 예수 그리스도 한 분에게로 집중되는 그림이었다.[31] 그러나 이제 신약시대에 그 그림은 다시금 예수 한 분으로부터 시작하여 온 세계 모든 민족으로 퍼져나간다. 그것은 주님께서 열두 제자를 선택하신 것으로부터 출발한다. 주님께서 선택하신 열두 제자의 명단이 신약성경에서 모두 4회에 걸쳐 열거된다. 그 목록을 자세히 살펴보면 순서가 뒤바뀌지 않는 몇몇이 눈에 띈다(뒷장의 도표를 보라).

베드로는 항상 맨 앞에 이름이 나온다. 제자들의 목록에서 항상 수위를 차지하는 것이다. 그에 비해 그의 형제 안드레는 베드로에 이어 두 번째에 나오든지, 아니면 네 번째로 물러선다. 야고보와 요한이 안드레보다 앞서는 경우가 많이 있다. 그러나 다섯 번째인 빌립은 언제나 다섯 번째

---

30 이에 대한 자세한 설명은 이 책의 2장 "하나님나라의 대리 통치자" 부분을 참조하라.
31 이에 대한 자세한 설명은 이 책의 4장 "하나님나라의 약속" 부분을 참조하라.

순서	마태복음 10:2-4	마가복음 3:16-19	누가복음 6:14-16	사도행전 1:13
1	베드로라 하는 시몬	베드로라는 이름을 더하신 시몬	베드로라고도 이름 주신 시몬	베드로
2	그의 형제 안드레	세베대의 아들 야고보(보아너게)	그 형제 안드레	요한
3	세베대의 아들 야고보	야고보의 형제 요한 (보아너게)	야고보	야고보
4	그의 형제 요한	안드레	요한	안드레
5	빌립	빌립	빌립	빌립
6	바돌로매	바돌로매	바돌로매	도마
7	도마	마태	마태	바돌로매
8	세리 마태	도마	도마	마태
9	알패오의 아들 야고보	알패오의 아들 야고보	알패오의 아들 야고보	알패오의 아들 야고보
10	다대오	다대오	셀롯이라 하는 시몬	셀롯인 시몬
11	가나안인 시몬	가나안인 시몬	야고보의 아들 유다	야고보의 아들 유다
12	가룟 유다, 곧 예수를 팔 자	예수를 판 자인 가룟 유다	예수를 파는 자가 될 가룟 유다	×

에 언급된다. 도마와 바돌로매가 6-7위를 앞서거니 뒤서거니 하며, 마태가 도마보다 앞서는 경우도 있지만 다섯 번째는 언제든지 빌립이다. 이어서 아홉 번째는 항상 알패오의 아들 야고보이다. 가나안인 시몬과 다대오라고도 부른 야고보의 아들 유다가 10-11위를 번갈아 나타나는 것과는 다르게 항상 아홉 번째 자리를 차지하고 있다. 맨 마지막 열두 번째는 항상 예수를 판 자라는 수식어가 붙는 가룟 유다이다.

이러한 모습은 열두 제자의 내부에 다시 소수의 내부 조직이 있었음을 암시한다. 특히 맨 첫 그룹은 복음서 곳곳에서 다른 제자들과 구분된다. 회당장 야이로의 딸이 죽었을 때 예수는 베드로와 야고보와 야고보의 형제 요한 외에 아무도 따라오는 것을 허락하지 않으셨다(막 5:37, 눅 8:51). 변화산의 동행자도 이 세 사람이다(마 17:1, 막 9:2, 눅 9:28). 예수께서 감람산에 앉으셨을 때 조용히 나아와 물었던 사람들도 이 세 사람이라고 마가는 기록한다(막 13:3). 그런가 하면 겟세마네의 기도에서도 이 세 사람은 특별한 대우를 받는다(막 14:32ff). 다른 제자들에게는 "내가 기도할 동안에 너희는 여기 앉아 있으라" 하시던 예수께서 이 세 제자들은 조금 더 데려가서 "내 마음이 심히 고민하여 죽게 되었으니 너희는 여기 머물러 깨어 있으라"고 부탁하셨다. 이러한 모습을 통해 예수께서 열두 제자 중에서도 특별히 3-4명을 집중적으로 양육하셨으며, 열두 제자 역시 4명의 소그룹으로 나뉘어 있었음을 추측해 볼 수 있다.

3-4명의 소그룹이 열두 제자를 이루고, 더 나아가 70인의 제자를 이룬다. 누가는 특히 70명의 전도대 파송에 대한 기사를 기록하고 있다. 그들은 주님이 친히 가시려던 각동 각처로 대신 보내심을 받았다. "그 후에 주께서 따로 칠십 인을 세우사 친히 가시려는 각 동네와 각 지역으로 둘씩 앞서 보내시며 이르시되 추수할 것은 많되 일꾼이 적으니 그러므로 추수하는 주인에게 청하여 추수할 일꾼들을 보내주소서 하라"(눅 10:1-2).[32] 그들은 주님을 대신하여 추수하는 일꾼들이었다.

---

[32] 표준새번역은 72명으로 번역되어 있다. "[일흔두 사람을 파송하시다] 이 일이 있은 뒤에 주께서는 달리 일흔두 사람을 세우셔서, 친히 가려고 하시는 각 성읍과 각 고장으로 둘씩 둘씩 앞서 보내셨다. 그때에 그들에게 말씀하셨다. '추수할 것은 많으나, 일꾼이 적다. 그러므로 추수

성경에서 기록하는 주님의 제자들의 숫자는 120문도로 이어진다. 주님께서 승천하신 후 제자들이 감람원이라는 산에서 내려와 마가의 다락방에 모여 기도하던 숫자가 120명이었다. 그들 중에는 여자들과 예수의 모친 마리아와 예수의 아우들도 포함되어 있다. "여자들과 예수의 어머니 마리아와 예수의 아우들과 더불어 마음을 같이하여 오로지 기도에 힘쓰더라 모인 무리의 수가 약 백이십 명이나 되더라"(행 1:14-15). 바울은 예수 부활의 증인들로 오백여 형제들을 언급한다. "그 후에 그리스도께서는 한 번에 오백 명이 넘는 형제자매들에게 나타나셨는데, 그 가운데 더러는 세상을 떠났지만(헬, 잠들었지만), 대다수는 지금도 살아 있습니다"(고전 15:6, 새번역). 초대교회의 부흥과 관련해 사도행전에서 기록하는 숫자는 기하급수적으로 증가한다. 오순절 성령강림 이후 베드로의 설교에 반응하여 회개하고 세례를 받은 수는 3천여 명에 이른다. "그의 말을 받아들인 사람들은 세례를 받았다. 이렇게 해서, 그날에 신도의 수가 약 삼천 명이나 늘어났다"(행 2:41, 새번역). 또한 성전 미문 앞의 나면서 앉은뱅이 된 자를 고친 이후 베드로의 설교를 듣고 믿은 남자의 수가 5천 명이었다. "그런데 사도들의 말을 들은 사람들 가운데서 믿는 사람이 많으니, 남자 어른의 수가 약 오천 명이나 되었다"(행 4:4, 새번역).

마침내 사도행전은 초기 예루살렘 교회의 제자 증가에 대해 더 이상 구체적인 숫자를 사용할 수 없었다. 허다한 제사장 무리까지 가입하는

하는 주인에게 추수할 일꾼을 보내 달라고 청하여라"(눅 10:1-2). 다른 고대 사본들에 쓰여 있는 "일흔", 즉 70이라는 숫자는 유대인들에게 전 인류의 모든 족속을 상징하는 숫자였다. 창세기 10장에 기록된 노아의 후손인 모든 인류가 70의 민족으로 되어 있다는 것이다. 72라는 숫자는 열두 지파의 6배수로 이스라엘의 열두 지파의 확장된 숫자이며, 열두 제자를 확장시키는 의미도 된다.

상황을 설명할 수 있을 뿐이었다. "하나님의 말씀이 점점 왕성하여 예루살렘에 있는 제자의 수가 더 심히 많아지고 허다한 제사장의 무리도 이 도에 복종하니라"(행 6:7). 이러한 성장과 확장은 사도행전 후반부에서 유대와 헬라의 허다한 무리로까지 이어진다. "이에 이고니온에서 두 사도가 함께 유대인의 회당에 들어가 말하니 유대와 헬라의 허다한 무리가 믿더라"(행 14:1). 그래서 앞에 나온 X표 그림(125쪽을 보라)은 신약성경의 땅 끝까지 성장하는 모습을 포함하여 다음의 그림과 같이 완성된다.

바울 역시 성장을 위한 최초의 소그룹을 말한다. "내 아들아 그러므로 너는 그리스도 예수 안에 있는 은혜 가운데서 강하고 또 네가 많은 증인 앞에서 내게 들은 바를 충성된 사람들에게 부탁하라 그들이 또 다른 사람들을 가르칠 수 있으리라"(딤후 2:1-2). 여기에서 바울은 자신의 제자 디모데를 믿음의 아들이라고 부르며 영적인 4대 족보를 열거한다.

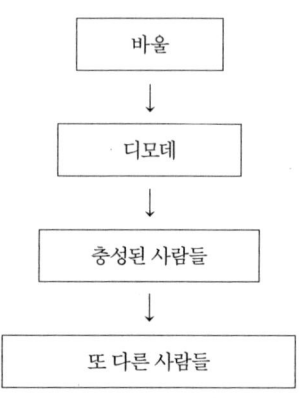

영적 아들이라는 개념을 조심해야 하겠지만, 바울은 자신이 가르치고 전도하여 거듭나게 한 디모데를 아들이라고 부르며 영적 계보를 이어가도록 훈계하고 있다. 그렇다면 우리의 영적 족보와 계보도 알게 모르게 형성되어 있지 않겠는가? 가령 내가 예수를 믿게 된 것은 장로인 아버지 때문이다. 아버지가 예수를 믿게 된 것은 안수집사였던 할아버지 때문이다. 내가 듣기로 할아버지는 그 동네에 복음을 전하러 왔던 초기 선교사의 전도를 받아 예수를 믿게 되었다. 그렇다면 그 선교사가 복음을 믿게 된 것은 누구 때문이었는가? 그렇게 거슬러 올라가다보면 아마 예수 그리스도의 열두 제자에게까지 이를 것이다. 나의 영적 계보가 드러나는 것이다. 그런데 내 아래로 더 이상 영적 자녀가 없다면? 그래서 영적 계보가 내게서 끝 난다면 그 얼마나 부끄러운 일이 되겠는가? 유교에서는 자녀를 두지 못하면 조상들 뵐 면목이 없다고 하지만, 우리 입장에서는 우리를 통해 예수를 믿게 된 영적 자녀를 두지 못한 것이 부끄러운 일이 될 것이다.

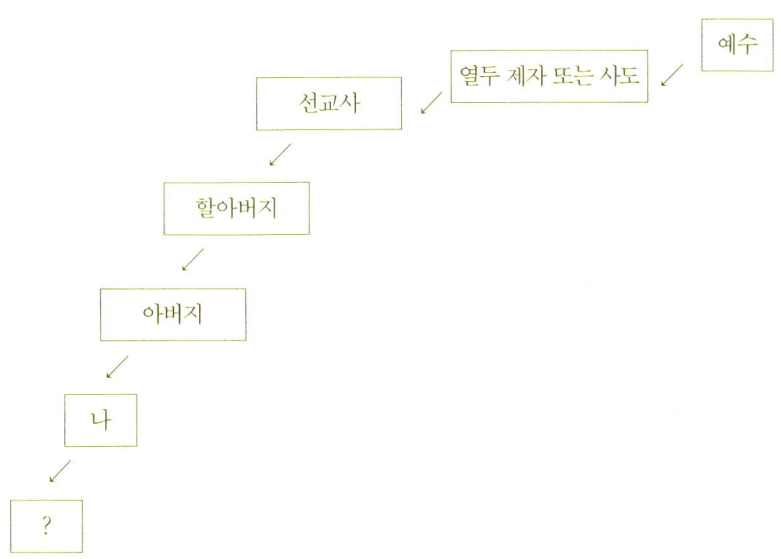

이사야 선지자는 외친다. "임신하지 못하고 아기를 낳지 못한 너는 노래하여라. 해산의 고통을 겪어 본 적이 없는 너는 환성을 올리며 소리를 높여라. 아이를 못 낳아 버림받은 여인이 남편과 함께 사는 여인보다 더 많은 자녀를 볼 것이다. 주님께서 하신 말씀이다"(사 54:1, 이하 새번역). 그러면서 "너의 장막 터를 넓혀라. 장막의 휘장을 아끼지 말고 펴라. 너의 장막 줄을 길게 늘이고 말뚝을 단단히 박아라"(사 54:2)고 권면한다. 그것은 "네가 좌우로 퍼져 나가고, 너의 자손이 이방 나라들을 차지할 것이며, 황폐한 성읍들마다 주민들이 가득할 것이"(사 54:3)기 때문이다.

영적 자녀들을 두기 위해 가장 시급하게 전도할 대상은 가까운 사람들이다. 가족과 친척, 이웃과 친구들을 가장 먼저 전도해야 한다. 흔히 전도하자면 모르는 사람을 찾아가 전도하려고 하지만, 가장 시급한 대상은 우리와 가장 가까운 사람들이다.[33] 가까운 사람들로부터 시작하여 다른 먼 나라 백성에 이르기까지 선교하고 복음을 전해야 한다.

복음을 전할 때는 다양한 방법과 수단을 사용해야 한다. 매스컴과 미디어를 복음 전파의 중요한 수단으로 활용하고, 청소년들을 새롭게 동기부여하고 가르치는 방식을 개발해야 한다. 그들에게 다가갈 새로운 접촉점들을 만들어야 한다.

복음 전파의 방식은 몇 가지 형태로 나타난다.

그 하나는 일방통행형의 설교식이다. 설교자만 말하고 청중은 듣는다. 이 방식으로 수많은 대중집회를 열 수 있고 매스컴이나 비디오 설교도 가능하다. 그러나 이 방식의 문제점은 청중들의 반응을 알 수 없다는 점이다. 복음 전파가 단순한 지식 전달이라면 문제될 게 없지만, 청중들의 영적 자각과 각성을 촉구하자면 그들의 반응을 점검할 수 있어야 한다.

그래서 나온 두 번째 방식이 쌍방통행의 대화식이다. 주로 그룹 성경공부나 토의로 전개되는 이 방식은 전달 내용을 청중들이 얼마나 이해하고 받아들였는가를 점검할 수 있다. 설교식처럼 대중에게 메시지를 한꺼번에 전달할 수 없다는 단점이 있지만, 청중들의 반응을 점검하며 효과적으로 전달할 수 있다.

---

33 이에 대한 상세한 설명을 위해서는 W. 오스카 톰슨, 『관계중심전도』 주상지 역(서울: 도서출판 나침반, 1984) 참조하라.

그러나 이 방식 역시 청중의 삶이 변화되었는지 파악할 수 없다. 그리스도의 복음이 단순한 지식 전달이나 설득 차원에서 머물지 않고 삶과 인격을 변화시키는 능력으로 나타나야 하는데, 일방통행형이나 쌍방통행형의 대화만으로는 삶의 변화를 이끌어내지 못할 수 있다. 그래서 함께 살며 사람들의 삶을 변화시키는 전달 방식이 필요하다. 이른바 삶에 동참형이다. 주님은 대중 설교를 통해 일방통행형의 가르침을 주시기도 했지만, 소수 제자들의 질문을 받으며 대화하는 방식의 가르침도 주셨다. 그리고 무엇보다 소수의 몇 명은 주님의 일거수일투족을 나누며 알 수 있도록 그들과 함께하며 가르치셨다. 우리도 각각의 경우에 따라 적절한 방식을 찾아 지혜롭게 복음을 전달해야 할 것이다.

	일방통행형 (monologue)	쌍방통행형 (dialogue)	삶에 동참형 (life involvement)
방식	일방통행	대화	동거
청중	대중	10여 명	소수
장점	대중에게 메시지를 일시에 전달할 수 있다	청중들의 수용 여부와 반응을 점검할 수 있다	청중들의 삶의 변화를 점검할 수 있다
단점	청중들의 반응과 수용 여부를 점검할 수 없다	대중에게 메시지를 일시에 전달할 수 없다	많은 사람에게 전달할 수 없다
예수의 예	5천 명을 먹이며 일시에 가르치심	열두 제자들과 대화하고 질문을 받으심	세 제자와 함께 거하심
오늘날의 예	설교	그룹 성경공부	수련회 또는 공동체 생활

대중적인 설교도 필요하고, 집중적인 제자양육도 필요하며, 소수의 공동체 일원들에게는 삶을 변화시키는 동거 방식도 있어야 한다. 복음 전

파의 최종 목적지가 땅 끝의 모든 족속이라면, 구약성경에서도 이방인에 대한 관심이 표명된다. 그러나 그러한 관심은 이방인들을 향해 이스라엘이 선교하는 모습으로 나타나지는 않는다. 오히려 이스라엘을 통해 나타나신 하나님의 영광을 보고 이방인들이 자발적으로 하나님께 나아오는 것으로 묘사된다. "나 만군의 주가 말한다. 그때가 되면, 말이 다른 이방 사람 열 명이 유다 사람 하나의 옷자락을 붙잡고 '우리가 너와 함께 가겠다. 하나님이 너희와 함께 계신다는 말을 들었다' 하고 말할 것이다"(슥 8:23, 새번역). 이스라엘이 이방 나라들을 부를 것이지만 그것은 이스라엘의 선교 활동이 아닌 이방 나라들이 자발적으로 오는 형태를 띤다. "네가 알지 못하는 나라를 네가 부를 것이며, 너를 알지 못하는 나라가 너에게 달려올 것이니, 이는 주 너의 하나님, 이스라엘의 거룩하신 하나님께서 너를 영화롭게 하시기 때문이다"(사 55:5, 새번역). 결국 구약성경에서의 선교는 이스라엘의 활동이 아니라 하나님께서 이스라엘을 영화롭게 하신 결과로 이루어진다.

이러한 모습은 다윗과 솔로몬 시대에 이미 구현되었다. "두로 왕 히람이 다윗에게, 사절단과 함께 백향목과 목수와 석수를 보내어서, 다윗에게 궁궐을 지어 주게 하였다. 다윗은, 주님께서 자기를 이스라엘의 왕으로 굳건히 세워 주신 것과, 그의 백성 이스라엘을 번영하게 하시려고 자기의 나라를 높여 주신 것을, 깨달아 알았다"(삼하 5:11-12, 새번역). 히람 왕이 다윗에게 와서 그의 궁전을 지어주자 다윗은 하나님이 이스라엘을 높여주신 것을 알게 되었다.

솔로몬 시대에도 히람은 솔로몬을 통해 하나님을 찬양한다. "히람이 솔로몬의 말을 듣고 크게 기뻐하여 이르되 오늘 여호와를 찬양할지로다 그가 다윗에게 지혜로운 아들을 주사 그 많은 백성을 다스리게 하셨도다 하고"(왕상 5:7). 더 나아가 솔로몬의 소문은 저 멀리 스바 여왕에게까지 퍼졌다. 스바 여왕이 주의 이름 때문에 유명해진 솔로몬의 명성을 듣고서 여러 어려운 질문으로 시험해 보려고 그를 찾아왔다(왕상 10:1ff). 그녀는 수많은 수행원을 데리고 여러 향료와 많은 금과 보석을 낙타에 싣고 예루살렘으로 왔다. 그리고 솔로몬에게 마음속에 있던 온갖 질문을 했다. 솔로몬은 여왕의 질문에 척척 대답했다. 몰라서 대답하지 못한 것은 하나도 없었다. 스바의 여왕은 솔로몬의 지혜를 확인하고, 그가 지은 궁전을 두루 살펴보았다. 왕의 식탁에 차려진 요리와 둘러앉은 신하들, 일하는 관리들, 그들의 제복, 술잔을 받들어 올리는 시종들, 주의 성전에 드리는 번제물 등을 보고 넋을 잃었다. 그리고 감탄하며 고백했다.

"임금님께서 이루신 업적과 임금님의 지혜에 관한 소문을, 내가 나의 나라에서 이미 들었지만, 와서 보니, 과연 들은 소문이 모두 사실입니다. 내가 여기 오기 전까지는 그 소문을 믿지 않았는데, 내 눈으로 직접 확인하고 보니, 오히려 내가 들은 소문은 사실의 절반도 안 되는 것 같습니다. 임금님께서는, 내가 들은 소문보다, 지혜와 복이 훨씬 더 많습니다. 임금님의 백성은 참으로 행복한 사람들입니다. 임금님 앞에 서서, 늘 임금님의 지혜를 배우는 임금님의 신하들 또한 참으로 행복하다고 하지 아니할 수 없습니다. 임금님의 주 하나님께 찬양을 돌립니다. 하나님께서는 임금님을 좋아하셔서서, 임금님을 이스라엘을 다스리는 왕좌에 앉히셨습니다. 주님께서는 이스라엘을 영원히 사랑하셔서서, 임금님을 왕으로 삼으시고, 공평과 정의로 다스리게 하셨습니다"(왕상 10:6-9, 새번역).

그런 다음 여왕은 금 120달란트와 아주 많은 향료와 보석을 왕에게 선사했다. 솔로몬 왕은 이후로 그처럼 많은 향료를 받아본 적이 없었다. 솔로몬 왕도 스바 여왕에게 왕의 관례에 따른 답례품 외에 여왕이 요구하는 대로, 가지고 싶어 하는 것을 모두 다 주었다(왕상 10:1-13).

이러한 이스라엘의 최전성기 모습은 이스라엘의 소망이 되었다. 이스라엘은 종말에 이러한 모습들이 다시 재현될 것을 소망했다. 그래서 구약성경에는 "오라"는 명령이 자주 나온다. 선교 명령이 "와 보라!"로 요약되는 것이다. "많은 백성이 가며 이르기를 오라 우리가 여호와의 산에 오르며 야곱의 하나님의 전에 이르자 그가 그의 길을 우리에게 가르치실 것이라 우리가 그 길로 행하리라 하리니 이는 율법이 시온에서부터 나올 것이요 여호와의 말씀이 예루살렘에서부터 나올 것임이니라"(사 2:3, 미 4:2). "여호와께서 우리 공의를 드러내셨으니 오라 시온에서 우리 하나님 여호와의 일을 선포하자"(렘 51:10).[34]

신약성경에서도 "와 보라"의 선교 방법은 계속 이어진다. 먼저 예수께서 제자들을 부르며 "와 보라"고 초청하신다. 요한의 제자들 중 두 사람이 요한의 증언을 듣고 예수를 좇으며 어디 계시느냐고 물었을 때 예수는 그들에게 와 보라고 대답하신다(요 1:39). 빌립도 "나사렛에서 무슨 선한 것이 날 수 있느냐?"고 묻는 나다나엘에게 "와 보라"고 전도한다(요 1:46). 우물가에서 예수를 만났던 사마리아 여인도 동네 사람들에게 나아가 "와 보라"고 외친다. "내가 행한 모든 일을 내게 말한 사람을 와서 보라 이는 그리스도가 아니냐 하니"(요 4:29).

예수께서 산상수훈을 통해 가르치셨던 것도 이러한 가르침의 연장이

---

34 이방인들뿐만 아니라 이스라엘 백성들에게도 "오라"는 초청은 계속된다. "여호와께서 말씀하시되 오라 우리가 서로 변론하자 너희의 죄가 주홍 같을지라도 눈과 같이 희어질 것이요 진홍 같이 붉을지라도 양털같이 희게 되리라"(사 1:18), "야곱 족속아 오라 우리가 여호와의 빛에 행하자"(사 2:5), "오라 우리가 여호와께로 돌아가자 여호와께서 우리를 찢으셨으나 도로 낫게 하실 것이요 우리를 치셨으나 싸매어주실 것임이라"(호 6:1).

라고 할 수 있다. "이같이 너희 빛이 사람 앞에 비치게 하여 그들로 너희 착한 행실을 보고 하늘에 계신 너희 아버지께 영광을 돌리게 하라"(마 5:16). 우리의 착한 행실을 비추어 그들이 스스로 와서 보고 하나님께 영광을 돌리게 하라는 것이다.

예수께서 십자가에서 우리의 구속을 이루고 부활하신 후, "오라"는 선교 패러다임은 완전히 바뀌어 "가라"는 명령이 된다. 신약시대의 선교 패러다임은 "오라!"가 아니라 "가라!"이다. "그러므로 너희는 가서, 모든 민족을 제자로 삼아서, 아버지와 아들과 성령의 이름으로 세례를 주고, 내가 너희에게 명령한 모든 것을 그들에게 가르쳐 지키게 하여라. 보아라, 내가 세상 끝 날까지 항상 너희와 함께 있을 것이다"(마 28:19-20, 새번역). 예수께서 죽으시고 부활하신 사건은 이제까지의 "오라!"는 선교가 "가라!"는 선교로 바뀌는 계기를 마련했다.

예수 그리스도의 십자가와 부활의 은총을 입은 우리 모든 그리스도인은 복음을 전파하는 선교사로 부름을 받았다. 복음을 땅 끝까지 전파해야 할 사명이 우리에게 있다. 그러나 모두가 선교사로 나갈 수는 없다. 우물에 빠진 사람을 구하기 위해서는 몸에 끈을 매고 우물 안으로 들어가는 사람이 있는가 하면, 밖에서 그 끈을 잡아주는 사람 또한 있어야 한다. 마찬가지로 나가는 선교사가 있는가 하면 보내는 선교사도 필요한 법이다. 우리 그리스도인은 모두 선교사이다. 하나님나라는 그의 백성들을 선교사로 불러 복음을 위해 수고하도록 이끈다. 가든지 보내든지 우리는 모두 선교사로서 사명이 있다.

그 사명을 감당하기 위해서는 "빵이 먼저냐, 복음이 먼저냐?" 하는 질문을 포함해 어느 선교 영역에서 일할 것인가에 대한 토론이 필요하다. 답은 간단하다. 급한 것이 먼저이다. 복음이 들어갈 수 없을 정도로 비참한 굶주림에 허덕이는 곳이 있다면 빵이 먼저 들어가야 한다. 굶어 죽어가는 이들에게 복음 전파는 호사스러운 것으로 여겨져 배척당하기 쉽기 때문이다. 그러나 그런 상황에서도 복음은 전파되어야 한다. 그러므로 빵과 함께 복음이 들어가야 한다. 육신의 생명도 중요하지만 영적인 영원한 생명의 고귀함을 인정한다면 아무리 빵이 급하더라도 복음이 함께 들어가야 한다.

더 나아가 선교지의 문제는 개인 영혼의 구원이 먼저인가, 사회를 구조적인 악으로부터 구해내는 사회 구원이 먼저인가의 문제로도 이어진다. 먼저 개인의 영혼을 구원하고, 그들이 사회를 변화시키도록 해야 할 것이다. 하지만 구조적 모순으로 가득 찬 사회에서 바르게 신앙생활을 하기 어려운 경우가 많다. 그러한 상황에서 그리스도인은 자연스레 사회악을 제거하는 사회 구원에 관심을 가지고 헌신할 필요성을 느끼게 될 것이다.

이 모든 그리스도인의 활동이 바로 그리스도인의 사명이다. 교회 시대는 선교의 시대이다. 교회의 사명은 복음을 선포하는 선교에 있다. 이를 통해 개인의 영혼과 사회 구조를 변화시켜 하나님의 뜻을 이루어 가게 될 것이다. 그리고 마침내 복음이 땅 끝, 모든 민족에게 전파된 후 그리스도께서 영광 중에 재림하사 우리를 그 나라로 인도하실 것이다.

12장
하나님나라와 교회

하나님나라의 선교를 통해 이루어진 공동체가 하나님나라의 교회이다. 예수의 선교를 통해 최초의 교회가 열두 제자들을 중심으로 세워졌다. 이제 그 제자들은 복음 선포를 통해 각처에 교회들을 세워간다. 그 교회는 곧 하나님나라의 대리자요, 하나님나라를 위해 봉사하는 기관이다.

예수 그리스도께서 이 땅에 계실 때 선포하신 주제가 "하나님나라"였다는 점은 이미 앞에서 살펴보았다. 이는 신약성경에 등장하는 어휘를 분석하는 것만으로도 확연히 드러난다. "하나님나라"라는 어휘는 신약성경 전체에서 160회 나타나는데, 그중 복음서에서만 124회 나타나 그 용어를 가장 자주 주도적으로 사용하신 분이 그리스도 자신이었음을 알 수 있다.[35] 그런데 서신서로 넘어가면 "하나님나라" 대신에 "교회"라는 개

---

[35] 각 복음서 별로 이 용어가 사용되는 빈도를 살펴보면, 마가는 하나님나라를 14회 언급하지

념과 용어가 자주 등장한다. 예수는 하나님나라를 선포하셨는데, 그의 제자들이 기록한 서신서들은 교회를 자주 말하고 있는 것이다.[36] 이러한 사실에 대해 학자들은 "예수는 하나님나라를 예언했지만, 후에 생긴 것은 교회였다"라고 말한다.[37] 그렇다면 하나님나라와 교회의 관계를 이해하는 것은 하나님나라를 이해하기 위한 중요한 한 주제가 될 것이다.

제도적 조직체로서의 교회를 하나님나라와 동일시하는 신학적 입장이 어거스틴 이후로 중세 1,000년을 지배해왔다. 이러한 로마 가톨릭의 이해는 우리가 지금 사용하고 있는 찬송가에 그대로 반영되어 있다. 〈통일찬송가〉에서 하나님나라는 교회로 이해되고 있다. 이스라엘의 독립

만, 마태는 하늘나라와 하나님나라를 46회("그의 아들의 나라" 2회, "믿는 자들의 나라" 1회 포함), 누가는 "하나님나라"를 34회, "그리스도의 나라"를 4회, 그리고 "그를 따르는 자들의 나라"를 1회 언급한다.

36 신약성경을 이해할 때 조심해야 할 것은 논리적인 순서로 볼 때, 예수의 생애와 십자가 처형, 그리고 그의 부활 사건을 말하는 마가의 "복음"이 먼저이고, 그에 대한 해석으로서 바울의 "복음"이 그 뒤를 따라야 한다고 생각하지만 실제 기록의 역사는 그렇지 않다는 점이다. 교회의 긴급한 필요에 의해 바울의 서신들이 먼저 기록되고, 후에 복음서들이 기록되었기 때문이다. "우리는 그리스도교의 역사적 전개가 복음서로부터 시작되어 바울과 바울이 묘사한 예수에 대한 보다 추상적이고 신학적인 상(像)으로 옮겨간 것으로 생각하기 쉽다. 그러나 실상은 바울의 서신들이 복음서들보다 대략 20년에서 50년 가량 앞서 있다. 또한 복음서로부터 바울의 서신들로의 어떤 발전적 움직임이 있다는 증거도 없다." 하워드 클락 키, 『신약성서 이해』 서중석 역(서울: 한국 신학 연구소, 1990), 112. 그러므로 우리는 예수의 하나님나라 선포에 대한 기록으로서의 복음서가 먼저 기록되고 후에 교회를 설립하는 바울의 서신들이 있었다고 오해하면 안 된다. 반대로 먼저 교회를 설립한 바울의 서신서들이 기록된 후에 하나님나라를 선포하신 예수 그리스도의 인격과 사역을 담은 복음서가 기록되었다.

37 이에 대한 대표적이고 고전적인 표현은 로아지(A. Loisy)의 것이다. 근본주의자들인 세대주의자들에게서 역시 이와 비슷한 견해를 찾아볼 수 있다. 예수는 이스라엘 백성에게 다윗 왕국으로서의 지상적인 천년왕국을 제공하려 했으나 거절당하자 새로운 계획을 제시하셨는데, 그것이 교회라는 것이다. 그들에 의하면 이스라엘과 교회 사이에는 연속성이 없다.

과 포로 귀환, 그리고 그 나라의 회복은 영적 이스라엘인 교회의 귀환과 회복으로 묘사된다. 성전 역시 교회와 동일시되어 하나님나라로 이해된다.[38] 〈통일찬송가〉는 구약성경의 시온 성 예루살렘을 교회로 이해하며, 구약성경에서 예언된 이스라엘의 독립 및 귀환을 영적 이스라엘의 회복과 복귀로서의 교회 설립으로 이해한다.[39] 이러한 양상은 〈21세기 찬송가〉도 동일하다.

교회를 하나님나라와 동일시하는 〈통일찬송가〉는 〈21세기 찬송가〉와 동일하게 하나님나라의 동의어인 천국을 죽어서 가는 나라로 신령화한

---

38 현재 한국교회에서 보편적으로 사용하는 〈통일찬송가〉(한국찬송가공회, 1983년판)에서 "하나님나라"라는 항목으로 분류된 242-250장(새 207-210장)까지의 찬송은 주로 교회에 대한 찬송들이다. 제목 분류 항목은 "하나님나라"이지만, 노래 가사는 "교회"에 대한 것이 주류이기 때문에, 이 찬송가의 편찬자들은 교회를 하나님나라로 보는 시각이 강하다고 할 수 있다. 하나님나라로 분류된 첫 찬송이 "교회의 참된 터는 우리 주 예수라"는 찬송이다(242장, 새 600장, 〈새찬송가〉는 교회 헌당 찬송으로 분류했다). 귀하신 주님이 계신 곳 성전에 그 백성들이 모여 기도할 힘을 얻는 곳이 하나님나라이다(243장, 새 207장). 어디에나 계신 주님은 성전에만 계시지 않다. 주를 믿는 형제자매가 곧 성전이며 하나님나라이다(244장, 새 598장, 〈새찬송가〉는 이 찬송도 교회 헌당 찬송으로 분류했다). 교회는 시온성과 같아서 주의 은혜가 풍족하게 넘치는 곳이다(245장, 새 210장). 주의 나라, 즉 하나님나라와 성전, 교회는 동일시되며 우리가 늘 사랑해야 할 곳이다(246장, 새 208장). 세상의 풍파가 심할 때 편히 쉴 수 있는 시온소가 하나님나라이다(247장, 새 209장). 가장 자주 불리는 248장은 시온의 영광이 빛나는 아침에 만민이 주 예수의 은총을 받음을 찬송한다. 구약 예언의 성취가 지금 여기에서 이루어진다. 그것은 주 예수의 은총을 찬송하는 교회이다(새 250, 〈새찬송가〉에서는 이 찬송을 새해 찬송으로 분류한다). 시온 성은 곧 하나님나라로 우리가 모두 찬송하며 올라간다(249장, 〈새찬송가〉도 동일하게 249장이지만 하나님나라라는 분류 대신 천국 찬송으로 분류했다). 시온성에서 우리는 잔치에 참여하고 생명 샘물을 마시고 소생한다(250장, 이 찬송은 〈새찬송가〉에서 생략되었다). 이처럼 〈통일찬송가〉에서 하나님나라는 교회요 성전으로 묘사된다.

39 하워드 스나이더, 『하나님나라의 모델』, 이철민 이승학 역(서울: 두란노, 1999), pp. 117ff에서 "하나님나라는 제도적 교회"라는 입장에 대한 역사적 모델들을 열거하고 평가한다.

다. 장례식에서 가장 자주 들을 수 있는 찬송가인 291장(새 606장)은 죽음을 요단강을 건너가는 것으로 묘사한다. 이스라엘 백성들에게 약속의 땅이었던 요단강 건너편을 "천국"으로 해석하며 죽음 이후에 가는 것으로 신령화한 것이다. 장례 찬양에서 천국은 죽어서 가는 나라이다.[40] 또한 〈통일찬송가〉에서 "천국"이라는 항목으로 분류된 찬송가들은 요단강 건너편에 있는 사후의 세계를 천국으로 묘사한다.[41] 〈통일찬송가〉의 "소망"이라는 분류 항목 역시 "천국"은 죽어서 가는 나라이다.[42]

---

40 고생과 수고가 다 지난 후 우리는 광명한 천국에서 쉬게 될 것이다(289장, 새 610장). 괴로운 인생길 가는 몸이 편안히 쉬일 곳 없지만 돌아갈 내 고향 하늘나라가 있다(290장, 새 479장, 〈새찬송가〉는 미래와 소망 찬송으로 분류했다). 요단강 건너편의 날빛보다 더 밝은 천국에서 며칠 후 우리는 다시 만나게 될 것이다(291장, 새 606장). 아버지 사랑이 날 용납하시는 곳, 내 본향으로 가는 길만이 남아 있다(292장, 새 607장). 그러니 천국에서 만나보자(293장, 새 480장, 역시 미래와 소망 찬송으로 분류된다). 후일에 생명이 그칠 때에도 우리는 성부의 집에서 깨어나 그 은혜를 찬송하게 될 것이다(295장, 새 608장). 장례식에서 자주 부르지 않는 294장만 천국에 대한 언급 없이 주님 앞에 설 때까지 위로해주십사 기도하는 내용의 찬양이다(《새찬송가》는 이 곡을 생략했다).

41 천국은 주님의 재림 시 우리가 가게 될 본향이며(220장, 새 234장), 가나안 복지 귀한 성으로 요단강을 건넌 후에 길이 살게 될 나라이다(221장, 새 346장, 〈새찬송가〉는 천국 찬송으로 분류했다). 천국은 앞서간 우리의 친구들이 주님과 함께 영원히 거하는 곳으로 우리의 일생이 끝나면 거기서 영원히 즐겁게 살게 될 것이다(222장, 새 236장). 세상 수고 모두 끝나 우리 장막 벗고서 모든 근심 걱정 사라진 새 예루살렘이 천국이며(223장, 개인적으로 좋아하는 이 찬송이 〈새찬송가〉에서 사라졌다), 요단강 건너편에 화려하게 뵈는 집이 천국이다(224, 새 243장). 새 예루살렘 복된 집이 천국이며(225장, 안타깝게도 이 찬송도 〈새찬송가〉에서 빠졌다), 저 건너편 강 언덕에 아름다운 낙원이 천국이다(226장, 새 237장). 저 좋은 낙원, 그 화려하게 지은, 영원한 내 집이 곧 천국이기에(228장, 새 245장), 참 아름다운 하늘나라는 항상 사모할 곳이다(227장, 〈새찬송가〉는 생략).

42 〈통일찬송가〉의 끝부분을 이루는 소망 찬송들은 천국에 대한 소망들을 표현하며, 죽어서 가는 하나님나라를 소망한다. 세월이 흘러 요단강 가에 섰는 내 앞에서 내 친구가 요단강을 건너간다(534장, 새 485장). 어두운 후에 빛이 오듯이 숨이 진 후에 영생이 온다(535장, 새 487장). 이 곤한 인생 쉴 곳 없으나 내 주의 품 안에서 참 안식 얻을 것이다(536장, 〈새찬송

이처럼 〈통일찬송가〉는 "천국"을 죽어서 가는 나라로 소망 가운데 바라보는 데 반하여, "하나님나라"는 교회와 동일시하여 지금 여기에서 충성하고 봉사해야 하는 나라로 이해한다. 천국과 하나님나라를 전혀 다른 의미로 파악하는 것이다. 그러나 공관복음을 비교해 보면 "하나님나라"는 "하늘나라", 즉 "천국"과 정확한 동의어이다.[43] 마태가 "하늘나라"로 표현하는 곳에서 마가나 누가는 "하나님의 나라"로 표현하고 있기 때문이

가) 생략). 엄동설한 지나 양춘가절 돌아오듯 괴로운 세상 다 지난 후 영생 복 얻을 것이다(537장, 〈새찬송가〉 생략). 복 가득한 예루살렘 금성은 영원한 나의 본향이다(538장, 오, 〈새찬송가〉에 이 찬송이 빠지다니). 이 몸의 소망은 주 예수뿐이며 바라던 천국에 올라가는 것이다(539장, 새 488장). 이 세상 지나가고 저 하늘나라 영광 밝게 빛나 주 얼굴 뵈리라(540장, 〈새찬송가〉 생략). 저 요단강 건너편에 찬란하게 뵈는 집 예루살렘 새 집에서 주님의 얼굴을 볼 것이다(541장, 새 489장). 저 높은 곳을 향해 날마다 나아간다(543장, 새 491장). 잠시 세상에 내가 살며 찬송 부르지만, 열린 천국 문에서 세상 짐 내려놓고 주와 함께 다스릴 것이다(544장, 새 492장). 하늘 가는 밝은 길이 항상 내 앞에 있다(545장, 새 493장). 죽음 이후의 소망이 곧 천국이다.

43 공관복음들의 병행구들을 서로 비교해 보면 "하나님의 나라"(βασιλεια του θεου, 바실레이아 투 데우)라는 관용어구는 "하늘(들의)나라"(βασιλεια των ουρανων, 바실레이아 톤 우라논)라는 관용어구와 상호 교환적으로 사용되고 있다. 두 관용어구의 대표적인 용례를 열거하면 다음과 같다.

βασιλεια των ουρανων	βασιλεια του θεου	
마태복음	누가복음	마가복음
5:3	6:20	
13:11		4:11
8:11	13:28	
4:17		1:14-15
18:14	18:11	10:14

위의 도표에서 보듯이 "하나님의 나라"가 마가복음과 누가복음에서 즐겨 사용하는 용어라면 "하늘(들의) 나라"는 마태복음이 즐겨 사용하는 용어이다. 이 용어는 복음서에서 124회 나오는 데 반하여(중복된 것을 제외하면 61회), 신약성경의 나머지 부분에서는 불과 36회만 나와 이 관용어구가 예수 그리스도께서 즐겨 사용하신 용어라는 사실을 쉽게 알 수 있다.

다.⁴⁴ 그러므로 우리는 먼저 〈통일찬송가〉의 입장과 같이 천국과 하나님 나라를 서로 다른 개념으로 파악하는 오해에서 벗어나야 한다. 천국, 하늘나라는 곧 하나님나라와 동일한 개념이다.

천국, 하늘나라와 하나님나라가 동일한 개념이라면⁴⁵ 하나님나라와 교

---

44 이러한 현상이 있게 된 이유에 대해 우리는 "각 복음서의 수신자들이 누구였는가?"라는 문제로 답해 볼 수 있다. 전통적으로 마태는 유대인들을 대상으로 기록했고, 마가는 로마인, 누가는 헬라인을 대상으로 기록했다고 인정된다. 그럴 때에 마태가 하나님나라라는 용어 대신 하늘들의 나라를 사용한 이유가 드러난다. 유대인들은 관습적으로 하나님이라는 용어를 사용하기 꺼려했고, 그 대신에 그에 상응하는 대용어들을 가지고 있었는데 그것이 곧 하늘이라는 용어였다(cf. 눅 15:21). 유대인에게 하늘은 곧 하나님을 가리키는 것이었다. 그러므로 하늘들의 나라는 하나님나라에 대한 유대적 완곡어법에서 나온 것으로 서로 동일한 의미를 지닌다. 유대들의 우주관과 이방인들의 우주관이 매우 달랐기 때문에 하늘이라는 용어가 하나님을 나타내기 위해 이방 세계에 그대로 사용될 수 는 없었다. 그래서 이방인들을 대상으로 복음서를 기록한 마가와 누가는 그 용어를 하나님나라라는 용어로 말했던 것이다.

달만(G. Dalman)에 의하면 예수 그리스도는 유대인들이 하나님의 이름을 사용하기 꺼려 했기 때문에 천국이라는 용어를 더 선호했을 것이라고 말한다. J. 예레미아스, 『신약신학』 p. 151에서 그는 "예수께서 둘 가운데 어떤 표현을 실제로 사용했는가 하는 문제에 대해서는 아직까지 논쟁이 있다. 이 문제를 해결함에 있어 한 가지 참조할 점은 '하늘나라'(천국)라는 용어가 유대문학에서 예수의 사역 반세기 후에 랍비 요하난 벤 자카이(c. 주후 80년)에 의해 처음으로 나타난다는 사실이다. '하늘나라'라는 표현이 예수 시대에 이미 널리 사용되었던 용어로서 예수에 의해 채택되었다는 견해는 전혀 불가능하지는 않더라도 개연성이 매우 희박하다. 반면 예수께서 '하나님나라'라는 표현을 사용하지 않았다고 고집할 논거는 아무 데도 나와 있지 않다. 분명히 그분은 하나님의 이름을 종종 다른 표현으로 바꾸어 사용했다. 그러나 공관복음의 전승에 따르면 '하나님'이라는 표현을 항상 피하셨던 것은 결코 아니다. 쿰란의 본문들은 기독교 이전 시대에 엘, 혹은 엘로힘이라는 용어를 사용하는 것에 대해 어떤 주저함이 있지 않았음을 확증한다. 따라서 '하늘나라'라는 표현이 2차적인 것일 듯하다. 이러한 '하늘나라'(천국)라는 표현은 유대 기독교적 환경에서는 자연스러웠을 것이다(마태복음에서 31회, 나사렛인들의 복음서에서 1회, 아그라폰에서 1회, 도마복음에서 3회, 빌립복음에서 6번). 유대주의에서는 성경 인용을 제외하고는 '하나님'이라는 단어를 피하는 경향이 있었기 때문이다"라고 말한다.

45 천국과 하나님나라를 구분하고 그 의미의 차이를 강조하는 것은 세대주의의 입장이다. 그들은 예수께서 이스라엘을 중심으로 한 메시아 왕국을 설립하려고 했으나 그들의 거절로 실

회의 관계는 무엇인가? 먼저 예수 그리스도께서 교회를 언급하시는 구절들을 살펴보자. 복음서에서 교회가 언급되는 곳은 마태복음 16장과 18장뿐이다. 그래서 학자들은 마태복음을 "교회복음서"라고 부르기도 한다.

마태복음 16장에서 "교회"라는 단어는 그 유명한 베드로의 신앙고백 이후에 나타난다. 예수께서 제자들을 향해 청중들의 자신에 대한 평가를 물으신다. 제자들의 입을 통해 세간의 입장으로 세례 요한이나 엘리야, 예레미야 같은 선지자들의 이름이 거명된 후, 예수는 제자들에게 제자들 자신의 견해를 묻는다. "너희는 나를 누구라 하느냐?" 이에 시몬 베드로가 대답한다. "주는 그리스도시요 살아 계신 하나님의 아들이시니이다"(마 16:16). 예수는 이러한 베드로의 대답에 만족하며 말씀하신다. "바요나 시몬아 네가 복이 있도다. 이를 네게 알게 한 이는 혈육이 아니요, 하늘에 계신 내 아버지시니라"(마 16:17). 예수께서 하나님의 아들이며 그리스도라는 사실을 알 수 있는 것은 혈육으로 말미암아서가 아니다. 그것은 성령으로만 알 수 있다. 그러기에 성령으로 말미암아 예수를 하나님의 아들이요, 그리스도라고 고백할 수 있는 사람은 복된 사람이요, 하나님의 선택을 받은 사람이다. 이러한 고백을 들으신 후에, 주님은 베드로에게 교회 설립에 대해 말씀하신다. "너는 베드로라. 내가 이 반석 위에 내

패하여 교회가 생기게 되었다고 이해한다. 그래서 종말에 이스라엘을 중심으로 하는 왕국이 서게 될 것을 기대하는 것이다. 하나님나라가 성부 성자 성령 하나님이 온 우주를 다스리시는 포괄적인 통치라면, 천국은 구약에서 이스라엘에게 약속된 지상적인 나라로서 하나님나라의 지상적인 영역이다. 하나님나라의 가시적이고 외형적인 부분인 것이다. 이스라엘을 향한 예수의 사역을 실패로 보는 이러한 시각은 슈바이처의 시각이기도 하다. 세대주의적 입장에 대한 설명과 비판을 위해서는 조지 래드, 『하나님나라』 pp. 208ff를 보라. 또한 슈바이처의 입장을 위해서는 박형용, 『복음사 비평사』 pp. 134ff를 보라.

교회를 세우리니 음부의 권세가 이기지 못하리라"(마 16:18).

주님께서 그 위에 교회를 세우게 될 "이 반석"이 의미하는 바가 무엇인가에 대해 신구교 간의 주석학적인 논쟁이 있다. 개혁파는 이 말씀을 베드로의 신앙고백 위에 주님의 교회를 세우시리라는 언급으로 이해한다. 주님은 음부의 권세가 이기지 못하는 교회를 언급하심으로 교회에 대항하는 권세가 있음을 암시하신다. 교회와 그에 대항하는 또 다른 권세가 있는데 그것이 음부의 권세이다. 그것은 교회를 하나의 권세로 이해한다는 것이요, 하나의 나라와 국가 같은 특성을 지닌 것으로 이해한다는 뜻이다. 즉 교회는 음부의 권세가 대항하는 또 다른 하나의 권세이다.

이어지는 구절에서 예수는 "천국 열쇠"를 언급하신다. "내가 천국 열쇠를 네게 주리니 네가 땅에서 무엇이든지 매면 하늘에서도 매일 것이요 네가 땅에서 무엇이든지 풀면 하늘에서도 풀리리라"(마 16:19). 땅에서 매면 하늘에서도 매이고, 땅에서 풀면 하늘에서도 풀릴 것을 말씀하시는 "열쇠"라는 용어는 전통적으로 랍비들이 죄 사함의 권세를 표현할 때 사용하는 상징어이다. 그러므로 베드로에게 "천국 열쇠"를 주셨다는 것은 베드로에게 천국에 들어갈 수 있는 죄 사함의 권세를 주신 것이다. 그렇다면 이 권세를 베드로에게만 독점적으로 주신 것인가? 그래서 그 독점권이 로마 가톨릭의 교황에게 승계되는 것인가? 아니면 베드로가 교회의 대표자로 신앙을 고백한 것이므로 교회에게 주셨다는 의미인가?

우리는 이와 같은 죄 사함의 권세가 주님이 부활하신 후에 제자들에게 동일하게 주어졌다는 사실을 기억해야 한다. 예수께서 부활하신 후 제자들에게 나타나 말씀하셨다. "너희가 누구의 죄든지 사하면 사하여질 것이요 누구의 죄든지 그대로 두면 그대로 있으리라"(요 20:23). 그러므로 맺고 푸는 권세로서 죄 사함의 권세를 베드로 개인에게 주셨다기보다는 교회에 위임하셨다고 이해해야 한다. 교회는 하나의 나라와 같이 죄를 정죄하거나 용서할 수 있는 사법권을 가지고 있다.

마태복음에서 한 번 더 나오는 교회에 대한 언급은 이러한 사법권과 연결되어 있다. "네 형제가 죄를 범하거든 가서 너와 그 사람과만 상대하여 권고하라 만일 들으면 네가 네 형제를 얻은 것이요 만일 듣지 않거든 한두 사람을 데리고 가서 두세 증인의 입으로 말마다 확증하게 하라 만일 그들의 말도 듣지 않거든 교회에 말하고 교회의 말도 듣지 않거든 이방인과 세리와 같이 여기라 진실로 너희에게 이르노니 무엇이든지 너희가 땅에서 매면 하늘에서도 매일 것이요 무엇이든지 땅에서 풀면 하늘에서도 풀리라 진실로 다시 너희에게 이르노니 너희 중의 두 사람이 땅에서 합심하여 무엇이든지 구하면 하늘에 계신 내 아버지께서 그들을 위하여 이루게 하시리라 두세 사람이 내 이름으로 모인 곳에는 나도 그들 중에 있느니라"(마 18:15-20).

본문에서 교회는 "땅에서 매면 하늘에서도 매일 것이요, 땅에서 풀면 하늘에서도 풀릴" 권세를 가지고 있다고 설명한다. 그 권세는 이미 앞에서 말한 것처럼 죄 사함의 권세이다. 그리고 이어지는 구절은 유명한 기도 구절이다. "내가 [진정으로] 거듭 너희에게 말한다. 땅에서 너희 가운데 두 사람이 합심하여 무슨 일이든지 구하면, 하늘에 계신 내 아버지께서 그들에게 이루어 주실 것이다. 두세 사람이 내 이름으로 모여 있는 자리, 거기에 내가 그들 가운데 있다"(마 18:19-20, 새번역). 본문의 문맥상 여기에서 언급되는 합심 기도의 내용은 죄 사함과 관련된다. 두세 사람이 모인 교회가 죄 용서를 구하면 하나님께서 용서해주시리라는 약속이다. 그러한 죄 사함을 위한 기도 공동체 가운데 주님이 임재하신다.

마태가 묘사하는 것과 같이 예수 그리스도께서 사용하신 "교회"라는 용어는 후대 제자들에 의해 세워질, 오늘날 우리가 이해하는 개념으로서의 조직 교회가 아니다. 아마 그 단어는 구약성경에 등장하는 이스라엘 총회에 대한 용어와 연속성이 있을 것이다(히브리어, 카할[קהל]: 회중, 공동체). 비록 그 단어가 후대의 교회와 동일한 의미는 아닐지라도 새로운 메시아 공동체로서의 교회를 예상하고 있다.

복음서의 기록에 의하면, 예수께서 친히 "교회"라는 용어를 자주 사용하지는 않으셨다. 그러나 공동체에 대한 개념은 자주 말씀하고 가르치기도 하셨다.[46] 무엇보다도 예수 그리스도는 자신의 사역이 일차적으로 이스라엘 백성들을 향한 것임을 분명히 밝힌다(마 10:5-6). 그렇다고 이방인들을 하나님나라에서 제외하신 것은 아니었다(마 8:10-12). 모든 이스라엘 백성들을 향한 예수의 사역에도 불구하고 대부분의 이스라엘 백성들이 그 초청을 거부하는 상황에서, 예수는 새로운 백성을 세우게 되리라는 것을 말씀하신다.

참 이스라엘로서의 그리스도인 공동체에 대한 암시들이 발견된다. 하나님나라는 밭에 가겠다고 말해놓고는 실제로 밭에 가지 않은 첫째 아들의 나라가 아니라, 밭에 가지 않겠다고 말했지만 나중에 회개하고 밭에 간 둘째 아들의 나라이다(마 21:28-32). 하나님나라는 초청받은 사람들의 나라가 아니라 초청에 응하여 잔치에 참여한 사람들의 나라요(눅 14:16-24), 잔치에 참여하되 준비된 예복을 입은 자들의 나라이다(마 22:1-14).

그 새로운 하나님나라의 백성은 구약성경의 이스라엘 총회를 대신하는 공동체로, 민족적 혈통에 의해서가 아니라 예수 그리스도와 하나님

---

46 예수의 가르침에 나타난 공동체 개념에 대해서는 도날드 거스리, 『신약신학』 pp. 800ff를 보라.

라의 복음에 믿음으로 반응하는 자들로 형성될 것이다. 새로운 하나님나라의 백성은 철저하게 메시아이신 예수 그리스도 중심이다. 하나님나라의 백성이 된다는 것은 예수를 메시아로 인정하고 따르는 것이며, 모든 소유를 버리면서까지 예수의 부르심에 순종하는 것이다.

예수 그리스도의 열두 제자들은 이러한 제자도를 보여주었다. "이에 베드로가 대답하여 이르되 보소서 우리가 모든 것을 버리고 주를 따랐사온대 그런즉 우리가 무엇을 얻으리이까"(마 19:27). 예수는 모든 것을 버리고 따라온 그들을 주춧돌로 삼아 새로운 하나님나라의 백성을 세우신다. 새로운 공동체의 핵으로서 제자들을 세우신다. 요한계시록은 그 열두 제자가 새 예루살렘의 주춧돌이 되고 있음을 보여준다(계 21:12, 14). 바울 역시 에베소서에서 이와 동일한 그림을 보여준다. "너희는 사도들과 선지자들의 터 위에 세우심을 입은 자라 그리스도 예수께서 친히 모퉁잇돌이 되셨느니라"(엡 2:20). 이로 보건대 예수는 비록 "교회"를 말씀하지 않으셨을지라도 새로운 메시아 공동체를 기대하셨음이 분명하다. 그것은 구약성경에서 이스라엘 총회를 지칭했던 카할, 즉 교회라는 이름으로 부를 수 있다.

복음서에서는 "교회"라는 용어가 드문 대신에 "하나님나라"라는 용어가 자주 나온다면, 교회를 위해 기록된 서신서들에서는 "하나님나라"라는 용어가 드문 대신에 "교회"라는 용어가 자주 나온다. 지금까지 복음서에 나오는 "교회" 구절들을 살펴보았다면, 이제 서신서들에서 나오는 "교회"와 "하나님나라" 구절들을 살펴봄으로써 교회와 하나님나라의 관계를 추측해 볼 수 있다.

우선 사도행전에서도 부활하신 후 예수 그리스도께서 말씀하신 주된 주제는 하나님나라로 요약된다(행 1:3). 제자들 역시 이스라엘 나라의 회복에 관심이 있어 나라에 대한 관심을 반영한다(행 1:6). 그러나 오순절 성령강림 이후 제자들은 이스라엘 나라의 회복이 아닌 하나님나라를 전파하며, 주 예수 그리스도의 이름에 관해 전도한다(cf. 행 8:12). 바울 역시 선포하는 주된 주제가 하나님나라였다(행 19:8, 20:25, 28:23, 31). 이러한 사도들의 선포로 곳곳에 교회가 설립되었다. 사도들이 가는 곳마다 하나님나라의 복음을 선포함으로써 새로운 메시아 공동체가 형성되었다. 그리하여 바울은 교회들을 섬길 사역자들을 세우며 그들에게 "여러분은 자기를 위하여 또는 온 양 떼를 위하여 삼가라 성령이 그들 가운데 여러분을 감독자로 삼고 하나님이 자기 피로 사신 교회를 보살피게 하셨느니라"(행 20:28)고 권면함으로써 교회를 조직화한다.

새로이 설립된 지역교회의 문제들에 대한 반응으로 여러 서신서들이 기록되었다. 그리하여 서신서들에는 "교회"라는 용어가 빈번하게 나타난다. 우선 바울은 교회를 "하나님의 교회"라고 부른다(고전 1:2, 10:32, 11:16, 22, 15:9, 고후 1:1, 갈 1:13, 살전 2:14, 살후 1:4, 딤전 3:5, 15). 간혹 "그리스도의 교회"(롬 16:16), 또는 "그리스도 안에 있는 교회"라고 부르기도 한다(갈 1:22). 교회는 또한 각처에 흩어져 있어 지역의 이름으로 불렸다. 겐그레아 교(롬 16:1), 갈라디아 교회(고전 16:1, 갈 1:2), 아시아의 교회들(고전 16:19), 마게도냐 교회들(고후 8:1)이 거론된다. 베드로 역시 바벨론에 있는 교회(벧전 5:13)를 언급한다. 그런가 하면 바울은 그 지역 사람들의 교회로 부르기도 한다. 그래서 라오디게아인의 교회(골 4:16)가 있고, 데살로니가인의 교회(살전 1:1, 살후 1:1)가 있다. 전체 이방인들을 총칭하여 이방인의 모든 교회라는 표현도 있다(롬 16:4). 요한계시록의 첫 부분에는 아시아의 일곱 교회가 나온다(계 1:4, 11 = 에베소, 서머나, 버가모, 두아디라, 사데, 빌라델비아, 라오디게아, 계 2-3장). 바울이 교회를 "하나님의 교회"라고 부르기도 하고,

"그리스도의 교회"로 부르기도 하며, 각 지역의 이름으로 부르기도 하지만, 특별한 사람과 그 집에 있는 교회를 언급하기도 한다. 그래서 브리스길라와 아굴라의 교회가 있고(롬 16:3-5), 눔바와 그 여자의 집에 있는 교회가 있으며(골 4:15), 빌레몬의 집에 있는 교회가 있다(몬 1:2).

교회를 부르는 방식	증빙 구절
하나님의 교회	고전 1:2, 10:32, 11:16, 22, 15:9, 고후 1:1, 갈 1:13, 살전 2:14, 살후 1:4, 딤전 3:5, 15
그리스도의 교회	롬 16:16, 갈 1:22
지역교회	롬 16:1, 고전 16:1, 갈 1:2, 고전 16:19, 고후 8:1, 벧전 5:13, 계 1:4, 11, 2-3장
지역 사람들의 교회	골 4:16, 살전 1:1, 살후 1:1, 롬 16:4
특별한 사람의 집에 있는 교회	롬 16:3-5, 골 4:15, 몬 1:2

이러한 서신서의 교회 구절들을 살펴보면, 무엇보다도 바울은 교회를 하나님의 조직체로 이해한다. 교회의 일꾼이 있고(롬 16:1, 골 1:25), 식주가 있고(롬 16:23, 개역한글), 사자가 있으며(고후 8:23), 또한 각 직분이 있다(고전 12:28, cf. 장로, 약 5:14). 그러한 조직체는 그리스도의 몸으로 표현된다. 교회는 그리스도의 몸이며(엡 1:22, 23, 4:12, 15-16, 5:23, 골 1:18, 24), 그리스도는 교회의 머리이다(엡 1:22, 5:23, 골 1:18). 교회의 머리이신 그리스도께서 고난을 받으셨다면, 그리스도의 남은 고난은 그리스도의 몸 된 교회를 위해 교회 구성원들이 받는 고난이다. 교회를 위한 고난이 그리스도

의 남은 고난인 것이다(골 1:24, "나는 이제 너희를 위하여 받는 괴로움을 기뻐하고 그리스도의 남은 고난을 그의 몸된 교회를 위하여 내 육체에 채우노라"). 바울은 이러한 교회와 그리스도와의 신비로운 연합을 남편과 아내의 하나 됨으로 설명하기도 한다(엡 5:22-33). 남편과 아내가 부모를 떠나 둘이 한 몸이 되는 것처럼 교회와 그리스도가 하나로 연합되었다는 것이다.

그리스도와 교회의 이러한 신비로운 연합을 좀 더 확장하면, 예수 그리스도가 하나님나라 자체였던 것처럼, 교회 역시 그리스도의 몸으로서 하나님나라 자체라고 말할 수 있을 것이다. 그러나 교회는 우선적으로 하나님의 참된 백성이다. 우선적으로 하나님나라의 통치 대상인 백성을 가리킨다. 하나님나라라는 개념은 좀 더 포괄적이고, 교회는 하나님나라의 개념보다는 그 범위가 조금 좁다. 하나님나라와 교회를 완전히 동일시하기보다는 하나님나라의 백성으로서의 교회로 이해해야 한다. 히브리서 기자는 하늘에 기록한 장자들의 총회와 교회를 연결시키며, 온전케 된 의인의 영들과 연결시킨다(히 12:23).

마지막으로 서신서에 나오는 하나님나라에 대한 구절들을 살펴보자. 우선 서신서에서 하나님나라는 미래의 소망으로 나타난다. 하나님나라는 미래에 유업으로 받을 나라이다. "불의한 자가 하나님의 나라를 유업으로 받지 못할 줄을 알지 못하느냐 미혹을 받지 말라 음행하는 자나 우상 숭배하는 자나 간음하는 자나 탐색하는 자나 남색하는 자나 도적이나 탐욕을 부리는 자나 술 취하는 자나 모욕하는 자나 속여 빼앗는 자들은 하나님의 나라를 유업으로 받지 못하리라"(고전 6:9-10), "육체의 일은 분명하니 곧 음행과 더러운 것과 호색과 우상 숭배와 주술과 원수 맺는 것과 분쟁과 시기와 분냄과 당 짓는 것과 분열함과 이단과 투기와 술 취함과 방탕함과 또 그와 같은 것들이라 전에 너희에게 경계한 것 같이 경계하노니 이런 일을 하는 자들은 하나님의 나라를 유업으로 받지 못할 것이요"(갈 5:19-21), "너희도 정녕 이것을 알거니와 음행하는 자나 더러운 자나 탐하는 자 곧 우상 숭배자는 다 그리스도와 하나님의 나라에서 기업을 얻지 못하리니"(엡 5:5). 또한 혈과 육은 하나님나라를 유업으로 받지 못한다(고전 15:50). 그러므로 우리는 우리를 "부르사 자기 나라와 영광에 이르게 하시는 하나님께 합당히 행해"야야 하며(살전 2:12), "그 나라를 위하여 너희가 또한 고난을 받"아야 한다(살후 1:5).[47] "이같이 하면 우리 주 곧 구주 예수 그리스도의 영원한 나라에 들어감을 넉넉히 너희에게 주시리라"(벧후 1:11).

그러나 이러한 하나님나라의 미래성이 현재성을 부인하는 것은 아니다. 서신서에서도 하나님나라의 현재성을 강하게 강조한다. 바울은 우리가 이미 흑암의 권세에서 건져져 그의 아들의 나라로 옮겨졌음을 말하며(골 1:13), 히브리서 기자 역시 우리가 이미 흔들리지 않는 나라를 받았다고 말한다(히 12:28, "그러므로 우리가 흔들리지 않는 나라를 받았은즉 은혜를받자 이로 말미암아 경건함과 두려움으로 하나님을 기쁘시게 섬길지니").

하나님나라의 현재성을 표현하는 가장 고전적인 언급은 로마서 14:17이다. "하나님의 나라는 먹는 것과 마시는 것이 아니요 오직 성령 안에 있는 의와 평강과 희락이라"(롬 14:17). 로마 교회는 채소만 먹는 사람과 고기도 먹는 사람들 간에, 안식일을 지키는 사람과 주일을 지키는 사람들 간에 다툼이 있었다. 바울은 그러한 분쟁 중에 있는 교회를 향해 하나님나

---

[47] 사도행전의 하나님나라 구절에서 역시 장차 들어갈 하나님나라를 위해 고난받아야 할 필요성이 언급된다. 바울은 "제자들의 마음을 굳게 하여 이 믿음에 머물러 있으라 권하고 또 우리가 하나님의 나라에 들어가려면 많은 환난을 겪어야 할 것이라"고 했다(행 14:22).

라가 먹고 마시는 것에 있지 않다고 단언하며, 하나님나라는 성령 안에서 누리는 의와 평강과 희락이라고 말한다. 하나님나라는 지금 여기에서 성령의 인도하심을 받는 것을 의미한다. 그 열매는 의와 평강과 희락이다.

의와 평강과 희락이라는 번역이 피부에 와 닿지 않는다. 이 용어들은 교회 안에서만 사용되므로 정의와 평화, 행복이라고 번역하면 훨씬 이해하기가 쉬울 것이다. 하나님나라는 정의의 나라이다. 가난한 자들이 가난으로 인해 권리를 누리지 못하는 일이 없는 나라, 소수 사람들이 소수라는 이유로 무시나 억울한 일을 당하지 않는 나라, 그런 나라가 정의의 나라가 아니겠는가? 하나님나라는 평화의 나라이다. 어떤 이유로든 전쟁을 용납하지 않는 나라, 필요악이라는 이유로 전쟁을 합리화하지 않는 나라, 가장 나쁜 평화라도 가장 착한 전쟁보다는 낫다고 인정하는 나라가 하나님나라가 아니겠는가? 하나님나라는 행복의 나라이다. 기쁨의 나라이다. 나만 기쁘면 되는 나라가 아니라 모두가 행복하고 기쁜 나라가 되어야 할 것 아닌가? 이러한 나라를 이루기 위해 그리스도인은 어떤 자세로 이 세상을 살아가야 하는가? 장차 도래할 나라로만 하나님나라를 기다려야 하는가? 아니면 개인의 성화를 이루는 자세로 사회적 성화도 이루며 하나님나라를 이루어 가야 하는가?

바울은 "하나님의 나라는 말에 있지 아니하고 오직 능력에 있음이라"(고전 4:20)고 말한다. 고린도 교회 내에서 여러 분쟁과 다툼이 발생했을 때, 바울은 하나님나라가 말에 있지 아니하고 그 능력에 있음을 강조한다. 지금 여기에서의 능력으로 하나님나라의 현재성을 표현할 수 있어야 하고 표현할 수 있다. 바울은 그리스도께서 "모든 통치와 모든 권세와 능력을 멸하시고 나라를 아버지 하나님께 바칠 때"를 언급하여 그 나라가 지금 여기에 있음을 암시하기도 한다(고전 15:24).

그러나 하나님나라와 교회의 관계를 이해하기 위해 주목할 것은, 서신서들에서 교회와 하나님나라를 동일시하는 듯한 구절이다. 때때로 서신서에서 하나님나라는 교회와 동일시된다. 교회를 위해 수고하는 사람들을 향해 바울은 "하나님의 나라를 위하여 함께 역사하는 자들이니 이런 사람들이 나의 위로가 되었느니라"고 말하며(골 4:11) 교회와 하나님나라를 동일시한다. 베드로 역시 "너희는 택하신 족속이요 왕 같은 제사장들이요 거룩한 나라요 그의 소유가 된 백성이니 이는 너희를 어두운 데서 불러 내어 그의 기이한 빛에 들어가게 하신 이의 아름다운 덕을 선포하게 하려 하심이라"(벧전 2:9)고 말하며 거룩한 나라를 그의 소유된 백성과 동일시한다.

교회와 하나님나라의 동일시는 요한계시록에서 좀 더 빈번하게 나타난다. 예수는 "그의 아버지 하나님을 위하여 우리를 나라와 제사장으로 삼으"셨으며(계 1:6), "나 요한은 너희 형제요 예수의 환난과 나라와 참음에 동참하는 자"였다(계 1:9). 그리스도는 "각 족속과 방언과 백성과 나라 가운데에서 사람들을 피로 사서 하나님께 드리시고 그들로 우리 하나님 앞에서 나라와 제사장들을 삼으셨으니 그들이 땅에서 왕 노릇"할 것이다(계 5:9-10). 그래서 "세상 나라가 우리 주와 그 그리스도의 나라가 되어 그가 세세토록 왕 노릇 하시리로다"(계 11:15). 우리 그리스도인이 곧 그의 나라이다.

그렇다면 교회와 하나님나라의 관계는 무엇인가? 조지 래드는 교회의 개념을 구약성경에 나타나는 남은 자 사상과 연결시키면서 교회와 하나님나라의 관계를 다음 몇 가지 범주로 나누어 설명한다.[48]

---

48 조지 래드, 『신약신학』 신성종 이한수 역(서울: 대한기독교출판사, 1984), 114-129. 또한 조

첫째, 교회는 하나님나라가 아니다. 교회와 하나님나라는 엄밀하게 말해 동일한 의미는 아니다. 하나님나라라는 개념이 하나님의 통치를 의미하며 하나님나라 백성들의 공동체인 교회보다 훨씬 더 넓은 의미를 지닌다. 더 나아가 가시적 교회 안에서 하나님의 통치가 거부됨으로 말미암아 그리스도인들 사이에 다툼과 분쟁이 발생했던 사실들을 살펴볼 때, 교회를 하나님나라와 동일시할 수 없음은 분명하다.

둘째, 하나님나라는 교회를 창조한다. 하나님나라가 교회를 만들었고, 교회는 하나님나라에 속해 있다. 때때로 인간적인 욕심과 죄악이 스며들어가 교회가 부패하고 타락한 모습을 보일지라도 하나님나라는 새로운 메시아 공동체로서의 교회를 만들어내고 창조한다.

셋째, 교회는 하나님나라를 증거한다. 하나님나라가 교회를 만들었고, 교회는 하나님나라를 선포하고 나타내는 역할을 한다. 교회는 그 본성으로 하나님나라의 모습을 세상에 보여주는 사명을 가지고 있다.

넷째, 교회는 하나님나라의 도구이다. 하나님나라가 이 세상에서 일하는 도구로서 교회는 존재한다.

다섯째, 교회는 하나님나라의 관리자이다. 교회는 하나님나라를 이 세상에서 관리하고 하나님나라로서 기능할 수 있도록 한다. 하나님나라와 교회의 관계를 종합해 볼 때, 우리가 지금 여기에서 체험할 수 있는 하나님나라는 교회이다. 교회는 이 세상에서 선취된 하나님나라이다. 하나님나라가 하나님의 통치라면, 교회는 하나님의 통치를 인정하고 수용

지 래드, 『하나님나라』 pp. 536-550. 도날드 거스리 역시 이와 비슷하게 교회와 하나님나라의 관계를 다음과 같이 두 가지로 요약한다. ① 교회는 하나님나라 안에서 그 기초를 발견한다. ② 교회는 하나님나라를 부분적으로 드러낸다. 도날드 거스리, 『신약신학』 pp. 797ff.

하여 순종하는 공동체의 교제를 의미한다. 그러므로 우리가 이 세상에서 지금 체험할 수 있는 하나님나라는 교회이다. 교회는 우리가 체험하는 하나님나라이다. 우리가 장차 하나님나라에 들어가기를 원한다면, 지금 여기에서 하나님나라를 체험하고 맛볼 수 있어야 한다. 그 현장이 교회이다. 교회는 하나님나라가 이 지상에 구체적으로 현현한 것이다. 그러므로 교회 밖에는 구원이 없다는 고전적 진술은 교회와 하나님나라의 관계를 살펴볼 때 역시 참이다.[49]

하나님나라와 교회의 관계를 다음과 같이 요약할 수 있다.[50]

	하나님나라	교회
출발점	하나님	사람
의미	하나님의 통치, 그리고 그의 통치의 축복을 경험하는 영역	하나님의 통치를 경험하고 그 축복을 누리는 상태에 들어간 사람들의 교제 모임
	하나님의 다스리심	사람들의 교제 모임체

---

[49] 한스 큉의 "교회 밖에도 구원이 있다"는 선언은 교회 일치 운동을 위한 천주교 진영의 소리로 이해해야 할 것 같다. 천주교회 바깥, 즉 개신교나 동방정교, 그리고 다른 기독교 교파에도 구원이 있다는 것을 인정할 때, 진정한 의미의 에큐메니칼, 교회 일치 운동이 가능할 것이기 때문이다.

[50] 조지 래드, 『하나님나라』 p. 550.

13장
하나님나라와 국가

그 나라인 하나님나라를 이야기하면서 이 나라인 국가를 이야기하지 않는다면 균형이 맞지 않을 것 같다. 그러나 사실 이제까지의 한국교회는 정교분리의 원칙이라는 미명 아래 정치에 대한 무관심을 조장해온 것이 사실이다. 정치에 대한 무관심은 식민주의와 군사독재의 유산이다. 그들은 정치에 대한 무관심을 부채질하여 섹스나 스포츠, 마약, 영화 같은 삶의 다른 영역에 눈을 돌리게 하고, 정치 영역은 그들만 누리는 영역으로 치부하려는 경향이 있었다. 그러나 어거스틴은 "정치란 하나님께서 주신 인간적 운명이다. 새 하늘과 새 땅에 가서야 비로소 정치가 끝난다"고 말했다.

정치 현상에 대한 두 가지 극단적인 관점이 있다. 하나는 인간의 성선설을 기반으로 해서 자연 상태의 인간은 정치 없이도 조화롭고 평화스럽게 살았다고 주장한다. 인간이 정치 현상에서 자유로울 수 있다고 주장하는 무정부주의적 관점이다. 다른 하나는 인간의 성악설을 기반으로 해서 자연 상태의 인간은 혼돈이어서 규제가 없으면 만인이 만인과 투쟁하는 상태가 되므로 무질서를 종식하기 위해서라도 정치가 필요하다고 주장한다. 인간은 정치로부터 자유로울 수 없다고 주장하는 국가론적 관점이다. 하나님나라는 하나의 나라로서 지금 여기에 영적 실체로 존재한다고 믿는 그리스도인은, 매일 피부로 접촉하는 이 나라와 그 나라의 관계를 어떻게 보아야 하는가?

앞에서 우리는 제도적 조직체로서의 교회를 하나님나라로 보는 시각이 있음을 살펴보았다. 그렇다면 국가와 교회의 관계에 대한 여러 견해를 살펴보는 것이 국가와 하나님나라와의 관계를 알아보는 데 도움이 될 것이다. 하나님나라의 복음을 선포함으로써 이루어진 교회 공동체의 구성원들은 기존의 국가에 속해 있는 자들이다. 그들이 새로운 나라, 하나님나라의 백성이 되었을 때, 이제 하나님나라와 국가의 관계에 대해 어떤 입장을 가져야 하는가?

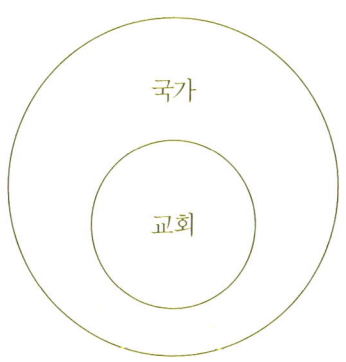

우선, 교회가 국가에 속했다고 보는 현실적인 입장이다. 국가 교회라는 이 모델은 국가가 교회의 모든 직분자들까지 간섭하여 임명하고 지도한다. 콘스탄티누스 황제가 로마의 통일을 위해 기독교를 공인할 때부터 기독교는 통일된 하나의 체제를 추구하게 되었다. 국가의 지도 아래에서 국가의 공인을 얻는 공적 교리와 조직, 체계를 추구하게 된 것이다. 이것이 기독교 정교회의 시작이다. 정통 교회는 국가에 의해 교회의 정통을 결정하고 보호받는다. 독일 교회 역시 이러한 입장을 대변하여 국가가 목사 고시를 관장하고 목사를 임명한다.

그러나 사실 국가 교회의 형태를 취하지 않더라도 현실적으로 교회는 국가의 통치와 법의 제한을 받게 되어 있다. 이러한 입장은 신령한 교회가 세속적인 국가의 통치를 받는다는 인상을 지울 수 없기에 기독교인들에게 거부감을 불러일으킬 수 있지만, 현실적으로는 이에서 벗어날 수 없는 것이 사실이다.

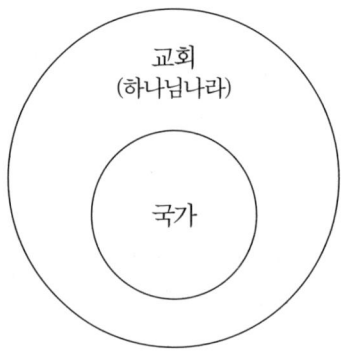

두 번째 그림은 기독교적인 이상을 표현하는 입장이다. 교회를 하나님 나라로 보는 시각에서 국가가 교회 아래에 있다고 본다. 국가의 모든 직분과 제도조차 교회법에 종속되어야 한다고 주장한다. 그래서 왕의 즉위나 영토, 통치 영역 등을 교회가 주재한다. 정교회에서 황제가 주교 회의를 관장하여 정통을 결정한다는 것에 대한 거부감이 로마 주교를 중심으로 확장되었다. 국가 황제가 교회의 주교들을 소집하여 공의회를 개최하고 결정권을 가진다는 것이 과연 옳은가에 대한 의문과 함께 그에 대한 반발을 확장하여 마침내 로마 교회는 교회 아래 국가를 두는 모습을 형성했다.51 중세 시대는 바로 이러한 모습을 띠고 있다. 교회의 수장인 교황이 국가의 왕과 제후들을 임명하고 관장하는 것이다.

세 번째 그림은 국가와 교회가 완전히 분리된다고 보는 입장이다. 신령한 통치로서의 종교 영역은 교회가 담당하지만, 세속적 통치로서의 정치 영역은 국가가 담당해야 한다. 그래서 엄격한 정교분리의 원칙을 주장한다. 그러나 사실 인간 실존이 정치 영역을 떠나 존재할 수 있는가 하는 질문에 그 누구도 자유롭게 그렇다고 대답할 수 없다. 그러므로 완벽한 정

---

51 한스 큉, 『그리스도교-본질과 역사』 이종한 역(왜관: 분도출판사, 2002)은 기독교 역사를 패러다임의 변화로 정리하여 국가와 교회의 관계 변화, 중심 권위의 변화 등을 중심으로 교회 역사를 개괄하고 있다.

교분리는 사실 불가능하다. 현대 사회에서 어떻게든 교회는 국가의 통제와 법의 테두리에 제한될 수밖에 없다.

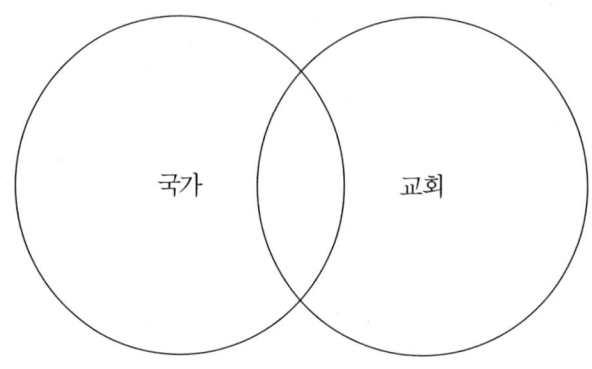

네 번째 그림은 교회와 국가가 서로 구별되어 독자적인 영역이 있되 중복되는 부분도 있는 형태를 띤다. 정치와 종교가 분리되어 각각의 고유 영역을 인정하지만 서로 협력하고 도울 영역이 있을 수밖에 없다는 입장이다.

종교개혁으로 말미암는 개혁파의 입장은 전통적으로 루터의 두 왕국설을 바탕으로 이루어졌다. 루터는 어거스틴이 세속 도시와 하나님의 참된 도시를 구분하는 것을 따라 하나님의 왕국과 세상 왕국을 구분했다. 영적 정부는 하나님의 말씀과 성령의 인도하심을 따라 집행된다. 반면에 세상 정부는 왕과 제후, 그리고 관료들을 통해 검과 시민적 법률을 사용함으로써 집행된다. 루터는 원칙적으로 두 왕국의 명령이 충돌할 때마다 그리스도인들은 베드로처럼 사람보다 하나님께 순종해야 한다고 강조한다(행 5:29). 루터의 이러한 구분은 하나님의 이중적 통치 현실을 인정한 것이다. 그리스도인은 그리스도 왕국의 시민인 동시에 이 세상의 시민이다. 그러므로 그리스도인은 이 세상 속에서 살면서 이 세상의 삶을 위해 필요한 직임과 책임을 받아들여야 한다. 성과 속, 영적 세계와 세상의 삶이 한 가지로 하나님의 계획된 질서 안에 있음을 인정하며, 두 왕국이 적대 세력이 아니라 하나님의 관심 안에 있는 존귀한 세계가 된다. 그 결과 모든 그리스도인의 사회적 책임도 강조하게 된다.

루터의 두 왕국설은 그리스도인의 사회적 책임을 강조하지 못하고 오히려 극단적인 정교분리의 원칙으로 나아갔다. 그 결과 그리스도인의 정치 참여는 저 나라를 바라보는 신앙에 위배되는 것처럼 오인되고, 성경 해석도 그러한 방향으로 나아갔다. 가장 자주 오해를 사는 본문은 "가이사에게 세금을 바쳐야 하는가?"라는 질문에 대한 예수 그리스도의 대답이다.

어떻게든 예수를 정치적 함정에 빠뜨리려던 바리새인과 헤롯당 사람이 함께 와서 예수께 말한다. "선생님, 우리는, 선생님이 진실한 분이시고, 하나님의 길을 참되게 가르치시며, 아무에게도 매이지 않으시는 줄 압니다. 선생님은 사람의 겉모습을 따지지 않으십니다."(마 22:16, 새번역). "칭찬으로 사람을 시련"한다더니(잠 27:21, 개역한글) 그들은 온갖 아첨으로 예수의 긴장을 늦추게 하고서 묻는다. "그러니 선생님의 생각은 어떤지 말씀하여 주십시오. 황제에게 세금을 바치는 것이 옳습니까, 옳지 않습니까"(마 22:17, 새번역).

황제에게 세금을 바치는 문제는 당대 로마의 식민지 지배 아래 있었던 이스라엘 백성들 사이에서는 첨예하게 의견이 대립되는 주제였다. 세금을 내라고 하면 세금을 거부하던 열심당 같은 사람들로부터 비난이 쏟아질 것이고, 세금을 내지 말라고 하면 로마 총독으로부터 정치적 반란죄로 다스려질 것이다. 예수는 세금을 내라고도, 내지 말라고도 말씀하실 수 없는 진퇴양난에 봉착하신 것이다.

예수는 그들의 간악한 마음을 간파하고 물으신다. "위선자들아, 어찌하여 나를 시험하느냐? 세금으로 내는 돈을 나에게 보여달라"(마 22:18-19, 새번역). 즉답을 피하시고 다른 데로 시선을 돌리신 것이다. 그들이 데나리온 한 닢을 가져오자 예수께서 그들에게 다시 물으신다. "이 초상은 누구의 것이며, 적힌 글자는 누구를 가리키느냐?" 그들은 주저 없이 대답한다. 질문이 어렵지 않았기 때문이다. "황제의 것입니다." 그때 예수께서 말씀하셨다. "그렇다면, 황제의 것은 황제에게 돌려주고, 하나님의 것은 하나님께 돌려드려라"(마 22:21, 새번역).52

"가이사의 것은 가이사에게, 하나님의 것은 하나님께"라는 유명한 어구는, 가이사에게 세금을 바치라는 입장을 반영한 것으로 해석되었고, 따라서 그리스도인들은 국가에 충성해야 하는 것으로 이해되어 왔다.

게다가 로마서에서 바울이 권면하는 말씀까지 더해지면서 이러한 태도가 그리스도인의 국가에 대한 태도의 전형으로 이해된다. "사람은 누구나 위에 있는 권세에 복종해야 합니다. 모든 권세는 하나님께로부터 온 것이며, 이미 있는 권세들도 하나님께서 세워주신 것입니다. 그러므로 권세를 거역하는 사람은 하나님의 명을 거역하는 것이요, 거역하는 사람은 심판을 받게 될 것입니다. 치안관들은, 좋은 일을 하는 사람에게는 두려울 것이 없고, 나쁜 일을 하는 사람에게만 두려움이 됩니다. 권세를 행사하는 사람을 두려워하지 않으려거든, 좋은 일을 하십시오. 그러면 그에게서

---

52 본문에 대한 하나님나라 관점에서의 이해를 위해서는 김세윤, 『예수와 바울』 두란노 pp. 41-88. "예수의 하나님나라 선포와 그리스도인의 정치적 실존"과 pp. 89-118. "하나님나라와 그리스도인들의 정치" 부분을 참조하라.

칭찬을 받을 것입니다. 권세를 행사하는 사람은 여러분 각 사람에게 유익을 주려고 일하는 하나님의 일꾼입니다. 그러나 그대가 나쁜 일을 저지를 때에는 두려워해야 합니다. 그는 공연히 칼을 차고 있는 것이 아닙니다. 그는 하나님의 일꾼으로서, 나쁜 일을 하는 자에게 하나님의 진노를 집행하는 사람입니다. 그러므로 진노를 두려워해서만이 아니라, 양심을 생각해서도 복종해야 합니다. 같은 이유로, 여러분은 또한 조세를 바칩니다. 그들은 하나님의 일꾼들로서, 바로 이 일을 하는 데 힘쓰고 있습니다. 여러분은 모든 사람에게 의무를 다하십시오. 조세를 바쳐야 할 이에게는 조세를 바치고, 관세를 바쳐야 할 이에게는 관세를 바치고, 두려워해야 할 이는 두려워하고, 존경해야 할 이는 존경하십시오"(롬 13:1-7, 새번역).

그 결과 본문에서 예수의 대답은 세금을 내라는 뜻으로 이해된다. 그러나 본문의 배경을 살펴보면 그러한 일반적인 이해와는 다르다. 주님은 이 대답을 하시기 전에 먼저 "세금으로 내는 돈을 보여달라"고 요구하신다. 당시 유대 사회에서 통용되던 화폐에는 세 종류가 있었다. 하나는 성전세를 내기 위한 두로의 세겔이요,[53] 다른 하나는 세금을 내기 위한 로마의 데나리온, 그리고 일상에서 사용하는 헬라의 드라크마이다. 그래서 열심당원들은 세금 내는 것을 거부할 뿐만 아니라 가이사의 초상이 그려져 있는 데나리온을 가지고 다니는 것조차 거부했다.

예수께서 바리새인과 헤롯당원에게 세금으로 내는 돈을 보여달라고 요구했을 때, 그들이 데나리온을 즉시 보여줄 수 있었던 것은, 그들이 세금

---

[53] 두로의 세겔에는 헬라의 신상도 새겨져 있지 않고, 로마의 황제상도 새겨져 있지 않았기 때문에 예루살렘 성전에 바쳐야 하는 반 세겔의 성전세는 세겔로 환전하여 바쳤다.

내는 것을 꺼리지 않았음을 보여준다. 그것은 그들이 이미 가이사의 은덕을 입고 살아가고 있음을 고백하는 것이다. 예수 그리스도는 가이사의 것으로 가이사의 도움을 받으며 살아가고 있는 그들에게 가이사의 것은 가이사에게 바치는 것이 마땅하다고 선언하신다. 아마 그 자리에 열심당원이 있었다면 그들은 이렇게 대답했을 것이다. "우리는 가이사에게 세금 내는 것을 거부하고 그 초상을 거부하기 때문에 데나리온을 가지고 다니지 않습니다."

본문에서 더욱 중요한 것은 이어서 덧붙이신 "그리고 하나님의 것은 하나님께 드리라"는 말씀이다. 여기에서 접속사 "그리고"는 순접이 아니라 역접으로 해석해야 한다고 많은 학자들이 주장한다. "가이사의 것은 가이사에게, 그러나 하나님의 것은 하나님께 드리라." 역접 관계로 전후 관계를 설정하고 본문을 해석하면, 가이사에게 바치는 것은 너희 마음대로 해도 되지만 하나님께 드리는 것은 반드시 하나님께 드리라는 말씀으로 해석된다. 앞 장의 "하나님의 윤리"에서 이미 살펴보았지만, 하나님나라의 윤리는 성령의 인도하심에 순종하여 우리 안에 새겨진 내적 법에 따라 자유를 허락하시는 윤리이며, 우리의 선택과 결정을 존중하는 윤리이다. 그러기에 세금을 내야 할지에 대한 주님의 대답은 역시 "네 마음대로 하라"는 것으로 요약할 수 있다.

그러나 여기에서 예수는 그 이상을 요구하신다. 그것은 바로 종교적 영역으로서 갖는 하나님과의 관계이다. 주님은 가이사에게 세금을 바치는 문제보다 더 중요한 것은, 하나님의 형상으로 만들어져 하나님의 형상을 항상 지니고 있는 우리 인간들이 하나님의 것을 반드시 하나님께 드려야 한다는 것이다. 다시 말해, 가이사의 형상을 가지고 다닐지 말지 스스로 결정함으로써 가이사의 것을 바치든지 안 바치든지 네 마음대로 하더라도, 하나님의 형상으로 창조되어 항상 하나님의 형상을 지니고 있는 인간으로서 하나님에 대한 의무만큼은 철저하고 확실하게 지켜야 한다는 것이다.

우리는 눈에 보이는 통치권자들을 두려워하여 눈에 보이는 다스림에 쉽게 굴복하고 순종한다. 그러나 눈에 보이지 아니하는 하나님의 통치권은 쉽게 무시하고 불순종한다. 가까운 주먹이 멀리 있는 법보다 더 무섭게 느껴지듯이, 눈에 보이는 권세를 눈에 보이지 않는 하나님의 권세보다 더 무섭고 두렵게 느낀다. 그러나 주님은 우리가 가이사의 것이 아니라 하나님의 것에 더욱 관심을 가져야 함을 강조하신다. 하나님에 대한 순종과 헌신을 더욱 강조하시는 것이다. "몸은 죽여도 영혼은 능히 죽이지 못하는 자들을 두려워하지 말고 오직 몸과 영혼을 능히 지옥에 멸하시는 자를 두려워하라"(마 10:28).

이 본문에 비추어 우리 그리스도인의 정치 참여에 대해 묻는다면, 그 대답은 앞 장의 "하나님나라의 윤리"에서 이미 언급했던 바와 같이 "네 마음대로 하라"고 대답할 수 있다. 정치에 참여할지 말지 정할 사람은 우리 자신이다. 이 당에 가입할지 저 당에 가입할지는 각자의 소신과 신념대로 결정할 문제이다. 그러나 그러한 결정의 전제는 "우리가 성령의 인도하심을 받으며 살고 있는가?"의 여부이며, "모든 일의 기본 동기가 하나님의 영광에 있는가?"가 더욱 중요한 문제라는 것을 잊지 말아야 한다.

성경에서 제시하는 국가에 대한 몇 가지 원리를 살펴보자.[54]

---

[54] 오스카 쿨만은 "종말에 대한 기독교적 대망을 마치 현재의 세속적 가치에 대한 무관심으로 이해하는 것은 실로 잘못된 일이 아닐 수 없다. 오히려 그와 반대로 종말에 대한 기독교적 대망은 세상의 문제를 해결하려는 매우 강력한 충동을 이끌어 내는 법이다"라고 말하며(p.

첫째, **국가는 궁극적인 것도, 절대적인 것도 아니다.** 그것은 언젠가 사라질 것이다. 바울 역시 이 세상 나라를 하나님나라와 어느 정도 동등한 것으로 여길 만한 궁극적인 제도로 보지 않는다. 이 세상의 국가는 마침내 종말을 고하게 될 것이다.[55] 그러므로 그리스도인은 세속적인 정치를 통해 이상적인 세상을 만들 수 있으리라는 환상을 버리고, 현실을 냉철하게 직시해야 한다. 하나님나라의 현재성과 미래성의 입장에서 정치적 윤리의 최선을 다할지라도, 그 궁극적인 완성은 항상 하나님께 맡겨야 하며, 미래에 올 종말의 때를 기다려야 한다.

둘째, 이 시대가 지속되는 동안 **국가는** 그 자체가 신성한 실체는 아니지만 그럼에도 하나의 **잠정적인 제도로서 하나님께서 뜻하신 것**이다. 그러므로 하나님께서 이 세대가 지속되는 동안 국가를 이용하신다는 점을 인정하고, 국가 제도 자체를 반대할 게 아니라 그 존재를 인정해야 한다. 국가는 신성한 기원을 가지고 있지 않지만 하나님께서 뜻하신 일시적 제도이다(cf. 롬 13:1-7).

---

12), 성경적 국가관을 몇 가지로 요약한다. 오스카 쿨만, 『국가와 하나님의 나라』 민종기 역 (서울: 여수룬, 1999), pp. 68, 79.

55 IMF 사태가 났던 1997년에 나는 한 작은 교회를 건축하고 있었다. 1998년도에 준공을 받고 교회 주차장 문제로 처음 관료 계급의 부정부패를 접했다. 그러한 부정부패와 싸우기 위해 이리저리 정치인들을 만나면서 정치판의 더러움과 부정직함을 맛보았다. 또한 불의의 사고로 경찰들의 공갈과 폭거, 그들과 연결된 사법부의 비리를 맛보았다. 입에서 "망할 놈의 나라"라는 말이 저절로 나왔다. 『망할 놈의 나라』라는 책을 쓰고 싶은 마음도 생겼다. 성경에 "장망성"(將亡城)이라는 단어가 나온다(사 19:18, the City of Destruction). 장차 망할 성이라는 뜻이다. 그리고 보니 이 나라뿐만 아니라 세상의 선진국이라는 나라들도 우리 못지않게 부정부패가 만연함을 발견할 수 있었다. 그렇다. 이 세상은 언젠가 다 망할 놈의 나라이다. 그러나 그리스도인은 그 망할 놈의 나라 안에서 영원히 망하지 않을 신령한 하나님나라를 세우는 자들이다.

셋째, 그러기에 우리는 각각의 **국가에 대해 비판적인 태도를 취한다.**
세속적인 국가가 신령한 교회를 판단하거나 징계할 수 없다. 교회 스스로 정화되고, 스스로 판결할 능력을 가지고 있어야 한다. 바울은 고린도 교회를 향해 이와 같은 기본 입장을 역설한다.

"여러분 가운데서 어떤 사람이 다른 사람과 소송할 일이 있을 경우에, 성도들 앞에서 해결하려 하지 않고 불의한 자들 앞에 가서 재판을 받으려 한다고 하니, 그럴 수 있습니까? 성도들이 세상을 심판하리라는 것을 여러분은 알지 못합니까? 세상이 여러분에게 심판을 받겠거늘, 여러분이 아주 작은 사건 하나를 심판할 자격이 없겠습니까? 우리가 천사들도 심판하리라는 것을 알지 못합니까? 그러한데, 하물며 이 세상 일이야 말할 나위가 있겠습니까? 그러니, 여러분에게 일상의 일과 관련해서 송사가 있을 경우에, 교회에서 멸시하는 바깥 사람들을 재판관으로 앉히겠습니까? 나는 여러분을 부끄럽게 하려고 이 말을 합니다. 여러분 가운데는, 신도 사이에서 생기는 문제를 해결하여 줄 만큼, 지혜로운 사람이 하나도 없습니까? 그래서 신도가 신도와 맞서 소송을 할 뿐만 아니라, 그것도 믿지 않는 사람들 앞에 한다는 말입니까? 여러분이 서로 소송을 제기하는 것부터가 벌써 여러분의 실패를 뜻합니다. 왜 차라리 불의를 당해주지 못합니까? 왜 차라리 속아 주지 못합니까? 그런데 도리어 여러분 자신이 불의를 행하고 속여 빼앗고 있으며, 그것도 신도들에게 그런 짓을 하고 있습니다"(고전 6:1-8, 새번역).

더 나아가 국가가 스스로의 한계를 인정하지 않을 경우, 국가 자체를 위해 하나님의 것을 강요하는 전체주의적 요구가 있을 경우, 우리는 그러한 국가에 당당하게 맞설 수 있어야 한다. "하나님 앞에서 너희의 말을 듣는 것이 하나님의 말씀을 듣는 것보다 옳은가 판단하라"(행 4:19). 국가가 하나님의 주권을 거스리고 하나님의 위치를 취하려고 할 때, 그리스도인은 그것을 거부할 수 있는 용기와 믿음의 결단을 보여주어야 한다.

넷째, 그러나 우리는 국가가 **그 한계 내에 있는 한 각 국가에 순종해야** 한다. "왕들과 높은 지위에 있는 모든 사람을 위해서도 기도하십시오. 그것은 우리가 경건하고 품위 있게, 조용하고 평화로운 생활을 하기 위함입니다"(딤전 2:2, 새번역), "여러분은 인간이 세운 모든 제도에 주님을 위하여 복종하십시오. 주권자인 왕에게나, 총독들에게나, 그렇게 하십시오. 총독들은 악을 행하는 사람에게 벌을 주고 선을 행하는 사람에게 상을 주게 하려고 왕이 보낸 이들입니다. 선을 행함으로 어리석은 자들의 무지한 입을 막는 것이 하나님의 뜻입니다. 여러분은 자유인으로 사십시오. 그러나 그 자유를 악을 행하는 구실로 쓰지 말고, 하나님의 종으로 사십시오. 모든 사람을 존중하며, 믿음의 식구들을 사랑하며, 하나님을 두려워하며, 왕을 공경하십시오"(벧전 2:13-17, 새번역).

교회가 불의하고 부정하여 자정 능력을 상실했을 때 하나님께서 국가라는 기관과 권력을 사용하여 교회를 정화하셨음을 역사 속에서 배울 수 있다. 한국교회에 자정 능력이 있다고 자신 있게 말할 수 있는가? 자신의 부패와 허물을 감추기 위해 국가 권력과 결탁하여 기득권을 누릴지언정 자정 능력은 이미 상실하지는 않았는가?

마지막으로, **열심당의 열심을 조심해야** 한다. 열심당들은 종교적 열심을 내세우며 살인마저 정당화했다. 주님은 제자들 중에 열심당원들이 있었음에도 불구하고 이러한 열심을 거부하신다. 선한 목자는 양들을 위해 목숨을 버리지만(요 10:11) 거짓 목자는 양의 목숨을 귀하게 여기지 않는다. 유대 전쟁 당시 열심당의 투쟁으로 그들의 추종자들이 필연적으로 로마인의 손에서 죽어 나갔다. 그들은 자신들의 잘못된 결정으로 야기된 양들의 죽음을 귀하게 여기지 않았다. 오늘날에도 종교적 열심으로 정치에 뛰어들거나 자기 뜻을 관철하는 과정에서 과도한 열심이 사람들을 죽이는 결과를 초래하는 경우가 종종 있다. 자신의 이상을 위해 사람들의 희생을 지나치게 요구하는 것이다. 그리스도인들은 지나치게 열심을 부리다가 자칫 빚어질 수 있는 이러한 잘못을 조심해야 한다.

이러한 기본적인 입장을 가지고 기독교적 시각에서 우리가 지금 현재 누리고 있는 민주주의 제도에 대해 근본적으로 검토하고 연구할 필요가 있다. 민주주의 제도 역시 궁극적이고 절대적인 제도가 아니다. 민주주의가 이 시대의 정신이요 제도라는 점은 인정하지만, 그것이 하나의 잠정적 형태라는 점을 인식해야 한다. 그리스도인은 오직 민주주의만이 하나님의 절대적인 뜻이라고 오해해서는 안 된다. 민주주의의 한계를 직시하고 그 대안을 끊임없이 추구해야 한다.

무엇보다도 그리스도인은 민주주의의 기본 이념인 권위 부인에 분명한 입장을 가져야 한다. 민주주의는 그 원리상 지도성과 권위를 부인한다. 그래서 치자(治者)가 피치자(被治者)이고, 피치자가 곧 치자가 된다. 하나님나라의 백성으로서 하나님의 절대 주권과 절대 권위를 기본적인 신앙 항목으로 받아들이고 있는 우리 그리스도인은 이러한 민주주의의 근본정신에 대해 우려하지 않을 수 없다. 잘못된 권위에 너무 오랫동안 지배를 받아 온 것에 대한 반작용으로 민주주의 교육은 자칫 모든 권위를 부인하는 교육으로 나아갈 수 있다. 그 결과 정당한 권위와 꼭 필요한 권위까지 무시되고 거부될 수 있다. 이러한 문제를 어떻게 극복해 나갈 것인지 우리 그리스도인은 방안을 제시할 수 있어야 한다.

사실 지도성 부인과 권위 부인이라는 민주주의의 이상은 현실 속에서 구현되기가 쉽지 않다. 정치 권력이란 소수가 다수를 지배하는 것이다.

조직된 소수가 조직되지 못한 다수를 다스리는 것이 정치 권력의 실상이다. 그리고 보면 현실 정치에서 민주주의는 왜곡될 수 있고, 오히려 더욱 더 위험할 수 있다. 국가적인 위기 앞에서 국민들의 심리를 조작하고 단결을 유도하여 결국 독재로 치달을 위험을 내포하고 있다. 민주주의 역시 민주적인 리더십 문제로 귀착된다. 민주주의라는 제도보다는 민주적인 리더십이 요구되는 것이다.

민주적인 리더십이란 국민들의 동의에 기초하여 다스리는 리더십이다. 민주적인 리더십은 그러한 동의를 이끌어 내기 위해 국민들을 조직하거나 제기된 정책들을 교육하고 홍보하는 과정에서 무엇보다 국민의 통합을 이끌어 내야 한다. 지역적 통합을 이루어 내야 하며, 빈부 격차를 해소하여 가진 자와 못 가진 자를 통합해야 하며, 배운 자와 못 배운 자의 의견들을 조율하여 하나로 만들어 가야 할 책임과 의무가 민주주의 제도 하의 지도자에게 있다. 그러한 통합 과정에서 민주적인 리더십은 법이 아니라 국민들의 동의로 그 정당성이 인정된다. 그러니 민주적인 리더는 독재적인 리더에 비해 훨씬 더 힘들고 어려운 통치 과정을 거치게 된다.

아브라함 링컨의 고전적 정의에 의하면 "국민의, 국민을 위한, 국민에 의한 정치"가 민주주의이다. 사실 이 세 가지 항목 중에서 앞의 두 가지는 민주주의의 특징을 보여준다고 말할 수 없다. 역사를 살펴보면 "국민을 위한"(for the people) 왕들도 많았기 때문이다. "국민의"(of the people) 정치라는 말은 너무 추상적이다. 민주주의를 가장 잘 설명하는 것은 마지막 세 번째 항목인 "국민에 의한"(by the people) 정치이다.

국민에 의한 정치가 민주주의 정치라고 할 때, 성경 속에서 이러한 정치의 잘못된 예를 얼마든지 찾아볼 수 있다. 빌라도는 무리가 만족하도록 예수 그리스도를 처형하라고 그들에게 내주었다. 다수결의 승리이다.

헤롯은 야고보를 죽이는 것을 유대인들이 기뻐하는 것을 보고 베드로를 옥에 가둔다. 그러니 국민들에 의한 정치, 다수결을 따르는 정치가 항상 정의로운 결정이라고 할 수는 없다.

민주주의의 원리를 한마디로 "자유의 원리"라고 할 수 있다. 자유의 원리는 자기 생각을 자기가 결정하는 "의사의 자율성"과, 그 행위를 자기가 결정하는 "행위의 자기 결정성", 그리고 행위 결과에 대해 스스로 책임지는 "행위 결과의 자기 책임성"의 원리로 나눌 수 있다. 자유를 쟁취하기가 어렵다지만 그것을 사용하기는 더 어렵다. 자기 혼자 무엇을 결정한다는 것은 쉬운 일이 아니다. 밑에 있는 사람은 위에서 시키는 대로 하기만 하면 된다. 순종만 잘하면 밑에 있는 사람의 역할을 잘 할 수 있다. 그러나 스스로 의사를 결정하고 책임을 져야 하는 민주주의 제도에서 각 개인의 책임은 막중해진다. 물론 각 개인에게 행위 결정의 지침이 있다면 문제가 되지 않을 것이다. 그러나 각 개인에게 행위를 결정할 정확한 지침이 없을 때에는 유행을 따라가는 선택과 결정이 되기 쉽다. 그 결과는 위험해질 수 있다. 각 개인에게 행위 결정의 지침이 없는 상황에서 민주주의는 매우 위험한 제도가 된다. 이 대목에서 우리 그리스도인의 기여가 필요하다. 그리스도인은 민주적 결정 과정의 지침으로서 사랑을 사회 구석구석에서 몸소 보이며 사회를 이끌어야 한다.

민주주의는 그 원리가 실현되기 위한 전제 조건이 그 제도나 시스템보다 더 중요한 경우가 많다. 민주주의 원리를 실현할 수 있는 전제 조건이 확보되지 않은 상황에서 제도만 민주주의로 되어 있는 경우, 다수에 의한 소수의 피해를 막을 길이 없고, 독재자의 여론 정치에 휘둘려 정당하고 바른 정책이 결정되지 않을 수 있으며, 국민들이 개인의 사소한 이익을 위해 국가적 대의를 망가뜨릴 수 있다. 그러므로 민주주의 사회가 이루어지기 위해서는 무엇보다도 민주주의 사회 구현을 위한 전제 조건들이 먼저 확보된 사회를 만들어야 한다.

민주주의 사회를 이루기 위해서는 구성원들의 동질성 확보가 필연적이다. 구성원들의 동질성이 확보되지 않으면 그 민주주의는 국민들의 동의를 얻을 수 없고, 그 결과 민주적 결정의 정당성을 얻기 쉽지 않아 사회가 혼란에 빠질 위험이 있다.

민주주의 사회를 실현하기 위한 동질성에는 여러 종류가 있다. 먼저, 가장 원초적인 민족적 동질성이 있다. 사회 구성원들이 서로 같은 민족으로서 동질성을 가지고 있어야 한다. 그러나 이 민족적 동질성은 자주 소수 민족에 대한 탄압으로 나타날 수 있다. 오늘날 우리나라의 현실처럼 지방색이 강하게 나타나면 다수가 아닌 소수의 지방은 늘 소외되고 손해를 보게 된다. 민족적 동질성이 확보되지 않으면 다수결의 원리는 그 정당성을 잃어버리게 된다. 이질성을 극복하고 동질성을 확보하는 것이 민주주의의 가장 중요한 전제 조건이다.

사회적인 동질성도 중요하다. 계급의 차이가 없어야 사회적 동질성이 확보되었다고 할 수 있다. 가난한 자와 부유한 자가 확연히 구분되면 민주주의가 어려워진다. 가진 자와 못 가진 자가 분명하게 선이 그어져 버리면 민주주의는 이루어질 수 없다. 반목과 질시만 늘어가고 사회적 합의나 조율은 불가능해진다.

경제적 부흥도 민주주의를 이루는 전제 조건이다. 역사적으로 경제 공황이 오면 민주주의는 후퇴했다. 1929년 미국의 공황으로 루스벨트의 독재 정책이 가능했다. 근대 역사의 최고 헌법이라는 바이마르 공화국의 헌법도 경제 공황으로 무너지면서 히틀러가 등장하는 계기가 마련되었다. 경제 공황 아래에서는 민주주의의 기본 원리인 의사의 자율성이 확보될 수 없다. 다르게 선택할 길이 없다. 이때 민주주의는 쇠퇴하고 독재가 나서게 된다.

이처럼 동질성 확보가 민주주의의 가장 기본적인 전제 조건이지만, 그러한 동질성이 쉽게 이루어지지 않는다는 데 민주주의의 어려움이 있다. 민족적 동질성이 여러 소수 민족들과 소수 지방이 있는 상황에서 이루어지기가 어렵고, 사회적 동질성 역시 빈부 격차가 점점 커질 수밖에 없는 자본주의 사회에서 확보되기가 쉽지 않다. 이럴 때 동질성 확보를 보충하기 위해 가장 필요한 것이 관용 정신이다. 관용의 국민정신이 이질성을 극복할 수 있게 한다. 그러므로 관용하는 마음을 갖는 것이 민주주의 사회 구현을 위한 또 다른 전제 조건이다.

관용이란 나와 다른 타인을 인정해주는 것이다. 다른 것을 다른 것으로 인정하며 틀렸다고 정죄하지 않는 것이 관용이다. 이러한 마음이 없다면 민주주의는 실현될 수 없다. 절대 독재 사회에서만 절대적 단일성이 이루어질 수 있다. 민주주의는 다수의 사람들이 다수의 의견을 서로 자유롭게 표현하며 설득과 타협을 통해 서로 동의해 나가는 과정이 절대적으로 필요한 제도이다. 관용의 정신 없이 이런 과정은 설 자리가 없다.

이러한 관용은 다수결 원리에서도 나타나야 한다. 소수자의 의견을 수렴하기 위해서는 반드시 관용의 정신이 필요하다. 그 과정에서 타협의 원리가 필요하다. 다수자가 소수자에게 양보할 것은 양보하고, 베풀 것은 베풀어야 타협을 통한 정책 결정 과정이 민주적인 과정으로 진행될 수 있다.

그런데 이 모든 조건보다 국민들의 자질이 가장 중요한 민주주의의 조건이다. "국민들에게 좋은 정부를 선택할 수 있는 자질이 있는가?"가 민주주의의 실현 가능성을 결정한다. 돈 안 쓰는 선거를 아무리 주장해도,

돈 안 쓰면 표를 주지 않는 정치 풍토 속에서는 그 이상을 구현할 수 없다. 민주주의가 정당한 과정으로서 실현될 수 없는 것이다.

이런 상황에서 나는 그리스도인의 적극적인 정치 참여를 권한다. 목사인 나의 이런 입장을 상당히 부정적으로 보는 이들이 많다. 나는 전두환 정권의 칼날 같은 독재 시절에 대학에 다니면서 데모 한 번 해보지 않았다. 겁 많은 성격 탓일 수도 있으나 교회에서 가르치는 정교분리의 원칙은 데모에 참여하지 않는 적당한 핑곗거리가 되었다. 대학 졸업 후 곧바로 신학 과정에 들어간 나는 사회 경험을 할 기회가 전혀 없었고, "정치"의 "정"자에도 관심이 없었다. 대학 시절에는 데모하는 대신에 열심히 복음을 전하러 다녔고 성경공부를 하러 다녔다. 그러던 내게 우리 과의 한 여학생이 내지른 말이 있었다. 나는 그 말을 아직도 생생히 기억하고 있다. 과에서 전형적인 그리스도인으로 유명했던 내게 운동권으로 유명했던 그 여학생은 말했다. "나는 너희들이 이 나라의 이 불행한 상황에서 무언가를 해주기를 바랐다." 그 여학생이 나 한 사람에게 말하면서 너희들이라는 복수형을 사용한 것은 모든 그리스도인에게 하는 말이어서 그랬을 것이다. 그리스도인이 독재의 횡포 속에서 방황하는 국민들을 위해 무언가 해야 하지 않느냐는 질책이었다. 그러나 나는 당시 그 여학생이 무슨 말을 하는지조차 이해하지 못했다.

세월이 흘러 목회 현장에서 여러 사회적 모순들을 접하면서 나도 모르게 적극적으로 정치에 참여하게 되었다. 목사가 목회나 열심히 하라는 소리를 들을 때마다 나는 교회에 오는 양들뿐만 아니라 교회에 오지 않는 양들을 위해서라도 적극적으로 정치에 참여해야 한다고 주장한다.

어렸을 때 나는 "주님 뜻대로 살기로 했네"라고 찬양하며, 주님의 뜻이 "이 세상 사람 날 몰라 줘도, 세상 등지고 십자가 보"는 것이라고 생각했다. 그래서 "뒤돌아서지 않겠네"를 노래하며 십자가를 지고 주님의 뜻대로 살기로 다짐했다. 그러나 세월이 흘러가면서 그 십자가가 세상 속에 있음을 깨닫게 되었다. 이 세상을 떠나면 더 이상 십자가도 없다. 이 세상에서 주님이 우리에게 지어준 십자가를 져야 한다.

변화산상에서 베드로가 초막 셋을 짓고 싶어 했던 것처럼(마 17:4) 우리도 "밤 깊도록 동산 안에 주와 함께 있으려" 한다(찬송가 499장, 새찬송가 442장). 그러나 주님은 변화산에서 내려와 스스로 십자가를 지시고 제자들에게도 자기 십자가를 지고 따라오라고 명령하셨다. 그리고 동일하게 우리에게도 "슬픈 세상에 할 일 많아서 날 가라"고 명령하신다. "세상 등지고 십자가 보네"라고 외치지만, 내가 짊어져야 할 십자가는 이 세상 안에 있다. 세상의 빛과 소금이 되려면 밤이 깊도록 동산에 머물며 주님과 교제하는 것만으로는 되지 않는다. 어두운 세상으로 나아가야 빛의 역할을 할 수 있다. 썩어빠진 세상으로 나아가야 소금의 역할을 할 수 있다. 더러운 곳으로 나아가야 걸레로서 그 더러운 것들을 깨끗하게 닦아낼 수 있다.

나는 이 나라의 정치 현실을 보며 사사기 9장의 가시나무 왕을 생각하곤 한다. 나무들이 왕을 세우기 위해 길을 나섰다. 먼저 올리브나무에게 가서 말했다. "네가 우리의 왕이 되어라." 올리브나무가 정중하게 사양하며 말한다. "내가 어찌 하나님과 사람을 영화롭게 하는 이 충성한 기름 내는 일을 그만두고 가서 다른 나무들 위에서 날뛰겠느냐?" 이에 나무들은 무화과나무에게로 가서 말했다. "네가 우리의 왕이 되어라." 무화과나무 역시 정중히 거절한다. "내가 어찌 달고 맛있는 과일 맺기를 그만두고 가서 다른 나무들 위에서 날뛰겠느냐?" 이번에 나무들은 포도나무에게 가서 동일하게 말했다. "네가 우리의 왕이 되어라." 포도나무 역시 거절한다. "내가 어찌 하나님과 사람을 즐겁게 하는 포도주 내는 일을 그만 두고 가서 다른 나무들 위에서 날뛰겠느냐?"

그래서 나무들은 할 수 없이 가시나무에게 가서 말했다. "네가 우리의 왕이 되어라." 가시나무는 기다렸다는 듯이 왕의 자리를 수락하며 선언한다. "너희가 참으로 나에게 기름을 부어 너희의 왕을 삼겠느냐? 그렇다면 와서 나의 그늘 아래로 피하고 숨어라. 그렇지 않으면 이 가시덤불에서 불이 뿜어져 나와 레바논의 백향목을 살라 버릴 것이다."

가시나무 그늘이 얼마나 되기에 그 그늘에 피할 수 있겠는가? 겨우 불쏘시개에나 쓸까 가시나무가 어디에 쓸 데가 있기에 레바논의 백향목과 같이 귀한 나무를 불사른단 말인가? 왕이 될 만한 재목들은 각기 자신이 하는 일들에 대한 보람과 기쁨을 내세워 왕의 자리를 사양하는데, 할 일 없고 쓸모없는 가시나무만 왕의 자리를 수락하고, 결국 다른 나무들을 불사르는 화를 가져왔다.

나는 올리브나무와 무화과나무, 포도나무 같은 이 땅의 신실한 그리스도인이, 자신들이 하는 일에 보람을 느끼고 자부심이 있다 하더라도 가시나무에게 왕권을 넘기는 어리석은 일은 하지 않기를 바란다. 자기 일에 충실하면서도 교회 밖의 사람들에게 관심을 가지고 그들을 섬기는 생활 정치인으로 활동해주기를 바란다. 더 나아가 그리스도인으로서 이미 정치에 뛰어든 사람들은, 하나님나라의 관점에서 이 나라를 어떻게 다스릴 것인가를 고민해주기를 바란다. 정직과 개혁을 말하면서 스스로 개혁 대상이 되는 그리스도인 정치인들을 얼마나 많이 보아왔던가? 하나님나라가 우리의 소망이듯 이 나라가 그 나라로 나아가는 디딤돌이 되도록 제도를 개혁하고 비전을 제시할 책임이 그리스도인 정치인들에게는 더욱 크게 자리 잡기를 바란다.

예수께서 선포하신 주제가 "나라"였다는 사실은 우리의 관심이 나라에 있어야 한다는 것을 보여준다. "그 나라"에 대한 관심이 "이 나라"에 대한 관심을 이끌게 되어 있다. 정의와 평화와 기쁨의 "그 나라"를 지금 여기 "이 나라"에서 만들어 누릴 책임과 의무가 우리 모든 그리스도인에게 있다. 마치 개인의 영역에서 이미 의롭게 되었지만 아직 완전한 의가 이루어지지 않아 그 긴장 상태에 놓인 그리스도인으로서 감당해야 할 의무와 책임이 있는 것처럼, 국가적 차원에서 이미 정의와 평화와 기쁨의 나라가 도래했지만 아직 완성되지 않아 불의와 전쟁, 불행이 지배하는 "이 나라"에서 "그 나라"를 이루어 가야 할 책임과 의무가 우리 모든 그리스도인에게 있는 것이다. 이 책의 주제는 바로 이것이다.

하나님께서 창조하신 하나님나라를 타락 가운데에서도 예수 그리스도의 십자가로 말미암아 회복하신 것처럼, 우리 모든 그리스도인이 "그 나라"의 복음을 증거하는 선교를 통해 교회를 세우고 국가를 변화시켜 "그 나라"를 이루어 가야 한다. "그 나라"를 "이 나라"에 건설할 책임과 의무가 각 그리스도인의 성화에 대한 의무와 동일하게 우리 각 그리스도인에게 있다.

닫는 말

휴! 이제야 끝났다. 그동안 몇 번씩 이 책을 완성하려고 시도했지만 용두사미가 되기를 몇 번, 그 오랫동안의 무거운 짐을 이제야 벗는다. 1998년 처음 중국에서 하나님나라를 강의한 이후, 일본의 동경 반석교회와 요코하마 반석교회, 일산영문교회와 서울 방주교회, 그리고 인천과 서울, 캐나다 캘거리와 미국 보스턴의 여러 교회들에서 이 책의 일부를 설교하거나 강의했고, 우리 예닮장로교회에서는 하나님나라의 비유로 지난 1년 동안 설교했으며, 언약신학원과 총회신학연구원에서 이 주제로 강의했던 기억이 새롭다.

기대가 컸던 만큼 아쉬움도 크다. 강의로는 쉽게 표현할 수 있었던 내용이 글로는 쉽게 표현되지 않아 머리를 쥐어짠 부분도 종종 있고, 아직 개념이 정립되지 않아 이 책 저 책 뒤지느라 시간을 보내기도 했기에, 막상 글을 마치면서는 부끄러움과 아쉬움이 밀려온다. 그러나 이번에는 여기까지만 욕심을 내자.

이 책을 마무리할 때쯤 나는 "토지정의시민연대"의 간사로 수고하시는 남기업 박사를 만났다. "성경적 토지정의를 위한 모임"(성토모)에 대해 들었다. 성토모가 예수원에서 개최하는 "여름토지학교"에도 참석했다. 하나님나라에 대해 집필하던 나는 하나님나라와 이 세상에서의 경제적 정의에 대한 관계들을 정리하여 이 책에 포함시키고 싶은 욕심이 생겼다. 헨리 조지(Henry George)의 이론을 공부하여 요약할 필요성도 느꼈다. 그러나 이번에는 여기까지만 욕심을 내고 책을 마무리짓기로 했다. 하나님나라와 경제라는 주제는 추후로 미루었다.

지난해 우리 교회의 표어를 "우리의 삶은 하나님이 주시는 가능성들로 가득 차 있습니다"라고 정했다. 그리고 주일마다 큰소리로 표어 제창을 했다. 그러나 과연 우리는 그 의미를 얼마나 절실하게 느끼고, 그 표어대로 생각하며 살고 있는가?

항상 청년이고 싶은 나는 청년들에게 하고 싶은 말들이 많다. 그중에서 가장 자주 하는 말은 위의 표어와 같은 가능성에 대한 이야기이다. 흔히 철학 용어로 가능태와 현실태를 구분한다. 하나님은 가능태가 없는 온전한 현실태이시다. 그러나 인간은 무한한 가능성을 가지고 있는 가능태이다. 내가 만일 내게 있는 음악적 재능을 살릴 기회가 있었더라면, 언어 능력을 발휘할 수 있었더라면 어땠을까? 내 안에 잠재된 능력을 좀 더 계발했더라면 지금과는 다른 모습이지 않았겠는가? 그 동일한 가능성은 오늘날에도 동일하게 존재한다. 내가 만일 오늘의 삶을 내일의 가능한 일들에 투자하고 준비하여 실현해 나간다면 먼 훗날 내게 있는 가능태는 무한할 것이다.

그러나 꿈만 꾸어서는 꿈을 이룰 수 없다. 그 꿈을 이루기 위해서는 오늘 여기에서 삶을 가꾸고 일구어야 한다. 한때 베르나르 베르베르의 『개미』라는 소설에 심취했던 적이 있다. 소설에서 여왕개미 중 한 마리가 문는다. "삶에서 가장 중요한 순간은 언제인가? 살아가면서 이루어야 할 가장 중요한 일은 무엇인가? 행복의 비결은 무엇인가?"[1] 모든 개미들이 머리를 맞대고 대답을 제시했지만 어느 것 하나 여왕개미의 마음에 들지 않았다. 여왕개미는 그 대답을 얻기 위해 홀로 자신의 도시를 떠나 바깥세계로 나갔다. 바깥세상은 여왕개미에게 편한 곳이 아니었다. 여왕개미는 살아남기 위해 처절하게 싸웠다. 마침내 집으로 돌아온 여왕개미는 자신이 사라져서 도시가 큰 슬픔에 잠겨 있는 것을 보고, 자신이 바깥세상에서 깨달았던 대답을 제시했다. 바깥세상에서 야만스러운 개미들과 싸우다가 그 질문에 대한 답을 깨달았던 것이다.

가장 중요한 순간은 지금이다. 누구나 현재에서만 행동할 수 있기 때문이다. 현재에 몰두하지 않으면 미래도 놓치게 된다. 가장 중요한 일은 지금 우리 앞에 있는 것과 맞서는 것이다. 전투에서 자기를 죽이려는 다른 개미를 처치하지 못한다면 죽을 수밖에 없기 때문이다. 행복의 비결은 살아서 땅 위를 걷는 것이다. 아주 단순하다. 현재의 순간을 즐기는 것, 지금 내 앞에 있는 일에 몰두하는 것, 그리고 땅 위를 걷는 것. 『개미』의 저자가 던지는 이러한 메시지에 대해 당신은 어떻게 생각하는가?

지금 이 순간이 가장 중요한 시간이고, 지금 우리가 하고 있는 일이 가장 중요한 일이며, 지금 여기에서 우리에게 주어진 일을 하는 것이 가장 행복한 일이라는 사실을 깨닫는 데서 출발하자! 그러나 우리에게는 아직도 무한한 가능성이 열려 있다. "내일 지구의 종말이 온다 해도 나는 오늘 한 그루의 사과나무를 심겠다"던 어느 철학자의 말은 그리스도인의

---

[1] 베르나르 베르베르, 『개미(2)』 이세욱 역(서울: 열린책들, 1993, 2001), pp. 264-265.

종말론적 인생관을 반영한다.[2] 내일 죽을지도 모르지만 오늘 사과나무를 심는 것이 미래의 소망을 품고 사는 우리 그리스도인의 모습이다. 무한한 가능성을 끝까지 포기하지 않는 것이다.

그런 점에서 나는 구약성경의 지혜서라고 부르는 책들을 좋아하며, 특히 전도서를 아주 좋아한다. 전도서를 솔로몬의 말이라고 해도 큰 문제는 없을 것이다. 솔로몬은 어떤 사람인가? 이스라엘 역사에서, 아니 인류 역사에서 그와 같은 부귀와 영화를 누린 사람이 몇이나 되겠는가? 그 솔로몬이 전도서를 통해 우리에게 권면하고 있다. 특히 11장은 많은 생각을 하게 한다.

솔로몬은 먼저 "너는 네 떡을 물 위에 던져라 여러 날 후에 도로 찾으리라"(전 11:1)고 말한다. 무슨 뜻인지 이해하기 쉽지 않다. 새번역으로 보면 더욱 어렵다. "돈이 있으면, 무역에 투자하여라. 여러 날 뒤에 너는 이윤을 남길 것이다"(전 11:1, 새번역). 전혀 다른 뜻으로 의역해 놓았다. 이 말씀은 고대 농사법을 이해한 상태에서 읽어야 한다. 고대 농사법에서는 씨 뿌리는 사람과 거두는 사람이 달랐다. 나일강이 범람할 때 물 위에 씨를 뿌리면, 그 씨가 흐르고 흘러 다른 곳에 가서 열매를 맺게 된다. 내가 뿌렸더라도 다른 사람이 거둘 수밖에 없다. 한편 나는 여기에서 상류의 다른 사람이 뿌린 것들을 거둔다. 이렇듯 우리 인생은 씨 뿌리는 사람과 거두는 사람이 다를 때가 많다. 내가 뿌린 것을 내가 거둘 수 없다고 씨 뿌

---

[2] 흔히 스피노자의 말로 알려져 있지만 마르틴 루터의 말이라고 한다. 나는 이 짧은 말 속에 그리스도인의 종말론적 삶의 자세와 희망에 대한 태도가 들어 있다고 생각한다. 비록 내일 주님이 오신다고 해도, 비록 내일 내가 죽는다고 해도, 내게 주어진 오늘 여기에서의 일에 최선을 다해야 하는 것이다.

리는 일을 그만두겠는가? 그럴 수 없다. 나 역시 내가 뿌리지 않은 것을 거두지 않던가? 그러니 비록 내가 뿌린 씨앗을 내가 거두지 못한다고 할지라도 씨 뿌리기를 게을리 해서는 안 된다.

이어지는 2절은 조금 쉽다. 요즈음 주식 투자하는 사람들에게 "달걀을 한 바구니에 넣어 두지 말라"는 유명한 격언이 아닌가? "일곱에게나 여덟에게 나눠 줄지어다 무슨 재앙이 땅에 임할는지 네가 알지 못함이니라"(전 11:2). 새번역으로 읽으면 뜻이 더욱 잘 통한다. "이 세상에서 네가 무슨 재난을 만날지 모르니, 투자할 때에는 일곱이나 여덟로 나누어 하여라"(전 11:2, 새번역). 우리나라 사람들은 "도 아니면 모" 기질이 있다. 그러니 로또 열풍이 불고, 땅 투기 열풍이 불고, 다른 사람들이 김치 냉장고를 사면 나도 김치 냉장고를 사야 한다. 그러나 조금만 더 여유를 가져 보라. 훨씬 더 풍성한 삶을 살게 될 것이다.

3절은 만사에 다 때가 있다는 말씀으로 이어진다. "구름에 비가 가득하면 땅에 쏟아지며 나무가 남으로나 북으로나 쓰러지면 그 쓰러진 곳에 그냥 있으리라"(전 11:3). "구름에 물이 가득 차면, 비가 되어서 땅 위로 쏟아지는 법. 나무가 남쪽으로나 북쪽으로 쓰러지면, 어느 쪽으로 쓰러지든지, 쓰러진 그 곳에 그대로 있는 법"(전 11:3, 새번역). 비가 오려면 구름에 물이 가득 차야 한다. 그러나 나무라는 것은 어느 쪽으로든 쓰러지면 쓰러진 대로 그대로 있다. 그러니 비를 기다리는 사람들은 구름에 물이 가득 찰 때까지 기다려야 하지만, 나무를 사용하고자 하는 사람은 쓰러진 나무를 일으켜 세우든지, 아니면 가져다가 사용하든지 해야 한다. 만사에는 기다려야 할 일이 있고, 일으켜 세워야 할 일이 있다. 기다릴 일을 기다리지 못하면 망할 것이고, 일으켜 세워야 할 일을 또한 기다리면 역시 망할 것이다.

"조장"(助長)이라는 고사 성어를 만들어낸 송나라 사람의 이야기가 유명하다. 보리밭에 가서 날마다 보리가 자라기를 기다리던 송나라의 그 어리석은 사람은 보리 싹이 돋자 빨리 자라라고 그 싹을 조금씩 뽑아주었다. 하지만 조장하면 죽는다. 보리는 추운 겨울에 오히려 밟아야 죽지 않고 살아남을 수 있다. 밟을 때는 밟더라도 자라게 그냥 두어야 할 때도 있다. 때의 중요함이 여기에 있다. 타이밍이라고 하지 않던가? 인생의 타이밍을 놓치면 영영 다시 잡을 수 없다. 영국 속담에 "기회란 녀석은 뒷머리가 대머리이다. 앞에 있을 때 잡아채지 않으면 지나간 뒤에는 잡을 수 없다"고 했다. 타이밍을 놓치지 말자.

개역개정 성경의 4절은 전혀 다르게 번역되어 있다. "풍세를 살펴보는 자는 파종하지 못할 것이요 구름만 바라보는 자는 거두지 못하리라"(전 11:4). 그러나 새번역이 잘된 번역이다. "바람이 그치기를 기다리다가는, 씨를 뿌리지 못한다. 구름이 걷히기를 기다리다가는, 거두어들이지 못한다"(전 11:4, 새번역). 타이밍을 잡기 위해 기다리기도 하고 일으켜 세우기도 해야 하지만, 마냥 기다린다고 되는 것도 아니고, 마냥 일으켜 세운다고 되는 것도 아니다. 바람이 그치기만을 기다리다가는 씨를 뿌릴 수 없다. 구름이 걷히기만을 기다리다가는 추수 때가 지나가버린다. 그러니 어떻게 해야 한단 말인가?

5절에서 정답의 실마리를 발견할 수 있다. "바람의 길이 어떠함과 아이 밴 자의 태에서 뼈가 어떻게 자라는지를 네가 알지 못함 같이 만사를 성취하시는 하나님의 일을 네가 알지 못하느니라"(전 11:5). "바람이 다니는 길을 네가 모르듯이 임신한 여인의 태에서 아이의 생명이 어떻게 시작되는지 네가 알 수 없듯이, 만물의 창조자 하나님이 하시는 일을 너는 알지 못한다"(전 11:5, 새번역). 우리가 아등바등한다고 타이밍을 잡을 수 있는

게 아니다. 과학적으로 분석하고 연구한다고 가능한 일도 아니다. 만사를 성취하시는 분은 우리가 아니라 하나님이시다. 우리가 태어난 것도 우리 마음대로가 아니었다. 군인이 되든, 학생이 되든, 직장에 다니든, 개인 사업을 하든 우리 마음대로 되었다고 자신 있게 말할 수 있는가? 돌아보라. 우리가 스스로 원해서 된 일이 얼마나 되는가? 진실로 정직하게 자신을 되돌아보는 사람은 하나님을 믿지 않을 수 없다. 하나님을 인정하지 않을 수 없다.

그렇다면 하나님을 인정하는 사람은 어떻게 살아야 타이밍을 놓치지 않을 수 있는가?

6절에 그 대답이 나와 있다. "너는 아침에 씨를 뿌리고 저녁에도 손을 놓지 말라 이것이 잘 될는지, 저것이 잘 될는지, 혹 둘이 다 잘 될는지 알지 못함이니라"(전 11:6, 개역한글). "아침에 씨를 뿌리고, 저녁에도 부지런히 일하여라. 어떤 것이 잘 될지, 이것이 잘 될지 저것이 잘 될지, 아니면 둘 다 잘 될지를, 알 수 없기 때문이다"(전 11:6, 새번역). 이것이 잘 될지, 저것이 잘 될지, 아니면 둘 다 잘 될지 모른다.

나는 여기에 한 가지를 더 덧붙인다. 둘 다 잘못 될지도 모른다는 것이다. 그렇다! 우리는 미래의 일에 대해 아무것도 모른다. 그러니 "에이" 하고 우리에게 주어진 일을 지레 포기하거나 소홀히 하기보다는 이 일이 내게 무슨 열매로 맺힐지 기대하며 최선을 다하는 것이 중요하다. 자신이 하는 일들에 스스로 의미를 부여하고 최선을 다하라. 어느 것이 잘 될지 아무도 모르기 때문이다. 혹시 하나님이 축복하시면 둘 다 잘 될지 누가 알겠는가?

학교에서 가르치는 사람으로서 나는 칭찬에 참으로 인색하다. 칭찬이 사람들에게 내재된 능력을 끌어낼 수 있다는 것을 알면서도 칭찬이 쉽게 나오지 않는다.³ "믿습니다"만 외치다가 신학을 공부하면서부터는 비판적인 안목이 생기면서 그 후로 "믿습니다!"나 "아멘"이 그냥 나오지는 않는다. 반드시 한번 되씹어 본 후에야 동의하고 인정하게 된다. 그러니 학생들에게도 맹목적인 신앙을 가질 게 아니라 비판적인 안목을 키우라고 촉구할 때가 많다. 수업 시간에도 잘한 것을 칭찬하기보다는 못하고 부족한 점을 지적하는 것이 대부분이다.

지난여름 방학 중에 어느 학생이 내게 들려준 말이 있다. 수업 시간에 내게 칭찬을 들은 학생이 한 명 있었는데, 그 학생이 학기 초에는 학교에 다니기 싫다는 둥 형편이 어렵다는 둥 불만투성이었단다. 그런데 수업 시간에 내게 칭찬을 듣고 난 후로 사람이 완전히 바뀌었다는 것이다. 삶에 의욕이 생기고 공부에도 열심을 낸다는 것이다. 그 말을 듣고 나는 칭찬이 그리도 좋은 것인데 왜 그동안 칭찬에 인색했는가 반성했다.

사실 칭찬 듣기 싫은 사람이 어디 있겠는가? 그러나 세상의 칭찬은 우리를 교만하게 할 수 있고 시험에 들게 할 수도 있다. 그러기에 잠언 기자는 "도가니로 은을, 풀무로 금을, 칭찬으로 사람을 단련하느니라"(잠 27:21)고 말씀한다. 더 나아가 "타인이 너를 칭찬하게 하고 네 입으로는 하지 말며 외인이 너를 칭찬하게 하고 네 입술로는 하지 말지니라"(잠 27:2)고 권면한다. 때로 칭찬은 우리를 시험 들게도 하지만 연단하여 단련시키기도 한다. 그런데 다른 사람에게 칭찬 듣기를 바라기만 할 게 아니

---

3 "자기 충족적 예언"(Self-fulfilling Prophecy)이라는 용어를 교육학 책에서 찾아볼 수 있다. 예언이 스스로 그 예언을 성취해 나간다는 의미이다. 어렸을 때부터 "이 녀석 장군감이야"라는 소리를 많이 들은 아이가 진짜 장군이 되었다는 식이다. 그래서 교육학에서는 칭찬의 중요성을 강조한다. 칭찬이 그 사람의 미래를 결정할 수 있다는 것이다. 이에 반대되는 개념으로 자기 파괴적 예언(Self-Defeating Prophecy)이 있다.

라 스스로를 칭찬하는 데 인색하지 말아야 한다. 자신의 가능성을 인정하고 실현하기 위해 스스로를 칭찬하며 발전해 나가야 한다.

7절은 이러한 가능성 안에서 날마다 기쁘게 살아가라고 권면한다.『개미』저자가 이 구절을 인용한 듯싶다. "빛은 실로 아름다운 것이라 눈으로 해를 보는 것이 즐거운 일이로다"(전 11:7). "빛을 보고 산다는 것은 즐거운 일이다. 해를 보고 산다는 것은 기쁜 일이다"(전 11:7, 새번역). 지금 여기에서 햇빛을 보고 산다는 것이 얼마나 즐겁고 행복한 일이라는 말인가? 그러니 항상 즐거워하는 것 역시 인생의 힘이요 능력이다.

"사람이 여러 해를 살면 항상 즐거워할지로다 그러나 캄캄한 날들이 많으리니 그 날들을 생각할지로다 다가올 일은 다 헛되도다"(전 11:8). "오래 사는 사람은 그 모든 날을 즐겁게 살 수 있어야 한다. 그러나 어두운 날들이 많을 것이라는 것도 기억해야 한다. 다가올 모든 것은 다 헛되다"(전 11:8, 새번역). 어두운 날이 있을 것이라는 예상이 오늘의 행복을 빼앗아 가지 못한다. 그래서 비록 오늘 어둡더라도 더 어두운 날이 올 수 있음을 기억하면 항상 행복하고 즐겁게 살 수 있다.

그러니 솔로몬이 젊은이에게 한 충고를 들어보라. "청년이여 네 어린 때를 즐거워하며 네 청년의 날들을 마음에 기뻐하여 마음에 원하는 길들과 네 눈이 보는 대로 행하라 그러나 하나님이 이 모든 일로 말미암아 너를 심판하실 줄 알라"(전 11:9). "젊은이여, 젊을 때에, 젊은 날을 즐겨라. 네 마음과 눈이 원하는 길을 따라라. 다만, 네가 하는 이 모든 일에 하나님의 심판이 있다는 것만은 알아라"(전 11:9, 새번역).

우리는 우리의 젊음을 즐길 수 있어야 한다. 즐기지 못하는 사람은 아무것도 할 수 없다. 공부 잘하는 사람은 공부할 때는 어떻게 공부해야 잘 할 수 있을까를 생각하고 놀 때에는 어떻게 잘 놀 수 있을까를 생각한다.

하지만 공부 못하는 사람은 공부할 때에는 어떻게 놀까 생각하고, 놀 때에는 공부해야 한다는 생각만 한다. 그런 사람은 공부도 못하고 놀지도 못한다.

젊은이여, 젊음을 즐겨라! 시중에 『20대에 꼭 해야 할 몇십 가지 일』, 『30대에 꼭 해야 할 몇십 가지 일』이라는 책이 있다. 읽어보지는 않았지만 해볼 일은 꼭 해보라. 해볼 수 있는 일은 꼭 해보라. 하지 않고 후회하는 것보다는 해보고 후회하는 편이 낫다고 한다. 단, 한 가지 잊지 말 것은 "이 모든 일에 하나님의 심판이 있다"는 것이다. 하나님이 아니어도 역사가 심판한다. 열심히 공부한 사람과 그렇지 않은 사람은 시험이 꼭 심판하지 않던가? 역사가 심판하고 세월이 심판하고 하나님이 심판하신다. 그 점을 잊지 않는다면 해볼 수 있는 일은 모두 해보라.

다음도 이러한 권면에 이어지는 말씀이다. "그런즉 근심이 네 마음에서 떠나게 하며 악이 네 몸에서 물러가게 하라 어릴 때와 검은 머리의 시절이 다 헛되니라"(전 11:10). 새번역으로 보면, "네 마음의 걱정과 육체의 고통을 없애라. 혈기왕성한 청춘은 덧없이 지나가기 때문이다"(전 11:10, 새번역). 청춘의 때, 곧 지나가버릴 청춘의 시기에 마음의 걱정과 육체의 고통을 없애고 즐길 만큼 즐겨라. 누릴 만큼 누려라.

전도서 11장의 본문은 여기에서 결론짓지 않는다. 12:1-2을 읽어야 한다. 11장의 결론을 12장에서 내기 때문이다. "너는 청년의 때에 너의 창조주를 기억하라 곧 곤고한 날이 이르기 전에, 나는 아무 낙이 없다고 할 해들이 가깝기 전에 해와 빛과 달과 별들이 어둡기 전에, 비 뒤에 구름이 다시 일어나기 전에 그리하라"(전 12:1-2). "젊을 때에 너는 너의 창조주를 기억하여라. 고생스러운 날들이 오고, 사는 것이 즐겁지 않다고 할 나이가 되기 전에, 해와 빛과 달과 별들이 어두워지기 전에, 먹구름이 곧 비를 몰고 오기 전에, 그렇게 하여라"(전 12:1-2). 창조주 하나님을 기억하고 인생의 어두운 때를 준비하며 오늘 여기에서의 삶을 소중하게 여기며 즐길 줄 아는 것, 이것이 만사를 이루시는 하나님을 믿는 우리의 지혜로운 삶의 태도이다.

결론으로 다시 소설 『개미』에 나오는 이야기를 소개한다.[4]
1950년대 영국의 컨테이너 운반선 한 척이 스코틀랜드 한 항구에 머물렀다. 포르투갈 산 마디라 포도주를 운반하는 배였다. 한 선원이 모든 짐을 다 부렸는지 확인하기 위해 한 냉동 컨테이너에 들어갔다. 그때 그가 안에 있는 것을 모르는 다른 선원이 밖에서 냉동실 문을 닫아버렸다. 안에 갇힌 선원은 있는 힘을 다해 벽을 두드리며 소리를 질렀지만 아무도 그 소리를 듣지 못했고 배는 포르투갈을 향해 다시 떠났다. 냉동실 안에 식량은 충분히 있었다. 그러나 선원은 자기가 오래 버티지 못할 것을 알고 있었다. 그래도 그는 힘을 내어 쇳조각 하나를 들고 냉동실 벽 위에 자기가 겪은 고난의 이야기를 시간별, 날짜별로 새겼다. 그는 죽음의 고통을 꼼꼼하게 기록했다. 냉기에 코와 손가락과 발가락이 꽁꽁 얼고 몸이 마비되는 과정을 적었고, 찬 공기에 언 부위가 견딜 수 없이 따끔거리며 상처로 변해 가는 과정을 묘사했다. 온몸이 조금씩 굳어지면서 얼음덩어리가 되어가는 과정을 기록했다.
배가 리스본 항에 닻을 내렸을 때 냉동 컨테이너의 문을 연 선장은 죽어 있는 선원을 발견했다. 선장은 벽에 꼼꼼하게 새겨 놓은 고통의 일기

---

[4] 베르나르 베르베르, 『개미(2)』 이세욱 역(서울: 열린책들, 1993, 2001), pp. 150-151.

를 읽었다. 그러나 정작 놀라운 것은 그게 아니었다. 선장은 컨테이너 안의 온도를 재보았다. 온도계는 섭씨 19도를 가리키고 있었다. 그곳에 화물이 들어 있지 않았기 때문에 스코틀랜드에서 돌아오는 항해 동안 냉동 장치를 작동하지 않았던 것이다. 그 선원은 단지 춥다고 생각했기 때문에 죽음을 맞이했다. 혼자만의 상상 때문에 죽은 것이다.

이처럼 인간의 사고는 무엇이든 이루어 낼 수 있는 힘이 있다. 당신은 당신의 미래에 대해 어떻게 사고하는가? 우리의 삶은 하나님이 주시는 가능성들로 가득 차 있다.

하나님나라의 백성은 하나님께서 주신 가능성들을 현실태로 만들기 위해 끊임없이 노력하고 도전하며 앞으로 나아간다. 비록 하나님나라가 하나님의 뜻에 의해 완성된다는 것을 인정할지라도, 지금 여기에서 우리가 받은 달란트를 최대한 사용하여 장사하고 이익을 남기려고 노력하는 것이다.

농부는 봄에 씨를 뿌린다. 언뜻 씨를 버리는 것처럼 보이지만 실은 씨를 뿌리며 풍성하게 수확할 가을을 바라보고 있다. 그리스도인은 이 세상에서 사는 동안 씨 뿌리는 농부처럼 언뜻 시간과 물질과 삶을 버리는 것처럼 보일지 모른다. 그러나 실은 마지막 심판 때에 돌아올 풍성한 칭찬과 상급을 바라보며 시간과 물질과 삶을 들이고 있다. 지금은 허비처럼 보일지라도 그것은 진정한 의미에서 **투자요 저축**이다.

하나님나라는 지금 우리 가운데 와 있다. 그리고 하나님은 우리를 통해 지금 여기서부터 시작하여 땅 끝까지 그 나라를 확장해 나가기를 원하신다. 그 위대한 하나님의 비전에 우리는 기꺼이 동참해야 한다. 그 모든 일을 이루시는 하나님을 믿고 우리의 모든 것을 투자해야 한다. 밭에 감추어진 보화를 발견한 농부가 자신의 모든 소유를 팔아 밭을 사듯이 우리의 인생을 사서 그 보화를 우리의 것으로 만들어야 한다.

"우리가 알거니와 하나님을 사랑하는 자 곧 그의 뜻대로 부르심을 입은 자들에게는 모든 것이 합력하여 선을 이루느니라"(롬 8:28). 아멘.

에필로그

언젠가 "대학에서 배워야 할 것들"이라는 제목의 글이 인터넷에서 돌아다녔다. 이제 막 대학생활을 시작하는 신입생들에게 특히 중요하고 시급한 내용이라는 생각이 든다. 대학생활을 시작하면서 대학에서 무엇을 배워야 할 것인가에 대한 답조차 가지고 있지 않으면 세월이 흐른 뒤에 무엇을 배우고, 무엇을 배우지 못했는가에 대한 자기 평가조차 하지 못한 채 대학을 마치기 십상이다. 인문학에서 가장 기본이 되는 항목들이요, 대학에서 반드시 배워야 할 것들로 다음 네 가지를 들 수 있다.

첫째, 읽는 능력
둘째, 비판 능력
셋째, 대안 제시 능력
넷째, 제시된 대안을 실행하는 능력

가장 기본적이면서도 가장 중요한 사항들이다. 교육이란 바로 이러한 능력을 키워주는 과정이다. 서구 선진국의 교육과 우리나라의 교육을 비교해 볼 때 가장 아쉬운 부분이기도 하다. 무조건 암기 위주의 교육, 입시 자체가 목적인 교육, 그래서 시험은 잘 보지만 실력이 의심스러운 교육 속에서 무슨 자기 주장이나 견해가 있을는지 모르겠다. 이 모든 문제의 원인이 위의 네 가지 기본 능력을 강조하지 못하는 교육 현실에 있다고 해도 과언이 아니다.

첫째, 읽는 능력. 초등학교에 들어가기도 전에 이미 글을 깨우치는 우리나라의 교육 현실에서 읽는 능력을 강조하는 것은 어울리지 않는 일처럼 보일지 모른다. 그러나 읽는 능력이 가장 기본적이며 중요하다. 동일한 본문을 놓고서도 읽는 능력이 다르면 그것을 이해하는 수준과 폭이 달라지기 때문이다.

최근의 사건을 예로 들면 오해할 수 있기 때문에 이미 오래된 일을 예를 들어보겠다. 대통령의 아들이 교도소에 수감된 사건이 있었다. 당시 어느 날 신문에 대통령의 아들이 교도소에서 성경을 열심히 읽고 있다는 기사가 실렸다. 그 기사를 읽고 무슨 내용인지 파악하지 못할 사람은 아무도 없을 것이다. 그러나 읽기 능력은 기사의 내용만 파악하는 것으로는 충분하지 않다. 기사의 배경과 행간에 숨어 있는 뜻을 읽을 수 있어야 한다.

우선 나는 그 기사의 내용, 즉 대통령의 아들이 교도소에서 성경을 열심히 읽고 있다는 사실을 기자들이 어떻게 알게 되었겠는가를 묻고 싶다. 그 기사를 쓴 기자들이 성경을 읽고 있는 대통령의 아들을 직접 보았는가? 교도관을 통해 전해 들었는가? 아니면 청와대 홍보실에서 그에 대한 소식을 알려주었는가? 대통령의 아들이 교도소에서 어떻게 지내는

지 기사를 내서 얻는 결과는 무엇인가? 아마도 청와대 홍보실에서 그 내용을 브리핑해서 기자들이 기사를 썼을 것이다. 아무래도 대통령과 그의 아들에 대한 국민들의 분노를 달래려는 의도로 대통령의 아들이 성경을 읽으며 진심으로 참회하고 있는 모습을 소개한 것이리라. 국민들의 분노가 어느 정도 수그러지면 적당한 시기에 대통령의 아들을 풀어주어야 할 테니 말이다. 눈에 보이는 글자를 읽기만 해서는 읽는 능력이 향상된다고 할 수 없다. 글의 행간을 읽을 수 있어야 하고, 글쓴이의 의도까지 포착할 수 있어야 한다. 그래야 진정으로 글에서 말하고자 하는 모든 것을 읽었다고 할 수 있다.

대학생활은 책을 읽는 생활이다. 어리석은 사람은 경험으로 배우지만 지혜로운 사람은 역사를 통해 배운다는 말이 있다. 다른 말로 하자면, 지혜로운 사람은 책을 통해 자신이 경험하지 못한 세계까지 배우고 알게 된다는 것이다. 그러니 대학생활 동안 되도록 많은 책들을 읽되 깊이 읽어야 하며 행간을 읽는 능력을 키워야 한다. 서구의 교육은 많은 책을 읽고 거기에서 다양한 견해들을 직접 접해 보는 과정을 밟는다. 단순히 교과서에 담긴 제한된 내용만 숙지하는 방식이 아니다. 그래서 초등학교에서조차 특정한 교과서가 따로 없는 경우가 많다. 대신에 도서관의 많은 책들을 읽고 접하게 한다. 우리나라의 경우, 겨우 대학에 들어와서야 읽는 훈련이 시작된다고 할 수 있다. 그러니 적어도 대학에서 수학하는 동안에라도 책들을 많이 접하고 읽기 위해 노력해야 한다.

둘째, 비판 능력. 읽는 것을 출발점으로 삼는다면, 그 과정은 비판적 읽기가 되어야 한다. 책을 읽되 그냥 읽는 게 아니라 비판적으로 읽어야 하는 것이다. 많은 책들을 접하고 읽다 보면 어느 한 문제에 대해 서로 상반된 의견들이 많다는 사실을 자연스레 알게 된다. 그 상반된 의견의 우열을 판단하거나 장단점을 가리는 과정이 당연히 필요하다. 있는 그대로 읽고 받아들이는 것이 아니라 비판 과정을 거쳐 수용할 것은 수용하고, 거부할 것은 거부하며, 수정할 것은 수정해야 한다는 것이다. 이러한 비판 능력은 대학생활에서 키워야 할 가장 중요한 능력 중 하나이다.

비판 능력의 출발점은 앞서 말했 듯이 읽기이다. 책을 많이 읽어야 비교가 가능하고, 비교해야 어떤 점이 같은지 혹은 다른지, 장단점은 무엇인지 파악할 수 있다. 또 그렇게 비교하다보면 어느 것이 더 설득력 있는지도 구분할 수 있게 된다. 한마디로 읽기를 통해 비판 능력을 키워 가는 것이다. 비판 능력은 저절로 크지 않는다. 자신이 필요성을 느끼고 훈련하여 그러한 능력을 키우는 노력을 해야 한다. 우리의 이성적 능력을 사용하여 선악을 분별할 수 있어야 하는 것이다. 성경도 성장하는 신앙에 대해 이야기하며 이러한 분별력을 거론하고 있다. "단단한 음식은 장성한 자의 것이니 그들은 지각을 사용함으로 연단을 받아 선악을 분별하는 자들이니라"(히 5:14). "너희는 이 세대를 본받지 말고 오직 마음을 새롭게 함으로 변화를 받아 하나님의 선하시고 기뻐하시고 온전하신 뜻이 무엇인지 분별하도록 하라"(롬 12:2).

교회에서는 대개 믿음으로 순종하고 "아멘" 하며 따르는 것을 최고의 신앙 덕목으로 친다. 그러나 신앙이 제대로 성장하기 위해서는 분별력이 필요하다. 무조건 "아멘" 하면 안 된다. 받아들일 것은 무엇이고 거절할 것은 무엇인지 분별할 수 있어야 한다. 또한 받아들인다면 혹은 거절한다면 그 이유는 무엇인지 파악하는 능력을 키워야 한다.

셋째, 대안 제시 능력. 읽고 비판하는 능력을 갖춘 다음 필요한 것이 대안 제시 능력이다. 무언가를, 누군가를 비판하기는 쉽다. 그러나 대안을 제시하지 못하는 비판은 비판을 위한 비판이요 생산성 없는 비판이 되고 만다. 비판하되 대안을 제시할 수 있어야 한다.

많이 읽는 가운데 비판하는 능력이 자라듯, 비판적으로 읽는 가운데 대안들이 나오게 된다. 책에 나오는 각 의견들을 비판적으로 읽으며 장단점을 찾아서 장점은 발전시키고 단점은 제거해 나가다보면 대안이 차츰 떠오르게 될 것이다. 물론 그 과정이 말처럼 쉽지는 않다. 하지만 비판적으로 읽는 과정 속에서 대안이 도출될 가능성이 큰 것만은 사실이다. 헤겔과 같은 철학자는 이것을 정반합(正反合)의 과정으로 요약했다. 정(正)이 있으면 그에 대한 반(反)이 있고, 그 둘을 조화시켜 합(合)을 도출하는 과정이 인류 문명의 발전 과정이라는 것이다.

교회의 역사를 살펴보아도 이러한 발전 과정을 쉽게 찾아볼 수 있다. 제사 중심의 구약 종교가 성경 중심의 율법 종교로 발전했고, 율법 종교에 기초하여 시작된 기독교는 카타콤의 모임을 통해 말씀을 강조하며 신앙생활을 해오다가 콘스탄티누스 황제의 기독교 공인 이후로 예배당 예배 중심의 가톨릭교회로 발전했다. 종교개혁은 다시금 그 흐름을 바꾸어 성경 중심의 말씀 종교로 개신교를 시작했지만, 최근 들어 찬양이 중심이 되는 찬양예배가 인기를 얻고 있다. 교회 사역을 준비하는 사역자라면 성경 말씀 중심의 교회를 강조할 것인가, 찬양과 예배 중심의 교회를 강조할 것인가를 정함으로써 자신의 목회 철학과 방침을 세울 수 있을 것이다.

마지막으로, 제시된 대안을 실행할 수 있는 능력 또는 글쓰기 능력. 읽고 비판하는 과정을 통해 나온 대안들은 실행에 옮길 수 있어야 한다. 아무리 대안을 제시한다고 해도 그것을 실행할 능력이 없다면 무슨 소용이 있겠는가? 적어도 인문학에서는 그 결과가 글로 나타나기 때문에 대안 실행 능력을 글쓰기 능력이라고 바꾸어 말할 수 있을는지 모르겠다. 자신이 생각한 대안을 설득력 있게 전달하고, 지지자들을 규합하여 실행에 옮기는 첫 걸음으로 글로 써 보는 것이다. 그러기에 글쓰기 능력은 대학생활에서 나만의 작품을 만들 수 있는 최종 형태라고 하겠다.

철학이 무엇을 말할 것인가를 가르쳐준다면, 웅변은 그것을 어떻게 말해야 설득력 있는가를 가르친다고 한다. 마찬가지로 비판적인 읽기를 통해 나온 대안이 무엇을 할 것인가를 가르쳐준다면, 그 대안을 글로 쓰고 말로 설득하여 지지자를 확보하고 실행하는 과정이 대학생활의 최종 단계로서 반드시 요구된다.

위의 네 가지 능력은 우리 인생 전반에도 그대로 적용할 수 있다. 나의 지난 인생을 돌아보는 것이 그 첫 번째 단계이고, 그것을 비판하며 반성하는 것이 두 번째 단계라면, 앞으로 어떻게 살 것인가를 고민하며 대안을 찾는 것이 세 번째 단계이다. 그리고 앞으로 남은 인생은 그렇게 찾은 대안을 실행해 나가는 과정이 될 것이다. 이것이 인생을 지혜롭게 살아가는 한 방법이 되지 않겠는가?

참고문헌

김경진. 『하나님나라와 윤리』 서울: 그리심. 2003. "하나님나라"라는 제목은 있지만 김 교수의 논문집이다.

김균진. 『역사의 예수와 하나님의 나라, 오늘의 그리스도론』 서울: 연세대학교출판부. 1994.

김세윤. 『예수와 바울』 서울: 도서출판 참말. 1993. 하나님나라에 대한 주제를 다룬 다음과 같은 몇 편의 논문이 실려 있다. 예수의 하나님나라 선포와 그리스도인의 정치적 실존, 하나님나라와 그리스도인들의 정치.

_____. 『바울 복음의 기원』 홍성희 역. 서울: 도서출판 엠마오. 1994.

김진. 『이웃 종교인과 함께하는 하나님나라』 서울: 한울. 2001. 하나님나라라는 말이 들어 있지만 김진 목사의 묵상집이다.

랄프 P. 마틴. 『신약의 초석 I』 정충하 역 서울: 크리스천다이제스트. 1993. p. 14ff.

박형용. 『복음비평사』 서울: 성광문화사. 1985.

서철원. 『하나님나라의 건설』 서울: 복음문화사. 1985. 서철원 교수의 설교 모음집.

성갑식. 『하나님의 나라와 하나님의 선교』 서울: 대한기독교서회. 2004. 제목을 거창한데 역시나 성갑식 목사님의 설교 모음집

송길원. 『왜 하필 가정인가?』 서울: 극동방송. 1993.

양용의. 『하나님나라 어떻게 이해할 것인가』 서울: 성서유니온선교회. 2005.

이만재.『교회 가기 싫은 77가지 이유』서울: 규장. 1997.

최갑종.『예수님의 비유 연구』서울: 기독교문서선교회. 1993.

최종진.『구약성서개론』서울: 도서출판 소망사. 1986.

홍인규.『바울의 율법과 복음』서울: 생명의말씀사. 1996.

홍찬혁.『멜기세덱 기독론』서울: ACTS 석사학위 논문. 1991.

_____.『마가와 바울의 εὐαγγέλιον의 상관성에 대한 주석적 연구』서울: 아세아연합신학대학교 대학원. 2003.

홍창표.『하나님나라와 비유』수원: 합동신학대학원 출판부. 2004.

_____.『하나님나라와 종말론』서울: 도서출판 하나. 1993. 홍 교수의 논문 모음집

간하배.『신약학서설』서울: 총신대학출판사. 1980.

S. 게하더스 보스.『성경신학』이승구 역. 서울: 기독교문서선교회. 1985.

G. De 그라아프.『약속 그리고 구원(II): 이스라엘의 실패와 신정국가』박권섭 역. 서울: 크리스챤서적. 1985.

글리슨 아처.『구약총론』서울: 기독교문서선교회. 1985.

도날드 거스리.『신약신학』정원태 김근수 역. 서울: 기독교문서선교회. 1988.

도날드 고완.『구약성경의 종말론』홍찬혁 역. 서울: 기독교문서선교회. 1999.

도널드 크레이빌.『돈 교회 권력 그리고 하나님나라』정영만 역. 서울: 요단. 1999. 재침례교 계통의 사회학 교수가 하나님나라에 대한 단상들을 모아놓았다.

레온 모리스.『요한신학』홍찬혁 역 서울: 기독교문서선교회. 1995.

레온하르트 고펠트.『신약신학(I)』박문재 역. 고양: 크리스천다이제스트. 1992.

_____.『신약신학 II』박문재 역. 서울: 크리스천다이제스트. 1992.

루이스 벌코프.『조직신학(상)』권수경 이상원 역. 고양: 크리스천다이제스트. 1991.

_____.『기독교신학개론』신복윤 역. 서울: 성광문화사. 1974.

H. 리델보스.『하나님나라』오광만 역 서울: 엠마오. 1988. 우리나라에서 하나님나라에 대한 연구의 붐을 일으키게 한 책이 아닐까 하는 생각을 해본다.

마이클 드로스닌.『바이블 코드』형선호 역. 서울: 황금가지. 1997.

마크 포웰.『누가복음 신학』배용덕 역. 서울: 기독교문서선교회. 1995.

몰트만. 『하나님나라의 지평 안에 있는 사회 선교』 정종훈 역. 서울: 대한기독교서회. 2000.

밀라드 J. 에릭슨. 『복음주의 조직신학(상): 서론/신론』 신경수 역. 고양: 크리스천다이제스트. 2000.

_____. 『복음주의 조직신학(중): 인간론/기독론』 현재규 역. 고양: 크리스천다이제스트. 2000.

반 그로닝겐. 『구약의 메시아 사상』 유재원 류호준 역. 서울: 기독교문서선교회. 1997.

베르나르 베르베르. 『개미(2)』 이세욱 역. 서울: 열린책들, 1993, 2001.

밀라드 J. 에릭슨. 『기독교 신학 시리즈 4, 기독론』 홍찬혁 역. 서울: 기독교문서선교회, 1991.

F. F. 브루스. 『신약사』 나용화 역. 서울: 기독교문서선교회. 1999.

G. R. 비슬리 머리. 『예수와 하나님나라』 박문재 역. 서울: 크리스천다이제스트. 1991.

사이먼 키스트메이커. 『예수님의 비유』 김근수 최갑종 역. 서울: 기독교문서선교회. 1986.

E. P. 샌더스. 『예수 운동과 하나님나라』 이정희 역. 서울: 한국신학연구소. 1997.

_____. 『바울, 율법, 유대인』 김진영 역. 고양: 크리스천다이제스트. 1995.

R. 슈나켄부르그. 『하느님의 다스림과 하느님 나라』 조규만 조규홍 역. 서울: 가톨릭출판사. 2002.

W. 슈라게. 『베드로전후서/유다서』 국제성서주석 시리즈 Vol. 46. 한국신학연구소 번역실 역. 서울: 한국신학연구소. 1987.

안토니 A. 후크마. 『개혁주의 인간론』 류호준 역. 서울: 기독교문서선교회. 1990.

_____. 『개혁주의 종말론』 류호준 역. 서울: 기독교문서선교회. 1986.

오스카 쿨만. 『국가와 하나님나라』 민종기 역. 서울: 여수룬. 1999. 하나님나라와 국가라는 흔치 않은 주제를 다룬 책으로, 간단하게 하나님나라와 국가의 관계를 몇 성경 구절에 대한 주석을 통해 제시하고 있다.

오스카 쿨만. 『신약의 기독론』 김근수 역. 서울: 도서출판 나단. 1988.

_____. 『그리스도와 시간』 김근수 역(서울: 도서출판 나단, 1988) 등을 참조하라.

요아킴 예레미아스. 『신약신학』 정충하 역(서울: 새순출판사, 1990), 『예수의 비유』 허혁 역(왜관: 분도출판사, 1974)

_____. 『예수의 비유』 허혁 역. 왜관: 분도출판사. 1974.

_____. 『비유의 재발견』 황종렬 역. 왜관: 분도출판사. 1991.

워치만 니. 『모든 일을 하나님의 영광을 위하여 하라』 서울: 생명의 말씀사. 1978.

웬델 윌리스. 『하나님의 나라』 박규태 안재형 역. 서울: 솔로몬. 2004. 여러 학자들의 다른 학자들에 대한 평가들을 모아놓은 책이다.

윌리엄 헨드릭슨. 『마태복음(하)』 김경래 역. 서울: 아가페출판사. 1984.

제임스 D. G. 던. 『신약성서의 통일성과 다양성』 김득중 이광훈 역. 서울: 무림출판사. 1991.

조지 래드. 『하나님나라』 원광연 역. 서울: 크리스천다이제스트. 1997. 이 책은 조지 래드 전집 제1권으로 조지 래드의 하나님나라의 복음과 하나님나라에 관한 중대한 질문들, 그리고 미래의 현존이라는 세 권의 책을 한 책으로 묶은 것이다.

_____. 『신약신학』 신성종 이한수 역. 서울: 대한기독교서회. 2001.

_____. 『하나님나라의 복음』 박미가 역. 서울: 서로사랑. 2001. 래드의 전집에 들어 있는 동일한 책.

존 브라이트. 『하나님의 나라』 김인환 역. 서울: 크리스천다이제스트. 1994. 구약성경학자답게 구약성경에 치중했지만, 하나님나라라는 주제로 성경 전체를 훑어볼 수 있다.

J. D. 킹스베리. 『예수의 비유』 김근수 역(서울: 도서출판 나단, 1991)

W. G. 큄멜. 『신약성서신학』 박창건 역(서울: 성광문화사, 1985)을 참조하라.

토마스 R. 슈라이너. 『바울과 율법』 배용덕 역. 서울: 기독교문서선교회. 1997.

N. 페린. 『예수의 가르침 속에 나타난 하나님나라』 이훈영 조호연 역 서울: 솔로몬. 1992.

피터 S. 럭크만. 『하나님의 나라와 천국』 윤지영 역. 서울: 말씀보존학회. 1998.

피터 쿠즈믹. 『교회와 하나님의 왕국』 명종남 역. 서울: 새순출판사. 1986. 작은 책이지만, 제3세계 교회의 하나님나라에 대한 관심과 신학적 입장을 보여준다.

하워드 스나이더. 『하나님나라의 모델』 이철민 이승학 공역. 서울: 두란노. 1999. 이 책은 하나님나라에 대한 모델을 8가지로 분류하여 제시한다. 저자는 하나님나라가 여러 가지 의미에서 신비임을 전제하고, 하나님나라가 현재적이며 미래적이고, 하나님의 행위이지만 동시에 인간의 참여와 응답을 필요로 하며, 개인적이며 또한 사회적이며, 영적이며 또한 물질적이고, 점진적이며 또한 급진적이어서 양 극단의 모순된 점들을 공유한다고 말한다.

그리하여 저자는 하나님나라에 대한 모델을 다음과 같은 8가지로 구분하고 각각의 특징과 강조점, 그리고 역사적 예들을 들어 설명한다. ① 미래의 나라: 하나님나라는 미래의 소망이다. ② 내면의 나라: 하나님나라는 내면의 영적인 경험이다. ③ 하늘의 나라: 하나님나라는 신비로운 사귐이다. ④ 교회의 나라: 하나님나라는 제도적인 교회이다. ⑤ 저항의 나라: 하나님나라는 대안사회이다. ⑥ 신권 정치의 나라: 하나님나라는 정치적인 국가이다. ⑦ 변혁의 나라: 하나님나라는 기독교화 된 문화이다. ⑧ 유토피아의 나라: 하나님나라는 지상의 유토피아이다.

이러한 모델들을 평가할 때 저자는 다음의 세 가지 기준을 제시한다. ① 하나님 말씀에 대한 충실성, ② 교회 내에서 그리스도인들의 공동생활에의 유익성, ③ 세상 속에서 구속받은 그리스도인으로서의 삶의 모범성.

각 모델들의 장점과 단점을 평가하며 저자는 하나님나라의 실제적인 의미로 다음과 같은 10가지를 제시한다. ① 하나님나라는 만물을 다스리는 하나님의 통치이다. ② 예수 그리스도는 하나님나라가 인간 역사 속에 결정적으로 침투한 것이다. ③ 하나님나라는 역사적이다. ④ 하나님나라는 새로운 사회 질서를 약속하는 동시에 새로운 사회 질서 그 자체이다. ⑤ 하나님나라는 사탄의 나라와 적대적 관계이다. ⑥ 교회는 하나님나라가 아니지만 하나님나라 공동체가 되라는 부르심을 받는다. ⑦ 하나님나라에 들어가기 위해서는 회개와 믿음, 그리고 순종이 요구된다. ⑧ 하나님의 통치는 율법보다는 은혜이다. ⑨ 하나님나라의 삶은 예수 그리스도의 모범과 가르침 속에 제시되어 있다. ⑩ 하나님나라는 하나님의 주권적인 성령의 신비로운 사역을 통해 올 뿐만 아니라 인간의 믿음과 순종을 통해서도 온다.

저자가 제시하는 각 모델들을 비교하는 도표를 하나 만들어둘 필요성이 있다. 또한 저자가 첫 번째 1,000년의 교회는 동방 교회 중심이었고, 두 번째 1,000년의 교회는 서방 교회 중심이었다면, 세 번째 1,000년의 교회는 제3세계 교회 중심의 교회가 될 것임을 예측하고 그 새로운 교회 시대를 준비할 것을 촉구하는 점이 인상적이다.

하인리히 오토. 『신학해제』 김광식 역. 서울: 한국신학연구소. 1974.

하워드 마샬. 『신약성서 기독론의 기원』 신성수 역(서울: 한국기독교교육연구원, 1986), pp. 63ff.

_____.『누가행전』 이한수 역(서울: 도서출판 엠마오, 1993)을 보라.

하워드 클락 키.『신약성서 이해』 서중석 역(서울: 한국 신학 연구소, 1990)

한스 요아힘 크라우스.『조직신학: 하느님의 나라 자유의 나라』 박재순 역 서울: 한국 신학연구소. 1986.

한스 큉.『그리스도교 - 본질과 역사』 이종한 역, 왜관: 분도출판사, 2002.

_____.『그리스도교 여성사』 이종한 오선자 역, 왜관: 분도출판사, 2011.

후안 까를로스 오르띠즈.『하나님나라는 너희 가운데 있느니라』 김광윤 역. 서울: 만나. 1994. 오르띠즈 목사의 설교.

Barrett, C. K. *Luke the Historian in Recent Study*. London: Epworth Press. 1961.

Guelich, Robert A. *The Sermon on the Mount - A Foundation for Understanding*. Waco Texas: Word Books, 1982.

Gundry, Robert H. *Matthew - A Commentary on His Literary and Theological Art* Grand Rapids: Eerdmans Publishing Company. 1982.

Harnack, Adolf von. *What is Christianity?* New York: Harper and Row Publishers. 1957.

Holton, Fred L. *The Melchizedek Tradition* London: Cambridge University Press, 1979.

Kobelski, Paul J. *Melchizedek and Melchiresa* Washington D. C.: The Chatholic Biblical Association of America, 1981.

Marshall, I. Howard *Luke: Historian and Theologian*. Grand Rapids: Zondervan. 1970

Moule, C. F. D. *The phenomenon of the New Testament* (1967), pp. 68f.

Schütz, *Paul and the Anatomy of Apostolic Authority* (1975)

한 권으로 읽는 하나님나라

초판 1쇄 / 2005년 11월 5일
개정판 1쇄 / 2016년 7월 21일

지은이 / 홍찬혁
펴낸이 / 신은철
펴낸곳 / 좋은씨앗
출판등록 / 제4-385호(1999. 12. 21)
주소 / 서울시 서초구 바우뫼로 156, 402호
영업부 / TEL 2057-3041 FAX 2057-3042

페이스북 /www.facebook/goodseedbook

ISBN 978-89-5874-262-3 03230

이 책은 신저작권법에 의하여 보호를 받는 저작물이므로 무단 전재와 복제를 금합니다.